口絵 1 　『清門考源』1939 年版本
　　左：封面，張二奎題字（本書 22 頁）　　右：巻首（本書 180 頁）

口絵 2 　増谷報告（1940 年）　左：表紙　右：裏表紙（本書 44 頁）

口絵3　潮州歌冊『呉忠恕全歌』
（口絵5）の封面（本書172頁）

口絵4　上海小刀会起義告示，劉麗川（大明国統理正教招封大元帥），天運元年
（咸豊3年，1853年）上海豫園展示室，1989年8月，著者撮影（本書151頁）

潮連吳忠恕　一卷

吳來傳位咸豐君
潮州首吳是海陽
忠恕出身是塱東
忠恕隨母到像家
四些奔到後成人
今必过门廿外年
女子是小名玉蘭
彩塘吳姓算大鄉
伊在族内又强房
叫做人心不足高
那知惹禍阿等人

天下世界乱紛紛
海陽曾落彩塘端
伊介生贫姓陳
隨母来嫁彩塘市
还是四些小兒済
吳安後筭亲生了
共個伊真金处鄭
伶利乖巧晓世情
长子阿曉年十八
年方十七未配人
忠恕在市闹賭場
断分囲来断公楼
賭有不良老正用
惟定場已死过了
有不想要薇就头
恖知恕介祸溺と
深浦山頂波云茫
当家就从致尚家
被伊行恶做不堪

古歌多端不必唱
偶大戲華做新文
此乃天生害人骇
後父姓吳名阿安
愛惜忠恕如亲生
鄭国之女名月
次子十五名阿欺
长子阿曉年十八
妻子乃是沙匜曾
去年亦藏開花会
十賭都有九場鱼
一家食用知富人
官知恕想介祸溺

潮城府前街瑞文堂藏板

口絵5　潮州歌冊『呉忠恕全歌』（口絵3）の巻首（本書172頁）

口絵 6　香港潮僑總慈善會盂蘭盆会榜文（1978年天運戊午）（本書 198 頁）

中国の秘密結社と演劇

中国の秘密結社と演劇

田仲一成 著

知泉書館

前　　言

　本書は，中国における秘密結社と演劇の関係について考察したものである。

　中国の秘密結社としては，華北，華中の青幫（ちんぱん），華南の紅幫（ほんぱん）の2つが知られている。前者は，大運河を使って水運によって南方の糧米を北京に運ぶ糧米船の水手を起源とするもので，彼らが清門教を奉じたことから，清門，あるいは青幫と呼ばれ，後者は，広東の珠江デルタの水路を，船体を赤く塗った大型舟艇，所謂「紅船」によって移動しながら反清活動を行ったことに由来し，洪門，あるいは紅門，更には天地会とも呼ばれている。同じ秘密結社ではあるが，その性格は，かなり異なる。この点に鑑み，本書は，上下2篇に分け，上篇を「青幫」，下篇を「紅幫」に充てた。

　以下，まず，依拠した史料について，記す。

　上篇「青幫」については，水運時代と陸上時代に分かれる。水運時代については，先行研究として，星斌夫『明清時代交通史の研究』（山川出版社，1971年）がある。特に，後篇，三「清代水運の運営実態」に論述されている水手の実態に関する年代を追っての分析は，大変参考になった。本書では，星博士の依拠した会典事例，会典則令に加え，更にその下位にある例案類の記事をも参照し，後年の青幫につながる水手の剽悍性についてより詳細な分析をこころみた。

　また，陸上時代の上海青幫については，増谷達之輔氏の『上海劇壇と幫との関係』（『興亜院華中連絡部調査報告シアリーズ第37輯』昭和15［1940］年7月），およびこの報告が依拠した陳国屏『清門考源』第2版（上海道徳善堂，中華民国28［1939］年仲秋［10］月）の2つの資料を比較対照し，当時の上海青幫の実態と演劇興行，俳優などとの関係を追究

した[1]。増谷氏は，鳥取県出身，大正 12 年（1923）に金沢の旧制第四高等学校を卒業，東京帝国大学文学部社会学科に入学，昭和 2 年（1926）に卒業，卒業論文は「社会学の対像としての社会事実」。現在，この論文を見ることはできないが，フランスの社会学者，デュルケームの理論を検討したものと推定されている。卒業後は，帝大セツルメントに入り，セツラーとして社会活動をしたのち，1938 年，35 歳の時に，設立されたばかりの興亜院の華中連絡部調査班に入り，上海で青幇の調査研究に従事した。当時，日本軍は，上海の国民党軍を駆逐し，国民党所属地域を統治していたが，フランス租界，イギリス租界，共同租界については，その統治は及んでおらず，租界を含めた上海市全域を統治することは，困難であった。そのため，その統治にあたっては，租界地区にも影響力をもっていた青幇の協力を得る必要があった。この時期には，国民党政権は，重慶，所謂「大後方」にあり，上海の党人も多くは，大後方に移っていた。増谷氏が調査した時点で，青幇の有力者はかなりの数，上海を脱出していたと思われる。『清門考源』再版本を頼りにして調査したにしても，個々の青幇所属人物にあたるのは，困難であり（住所がわからない），結局，青幇の有力者を介しての間接調査であったと思われる。しかし，報告書には，『清門考源』再版本には記載されていない人物も相当数，記載されており，この点，独自の価値をもっている。特に，北京，天津の京劇俳優で，当時，上海に移住してきた京劇俳優 64 名の名簿を載せているのは，大きな資料価値があると言える。増谷氏は，演劇，特に伝統京劇を好んだと思われるが，日本軍占領下の上海では，かつての北京における辻聴花，波多野乾一，濱一衛などのような十分な観劇の機会には恵まれなかったものと思われる。報告書に個別俳優の伝記や劇目の記載がほとんどないのはこのためであろう。このため，本書では，増谷報告に載る青幇所属の俳優について，脚色名（役柄），師承関係，得意とする上演演目などを別の情報源から補充して記

　　1）　増谷報告『上海劇壇と幇との関係』（1940 年）については，酒井忠夫『中国幇会史の研究　青幇篇』（国書刊行会，1997 年），第 7 章附論に紹介と批評がある。ただし，その批評は，この報告が依拠した『清門考源』再版本（1939 年）に拠らず，増谷氏が見るはずもない同書第 3 版（1946 年）に拠っている。そのため，その批評には，妥当性に欠ける論述が多い。その詳細は本書「あとがき」の注に述べる。

載した。

　なお，第3章の「青幇人物小伝」，第4章の「上海青幇と上海劇壇」において，記述した人物の伝記は，藤野真子『上海の京劇』（2015年），中里見敬・松浦恒雄編『濱文庫戯単図録』（2021年）によったものを除き，ほとんどすべて中国の検索エンジン【百度】からの引用である。【百度】には，新中国の立場に立って，過去の秘密結社の人物の「生平」が詳細に記述されている場合が多く，学術的に信頼できるものとしてURLを注記して引用した。ただし，【百度】の記述は不断に更新され，時には過去に見られた記事が現在見られないこともある。その場合には，過去の閲覧年月を記した。

　次に下篇の紅幇，すなわち天地会の問題については，荘吉発『清代天地会源流考』（国立故宮博物館，中華民国70年［1981］），中国人民大学清史研究所編『天地会』8冊（中国人民大学出版社，1981-88年），秦宝琦『清前期天地会研究』（中国人民大学出版社，1988年），酒井忠夫『中国幇会史の研究』紅幇篇（国書刊行会，1998年）など，文献に基づいた研究がある。また筆者自身も，シンガポール，香港の現地調査に基づき，「粤東天地会の組織と演劇」と題する論考を『東洋文化研究所紀要』111冊（1988年）に発表し，さらに後続の『中国地方戯曲研究』（汲古書院，2006年）にも，その一部を引用したが，今回，さらに紀要論文に補訂を加え，引用原文を現代語に訳して，下篇に充てた。

　下篇における研究の出発点となったのは，1983年，シンガポール社公廟の調査である。この廟には，約30基の「反清復明義士」と題する神位が奉祀されており，早くから研究者の注意を引いていて，シンガポールの歴史家，陳育崧氏がこれらの人物の正体について，何度か究明を試みてきた。例えば，ペナンの天地会系結社，義興公司，曹亜志（広東新会県四邑の人）一族のものや，厦門小刀会の亡命者のものなど，仮説を提示してきたが，いずれも証拠不足で，隔靴掻痒の感を免れなかった。筆者が訪れた時点でも，社公廟は，風雨にさらされて廃墟に近くなっていたが，奉祀されている神位群は，古色蒼然とした姿を残していた。筆者は，廟祝（神主）の黄鴻泰氏に依頼して，これらの古い神位を開いて中を調査させてほしいと依頼したところ，この廟が近いうちに撤去されることを知っていた黄氏は，この通常の節度を超えた依頼を，熟

慮の末，学術研究のためということで，承諾してくれた。一基ずつ，位牌の釘を外して，中に細字で朱書されている籍貫（出身地），生卒年月日を調べたところ，何も書かれていないものを除く28基の神位のほとんどすべてが，道光（1821-50），咸豊（1851-61）間の人で，広東省潮州府出身者であることを知り得た。陳育崧氏の苦心の探求とは，全く異なった結果となった。しかし，この社公廟神位だけでなく，潮州人を祀った共同墓地，泰山亭にも，シンガポールに亡命してきた天地会会党であることを示す明代の古墓がいくつもあることからも，清代末期の時点で，亡命者たちに潮州人が多いことが裏付けられる結果となった。

　筆者は，これを手掛かりに，次の手順で広東，広西の天地会の活動および演劇との関係を追求した。

　　(1) 潮州において，道光・咸豊年間に，天地会系会党が起こした反乱事件として，黄悟空の双刀会，呉忠恕の三合会の蜂起があること

　　(2) 福建広東地区には，天地会の慣用年号，天運が広く使用されていること

　　(3) 香港の客家人村落の間には，関帝廟や宗祠の天地会会党特有の対聯が散見されること

　さらに，このような地域的背景の下で，粤劇（えつげき）の俳優は，天地会の影響のもとで発展した。

　その過程を，次の順序で論述した。

　　(1) 粤劇俳優が太平天国に参加したこと

　　(2) 太平天国の失敗後，粤劇俳優は清朝から敵視され，その組織「瓊花会館」は，破壊され，粤劇は禁止されたが，俳優は，京劇の名目で上演を続け，会館も同治7年（1868）には，吉慶公所の名で復興したこと

　　(3) 粤劇俳優の組合組織「八和会館」も光緒10年（1884）には，復興したこと

　最後に天地会の影響のもとで展開した粤劇の演目について，次の順序で，検討した。

　　(1) 天地会の入会式では，粤劇が演じられたこと

　　(2) 粤劇の演目にも天地会の影響があること

（3）粤劇，および潮州劇に見られる天地会を内容とした劇目の梗概
　以上の諸点を踏まえ，粤劇が他の劇種と異なる政治的な色彩の強い劇種であることを論じて下篇の結論とした。
　日本の場合にも，遊郭や芝居小屋の経営の背後には，常に侠客集団が存在していた。
　侠客は，遊郭や芝居小屋に寄生し，逆に遊郭，芝居は，侠客集団の治安維持能力（民間武力）に依存していた。中国の場合も，同様であるが，侠客集団の性格に大きな違いがある。日本の侠客集団は，政治権力に対して反抗的ではなく，権力に順応し包摂されている。これに対して，中国の侠客集団は，非合法的な秘密結社であり，反権力的な色彩が強い。演劇を組織の形成や維持に利用しながら，勢力の拡大を図るという，政治的な利用の仕方をする。俳優もこの秘密結社の成員であることが少なくない。日本と比べて，結社と演劇の関係，その結合のあり方や機能が，非常に政治的であり，規模が大きく，官僚側は，反体制権力として，これを恐れ，警戒し，弾圧してきた。筆者は中国の祭祀演劇を研究する過程で，郷村の市場演劇が，「無頼の徒」，あるいは「遊手閑民」によって運営されていることを示す記録に，しばしば遭遇してきたが，その実態は，よくわからず，長い間，懸案事項としてきた。この間，紅幇については，香港シンガポールなどで天地会の遺跡を調査し，「粤東天地会の組織と演劇」において，若干の議論を提示したが，青幇に関しては，増谷報告を1970年代に入手しながら，十分な分析ができず，荏苒，長い年月を無為に過ごしてきた。しかし，このたび，研究人生最後の段階に入った時点で，まことに幸運にも，この25年間，交流を重ねてきた中国人民大学文学院の呉真教授の尽力のおかげで，増谷報告の元となった陳国屏『清門考源』再版本を入手することができ，増谷報告の分析が可能となった。これによって青幇と演劇の関係に関する理解も深まり，紅幇と合わせて，中国の秘密結社と演劇の関係を，より体系的に論述することができるようになった。
　知泉書館の小山光夫社長には，以前から，この問題について取り組んでいることを申し上げてきた。小山社長は，これに格別の興味を示された上，原稿の完成に向けて，終始，格別の激励をいただいてきた。以来，すでに5年以上が経過し，今や，筆者の年齢もすでに90歳を超え

て，残された時間も少なくなってきた。原稿には，不十分な点を多く残してはいるが，とにかく現時点で，1世代ないし3世代前の現地調査に関する分析結果を一書にまとめておくことにも多少の学術的意義があるのではないか，と考えるに至り，現段階での原稿の出版を小山社長にお願いした。50年以上にわたって温めてきた問題にしては，十分な研究成果とは言えないが，足らざる点は，後進の世代による補正に期待したい。

　この数年間，原稿の完成を督励され，出版をお引き受けいただいた小山社長のご好意に，衷心より感謝申し上げる。また，諸般の煩雑な編集作業については，前著に続き，編集部の松田真理子氏のご尽力を煩わせた。また校正については，専修大学文学部教授，廣瀬玲子氏，および名古屋大学大学院人文学研究科准教授，笠井直美氏の助勢を得た。併せ記して感謝の意を表する次第である。

　　2024 年 4 月 15 日

田 仲 　一 成

目　　次

前　言……………………………………………………………………………… ⅴ

上篇　青幇と演劇の関係

第 1 章　「青幇」の沿革と組織………………………………………………… 5

　第 1 節　明清時代の漕運……………………………………………………… 5

　　Ⅰ　沿　革…………………………………………………………………… 5

　　Ⅱ　水　手…………………………………………………………………… 8

　　Ⅲ　制度の変遷……………………………………………………………… 9

　第 2 節　水手の行動…………………………………………………………… 11

　　Ⅰ　糧船水手の械闘………………………………………………………… 11

　　Ⅱ　羅教とのつながり……………………………………………………… 20

　　Ⅲ　反清復明 ── 民族英雄（反清義士）………………………………… 22

　　Ⅳ　糧船の運営と水手の行動……………………………………………… 24

　第 3 節　陸上の糧船幇と水手………………………………………………… 28

　　Ⅰ　水運の廃止……………………………………………………………… 28

　　Ⅱ　糧船幇の残存 ── 旱碼頭……………………………………………… 29

　　Ⅲ　水運時代の組織・職業の継承………………………………………… 30

第 2 章　民国期上海の青幇…………………………………………………… 38

　第 1 節　増谷達之輔報告……………………………………………………… 38

　　Ⅰ　【江淮泗】人物表……………………………………………………… 46

　　Ⅱ　【興武四】人物表……………………………………………………… 46

　　Ⅲ　【興武六】人物表……………………………………………………… 46

　　Ⅳ　【嘉海衛】人物表……………………………………………………… 61

Ⅴ　【嘉興衛】人物表……………………………………………61

　　Ⅵ　【鎮前】人物表………………………………………………61

　　Ⅶ　【双鳳】人物表………………………………………………61

　　Ⅷ　【嘉白】人物表………………………………………………61

　　Ⅸ　【杭四】人物表………………………………………………61

　第2節　増谷報告と『清門考源』との関係…………………………62

　　Ⅰ　上海居住者の特定…………………………………………62

　　Ⅱ　排列順序………………………………………………………63

　　Ⅲ　記述内容………………………………………………………63

　　Ⅳ　調査の目的……………………………………………………63

　第3節　増谷報告に見る上海青幫の特徴……………………………64

　　Ⅰ　水運時代の残影………………………………………………64

　　Ⅱ　警察権力への指向……………………………………………67

　　Ⅲ　商工業者との相互依存………………………………………67

第3章　青幫人物小伝……………………………………………………69

　第1節　興武六………………………………………………………69

　　Ⅰ　大字輩 —— 黄金栄，張仁奎，張之江，樊瑾成…………69

　　Ⅱ　通字輩 —— 張嘯林…………………………………………79

　　Ⅲ　無字輩 —— 杜月笙…………………………………………85

　第2節　嘉興衛………………………………………………………93

　　Ⅰ　大字輩 —— 劉登階…………………………………………93

　　Ⅱ　通字輩 —— 顧竹軒…………………………………………94

第4章　上海青幫と上海劇壇…………………………………………105

　第1節　劇場所有者…………………………………………………106

　　Ⅰ　金大戯院 —— 金廷蓀，青幫通字派……………………106

　　Ⅱ　更新舞台 —— 董兆斌，青幫無字派……………………107

　　Ⅲ　栄記共舞台 —— 張善琨，青幫通字派…………………107

　　Ⅳ　鑫記大舞台 —— 范恒徳，青幫無字派…………………107

　　Ⅴ　天蟾舞台 —— 顧竹軒，青幫通字派……………………107

　　Ⅵ　卡爾登劇院 —— 周翼華，幫籍なし……………………107

目　次

第2節	劇場別経営者，所属俳優	108
Ⅰ	共舞台	109
Ⅱ	天蟾舞台	109
Ⅲ	卡爾登大戯院	109
Ⅳ	大舞台	109
Ⅴ	黄金大戯院	110
Ⅵ	更新舞台	110
Ⅶ	大世界	110
Ⅷ	新世界	110
Ⅸ	永　安	110
Ⅹ	新々楽園	110
第3節	俳　優	111
Ⅰ	上海に寓居した京劇俳優	111
Ⅱ	劇場別の所属俳優──大舞台，卡爾登，天蟾舞台，共舞台	113
第4節	青幇幇派別・字輩別から見た上海京劇俳優	119
Ⅰ	江淮泗	119
Ⅱ	興武四	121
Ⅲ	興武六	121
Ⅳ	嘉海衛	129
Ⅴ	嘉　白	129
Ⅵ	幇派不明	129

上篇　結語　上海劇壇が青幇と関係を持つ社会的背景 ……………132

下篇　紅幇と劇界

第1章	南洋における天地会会党	137
第1節	シンガポールに流寓せる会党の遺跡	137
Ⅰ	五虎祠と陳育崧氏の研究	137
Ⅱ	五虎祠神位の内部記載	142
Ⅲ	五虎祠神位人物の籍貫と生卒年代	151
第2節	道光咸豊間潮州会党蜂起とシンガポール天地会会党	

との関係‥‥‥‥‥‥‥‥‥‥‥‥‥‥‥‥‥‥‥‥‥‥‥‥‥‥‥‥‥‥‥‥‥160
　　Ⅰ　黄悟空の蜂起‥‥‥‥‥‥‥‥‥‥‥‥‥‥‥‥‥‥‥‥‥‥‥‥‥‥‥‥‥‥160
　　Ⅱ　呉忠恕の蜂起‥‥‥‥‥‥‥‥‥‥‥‥‥‥‥‥‥‥‥‥‥‥‥‥‥‥‥‥‥‥165
　第3節　呉忠恕の蜂起と弾詞・演劇‥‥‥‥‥‥‥‥‥‥‥‥‥‥‥‥‥‥‥‥171
　　Ⅰ　潮州歌冊《呉忠恕》‥‥‥‥‥‥‥‥‥‥‥‥‥‥‥‥‥‥‥‥‥‥‥‥‥171
　　Ⅱ　潮州劇《呉忠恕》‥‥‥‥‥‥‥‥‥‥‥‥‥‥‥‥‥‥‥‥‥‥‥‥‥173

第2章　シンガポールに残る天地会の遺風‥‥‥‥‥‥‥‥‥‥‥‥‥‥‥176
　第1節　シンガポールの潮州人組織‥‥‥‥‥‥‥‥‥‥‥‥‥‥‥‥‥‥176
　　Ⅰ　粤海清廟‥‥‥‥‥‥‥‥‥‥‥‥‥‥‥‥‥‥‥‥‥‥‥‥‥‥‥‥‥‥‥176
　　Ⅱ　粤海清廟の祭祀組織と巡遊・演劇‥‥‥‥‥‥‥‥‥‥‥‥‥‥‥‥‥182
　第2節　シンガポールに残る天運の年代標記‥‥‥‥‥‥‥‥‥‥‥‥‥188
　　Ⅰ　閩北系居民‥‥‥‥‥‥‥‥‥‥‥‥‥‥‥‥‥‥‥‥‥‥‥‥‥‥‥‥‥189
　　Ⅱ　閩南系居民‥‥‥‥‥‥‥‥‥‥‥‥‥‥‥‥‥‥‥‥‥‥‥‥‥‥‥‥‥192
　　Ⅲ　潮汕系居人‥‥‥‥‥‥‥‥‥‥‥‥‥‥‥‥‥‥‥‥‥‥‥‥‥‥‥‥‥194
　　Ⅳ　海南人（瓊州）‥‥‥‥‥‥‥‥‥‥‥‥‥‥‥‥‥‥‥‥‥‥‥‥‥‥194
　第3節　シンガポールに残る天地会符号‥‥‥‥‥‥‥‥‥‥‥‥‥‥‥196
　　Ⅰ　シンガポールにおける天地会符号の遺存‥‥‥‥‥‥‥‥‥‥‥‥196
　　Ⅱ　台湾天地会符号との関係‥‥‥‥‥‥‥‥‥‥‥‥‥‥‥‥‥‥‥‥‥196

第3章　香港に残る天地会の遺風‥‥‥‥‥‥‥‥‥‥‥‥‥‥‥‥‥‥‥‥198
　第1節　天運の標記‥‥‥‥‥‥‥‥‥‥‥‥‥‥‥‥‥‥‥‥‥‥‥‥‥‥‥198
　　Ⅰ　潮州人‥‥‥‥‥‥‥‥‥‥‥‥‥‥‥‥‥‥‥‥‥‥‥‥‥‥‥‥‥‥‥‥198
　　Ⅱ　海陸豊人‥‥‥‥‥‥‥‥‥‥‥‥‥‥‥‥‥‥‥‥‥‥‥‥‥‥‥‥‥‥199
　　Ⅲ　福佬人‥‥‥‥‥‥‥‥‥‥‥‥‥‥‥‥‥‥‥‥‥‥‥‥‥‥‥‥‥‥‥‥200
　　Ⅳ　客粤系‥‥‥‥‥‥‥‥‥‥‥‥‥‥‥‥‥‥‥‥‥‥‥‥‥‥‥‥‥‥‥‥200
　第2節　天地会・白蓮教の遺風‥‥‥‥‥‥‥‥‥‥‥‥‥‥‥‥‥‥‥‥202
　　Ⅰ　広西天地会文献‥‥‥‥‥‥‥‥‥‥‥‥‥‥‥‥‥‥‥‥‥‥‥‥‥‥202
　　Ⅱ　新界客家に残る天地会関帝対聯‥‥‥‥‥‥‥‥‥‥‥‥‥‥‥‥‥203
　　Ⅲ　新界客家に残る天地会観音対聯‥‥‥‥‥‥‥‥‥‥‥‥‥‥‥‥‥204
　第3節　天地父母奉祀の遺風‥‥‥‥‥‥‥‥‥‥‥‥‥‥‥‥‥‥‥‥‥208
　　Ⅰ　竹園天地父母祠‥‥‥‥‥‥‥‥‥‥‥‥‥‥‥‥‥‥‥‥‥‥‥‥‥‥208

目　次　　xv

Ⅱ　柴湾天地父母祠 …………………………………………………… 209
Ⅲ　徳教による祭祀儀礼 ……………………………………………… 212

第4章　天地会会党と演劇 ………………………………………………… 215
　第1節　天地会と粤劇俳優 …………………………………………… 215
　　Ⅰ　李文茂（李雲茂）……………………………………………… 216
　　Ⅱ　瓊花会館 ………………………………………………………… 219
　　Ⅲ　戯船［紅船］…………………………………………………… 222
　　Ⅳ　八和会館 ………………………………………………………… 228
　第2節　天地会入会式における演劇上演 …………………………… 232
　　Ⅰ　洪門大会 ………………………………………………………… 235
　　Ⅱ　中堂教子 ………………………………………………………… 236
　　Ⅲ　橋辺飲水 ………………………………………………………… 239
　　Ⅳ　定国斬関〔奸〕………………………………………………… 240
　　Ⅴ　打道〔倒〕鉄龍陣蘇羅 ……………………………………… 241
　第3節　天地会の戯曲 ………………………………………………… 243
　　Ⅰ　六国封相 ………………………………………………………… 243
　　Ⅱ　趙少卿 …………………………………………………………… 248
　　Ⅲ　九環刀濺情仇血 ……………………………………………… 261

総結　中国の秘密結社と皇帝権力 ……………………………………… 266

附録Ⅰ　青幇主要人物伝記資料 ………………………………………… 271
附録Ⅱ　潮州歌冊『呉忠恕全歌』8巻 ………………………………… 301
参考文献目録 ……………………………………………………………… 406
あとがき …………………………………………………………………… 409
索　　引 …………………………………………………………………… 413
英文目次 …………………………………………………………………… 431

中国の秘密結社と演劇

上　篇

青幇と演劇の関係

第1章

「青幇」の沿革と組織

第1節　明清時代の漕運

Ⅰ　沿　革

　青幇とは，明末清初に北京から杭州に至る大運河の漕運に従事した水手や下層の官兵が作った結社を指す。

　まず，その淵源は，明朝滅亡時に崛起した反清復明運動にあるという。陳国屛『清門考源』（再版）自序は，次のように説明している。

　　愛新覚羅氏が中国内地を占拠して以来，明代の遺老で，反清復明に従事する者は，あまねく天下に広がった。天地会は，すなわちこの種の革命団体の一つである。清門の翁祖，銭祖は，原来，天地会の会員だった。潘祖もまた翁・銭の縁故によって，天地会に加入している。その後，三祖は，一部の天地会会員と，一部の旧羅祖教徒を基礎として別に，安清道友会，清水会，清門教などという会を組織した。その目的は，反清に外ならない。清廷の圧制がきわめて厳しかったため，宗教の名を借りて仲間を集め，ついに禅宗の臨済の一支派に依付して煙幕を張り，それによって清廷の注意を避けたのである。これは皆，清門教が未だ糧米幇と結合する以前の史実である。糧米幇は，各地の漕運の船夫と民丁の職業組合であり，康熙年間に起こった。久しく治河官吏の圧搾に苦しんだため，翁銭潘三祖が初めて利を以て彼らを誘導し，革命の発展を謀ったのである。並びに清門の教義によって統治し，彼らのために幇を立て，礼節を規

定した。その時は，まだ糧米幇と自称していたが，幇外の人は，常に「安青」と呼んでいた。道光5年6月，御史の汪世紱が上奏して，「各幇の糧船の舵工・夫役人らには，三教なるものが存在している，一は潘安，二は老安，三は新安という」と称したが，実は誤りである。安青は，幇を区別するだけであって，（祖先を共有する）家は，分けてはいない。信仰（団体）としては一つである。老安，新安というのは，老糧船と新糧船（先進幇と後進幇）を指して言っているもので，3つの宗派に分かれているわけではない（ただし，これには別の説がある，後述）。所謂，朱・劉・黄・石の四小祖は，皆な民族革命の激烈分子であり，しばしば反清運動を起こした。陶仲明の弟子の王祖（正紀，道号慧明）は，最もよく糧米幇の人才を吸収し，清門の教義を輝かし，嘉慶年間に，山東滑県で起義した。不幸にしてやがて撲滅された。糧米幇は，孫祖慧本の支持のおかげで，波及を免れたが，これより以降，民族革命の意義は，隠晦して彰われなくなった。これはすなわち殊に慨嘆すべきである。漕運の盛んだった時，安青には，併せて128幇半があった。太平軍が興って後，東南では，官有の糧船が朽壊し残破して，漕運は，停滞した。光緒18年に至って，漕運は再開されたが，（官船が使えなくなったため）民船を雇用せざるを得なかった。128幇半の中，なお活動できるものは，ただ，江淮泗・興武六・興武四・嘉興衛・嘉海衛・嘉白の6大幇を残すだけであった。光緒29年，糧米は海運によることになり，やがて，部議により，「銀両で京師に送る」ことに改められて，漕運は，ついに廃止された。一般の在幇の先人は，そこで別に他種の職業を探し，旱碼頭孝祖の弁法によって，清門系統を前進継続させた。おおむね甲午より後は，民族革命運動が日ごとに台頭し，清門は，ついに哥老会と合作し，ともに清廷の統治を転覆することを謀った。ゆえに辛亥の光復に，清門は武力で貢献しているのである[1]。

---

1) 陳国屏『清門考源』（再版）自序
溯自愛新覚羅氏入拠諸夏，明代遺老，従事反清復明者，遍于宇内。天地会，即為此種革命団体之一。清門之翁祖，銭祖，原為天地会会員，潘祖亦因翁銭之故，而加入天地会。其後，三祖即以一部分天地会会員，一部分旧羅祖教徒為基礎，另行組織一安清道友会。

ここには，明末清初以来の青幇の歴史が語られている。これを時期区分して示すと次の通りである。

(1) 潜伏時代（明末清初）

明朝が滅亡し，清朝の支配が開始されて以来，反清復明の組織は地下に潜伏したが，反清の遺志は継承された。

(2) 三祖時代（康熙）

康熙年間，南方の糧米を京師の官僚，辺境の軍隊の食糧として大運河を利用して北方に運ぶ糧米船の制度が設けられたが，これを運用する河川管理の官僚から圧制を受けて苦しんでいた舵工，水手などの間に，禅宗臨済派の翁祖・銭祖・潘祖の3人が一部の天地会の会員を基礎として起こした清門教（安青）が広まった。

(3) 糧船幇時代（雍正—乾隆）

水運の全盛時代，清門教三祖は，糧船を128個の幇に組織し，漕運は安定していたが，密かに反清復明の思想が広まっていく。

(4) 散発蜂起の時代（嘉慶）

嘉慶年間には，陶仲明，王正紀らの蜂起事件が起こったが，いずれも短期に鎮圧され，挫折の時代が続く。陶仲明は，河南滑県の人，経前幇，智字派，王正紀は，清門教教主。山東滑県の人，済前幇，慧字派，民族英雄と記される。

(5) 太平天国の時代（道光）

清水会，清門教等，其目的仍不外于反清。因清廷圧制綦厳，乃借宗教相号召。遂自附于禅宗，臨済之一支以為煙幕，藉避注目。此皆清門教未与糧米幇結合以前之史実。糧米幇係各地漕運船夫民丁之職業的組合。起于康熙年代。久困于治河官吏之圧榨，翁銭潘三祖始利導之以謀革命之発展。並以清門教義治之。為之立幇。規定礼節，其時仍以糧米幇自名。幇外人恒以安青称之。道光五年六月，御史汪世紱奏称，「各幇糧船舵工夫役人等，設有三教，一曰潘安，二曰老安，三曰新安。」其実非也。安青分幇不分家。原為一教。其称老安，新安者，係指老糧船，新糧船，先進幇，後進幇而言，非分為三教也。所謂朱劉黄石四小祖，皆為民族革命之激烈分子，屢作反清運動。陶仲明弟子，王祖（正紀）道号慧明，尤能吸収糧米幇人才，光大清門教義，於嘉慶年代，起義山東滑県，不幸旋被撲滅。糧米幇雖以孫祖慧本之支持，免于波及，但自此以降，民族革命之意義，隠晦不彰，此則殊可慨嘆。漕運盛時，安青共有一百二十八幇半，太平軍興後，東南官有糧船朽壊残破。漕運停滞，至光緒十八年，漕運重開，乃不得不雇用民船。一百二十八幇半中，猶能振興者，祇剰江淮泗・興武六・興武四・嘉興衛・嘉海衛・嘉白六大幇而已。光緒二十九年，糧由海運。旋部議，改作銀両解京，漕運遂廃。一般在幇前人，乃另図他種職業。以旱碼頭孝祖辨法，使清門系統向前継続。蓋自甲午而後，民族革命運動，日益抬頭。清門遂与哥老会合作，共謀推翻清廷之統治，故辛亥之光復，清門与有力焉。

大運河を利用する水運が止まり，官船が放置されて朽壊する。

（6）水運復興〔光緒 18-28 年〕

この時期，水運が再開したが，かつての 128 帮のうち，再開できたのは，わずかに 6 帮だけだった。官船が使えず，民船を雇用して運営した。

（7）旱碼頭〔陸上生活〕の時代〔光緒 29 年以降〕

光緒 29 年，水運を海運に改め，水運は廃止。次いで，海運もやめ，銀両解京の制度となって，現物水運は完全に廃止。在帮者は，陸上の職業に転じる。このころ革命気分の昂揚を受けて青帮は，天地会系の哥老会と合流し，武力闘争に入る。辛亥革命に貢献した。

以上，総合すると，青帮は，「安青」の略称で，禅宗臨済派の秘密結社で，水運労働者の団体であり，反清復明の思想を持ち，水運が廃止されて，陸上に上がっても宗教結社としての結束を維持し，反清運動，辛亥革命に貢献した，ということになる。若干，補足すると，青帮は，清代の人，翁祖（諱は福）・銭祖（諱は岩）・潘祖（諱は清）の三祖（第 4 代）を奉じるが，さらにさかのぼる明代の始祖として，羅祖（諱は潤），金祖（諱は純），陸祖（諱は逵）の三祖（第 2-4 代）を奉じる。そのため，羅教と呼ばれることもある。また，自らの集団を「家」と言って，宗族を擬制しており，祠を家廟と言い，系図を家譜とよび，同族に倣って，世代ごとに輩行字を充てて，尊卑関係を明示している。上下関係が厳しい組織と言える。

以下では，さらに，その活動を個別案件を通して見てゆくことにする。

Ⅱ　水　手[2]

上に見るように，青帮は水運糧船の水手を基盤に成立し，その組織は，「一舵の船」など，船の用語を使っている。この清朝の内陸水運を担った水手については，多くの資料を総合すると，以下のような特徴を持っていたとされる。

　①水手は，華中の米を華北の官僚や軍隊に輸送する糧船を操作する

2）　星斌夫『明清時代交通史の研究』（山川出版社，1971）301，350 頁。

役割をになっていた。

②糧船は，水路沿いに置かれた衛所を基地とし，船隊群として組織されていた。これを糧船帮といった。

③水手は，衛所ごとにその付近の住民から役務として採用されたが，役務の銀納が進むにつれて公募制で雇用される者が増え，無籍の棍徒や浮浪の子弟が雇用されるようになった。

④糧船は，常に盗賊船（水賊）の襲撃の危険にさらされており，これを防ぐために船内に武器を蓄えていた。水手は，これによって自ら武装していた。

⑤水手は，自らの武装を背景に非合法的な活動を行った。特に正式の糧米の他に，私物を持ち込み，密売して私利を謀る者が多かった。特に専売制下にあった塩を私的に入手して密売する私塩売買が横行した。上司が摘発逮捕しようとしても，武器を持って抵抗した。

⑥水手は，糧船が水面結氷で動けない時に，上陸して民家を荒らし，財物を強奪することがあった。

⑦水手は，非合法活動の危険を相互扶助でカバーするため秘密に結社を作った。結社としては羅祖を祖師とするいわゆる青帮が独占的地位を占めた。

⑧青帮は，清門とも呼ばれ，明初に創設されて以来，反清復明の反権力的色彩を帯びていた。これも水手の反権力的な非合法活動に対応していた。

⑨羅祖の結社には，3つの流派があった。江蘇浙江の老安派，潘安派，安徽北部の新安派である。この3派は勢力争いを起こして互いに武器を持って殺し合いの闘争を演じた（前述の陳国屏の説とは異なる）。これも治安を乱す行為で，官僚から警戒された。

⑩青帮は，民国時代まで，24世代，続いたが，新中国成立により，犯罪集団として処断され，廃絶に至った。

Ⅲ　制度の変遷

以下の資料に基づき，次節以降，その歴史を略述する。

1. 組織

図・上1-1　糧船図
(『清門考源』初版本［1936］に拠る)

　清代を通じて，水運を担当する糧船は，衛所を拠点として，幇別に組織されていた。次の通りである（『清門考源』再版本)。下線は清末まで残存して青幇の基となった有力六幇を示す。

江蘇省
　江淮頭頭，江淮二，江淮三，<u>江淮泗</u>，江淮五，江淮六，江淮七，江淮八，江淮九，蘇州前，蘇州後，鎮江前，鎮江後，江陰前，江陰後，揚州頭，揚州二，揚州三，淮安二，淮安三（計20幇，船1629隻）

浙江省
　嘉白，処州前，処州後，紹興前，紹興後，台州前，台州後，温州前，温州後，寧波前，寧波後，湖州頭，湖州二，湖州三，杭州二，杭州三，<u>嘉海衛</u>，金衛，海寧所（計21幇，船1361隻）

常州府：河川
　常州頭，常州二，常州三，常州四，常州五，常州六，常州七，常州九，滞河前，滞河後，住宅，太倉前，太倉後，清浦，大河頭，大河

二，大河三（計18幇，船1369隻）

松江府

　興武頭，興武二，興武三，<u>興武四</u>，興武五，<u>興武六</u>，興武七，興武八，興武九（計9幇，船699隻）

2. 糧船

糧船は，大量の米を積むため，帆を2本，または3本立てる巨船であった（図・上1-1）。

3. 水手

糧船の乗組員が，水手であるが，彼らは気が荒く，とかく，喧嘩沙汰が多かった。幇ごとに船団を組んで航行したが，幇同志も仲が悪く，しばしば，械闘が起こっていた。

以下，その実態を記録から探ってみる。

第2節　水手の行動

I　糧船水手の械闘

　まず，上記の各幇の間に利害対立が生じて，紛争となる場合があった。『例案全集』巻10「糧船水手禁帯鳥鎗，及楚省杭州幇酌量間隔，勿使連絡」（糧船水手は，鳥鎗を帯びるを禁ずる，および楚省と杭州幇は，酌量に間隔し，連絡せしむる勿れ）の一文に次のように言う。

　　康熙57年9月初7日，准す。倉場を総督する，阿錫鼐が咨文で報告した前事に関する件，これは，閏8月初5日に督部が摺を具して啓奏した前事の中で開陳した事件です。8月27日に，押運湖広幇船，襄陽府通判の章衡が次のように報告してきました。すなわち，「湖広の漕船が，本月23日に，天津の北30里の蔡家口地方に行ったところ，たまたま，空船で帰還する杭州幇船を見つけた。双方口論となり，杭州幇船の舵工・水手は，船を馬蹄湾地方に停止させ，排列して陣形を作り，一斉に水面を塞いで（扯），旗のような形を作った。双方は，ともに戦いとなった。それぞれ武器を振り回し，銅鑼を鳴らして相手の進路を遮った」ということです。この報告がもたらされると，臣はすぐに行動を開始して，調査に出向き，次の

ことが分りました。「湖北の3幇，合計225隻の船団が，8月23日に，天津20里の南倉地方に行ったところ，空船で拠点に帰る途中の杭州「右衛後」の幇船60隻を発見した。双方の船が衝突し，口論の挙句，それぞれ鳥銃（火縄銃）と剣・戟を振り回して，戦闘となった。杭州幇船は人が少く，太刀打ちできなかったため，船団はすぐに南下して退去した。杭州幇の水手の供述によると，2人を殺傷し，屍体は焼いた，という。湖北幇は，23日に，蔡家口地方に行き，また空船で拠点に帰る途中の杭州前衛の前後2幇，合計107隻の船団を発見した。杭州幇の水手は，早くから湖北幇と杭州幇の戦闘の情報を聞き知っていて，妻子を陸上の村落に身を隠させ，馬蹄湾地方に停泊して，船を相互に連結させ，陣形を作った。船頭と船尾は，いずれも木板で覆って防護した。湖北の幇船の水手・舵工は，引き下がらず，各官と管轄者は，24日に，1000有余人を集めた。各人，鳥銃・剣戟などの武器を手に，馬蹄湾地方に向かった。空船で衛所に帰る途中の大河衛の幇船4隻を拿捕して，連絡用の軽便船とし，杭州幇船の水手・舵工と互いに闘争して，20余名に傷を負わせた。25日に，湖北の水手は，また復仇を目的に，800余人を集め，また馬蹄湾に赴き，互いに1回打ち合った」ということです。坐糧の後，内閣侍読学士，布瞻は，知らせを聞いて急いで駆けつけ，天津総鎮の馬見伯と会同して杭州の回空幇船を催促して急いで南下させました。湖北の大型船は，強制して通州に到達させました。臣は，すぐに急いで，先頭に立って騒ぎを起こした頭舵・水手を逮捕し，通永道に引き渡して厳格に審理させた外，その他の水手は，もし全員を逮捕して裁判に掛けたならば，空船で拠点に帰る幇船が必ず遅延するであろうと思い，とりあえず，逮捕を免除し，彼らに操船をゆだねて南下させました。押運・通判などの官は，別に上奏して処分の対象にする他に，臣らは，査察した結果，湖北・杭州は，互いに仇敵の関係になっていて，毎年，出会うとすぐに闘争になることがわかりました。臣は，また訪ねて，浙江の幇船の舵工・水手は，半分は，羅門邪教から出た人で，結束が固いことがわかりました。湖広と杭州の両船幇の頭舵・水手は，凶悪なことで知られております。また各省が各幇を連接させて並んで航行させるこ

とで，その勢力が甚だ大きくなって，ことあるごとに騒ぎを起こす結果になるのです。況んや鳥鎗は，皇帝の命令で携帯を禁止されている物ですのに，該地方の官は厳禁せず，舵工・水手が気ままに携帯するに任せております。臣らは，そこで文書を総漕・浙江巡撫・湖北巡撫に送り，これらの凶悪舵工・水手をことごとく懲罰し，別に良民を募集し，操船をゆだねることにさせたいと思います。またこの2省の幇船を連接して一緒に航行させず，浙江の幇船は，江南の船の中に挿入させ，湖広の幇船は，江西幇のうちに組み入れて，彼らの勢力を孤立弱体化させ，闘争を止めさせたいと願っています。鳥鎗および羅門邪教を禁止することについては，臣らは，従前の部議で奉旨を奉じたところを，逐一，文内に記載し，総漕並びに浙江湖広巡撫に知らせて遵行させれば，よろしいかと存じます。閏8月初7日摺奏し，本日，「了解した」旨のご回答をいただいた[3]。

　ここには，浙江の杭州前衛，前幇と後幇（前掲の杭州一，杭州二に該当）と湖北の3幇との械闘の経緯が詳細に書かれている。100隻，200

3）　康熙五十七年九月初七日，准，総督倉場，阿錫廟咨前事，本年閏八月初五日，本督部具摺啓奏前事内開，八月二十七日，有押運湖広幇船，襄陽府通判，章衡報称，湖広漕船，于本月二十三日，行至天津進北三十里之蔡家口地方，遇見回空杭州幇船，彼此口角，而杭州幇船之舵工・水手，将船住割馬蹄湾地方，排列陣勢，斉扯半旗，状同打仗。各挑器械，鳴鑼截路，等情，到臣。臣随即起身，前往査得。湖北三幇，共船二百二十五隻，於八月二十三日，行至天津二十里之南倉地方，遇見回空杭州右衛後幇船六十隻。彼此相撞，因而角口，各挑鳥鎗剣戟，相打一仗，因杭州幇船人少，不能対敵，船即南下。当拠杭州幇水手供称，殺傷二人，屍俱焚化，等語。湖北幇于二十三日，行至蔡家口地方，又遇見回空杭州前衛前後両幇，共船一百七隻。杭州幇水手，早已聞知打仗信息，将伊妻子蔵躱村庄，住割馬蹄湾地方，将船互相連絡，擺列陣勢，船頭船尾，俱用木板遮護，而湖北幇船水手・舵工遂不服，各官管轄于二十四日，聚集千有余人，各執鳥鎗剣戟器械，前赴馬蹄湾地方，将回空大河衛幇船四隻，搶做脚船，与杭州幇船水手・舵工互相打仗，傷人二十余名。于二十五日，湖北水手又欲復仇，聚集八百余人，又赴馬蹄湾，互相打仗一次。坐糧庁布瞻，聞信即星火前往，会同天津総鎮馬見伯，将杭州回空幇船催趕南下。湖北重船押運抵通。臣随後，趕至将倡率起釁之頭舵・水手拿獲，交与通永道確審外，其余水手，若尽行拿審，則回空幇船必致遅誤，是以暫免提拿，令其撐駕南下。其押運通判等官，另疏題参外，臣等査得；湖北・杭州両省幇船于三年前曽経角口，因而彼此成仇，毎年遇見，即行打仗，臣又訪査；浙江幇船舵工・水手半出羅門邪教人，衆心斉其，湖広杭州両幇頭舵・水手，凶悪尤著，又因各省連幇並行，以致其勢甚大，毎多生事。況鳥鎗係奉旨禁止之物，該地方官並未厳禁，一任舵工・水手恣意携帯。臣等，則行文総漕浙江巡撫・湖北巡撫将此等凶悪舵工・水手尽行責懲，另募良民。令其撐駕。又将此二省幇船，不使連幇並行，其浙江幇船，分夾江南船内，湖広幇船，分夾江西幇内。使彼此勢孤力薄，庶免争鬧。至于禁止鳥鎗及羅門邪教，臣等将従前部議奉旨之処，一併載入文内，知会総漕並浙江湖広巡撫遵行，可也，等因，于閏八月初七日摺奏，本日奉旨。知道了。

隻という糧船が対戦し，水手たちが火縄銃を主兵器に戦闘し，多数の死傷者を出すという凄惨な抗争が繰り返されたことがわかる。船首や船尾を木板で囲って防禦したり，同乗していた妻子を陸上に上げて，隠れさせたり，知恵を絞って戦っている。水手を監督する立場にある総漕，旗丁などは，戦闘を座視するだけで，禁圧に乗り出すこともできなかったという。それだけ，水手たちの腕力が強かったからであろう。彼らは殺人犯，傷害犯で逮捕され，裁判で判決を受けている。『例案全集』巻10，「糧船械闘，殺傷多命，各官処分」に次のように当事者の供述を記す。「刑部顕参するの事たり，該本部は，吏兵二部院寺を会同し，会し看て得たるに，署総督倉場事務の阿錫鼐らの題参に湖広・杭州各帮の頭舵・水手の闘殺一案あり。強制して訊問した」（以下，各人の供述を列挙する）。

○湖広黄州衛3帮の糧船，頭工劉漢章を尋問して得た供述は，次の通りである。

　私は旗丁雷羅潘に雇われた者です。私たちは，積み荷を積んだ糧船を運航し，武清県南倉地方に行き，帮の先頭として船を泊めました。そこに杭州帮の高国槓が衛に帰る空船の糧船で，私たちの重い船にぶつかってきて，殴打しました。意外にも，彼らは大勢で，弓箭や火縄銃で，乱打しました。私たちの船上の人も火縄銃や，木槓などを取って，かけつけて殴打しました。日が暮れたので，解散しました。24日に，襄陽衛2帮の朱大髯子が繆二・趙四・李二を連れて4人でやってきて，私たちに戦うように言い，後について駆けつけて1回，殴り合いをしました。25日にまた杭州帮の人と1回打ちあった末，朱大髯子らは，ともに杭州帮の人に打ち殺されました。去年8月22日に，私たちが杭州帮と喧嘩した時，旗丁雷羅潘は船上にいましたが，喧嘩に加わったかどうかは，人が多かったために，目撃していません。また別に旗丁たちが相談して水手たちを指揮したわけはなく，今，旗丁は湖広帮におります。

○杭州右衛後帮，舵工高国槓を尋問して得た供述は，次の通りである。

　私は，旗丁楊綸に雇われたものです。楊綸は，通州で米を引き渡し，私たちは空船で帰途に就きました。南倉地方まで行き，私の船

上では，水手の徐大が竿を使って船を進めていましたが，湖広 3 幇
の積み荷を積んだ船とぶつかりました。彼らの船上の人，劉漢章が
水手の人などに命じて徐大を殴り倒させました。私たちも船を相手
の船に接着させて，湖広幇人と殴り合いました。後に私たちの船の
水手が「我が方の幇内の人が箭を放ち，相手に命中した」という声
が聞こえました。私は，恐ろしくなって，すぐに船を相手から放し
ました。湖広幇人は，また岸上から追いかけて来て，私たちの船上
に向かって火縄銃を乱射しました，この時，鄭国章の表弟小劉四が
火縄銃に当たって死にました。徐大も打たれたのがもとで，その晩
に死にました。24・25 の両日については，彼らがどのように闘っ
たか，私は知りません。

○杭州前衛前幇，頭工呂大年を尋問して得た供述は，次の通りであ
る。

　私は，旗丁陸起に雇われた者です。私たちの船が馬蹄湾に停泊して
いた時，湖広幇の人が弓箭，火縄銃などの武器を持って，私たち後
幇の船を襲ってきました。後幇の船上の人，陳起龍，薛公亮が趙玉
を連れてやってきて，私に話しました。私はすぐに彼らとともに湖
広幇の人と 1 回，喧嘩をしました。25 日に，またもう 1 回，やり
ました（他の箇所は高国槙の供述と同じ）。

○次に杭州前衛前幇，水手，趙玉を尋問して得た供述。

　私は係旗丁白弘に雇われた者です（これ以外は，高国槙の供述と同じ）。

○次に杭州前衛後幇，旗丁張聡，船上頭工薛公亮を尋問して得た供述。

　いずれも呂大年の供述と同じ。

○杭州前衛前幇，旗丁白栄，船上舵工陳起龍を尋問して得た供述。

　私たちの船が馬蹄湾に停泊していた時，湖広幇の人が弓箭・火縄銃
などの武器を持って，後幇の船を襲ってきました。私の娘も当たっ
て河に撃ち落され，おぼれ死にました。私は，趙玉・薛公亮ととも
に呂大年を誘いにゆき仲間たちを連れて，湖広人と闘いました（他
は呂大年の供述と同じ）。

　以上，各自が自供内容を認めた。湖広幇と杭州幇の頭舵・水手が，
船が衝突し，口論になったという些細なことから，大勢の仲間を集
めて，喧嘩となったのである。それぞれが火縄銃や弓箭などの武器

を持ち，連続3日，闘争して人を殺傷したのは，はなはだしく国の法秩序を犯すことである。通常の闘殴殺人律に照らして罪を論ずるのは適当でない。湖広帮の首謀者，朱大鬍子・繆二・趙四・李二らは，その場で殺されており，杭州帮で率先して仲間を糾合した陳起龍・薛公亮は，自供後，収監中に病没しており，ともに罪を論じないこととして除外する外，湖広帮の劉漢章，杭州帮の高国槙・呂大年・趙玉などは，均しく「故殺律」に照らして斬刑に充て，収監を経て，秋審後に処決する。逐一別々に訊問して供述を得た湖広帮頭工田魁，水手王大孫，強児，舵工徐万良は，いずれも喧嘩には参与していないと言っているが，帮全体が武器を持って3回も闘争を行っているのに，彼らが仲間に助勢しないはずはない。張問志が供述後に病没して，罪を論じないのを除外して，田魁・王大孫・強児・徐万良・鄭国章・小王・王二・王士・魯国祥・宋起孺らは，いずれも特赦の援用を許さず，まさに「凶徒因事忿争，執持凶器傷人者」に依り，辺衛に発して軍に充てるの律を適用すべきである。僉要して辺衛に発して軍に充て配所に至らしむ。それぞれ責めること四十板とする[4]。

---

4) 刑部為顕参事，該本部，会同吏兵二部院寺，会看得署総督倉場事務阿錫鵁等，題参湖広杭州各帮頭舵・水手闘殺一案。夾訊，拠湖広衢州衛三帮糧船，頭工劉漢章供：我係旗丁雷羅潘所雇的人，我們重運糧船，行至武清県南倉地方，頭帮泊船。有杭州帮高国槙回空糧船，揌着我們的重船，殴打。不意，他們聚衆，用弓箭鳥鎗，乱打。我們船上的人也拿鳥鎗，木槙等械，趕去殴打，因天晚，散了。二十四日，有襄陽衛二帮之朱大鬍子同繆二・趙四・李二四人来，向我們説了，随趕去打了一次。二十五日，又与杭州帮人打了一次，朱大鬍子等倶被杭州帮人打死了。去年八月二十二等日，我們与杭州帮打架之時，旗丁雷羅潘是在船上的，他曾否同去，因人多，我不曾看見，並不是旗丁等商謀率衆，今旗丁現在湖広等語。夾訊，拠杭州右衛後帮，舵工高国槙供，我係旗丁楊綸所雇的人。楊綸在通州交来我們空船回去。行至南倉地方，我船上水手徐大撐船行走。揌着湖広三帮重船，他們船上人劉漢章就叫水手人等将徐大打倒。我們也会了船，与湖広帮人打架。後我聴見我們船上水説，我們帮内人放箭射着人了。我懼怕，就将船開行了。湖広帮人又従岸上趕来，向我們船上用鳥鎗乱打，時将鄭国章之表弟小劉四中鳥鎗死了。徐大被打，当晩也死了。二十四五両日，他們如何打架之処，我不知道，等語。夾訊，杭州前衛前帮，頭工呂大年供：我係旗丁陸起所雇的人，我們船住在馬蹄湾，湖広帮人持弓箭鳥鎗等械，来将我們後帮船打了。後帮船上人陳起龍，薛公亮，同趙玉来対我説了，我就同他們去打湖広帮人一次。二十五日，又打了一次。是寔余処倶与高国槙同。夾訊：杭州前衛前帮，水手趙玉供，我係旗丁白泉所雇的人，余処与高国槙同。夾訊：杭州前衛後帮，旗丁張聡，船上頭工薛公亮，倶与呂大年供同。夾訊：拠杭州前衛前帮，旗丁白栄，船上舵工陳起龍供，我們船住馬蹄湾，湖広帮人持弓箭鳥鎗等械，来将後帮船打了，因我的女児也被打下河去，淹死了。我同趙玉・薛公亮去邀呂大年帯領衆人，与湖広人打架，是寔余処与呂

第1章　「青幇」の沿革と組織　　17

　さらに，これら水手を監督すべき地位にあった糧船運営の官員に対しても，責任追求と処罰が行われた。前文に続く判決文に，次のように記す。

　審理の結果は，次の通りである

〇杭州前衛前幇，随幇官，趙綸章らから得た供述では，「私たちは，通州で，回空限単を受け取りに行き，喧嘩の現場を見ておりません。26日に，私は文を奉じて空船を押運して南に帰って行きました。別に喧嘩を禁止しなかったわけではありません」と言っているが，しかし，彼らが管轄する頭舵・水手が仲間を集めて殺し合いをするのを，禁止できなかった。また，殺された人を調べて上級に報告しなかった。外部の千総趙綸章・張嘉猶・万浩，いずれも無職の官員に委ねるべきではなかった。また恩赦の援用を許さず，同伴人が他人を謀殺しようとしてするに際して，すぐに抑止して急場をしのぐこともせず，殺害されたあとも，自ら報告しなかった場合は，杖一百に処する律に従い，杖一百とし，それぞれ四十板に換算して処罰すべきである。

〇千総，熊炳らから得た自供では，「私が，喧嘩を止めに行って見た時，どうにもならない状況で，烏合の衆は，云うことを聴かず，すぐに喧嘩を始めました」と言っている。

〇また，湖広襄陽府の漕船通判，章衡から得た自供では，「私はすぐに各幇の千総に漏れなく警告を伝え，闘争を許さないと言いつけました。一方では地方官に報告し，一方では自ら通州に行き，倉場の大人，および坐糧庁に報告しました。同時に調べに基づき，殺された人の人数を詳細に報告しました」と言っている。

〇慣例を調べたところ，官員の部下への統制が厳格でない場合は，

大年供同。各自行招認，湖広杭州幇頭舵・水手因挪船角口細事，即聚衆相打。各持鳥鎗弓箭等械，一連三日，闘殺傷人，大干法紀。不便照尋常闘毆殺人律擬罪。除湖広糾衆為首之朱大鬍子・繆二・趙四・李二当場被殺身死，杭州幇為首糾衆之陳起龍・薛公亮取供後，在監病故，均不議外，湖広幇之劉漢林，杭州幇之高国槙・呂大年・趙玉均照故殺律擬斬監候，秋後処決。逐一分別夾訊湖広幇頭工田魁，水手王大，孫強児，舵工徐万良，雖倶供，並不曾同去打架・等語，但合幇持械相闘三次，而伊等豈無助毆之処。除張問志取供後病故，不議外，田魁・王大孫・強児・徐万良・鄭国章・小王・王二・王士・魯国祥・宋起孺，倶不准援赦，合依凶徒因事忿争，執持凶器傷人者，倶発辺衛充軍律，応僉妻［要］発辺衛充軍。至配所，各責四十板。

一級降格させて任用するとある。今，湖広幇の領運千総，熊炳，陳偉，呉宗煦らは，闘殺の次第，および殺された人の人数を，押運通判の章衡に報告したが，しかし，平生，水手たちを統制することができず，事件が起こっても禁止できずに仲間を集めて，闘殺に至らしめた。この例によって罪を議するのは適当ではない。よって千総熊炳，陳偉，呉宗煦らを，運官が統制を行わず，丁を放任して民を殴殺させた例に照らして，免職とする。

○押運通判の章衡は，押運の全責任を負っている。22日，両幇が闘殺した時に，理として厳禁を命令し，重運を保守し，争いの起きたわけを，関係衙門に急報すべきであったのに，勝手に職務を離れて，公務と称して通州に赴き，24・25両日，多数の殺傷事件を招いた。日頃も統制を怠り，事件に直面しても放任し，事が起こるに至るや，また通州出張に仮託して，巧みに責任逃れをした。まさに襄陽府押運通判，章衡は，職務怠慢の例によって免職とすべきである。（中略）

杭州幇の旗丁楊綸，湖広幇の旗丁雷羅潘らに雇われた人たちが，火縄銃や弓箭を持って殺しあい，多数の死者を出した。まさに重きに従って罪を問うべきである。ただし旗丁らは，いずれもすでに帰ってしまっていて，闘段で喧嘩の主役を演じたか否かという点については，まだ供述を取っていないので，急いで嫌疑をかけるのは適当でない。文書を漕運総督に送り，楊綸・雷羅潘ら各旗丁を，喧嘩を主導したかどうか，喧嘩の時に船にいたかどうか，逐一厳しく審理して，罪を擬定して具題し，その時期の到来を待って結論を出すべきである。

康熙58年9月20日，旨を奉じた。劉漢章，高国槙，呂大年，趙玉は，いずれも原議通りに斬刑とし，収監して，秋審後に処決すべきである。その他は，原議による[5]。

5）　審拠杭州前衛前幇，随幇官，趙綸章等，雖供：我們俱，在通州領回空限単，並不曾看見相打，二十六日，我奉文押空船回南去了。並非我不行禁止等語，但伊等所管頭舵水手聚衆闘殺，並不能禁止，又不知将被殺之人査明呈報，不合外委千総趙綸章・張嘉猷・万浩，俱係無職之員，亦不准援救，応照和同伴人欲行謀害他人，不即阻当救護，及被害之後，不首告者，杖一百律，応杖一百。各折責四十板。拠千総，熊炳等供，我去攔阻看時，無如烏合之衆，不聴吩咐，就打起架来，等語。又拠湖広襄陽府通判，章衡供，我当即遍伝諭各幇千総，吩咐

これによって，次の点が明らかになる。

①糧船は，衛所を根拠地とする「幇」ごとに船団を組んで行動した。その規模は，100隻から200隻に及ぶ。

②糧船は，官員が指揮して運航した。最高責任者は，押運通判で，各船には文官の旗丁が数名，武官の千総が数名，配置されていた。

③実際に船を舵で操作したり，艪で漕いだり，竿で押したりして前進させる役として，舵手や水手が大勢雇われていた。彼らは，旗丁によって個別に雇われていた。

④水手は，妻子をともなって乗船していた。

⑤糧船は米を積んでいる時は，重量が重くなるので「重船」と呼ばれ，米を北方の指定地点で下ろしたあとは，「空船」と呼ばれた。空船は，南下して拠点の衛所へ帰ってゆく。

⑥糧船幇は，操船上のトラブルを起こし，衝突などの場合には，気の荒い水手が武器を執って喧嘩し，死傷者が出ることがあった。

⑦水手間の闘争は，海戦であり，飛び道具が使われた。清代では，弓矢の他に火縄銃が主要な武器となった。

⑧開戦に当たって，妻子を陸上に避難させる場合もあった。

⑨戦闘は，双方が，火縄銃や弓箭を使って戦ったため，死傷者が多数出た。

⑩糧船に同乗していた旗丁，千総などは，水手の械闘を禁止できず，放任する外はなかった。

⑪清朝政府は，事件を放置できず，関係者を拘束して，裁判に掛けた。械闘を主導した主犯の水手は，斬刑に処せられ，これを放任し

不許打架，一面報明，地方官，一面親至通州，報明倉場大人，并坐糧庁，随拠報，将被殺之人数，詳報等語，査定例内，官員約束不厳，降一級調用，等語，今，湖広幇領運千総，熊炳，陳偉，呉宗煦，雖将闘殺情由，及被殺人数，報明押運通判章衡，但平日不能約束，臨事又不能禁止，以致聚衆闘殺，不便照此例議処，拠此照将千総熊炳，陳偉，呉宗煦，照運官不行約束，縦丁殴斃民命例，革職。通判章衡，押運是其崗責，二十二日，両幇闘殺，該通判理応厳行禁飭，保守重運，将起釁情由飛報該管衙門，乃擅離職守，仮公赴通，以致二十四・五両日，殺傷多命，平日既不行約束，臨時又任意縦容，迫至事発，復借赴通，巧于脱卸，応将襄陽府通判章衡，照溺職例革職。（中略）杭州幇旗丁楊綸，湖広幇旗丁雷羅潘等所雇人等，互持鳥鎗弓箭相殺，致死多人，応従重治罪。但旗丁等倶経回去，曾否闘殴有無為首打架之処，倶未取明口供，不便遽行懸擬。応行文漕運総督将楊綸・雷羅潘等各旗丁有無為首打架，打架時，曾否在船，逐一厳審，定擬具題。到日另結，等因。康熙五十八年九月二十日，奉旨，劉漢章，高国楨，呂大年，趙玉，倶依擬応斬着監，候秋後，処決。余依議。

た押漕通判，千総は，降格または免職となった。主犯の水手を雇っ
た旗丁はさら重罪を科せられたらしい。

Ⅱ　羅教とのつながり

次に，水手の悪行と羅教とのつながりについて，『乾隆大清会典則例』
巻43は，次のように述べる。

　およそ各省の漕運水手は，多く邪教を崇拝し，仲間を大勢集めて凶
行に及んでいる。1人が呼べば100人が応ずるほど組織化されてい
た。近年以来，闘争で多くの人を傷害したり，塩店に強盗に入った
りして，居民から財物を強奪し，種々，凶悪な行為を働く。その蔓
延は，拡大させるべきでなく，すみやかに懲罰すべきである。汝ら
督撫は，すぐに所属各衛所に厳命し，今後，糧船においては，本軍
内において操船を能くする者を募集して舵工，水手に充て，無籍の
人を雇ってはならない。さらに邪教を厳禁させよ[6]。

ここに言う邪教とは，明清の民間宗教結社，白蓮教の一派，羅教を指
す。『大清実録』道光5年3月の条にいう。

　また諭す。御史銭儀吉の奏称に拠ると，浙省の糧艘の水手は，近
年，新たに老安派，潘安派などの名目を立てた。それぞれが様々に
人集めをして，事あるごとに事件が起きている。このたび，両教
は，互いに敵視して殺し合った。その署撫の奏する所に留まらず，
新船に乗ることを争って，戦端が開かれ，水手らが嘉興西麗橋の水
次で，殺し合いをするに至った。2月初4日より，初7日までのこ
とである。この教などは，朱墨で顔を塗り分けて，それぞれ目印と
し，刀を持って激しく闘い，昼から夜に及ぶも，解散しなかった。
逃げて岸に上がった者がいると，すぐに登岸して追いかけて切っ
た。通りがかりの客船も，みな停止させられ，捜索を受けた。手足
を切断されて河に投げ込まれた者もいる。殺された者は，数十人に
留まらない。それに道を歩いていた人で，争いを避けきれずに誤っ
て斬り殺された者もいると聞いている。数日間，城門はことごとく

6）　凡各省漕船水手，多崇尚邪教，聚衆行凶，一呼百応，邇年以来，或因争闘傷害多人，
或行劫塩店，搶奪居民。種々凶悪，漸不可長。亟宜懲治。爾該督撫。即厳筋所属各衛所，嗣
後，糧船，務於本軍内擇其能撑駕者，充当頭舵工，水手。不許雇募無籍之人，更厳禁邪教。

閉ざされ，この府県の水軍も，座視するだけで無策だった。兵役なども，誰一人として船に上がって犯人を逮捕しようとした者はおらず，また両者に解散命令を出した事実もない[7]。

この老安派，潘安派というのは，羅教の仲間だという。『宣宗聖訓』巻81，道光5年6月壬戌の条にいう。

軍機大臣等に上諭す。御史王世紱の奏に，諸防の糧船の水手，教を設けて銭を斂むるの流弊一摺あり。称に拠ると，各幇の糧船の舵［手］・水［手］には，3つの教が設けられている。一つは潘安といい，一つは老安といい，一つは新安という。祀る所の神は，名を羅祖という。毎教のうちに，それぞれ主教がいる。老官と名付ける。毎幇に老官船1隻があり，羅祖を供奉している。その教に入る者は，身を投じて老官を拝して師とする。各船の水手は，連名で入会料を援助する。三教を合計すると，4–5万人を下らない。遠途の牽手は，この数に含まない。水手の賃金は，先例では1両2銭を越えないことにしてあったが，近年，旗手を脅して，毎名，二三十千文（2–3両）を要求している。船が前後，連なって前進している時，突然，前進をやめて停船し，老官が一枚，溜子と称する紙切れを出して通知し，賃金の増額を要求すると，旗丁は，それに従わざるを得ない。沿途で牽手を雇おうとすると，必ずかつての械闘で怪我をした者を，頭目に押し立てて，強談判し，もし闘争となれば，紅い箸を合図に，仲間が立ちどころに集まってくる。新安教が，最も匪徒が多い[8]。

---

7) 又諭。拠御史銭儀吉奏称，浙省糧艘水手，近年新立有老安教，潘安教等名目。糾衆紛々，毎易滋事。此次両教讐殺，不僅如該署撫所奏，因争駕新船，起釁。至水手等在嘉興西麗橋水次，闘殺。係自二月初四日起，至初七日止，該教等朱墨塗面，各為標認。持刀凶闘，昼夜不散。有逃逸上岸者，即登岸追斫。過往客船，倶被攔截，搶擊，或断截手足，投諸河流。傷斃不止数十人。且聞，有行人走避不及，誤遭兇斃者。数日内，城門尽閉。該府県営汎，坐観無策。兵役等，無一人上船会拏。並無曉諭解散之事。

8) 上諭軍機大臣等，御史王世紱奏，請防糧船水手，設教斂銭流弊一摺。拠称，各幇糧船舵・水設有三教。一曰潘安，一曰老安，一曰新安。所祀之神，名曰羅祖。毎教内，各有主教。名曰老官。毎幇有老官船一隻。供奉羅祖。入其教者，投拝老官為師。各船水手聯名資助。統計三教，不下四五万人。沿途牽手，尚不在此数。水手雇値，向例不過一両二銭，近年挾制旗丁，毎名索二三十千不等。及衛尾前進，忽然停泊，老官伝出一紙，名曰溜子，索添価値。旗丁不敢不従。沿途招雇牽手，必推曾経械闘受傷者，為頭目。遇有争闘，以紅箸為号，人即立聚。新安一教，尤多匪徒。

このように，前述の老安派，潘安派というのは，新安派を含めて，三教を構成し，ともに羅祖を信仰していたことがわかる。糧船は，強盗の襲撃を防ぐために武器を備えていた。それがかえって災いして，不逞の水手を武装させる結果を招いた。彼らは，武器を持ち，相互に殺し合いの喧嘩をしたり，上陸して沿岸居民の村を荒らして財物を強奪したりした。糧船には，水手を監督する役人（官役，旗丁など）が乗船していたが，乱暴な水手には，彼らも手が出せず，その暴挙を座視するだけだったという。

Ⅲ　反清復明 ── 民族英雄（反清義士）

『清門考源』再版本（口絵1の左），第12章，《家廟伝録》7家譜の条に，輩行字順に，法，能，仁，智，慧，本，来，自，性，円，明，行，理各字輩に属する人物を排列して記している。その中で，慧字，本字，来字，自字，性字の世代に，「民族英雄」，「反清義士」，「反清健将」と記されている人物が12名，見出される。いずれも嘉慶年間の人物である。以下にこれを記す。

1. 慧字輩
   ○王正紀：清門教教主，山東渭県，済前幇弟子，民族英雄
   ○冉文元：八卦教頭目，四川重慶，済右幇弟子，反清義士
   ○冷天禄：八卦教頭目，安徽寿州，正陽衛弟子，反清健将
2. 本字輩
   ○朱毛俚：明室後裔，江西南昌，興武六弟子，民族英雄
3. 来字輩
   ○方栄升：湖北黄陂，興武四弟子，民族英雄
   ○鍾　継：山東済南，嘉興衛弟子，民族英雄
   ○宿再興：皖北宿州，双鳳幇衛弟子，民族英雄
4. 自字輩
   ○性空：常州天慶寺方丈，江蘇上元，鎮前幇弟子，民族英雄
   ○洪泰鈞：広西桂林，杭海幇弟子，民族英雄
   ○蘇蘭奇：回回教徒，甘粛渭源，蘭山半幇弟子，民族英雄
   ○胡文耀：清水会首領，福建厦門，台前幇弟子，民族英雄
5. 性字輩

第1章　「青幇」の沿革と組織　　23

○張宗禺：別号，小閣王，皖北頴州，鎮前幇弟子，民族英雄

以上のうち，『清史稿』に記録のある人物は，冷天禄，朱毛俚，方栄升，蘇蘭奇らである。

以下にその記録を示す。

【冷天禄】『清史稿』列伝巻132，英善伝

（嘉慶元年）達州の奸民，徐天徳らは，胥役の暴虐に憤り，太平，東郷の賊，王三槐，冷天禄らと連合して蜂起した。英善は，兵500を率いて掃討に急行した[9]。

【冷天禄】『清史稿』本紀巻16，嘉慶4年

癸未，勒保は，教匪の冷天禄を殲滅するように上奏し，勅許を得た[10]。

【朱毛俚】『清実録』仁宗，巻297，嘉慶19年9月21日

この案は，逆首朱毛俚が大胆にも光天化日の下にありながら，潜かに謀叛の志を懐き，謡詞を捏造し，また龍の紋様の憑票を製造して木版にし，匪党を偽の官職に封じた，実に罪大にして悪極まれることである。……朱毛俚は，先にすでに福建浦城に赴いた。……浦城一帯にあって，もし誘われて仲間に入る者があれば，残らず逮捕せよ。一人も逃がしてはならい。その犯人，朱毛俚がもし捕まった場合には，その督はすぐに駅伝によって奏上するとともに，役人を派遣して身柄を江西に送らせ，事件として裁判に掛けよ。この犯人が謀叛を決意した後，いつから民衆を煽動し始めたのか，武器を製造して隠してある場所はないか，徹底して究明せよ[11]。

【方栄升】『清実録』列伝巻130，百齢伝

---

9)　【冷天禄】清史稿，列伝巻132，英善伝

（嘉慶元年）達州奸民徐天徳等，激于胥役之虐，与太平，東郷賊，王三槐，冷天禄等，並起。英善率兵五百馳剿。

10)　【冷天禄】清史稿，本紀巻16，嘉慶4年3月

癸未，勒保奏滅教匪冷天禄，得旨，

11)　【朱毛俚】清実録，仁宗，巻297，嘉慶19年9月21日

此案，逆首朱毛俚，胆敢於光天化日之下，潜蓄逆謀，編捏謡詞，造作龍文憑票木戮，偽封匪党官職，実属罪大悪極。……朱毛俚先已前往福建浦城，……其在浦城一帯，如有被誘入夥者，並著一併査拿。不可一名漏網，該犯朱毛俚，一経就獲，該督即一面由駅奏聞，一面防派員弁押解江西。帰案審弁，該犯起意謀逆，其煽惑始於何時，有無造作器械窩蔵之処。均応徹底根究。

（嘉慶19年）江南の莠民は，反逆の言を散布し，百齢に言及している。「厳しく捕縛せよ」という詔勅が下った。20年，首犯と従犯，方栄升ら，150人を捕らえ，すべて法に照らして処置した[12]。

【蘇蘭奇】『清実録』宣宗，巻4，嘉慶25年9月20日

斌静らが奏上した。逆犯の蘇蘭奇らが，衆を聚めて事を起こした。以前に色普徴額が，100余名を掃蕩または生け捕りにしたが，残りの衆，200余名は，すでに卡（卡倫城）の外に逃げてしまった（カシュガル）[13]。

以上の記事を見ると，これらの「民族英雄」を「逆犯」「教匪」「賊」などと呼び，非常に警戒し恐れて，逮捕に全力を挙げている。その結果，すべて逮捕されて処刑されている。嘉慶の頃になると，青幇は，武装蜂起を始めていることがわかる。また，八卦教の頭目，冷天禄を「教匪」と呼んでいるから，官僚側は，逆犯を宗教結社と見ていたこともわかる。

Ⅳ　糧船の運営と水手の行動

以下では，まず，明清時代の水手の実態を検討する。

漕運労働を担った水手集団については，星斌夫『明清時代交通史の研究』（山川出版社，1971）に分析がある。それによると，清代中期頃から，反社会的性格が増してきたという。例えば，『皇朝文献通考』巻43，漕運規則にいう。

○雍正2年，また諭す。漕船が貨物を包攬したり，私塩を夾帯したり，火器を私蔵したりすることを禁ずる。事案が起これば，漕運総督と，安徽巡撫に下して議論させ，本条項を施行させる[14]。

ここに貨物を包攬するというのは，商人の依頼を受けて，ひそかに私

---

12)　【方栄升】清史稿，列伝巻130，百齢伝。
（嘉慶19年）江南莠民散布逆詞，連及百齢，厳詔責捕。20年，獲首従方栄升等百五十人，並抵法。
13)　【蘇蘭奇】清実録，宣宗，巻4，嘉慶25年9月20日
斌静等奏，逆犯蘇蘭奇等，聚衆滋事，前経色普徴額，剿斃並生擒一百余名。余衆二百余名，已竄出卡（卡倫城）外。
14)　雍正2年，……又諭，禁漕船包攬貨物，夾帯私塩，私蔵火器，下漕運総督，安徽巡撫議行。（星書351頁）

第 1 章　「青幇」の沿革と組織　　25

貨を糧船に積み込み停泊地で売りさばいて利益を上げる「密売」を請け
負うことを指す。また，私塩を夾帯するというのは，専売制度の統制品
である塩を密売商人から仕入れて，密かに船内に持ち込み，停泊地で売
りさばく行為を言う。また火器を私蔵するというのは，船内に盗賊防禦
のために銃を勝手に隠し持つことを指す。これは略奪に使ったり，他派
との械闘，上司への反抗などに使うためであったと思われる。

　次に，『清実録』雍正 3 年 6 月丙戌の条に言う。

　○また，糧船中に火礟，烏鎗，火薬を持つ者がいると聞く。彼らは皆
　　な合幇を聯合し船団を結成して行くのだから，盗賊を畏れる必要は
　　ないのに，火礟，烏鎗は，いかなるところに用いるのか。すべて厳
　　禁させるようにせよ[15]。

　ここで火礟といっているのは，小型の大砲。烏鎗は長い槍を指す。盗
賊の襲来に備える名目で所持するように見えるが，督撫は，彼ら自ら，
居民からの財物略奪に使う恐れを懐いたのであろう。次の雍正 4 年の
記事も同じである。

　○雍正 4 年 4 月甲子，糧船の中では，火礟，烏鎗を所持することを
　　許さない。違反者は，烏鎗を私蔵する例に照らして，治理する。
　　（同前，雍正 4 年 4 月）[16]

　次は，糧船内での紛争，停泊中の上陸，強盗殺人など，水手の悪行を
述べる。

　○雍正 7 年 5 月甲子，また昔年のように，浙江，湖広の 2 省の糧船
　　では，私忿私怨によって，刀や戈を持って争い，多数の死傷者を出
　　すに至っている。また以前から，たまたま空船での帰路，結氷にぶ
　　つかって待機する時に，水手の要求に屈して自由行動を容認し，そ
　　の結果，彼らが公然と停泊地周辺を略奪し，居民を傷害する事態を
　　招いている。これ皆なともに知る所である。それゆえに数年以来，
　　内外の臣工から，旗手の不法を上奏すること，数百件を下らない。

───────────
　15)　又聞，糧船中有帯火礟，烏鎗，火薬者。伊等皆合幇結隊而行，不畏盗賊。火礟，烏
鎗，安所用之。著通行厳禁。（星書 351 頁）
　16)　雍正 4 年 4 月甲子，……糧船之中，不許帯火礟，烏鎗。違者，照私蔵烏鎗例，治
理。（同前，雍正 4 年 4 月）（星書 351 頁）

（同前，雍正 7 年 5 月）[17]

　監督者が私塩密売を摘発して罰しようとすると，武器を振り回して抵抗する者さえいたという。『乾隆会典則例』巻 43，回空禁例に，次のように言う。

　　雍正 2 年，題準，回空の糧船で，私塩を持ち込み，査察にも服従せず，武器を持って逮捕を拒むものがいる。10 人以上か，以下か，人を傷つけているか，いないかを区別し，主犯か従犯かによって，律に従って罪を処理せよ。私塩ではなく，単なる喧嘩や巻き添えであっても，主犯か従犯かを区別して，律によって罪を決めよ[18]。

　この時，水手が凶暴で，監督者を殴って傷を負わせることさえあったという。『清実録』（嘉慶 23 年 10 月）に言う。

　　嘉慶 23 年 10 月乙酉，また諭す。御史費内章の奏，糧艘積弊を除くことを請う一摺，糧船の水手らは，衆を恃み，慣例に違反して私貨を船に積み込み，私塩を所持している。甚しきは，沿途に仲間を集めて喧嘩を挑むものさえいる。必ず厳しく懲罰を示さなくてはならない。その御史の奏に拠ると，本年 5 月の間に，浙江温後幇の水手艾三らが，山東の虎頭湾閘で，銭文を要求して，運弁や幇役を殴り負傷させたという事件が起きた。漕運総督，山東巡撫に命じて厳命して緊急に逮捕させ，事件を審理して事実を明らかにし，律に従って断罪せよ。（『清実録』嘉慶 23 年 10 月）[19]

　水手はまた，通過地点で，暖を取る薪にするためか，樹木を伐採したり，橋を壊したりする不法を働いたという。

　○［康熙］61 年，題準。糧船の船頭，舵手，水手に官柳を伐採したり，つり橋を壊したり，堤の杭を抜いたり，河川工事用の材木を堀

　17）　又如昔年，浙江，湖広二省糧船，因私忿小怨，遂致操戈持戈，殺傷多命。又従前偶値回空守凍，遂致縦容水手，公然搶奪，擾害居民。此皆衆所共知者，是以数年以来，内外臣工，条奏旗丁不法者，不下数百紙。（星書 351 頁）
　18）　雍正 2 年，題準，回空糧船，夾帯私塩，不服盤察，持械拒捕者，分別十人上下，及傷人，不傷人，各按首従，依律治罪。其雖無私塩，但闘閧，闘殴者，亦分別首従，依律治罪。（『乾隆会典則例』巻 43，回空禁例）（星書 351-352 頁）
　19）　嘉慶 23 年 10 月乙酉，……又諭，御史費内章奏，請除糧艘積弊一摺，糧船水手等，倚恃人衆，違例装載貨物，夾帯私塩，甚至沿途糾夥尋闘。必応厳弁示懲。拠該御史奏，本年五月間，浙江温後幇水手艾三等，在山東虎頭湾閘，勒索銭文，殴傷運弁，幇役之事。著漕運総督，山東巡撫厳防上緊査拏。審明，按律治罪。（『清実録』嘉慶 23 年 10 月）（星書 352 頁）

第 1 章 「青幇」の沿革と組織   27

り出したりする者がいる。厳しく罪を問い売価を賠償させよ。押運
の官弁，および地方の文武各官には，いずれも処分を与えよ。（同
前，漕運雑禁）[20]

　これらも，冬場の結氷期に船が動けずに待機する間，寒さに堪えず，
暖を取るために燃料になる木材を強奪した事件であろう。水手たちは，
手段を選ばず，暴挙をほしいままにしていたことがわかる。次は，停泊
中に上陸して強盗を働いた事件である。

　○［康熙］61 年，また題準。水手仲間が多数，陸上で強盗を働いた。
　　10 人以上で武器を持っていた場合は，首犯は，強盗律に準じて罪
　　を断じ，従犯は 1 等を減じる。10 人以下で，武器を持たなかった
　　場合は，強盗律に準じて断罪する。事件の首尾に関与した運軍，お
　　よび頭工，舵手で，事件を隠して自首しなかった者は，強盗の贓物
　　隠匿律に準じて，それぞれ断罪する[21]。

　水手たちは武器を持って強盗に入る悪質なものであるが，官の末席に
連なるため，強盗律そのものを適用せず，準拠に止めている。次は，山
東省に停泊待機していた糧船の水手による強盗事件である。

　○雍正 2 年閏 4 月辛卯，聞くところによると，前歳の冬，糧船が結
　　氷で動けずに待機中，山東地方で，水手が強盗を働き，居民の安寧
　　を擾乱したということである。去年の回空でも，また，百姓の衣物
　　を強奪したと聞いている。この暴挙はみなはなはだしく法紀を犯す
　　ものである[22]。

　水手が衣服を狙うのは，やはり寒さを防ぐためであろう。次は燃料を
奪う事件である。

　○［雍正］13 年，諭す。朕が聞くに，南方の浜江の両岸は，多くは
　　蘆洲であって，民間では，蘆葦を洲上に積んで貯め，これを売って

---

　20)　［康熙］61 年，題準，糧船頭，舵水手有砍伐官柳，折毀牽橋。抜椿掘埠者。厳提治
罪，估価追賠。押運官弁及地方文武各官，並加参処。（『欽定大清会典則例』巻 43，漕運雑禁）
（星書 353 頁）

　21)　［康熙］61 年，又題準。水手夥衆，搶奪。十人以上執持器械者，首犯照強盗律治罪。
為従減一等。十人以下，無器者，照搶奪律治罪。出結之運軍，及頭工，舵手容隠不首，照強
盗窩主律，分別治罪。（星書 353 頁）

　22)　雍正 2 年閏 4 月辛卯，聞前歳之冬，糧船守凍，在山東地方，竟行搶奪。擾害居民，
去歳回空，又聞，強取百姓衣物，此妄行皆大干法紀。（星書 353 頁）

生活しているとのことである。而るに江蘇湖南および江西の各幇の漕船が，長江から根拠地に帰る時に，不法の水手がいて，蘆柴堆積の処に遇うごとに，大勢の仲間を集めて，蜂のように集団で上陸し，力づくで奪取する。洲民がこれを阻み，口論や殴り合いになる。ひどいのになると鶏鴨などの物を強奪する者もいる。小民は，勢を畏れて，争わない。水手の横暴はかくのごときである。運弁は，本幇の糧船の内に坐して見ていて，どうして知らないなどといいわけができようか。督運の糧道，押運の府佐に至っては，衆幇を統括する立場だと言っても，また当然注意して稽察すべきなのに，どうして放置して騒ぎを大きくさせるのか。(『嘉慶会典事例』巻171，漕運雑禁)[23]

以上のように，水運の盛んだった康熙，雍正，乾隆時代，不逞水手の横行は目に余るものがあったが，漕運総督，旗丁などの監督者は手を束ねて座視するだけであったことがわかる。

その漕運幇の組織は，衛所を拠点に江南全土に及ぶ広大なものであった。

第3節　陸上の糧船幇と水手

I　水運の廃止

道光年間に入ると，上海—天津間の海運が開かれ，糧米の運搬も徐々に内陸の水運から沿海の海運に移るようになる。これによって，水手は失業し，拠点の衛所に上陸して，またここで仲間を糾合し，集団の力で非合法活動を展開するようになる。陸に上がっても水運拠点に依拠して活動したので，これを「旱碼頭（水のない埠頭）」と呼ぶこともある。

これについて，『清稗類鈔』《会党類》，〈哥老会〉の条に次のように言

---

23)　［雍正］13 年諭。朕聞。南方浜江両岸，多係蘆洲。民間将蘆葦堆貯洲上，売以度日。而江楚及上江各幇漕船，由江経回，竟有不法水手。毎遇蘆柴堆積之処，輒糾集多人，蜂擁上岸，恃強奪取。洲民攔阻，動輒毆冒。甚至有強取鶏鴨等物者。小民畏勢，莫敢与較。水手肆行如此。運弁即坐本幇糧船之内，安得推為不知。至督運之糧道。押運之府佐，雖云統轄衆幇，亦当留心稽察，何得任其多事。(『嘉慶会典事例』巻171，漕運雑禁)（星書354頁）

う。

　　また青幫というものがある。その徒は，もと皆な漕運を業としてお
　　り，一年中，糧船に住み，船が北上する時には，ひそかに南貨を積
　　み込んで密売し，船が南下する時には，北貨を積み込んで密売して
　　いた。所謂，糧船幫なるものがこれである。ある時期，糧食の運搬
　　が内陸の水路から沿海の海路に改められてから，旧来の漕船の水手
　　や舵手は衣食に困るようになり，そこで秘密に会を結び，私塩を販
　　売するのを仕事にするようになった。またもっぱら賭博や詐欺で稼
　　ぎ生計を立てる者もいた。江蘇省，浙江省に多く，中でも淮州，徐
　　州，海州などが特に盛んだった。皖北（安徽省北部）にも存在した。
　　この派は，安慶道友とも呼ばれた。哥老会の別派である。その成立
　　から今まで，すでに 20 余世代を経ており，きまった系統があって
　　「清浄道徳，文昌武発，能忍知悔，本耐之心，原明心理，大通悟学」
　　などの 24 字を輩行秩序としているという。その道の情報を交換し
　　合い，輩行は組織化されて，相互に密切な関係によって，協力しな
　　がら世上に横行した。ゆえにおよそ失業の游民や，浮浪の子弟は，
　　その利便性を買い，その庇護を利用して，先を争って互いに追随し
　　入会する。朝に師を拝し，夕に徒を収める勢いで入会式が相次ぎ，
　　次々に拡大して，漠として限度も見えない状況になっている[24]。

　ここに見えるように，水運時代の不法水手は，水運の廃絶によって，
失業して陸にあがり，水運時代から手がけてきた私塩の密売，賭博，詐
欺などで生計を立てた，という。不法行為で生計を立てる一方，明末以
来の「滅満復明」を旗幟に革命運動を指向していた。

Ⅱ　糧船幫の残存 ―― 旱碼頭

　水運時代に 128 幫もあった糧船幫は，水運の停止によって，活動を

　24）『清稗類鈔』《会党類》，〈哥老会〉：又有曰青幫者，其徒本皆以運漕為業，歳居糧船，
船北上時，夾帯南貨，南下時，夾帯北貨，所謂糧船幫者是也。既改海運，艱於衣食，乃秘密
結会，以販私塩為業，亦有専以賭博及詐欺取財度日者。江浙為多，淮，徐，海尤盛，皖北亦
有之。亦曰安慶道友。為哥老会之別派。聞其成立至今，已二十余伝。有一定統系，以「清浄
道徳，文昌武発，能忍知悔，本耐之心，原明心理，大通悟学」等二十四字為序。道情相通，
輩行既合，即有密切之関係，可以相率横行。故凡失業游民，浮浪子弟，輒喜其便捷，利其庇
護，乃逐争相依附，朝拝師，夕収徒，輾転拡充，而漫無限制矣。

停止し，道光，咸豊年間には，江淮泗，興武六，興武四，嘉興衛，嘉海衛，嘉白の6大幇しか残らなかったことは，前述の陳国屛再版本自序の述べるところである。陳国屛は，この記事に対応して，第12章《家廟伝録》7，家譜の条に，水運停止の咸豊年間から清朝の末期，光緒年間までの上記6大幇の人名を列挙している（ただし，嘉興衛を欠く）これによって，水運の停止によって職を失った糧船関係者が幇の組織を残存させながら，どのような職業に就いたかを見ることができる。

Ⅲ　水運時代の組織・職業の継承

　以下，これを，幇ごとにまとめて示す。この時期は，輩行字派の上では，円明行理の4世代にあたるが，その前の4世代（乾隆末から道光まで）の人物で目立つものを合わせてあげておく。ただ，陳国屛が挙げる6大幇のうち，嘉興衛だけは，この清末家譜から漏れている。理由は不明であるが，民国期の家譜には，嘉興衛は，記載されているから，清末家譜での，記載漏れと思われる。嘉興衛は，松江府嘉定県を拠点とし，嘉興府内から糧米を仕入れた小幇であった。以下，6幇のうち，嘉興衛を除く5幇につき，①江淮泗，②興武四，③興武六，④嘉海衛，⑤嘉白の順に記載する。

　（1）江淮泗（表・上1-1）

　水運時代，蘇州閶門外の太子碼頭を拠点とした。無錫で糧食を仕入れた。諸幇の中で最も格が高く，常に筆頭に書せられる。陸上時代に入っても，水運の職業を継続するメンバーが最も多く，保守的，伝統的な幇であった。

　（2）興武四（表・上1-2）

　松江府青浦県および溧陽県を拠点とする。松江で糧米を仕入れた。後に陸上時代に入って，興武六に次いで，上海租界の青幇の中核を担う。

　（3）興武六（表・上1-3）

　水運時代は，蘇州閶門外の大師碼頭を拠点とした。本来，江淮泗から分かれて独立したもの。松江九幇の中に帰属した。興武四と同じく。松江府を管轄区域とし，ここで糧米を仕入れた。その糧米を，蘇州阜閶門外に集積した。この幇が陸上時代に入り，上海青幇の中核となる。

　（4）嘉海衛（表・上1-4）

蘇州太子碼頭を拠点とする。浙江省嘉興府石門桐郷2県で糧米を仕入れた。蘇州の老牛寺に集積した。

（5）嘉白（表・上1-5）

嘉興白糧幇の略称。浙江省秀水県を拠点とする。蘇州盤門外にも停泊拠点を持つ。秀水，石門，嘉興，桐郷，平湖，海塩など浙江7県から糧米を仕入れた。白糧とは，白米を指すとすれば，宮廷用の高級米を専門に調達して都に運ぶ役割を担っていたと思われる。この幇から，陸上時代に上海青幇に入った人物は，皆無である。幇としての矜持があったためと見たい。

以下は，6大幇には入っていないが，咸豊の表に記載されており，また，後述の民国時代の表との連続性を考えて，記載しておく。

（6）鎮前（表・上1-6）

鎮江府の丹陽，桐渓2県から糧米を仕入れた。その船を「天子船」と称した所を見ると，皇帝用の糧食米を調達して運んだものと推測する。

（7）双鳳（表・上1-7）

蘇州閶門外二擺渡と常州東門外大馬頭に拠点を持つ。蘇州と常州宜興県から糧米を調達した。3年間に2回，調達した。1年は，蘇州から，もう1年は，常州から，交替で仕入れた。蘇州が足りなければ，常州で補い，常州で足りなければ蘇州で補った。それでも足りなければ，宜興，荊渓両県から調達した。これも高級米であろう。

以上，7幇，合計128名，職業別の数字を各幇別に示す（表・上1-8）。

陳国屏氏がこの記録を書いたのは，青幇に残っていた『家譜』によったものである。陳氏がこの本を書いた民国28年（1939）には，この表の人物は，すでに鬼籍に入っており，聞き書きを取ることは不可能であった。家譜の記載も簡単なものであったらしく，師弟関係などは書かれてない。

これによってみると，128名中，54名，42％の人が，領船，船行，船業など，相変わらず水運に関わる仕事を続けていることがわかる。政・官は，水運関係者の上層部が，転身したものであろう，42名，32％の人が，水運から離れて，官僚や政党人に転身したことがわかる。これらの人は，水運から離れたといっても，水運関係の行政を担当していたものも多いと思われる。水運の54名と合わせて，96名。74％が，

表・上1-1　青幇人物表【江淮泗】乾隆―咸豊―光緒（清門考源再版本）

字　輩	氏名（号）	原　籍	職　　業		
			水　運	政・官	民　間
本字輩 来字輩 自字輩 性字輩	1 朱晏春	江蘇揚州	領幇当家		
円字輩	1 劉殿彬	揚州江都	領船		
	2 黄瑞生	安徽六安			耕読
明字輩	1 張振升	揚州	領船		
	2 高玉林	江蘇金陵	領船		
	3 賈雲沢（寛亮）	安徽寿州		学界	
行字輩	1 劉振標（錫鈞）	江蘇甘泉県荷花池	香火船当家		
	2 李春和	浙江杭州北関	領船		
	3 劉松亭（金鏞 劉標）	江蘇睢寧県→揚州荷花塘	領船		
	4 宛紹連	江蘇南京城内	船業		
	5 楊成（同玉）	江蘇淮安高郵邵伯鎮		前清四品都司	
	6 李振	直隷故城鄭家口			標［鏢］行
	7 王鴻泉（岐山）	浙江紹興城内		軍界	
	8 徐孟公	江蘇錫山蟠龍集			商界
	9 朱鎮（光普）	江蘇揚州	船行		
	10 孫顕（光祖）	安徽合肥		学界	
理字輩	1 張喬年	江蘇揚州東営	領船		
	2 張振（華昌）	江蘇揚州城内校場東西胡同		府署課長	
	3 梁道徳（守一）	山東陽穀県小梁荘			修道
	4 梁万有	梁萬有江蘇丹徒県北梁荘	蘆草灘碼頭管渡		
	5 潘益三	江蘇宿遷県貓児荘		前清貢生	
	6 李懐	江蘇揚州江都県		馬快班頭	
	7 張政（連樵）	江蘇揚州江都県			商界
	8 程玉華	江蘇沛県			商界
	9 劉瑞年	山東滕県		軍界	
	10 徐徳（松海）	江蘇常州城内五雀橋街		政界	
	11 陳鳳歧	安徽五河県南三十里余陳集			商界
	12 朱徳玉（文華）	河南懐徳		府署課長	
	13 劉得勝	江蘇宿遷県小南門		前清庠生	
	14 周洪熙（星五）	山東東昌府→上海		商界	
理字輩	15 白発成（春美）	河南帰徳城内閣龍街		学界	
	16 張鳳林（紫山）	江蘇徐州南関		理堂領正	
	17 張鳳嶺（梧崗）	安徽南宿鉄仏寺	船行		
	18 黄福（玉春）	江蘇淮雲→大伊山			商界
	19 宋秉家	江蘇揚州十字街		政界	
	35 名		12 名	13 名	10 名

第1章 「青幇」の沿革と組織　　33

表・上 1-2　青幇人物表【興武四】乾隆—咸豊—光緒（清門考源再版本）

字　輩		氏名（号）	原　籍	職　業		
				水　運	政・官	民　間
本字輩 来字輩 自字輩 性字輩	1	方栄升	湖北黄陂		民族英雄	
円字輩	1	蔡文挙	江蘇揚州甘泉県	領船		
明字輩	1	魯士瀛	山東兗州滕県魯家寨		前清進士	
	2	魯景賢	山東兗州嶧県		政界	
	3	秦公（乙衡）	山東汶上県		政界	
	4	戴玉芝（戴二光棍）	直隷玉和県油坊鎮	領船		
行字輩	1	孟伝斌（万福、外号大漢）	山東東昌→江蘇徐州		前清漕標管帯	
	2	陳振祥	南京金陵	領船		
理字輩	1	趙俊武	江蘇鎮江県城内	船行		
	2	孫耀先	安徽廬州		学界	
	3	孫松泉（永祥、人称孫五大爺）	山東武定→江蘇江都県漕関外		江都甘泉両県都快	
	4	趙金栄（華亭）山東済寧東関外安福街				商界
	5	葛樹徳	江蘇鎮江	船行		
	6	夏明順	江蘇尚遠県	八幇小糧船当家		
		14 名		6 名	7 名	1 名

表・上 1-3　青幇人物表【興武六】乾隆—咸豊—光緒

字　輩		氏名（号）	原　籍	職　業		
				水　運	官　僚	民　間
本字輩	1	朱毛俚（明室後裔）	江西南昌		民族英雄	
来字輩 自字輩 性字輩						
円字輩	1	馮徳功	安徽→江蘇松江	領船		
明字輩	1	戴玉清	山東兗州泗水県戴家納房	領船		
行字輩	1	郭玉林（蒿岩）	江蘇徐州→江都		政界	
	2	周鐘会	山東済南西関		軍界	
	3	趙宝山	江蘇淮安府趙家溝村	領船		
	4	呉鳳歧	山東済南	船領		
理字輩	1	張振先（善庭）	江蘇揚州小北門外紫竹林			商業
	2	宋守本（道生）	安徽定遠県→江蘇清河			茶商
	3	趙宝元（捷三）	山東滕県→南京	領船		
	4	袁亨	南京			商界
	5	袁広玉	江蘇揚州仙女廟二道橋		軍界	
	6	朱標	江蘇紫陽→江都淮安三叉河	船行		

字輩		氏名（号）	原籍	水運	政・官	民間
理字輩	7	王振華	江蘇紫陽県			商界
	8	曹広平（蘭圃）	天津営口関帝廟前			商界
	9	沈佑全（原名盛泰）（幹臣）	江蘇揚州東関			商界
	10	閻有富	山東滕県利国駅村		軍界	
	11	沈淦（人称沈二太爺）	江蘇江都県			商界
	12	馮占魁	安徽鳳陽府			商界
		19 名		6 名	5 名	8 名

表・上1-4　青帮人物表【嘉海衛】乾隆―咸豊―光緒

字　輩		氏名（号）	原　籍	職　業		備　考
				水　運	政・官	民　間
本字輩 来字輩 自字輩 性字輩 円字輩	1	耿紹華	浙江紹興	領船		
明字輩	1	古鴻	江蘇淮安清河県	領船		
	2	黄守法	江蘇鎮江→山東済南			米行
行字輩	1	陸文	江蘇沛県→清江平閘口	船行		
	2	陳広源	安徽合肥県西郷毛竹園村			鏢行
	3	郭永徳（明清）	江蘇甘泉県	船行		
	4	閻清（茂勝）	山東曲阜県城内			商界
理字輩	1	姜廷枢（乙恒）	江蘇清河県十里長街六吉巷		県署刑房書班	
	2	劉緒昌	江蘇清河県本街	船行		
	3	黄金盛（建廷）	江蘇清河県			商界
	4	壬昌	江蘇銅山県	船業		
	5	曹元	江蘇清河県		県署書班	
	6	陳徳有	山東臨清→江蘇清河	船行		
	7	明秀	江蘇徐州羅祖廟住持	僧人		
	8	李太	安徽合肥県	領船		
	9	鄭長発（江海）	江蘇銅山県		県署礼房長課	
	10	張茂林	浙江紹興府城東十里陳家崗			商界
	11	胡傳序	江蘇	船行		
	12	孔紀泰	南京城内			商界
	13	李通漕	山東	船行		
	14	王虎山（来清）	安徽亳州→上海		理門公所領正	
		21 名		11 名	4 名	6 名

第1章 「青幇」の沿革と組織　　35

表・上1-5　青幇人物表【嘉白】乾隆—咸豊—光緒

字　輩		氏名（号）	原　籍	職　　業		
				水　運	政・官	民　間
本字輩 来字輩 自字輩 性字輩	1	胡秉輝	河南開封	領幇当家		
圓字輩	1	趙仁祥	江蘇淮安山陽県	腰船当家		
明字輩	1	郝占魁	江蘇淮安	領船		
	2	鄧龍標	河南帰徳	領船		
行字輩	1	李振鐸	江蘇淮安養善県湖嘴鎮	領船		
	2	王永成	江蘇揚州三叉河		前清武探花	
	3	王永清	江蘇清江	領船		
	4	朱雲起	山東滕県→江蘇沛県	領船		
	5	李蘭斎	南洋星加坡			商界
	6	張幼中（鈞衡）	江蘇呉県→上海			商界
	7	郭汝成	江蘇無錫県	領船		
	8	王宝恩	山東滕県台児荘	船行		
	9	李隆	江蘇淮安山陽県太陽口	領船		
	10	陸鴻有（鴻儀）	安徽省城四牌楼街→蕪湖		耕読	
理字輩	1	張永貴（玉庭）	山東済陽県大柳荘		清三品遊撃	
	2	鄭広法（嵩岩）	山東嶧県台児荘	船行		
	3	方殿元（捷三）	江蘇清江県楊荘鎮	老堂船当家		
	4	方三傑（恩元）	安徽霊壁県		貢生	
	5	杜範侯（之洪）	江蘇光江陰県		政界	
	6	陳万有（貫三），外号，陳五爺	山東魚台県→清江大碼頭	船行		
	7	王鴻昌	山東臨清県西南18里江家村	船行		
	8	張垂恩	福建福州→星嘉坡			商界
	9	楊鴻典	安徽合肥	船行		
	10	趙如蓮	江蘇→山東済南	水師営哨官		
	11	盧洪飛（来源）	南京通南門外		政界	
	12	蔡俊生（興公）	江蘇沛県			商界
	13	辛虎臣	河北倉県	水路鏢行		
	14	楊棟信	江蘇宜興県		軍界	
	15	王乗宜	江蘇沛県楊荘閘			農界
	16	張広泰	未詳			職業未詳（商業）
	17	王永年（太平）	江蘇銅山県城内下窪街			職業未詳（商業）
	18	楊棟臣	山東嶧県		政界	
32 名				17 名	8 名	7 名

上篇　青幇と演劇の関係

表・上 1-6　青幇人物表【鎮前】乾隆―咸豊―光緒

字　輩		氏名（号）	原　籍	職　業		
				水　運	政・官	民　間
本字輩						
来字輩						
自字輩	1	性空（常州天寧寺方丈）	江蘇蘇州上元県		民族英雄	
性字輩	1	張宗禺（別号，小闖王）	安徽皖北穎州		民族英雄	
円字輩						
明字輩						
行字輩	1	趙宝山	江蘇桃源県南門外趙家大溝	糧船当家		
理字輩	1	厳有富	山東滕県→江蘇呉淞		軍界	
		4 名		1 名	3 名	0 名

表・上 1-7　青幇人物表【双鳳】乾隆―咸豊―光緒

字　輩		氏名（号）	原　籍	職　業		
				水　運	政・官	民　間
本字輩						
来字輩	1	宿再興	安徽皖北宿州		民族英雄	
自字輩						
性字輩						
円字輩						
明字輩						
行字輩	1	王士成	山東□寧県小閘口		耕読	
理字輩	1	袁清彦（静亭）	江蘇沛県姚家湾袁家巷	船行		
		3 名		1 名	2 名	0 名

表・上 1-8　青幇各幇職業別人数表 (清代晩期)

	幇　名	水　運	政・官	民　間	小　計
1	江淮泗	12	13	10	35
2	興武四	6	7	1	14
3	興武六	6	5	8	19
4	嘉海衛	11	4	6	21
5	嘉　白	17	8	7	32
6	鎮　前	1	3	0	4
7	双　鳳	1	2	0	3
合計		54	42	32	128

水運の周辺で生活を維持していたことになる。この表で見ると，原籍から移動した人は少ない。水運時代の居住拠点を動かなかったためであろう。当時の糧船幇の組織の中心は，杭州の公所（事務所）であり，ここに近い嘉白幇の人数が最も多いのは，このためかと思われる。しかし，乾隆期の人の中に「民族英雄」と記す例があり，この組織が滅満復明を目指した革命団体であったことがうかがわれる。

　光棍や，小閻王など，あだ名で呼ばれる人物も見え，非合法活動の拠点としての性格も垣間見える。羅祖廟の住持の名も見え，反清の宗教結社という特徴も認められる（前述）。

第 2 章

民国期上海の青幇

第 1 節　増谷達之輔報告

　青幇は，非合法組織であったから，権力の及ばないところ，権力の弱いところを狙って活動した。このため，民国期（1912-49）に入ると，道光（1821-50）以来，外国が租界を置いた上海が，水運から陸上に転じた青幇の拠点となっていった。『清門考源』再版本に，民国初期に青幇を指導した領袖 17 名の写真が掲載されている（図・上 2-1）。

　民国 8 年（1919），五四運動の頃の領袖の写真である。その姓名は次の通りである。

　　①樊謹成：興武六（安徽蕪湖）
　　②李春利：江淮泗，俳優
　　③張蔚斎：不明
　　④栄華亭：興武六
　　⑤高士奎：江淮泗，前直隷水警庁長（河北）
　　⑥呉省三：不明
　　⑦歩奉五：興武六，新聞社（河南項城）
　　⑧曹幼珊（進）：江淮泗，軍人，政治家（江蘇揚州）
　　⑨趙徳成：興武四
　　⑩張樹声：鎮前，天王老爺（江蘇桃源）
　　⑪劉登階：嘉興衛
　　⑫梁紹堂：興武六，政治家（山東東平）

第 2 章　民国期上海の青幇　　　39

図・上 2-1　民国 8 年の青幇領袖合影（共進会復興紀念）

　⑬程孝周：興武六，政治家（安徽合肥）
　⑭阮慕白：興武四，政治家（江蘇儀徴）
　⑮李琴堂：興武六（江蘇丹徒）
　⑯周藎臣：興武六，商業（江蘇丹徒）
　⑰袁克文：興武六，俳優（天津）（ただし，写真と人物のすべてを同定
　することはできない。一部の同定可能の人物については後述）
この写真について，次のような，陳国屏による説明が付記されている。

　　以上の 17 名の大字派領袖は，均しく国内の著名人であり，特に幇
　中の賢明な先人である。この時は，民国 2 年（1913）に共進会が解
　散してから，民国 8 年（1919）に復活した時期で，上海で開墾親会
　（俗云訂蘭譜之交）を開き，その場でこの写真を撮って記念としたの
　である。特にこれを本書の巻頭に転載したのは，若い世代の後輩た
　ちに老先人の顔を知ってもらうためである[1]。
ちなみに青幇の世代表示に用いられた輩行字は，次の通りである。
　　清，浄，道（この 3 字は，後世世代は使用禁止），徳 /，文，成，仏，
　　法 / 能，仁，智，慧 /，本，来，自，性 /，円，明，行，理 /，大，

──────
　1）　以上十七位大字派，均係国内名人，尤為幇中賢明前人也。時在民国二年。共進会解散後，復於八年。在上海開墾親会（俗云訂蘭譜之交）。即撮此影以誌紀念。特此転刊本書之首，俾後昆得識諸老前人之真面也。

通，悟（無），学

　このうち，清末の上海青幇の輩行字は，大字輩であり，写真の領袖た
ちも，すべて大字輩に属していた。この時期に，青幇各幇の各地の人た
ちは，水運の廃止によって職を失い，生計を求めて上海に移住してき
た。この 17 名も，ほとんどが，上海以外の地から上海に流寓してきた
人で占められている。

　この写真の中で，中央（中列，左から 3 番目）に座を占める人物は，
この会盟の招集人である張樹声である。当時 80 歳にはなっていたと思
われる。糧船幇の生き残りで，当時の上海青幇の最長老と言える人物で
ある。『清門考源』（再版）には，陳国屏による小伝が遺影とともに載せ
られている。以下にこれを示す。

　　張老前人は，諱は樹声，江蘇桃源の人である。糧船を業とした。清
　の光緒甲午（1885）の間，糧船を押運して，北から南下し，滬浜の
　呉淞に至った時，適々鎮前幇の理字輩の厳公有富に出会った。時に
　厳公は，信仰において甚だ厳しく，軽々には弟子を取らなかった。
　張老前人の非凡な儀表と豪侠にして正義を重んじる態度を見て，大
　へん喜び，弟子に迎えた。厳公は，人に対して，「この子は，将来，
　声望を得るであろう」と言ったという。ついで張公は，船で江浙の
　各埠，太湖一帯に行った。信仰は篤く，弟子は，ますます多くなっ
　た。伶界の人士でその門に入ろうとする者が特に多かった。世に
　「天王老子」と称された。公は容貌が慈愛に溢れた吉相であり，言
　葉遣いも丁寧だった。幇規や礼節には，特に通暁し，しかも自らこ
　れを実践した。慈善を楽しんで倦むことなく，限りなく施与を好
　んだ。後輩の若者が群れを成してその風に従ったのは，張公の指
　導のおかげである。甲子年間（1924），張公は，滬（上海）に滞在し
　て，大字輩 17 人を集めて，ともに盟約を交わした（前掲）。張公が
　耆徳に厚く齢も高いという理由で，「老人」（顧問）に推挙され，安
　青の領導者という名誉を受けた。公は，一生，義を好み，自分の資
　産を残さなかった。貧困を救うこと，歳をとるにつれてますます
　熱心だった。茶館や酒肆で，人を応接するのに追われ，浴室におい
　ても，長衣で入って短衣で出てくる始末だった。借金をしてでも友
　人に報い，自身には一物の資産もなかった。また，ほんの少しでも

怒りを顔に出したことはなかった。公は，一生清素であり，しかも跡継ぎの子がなく，ただ一人，朱姓の義女がいただけだった。およそ公の道義精神は，四海に伝播し，千古に伝わった。この点において，子孫の多いものに勝ること多大である。子孫がいないことについて，吾公に同情するなどということは，全くの的外れというものである。以上，言葉足らず，公には，申し訳なく思う。

中華民国35年7月　日

興武四，通源，陳国屏，敬しんで撰す[2]。

この文章から，いろいろな問題が検知される。

まず，17名の写真の撮影時期（盟約）の時期が，写真の説明記事と異なる。上記の写真では，会盟，撮影は，民国8年（1919）とするが，ここでは，甲子年，つまり民国13年（1924）とする。どちらが正しいか，断定しにくいが，遅い方を取る方が安全であろう。

次に，伶界人士，つまり俳優たちが張樹声の門をたたき弟子になる者が特に多かったという記述が注目に値する。張樹声が貧困者の救済に熱心だったという記述と併せ考えれば，社会的身分が低く，常に強者（富裕観客，興行業者，役人など）に酷使されている俳優は慈悲深い張樹声の庇護を求めて門下に集まったものと推定される。17人の中には，李春利のような伶界の有力者がいるにもかかわらず，張樹声の方に集まったのは，青幇内部で，李春利よりも張樹声の方が，力があったからであろう。青幇内には，京劇の俳優が少なくなかったことは，増谷報告の述べる所であるが，張樹声は，その先鞭をつけたものと言えるように思われる。

2）　張老前人，諱樹声，江蘇桃源人，以糧船為業，清光緒甲午間，押運糧船，由北而南，至滬浜之呉淞，適遇鎮前幇理字輩趙公有富，時厳公持教甚厳，不軽収徒，及見張老前人，儀表非常，豪侠仗義，大喜。乃収為徒弟子，厳公対人曰，此子将来有厚望焉。嗣張公船行江浙各埠，太湖一帯。信仰既大，収徒益衆。伶界人士之及門者，尤多。世称「天王老子」。公貌慈祥。善辞令。幇規礼節，尤為通熱而躬践之。楽善不倦。好施無涯。後輩小翕然従風。張公領導之力也。甲子年間，張公留滬，合大字輩十七人，聯盟。（人名略）以張公耆徳齢高，推為老人，有安青領導之誉。公一生好義，不留余資。拯済貧困。至老愈篤。茶館酒肆，応接不暇。縦於浴室，長衣入而短衣出。典資酬友。身無一物。未嘗稍慍於色。公一生清素。且無子嗣。祇一義女，朱姓。夫公道義精神，伝播四海，流芳千古。其勝有多子多孫者大矣。奚可以此病吾公哉。某不文。

中華民国三十五年七月　日

興武四，通源，陳国屏敬撰。

なお,『清門考源』再版には,17人の写真について,張樹声の他にもう一人,趙徳成についても,小伝を載せている。以下にこれを記す。

先師,趙公徳成,諱は鑫斎,魯の楽陵郷,趙家荘の名族である。生来,聡明で,少くして大志を抱く。……親朋は,その剛正にして阿らず,任侠にして義を好むのを見て,従う者が多かった。甲午年間,日本との戦争が起こった。公は報国の心があり,従軍を志願したが,実現の道がなく,やむなく単身,南下して鳩江(安徽蕪湖)に赴き,蕭(元才),龔(梓安),黄(少白),黄(錦)などの諸先輩に遇い,すぐに親交を結んで,盟約を交した。公は,4人のうち,年齢が3番目だったので珊(三に通じる)を名乗った。時に大江の南北では,秘密に社を結ぶ者が,滔々として起こり,いずれも同様だったが,ただ江都の孫永祥の声望が最も高かった。公は,斎戒して赴き,孫に師事した。後に蕪湖に戻り政界に入った。適々,地方の金斗と山東の両幇の間に,駁米碼頭の戦が発生した。死傷者は数十人を数えたが,械闘はやまなかった。公は,独りで力を尽くして斡旋し,やっと鉅大な惨酷事件に発展せずに済んだ。役人は,これをとりあげて上聞し,両江総督公署の緝捕営の哨官に抜擢された。これによって従う者が大勢,集まり,一時,その勢威は南北を圧するほどになった。しかし同時にこの成功を嫉む者が現れた。この頃,清政は,腐敗し,革命の風潮が全国にみなぎっていた。公を嫉む者は,密告書を差し出した。制軍の端方は,分別に欠け,すぐに逮捕状を出した。幸いに公は,事前にこれを知り,遠くへ身を隠し,機に乗じて革命のために宣伝した。辛亥の鼎革の後,皖督孫公毓筠は公に駐蕪稽察処長を委任したが,ほどなく罷免された。ついで柏公文蔚の命により,安徽保安自治聯合会(安青統一会)会長に任命されたが,これもすぐに辞職して上海に至った。この時,共進会の創始者,范宋の暗殺事件が起こった。公は国人が互いに殺し合うのを見るに忍びず,憤って北平に退避した。民国5年,再び上海に来て住んだ。広く弟子を集め,桃李は庭に満ちた。時に洪門の先進,劉克斌先生が,東南の組織がバラバラで無秩序なのを案じて,上海にやってきて,文(枝広),万(海清),楊(広山)の諸先生とともに,有為の士を聯合し,力めて整頓を謀った。さらに公を推挙

第2章　民国期上海の青幇　　43

して西陵香長とした。これから清洪両門は，欣欣として向上し，国家社会のために服務した。秘密結社から公開の集団となった。これは，皆，公の力である。民国13年9月22日，午後，公は上海の寓所で没した。享年63歳だった。首都南京の南門外相馬石に葬られた。遺族は孫が1人，故郷の魯で商売を営んでいる。これを聞く者は，みな涙を流した。茲に幸いに陳子国屏が清門考源を編集した。寿山は不敏ではあるが，師恩に酬いていないことを悲しみ，潜徳の幽光を顕彰する任を果たそうとの思いから，数言を綴り，永く観感に供する次第であり，ここに伝を為す。邗江の柏寿山，敬みて誌す[3]。

　この伝を見るに，趙徳成は，青幇内部で声望を得ていたのみならず，洪門にも影響力を発揮しており，優れた組織者，指導者であったことがわかる。文中に見える蕭元才，龔梓安，黄錦，孫永祥は，『清門考源』再版本にその名が見える。次の通りである。

　　○孫松泉：興武四，理字派，号は永祥，人は，孫五太爺と称す。山
　　　　東武定より江蘇江都県，漕関外に移居す。江甘両県都快
　　○蕭元才：興武六，大字派，号は達三，湖州の人，蕪湖に移居す。
　　　商界
　　○龔梓安：興武六，大字派，安徽蕪湖の人，政界（補刊）
　　○黄　　錦：興武六，大字派，安徽蕪湖の人，政界（補刊）

　3）　先師，趙公徳成，諱鑫斎，魯之楽陵郷趙家荘望族也。生而奇嶷，少有大志。……親朋鑒其剛正不阿，任侠好義，従之者衆。甲午中東戦起。公以報国有心。請纓無路。乃隻身南遊鳩江。与蕭（元才），龔（梓安），黄（少白），黄（錦）諸先進遇。一見如故。遂以盟焉。公居三。爰名珊。時大江南北，秘密結社者，滔々皆是。独江都孫公永祥，声望最高。公斎戒往，即師事之。後返滬入政界。適地方金斗与山東両軋，発生争闘駁米碼頭戦。死傷数十。械闘不已。公独力幹旋，始未醸成鉅大惨案。有司挙以上聞。擢為両江総督公署緝捕営哨官。於是従者蜂起。一時威鎮南北。而嫉賢者興矣。会清政腐敗，革命之風瀰漫全国。嫉公者，挟以密告。制軍端方不察，遽下令飭捕。幸先知遠隠。乗機為革命宣伝。辛亥鼎革。皖督孫公毓筠委任駐蕪稽察処長，未幾停辦。旋奉柏公文蔚，委辦安徽保安自治聯合会長（安青統一会）。未幾辞職至滬。叛共進会范宋暗殺案起。公不忍国人自相残殺，憤而走北平。民五重来滬寓。広納弟子，桃李盈庭。時洪門先進劉克斌先生，以東南組織漫無秩序。至滬与文（枝広），万（海清），楊（広山）諸先生，聯合有為之士，力謀整頓。並挙公為西陵香長。由是清洪両広門，欣欣向上，為国家社会服務。成為秘密公開之民衆集団。皆公之力也。民十三年九月二十二日，午時，公帰真於滬寓，存年六十有三。卜葬於首都南門外，相馬石，遺一孫児在魯経商。聞者無不涙下。茲幸陳子国屏。輯清門考源。寿山不敏，既痛師恩之未報，允彰潜徳之幽光。用綴数言。永資観感，是為伝。邗江柏寿山敬誌。

ここに見るように蕭元才，龔梓安，黄錦は，蕪湖に住んでおり，趙徳成は蕪湖に行って，これらの人たちと会盟したことがわかる。青幇のルートを利用した組織活動であった。彼が南京に赴いて孫永祥に師事できたのも，孫が青幇の先輩（理字派）だったからである。

趙が，蕪湖で，械闘の斡旋調停に成功したというのも，これらの先輩たちの支援が背景となっていたと思われる。趙が青幇を超えて洪門にまで勢力を発揮できたのも，彼の青幇内での声望によるものであろう。

『清門考源』再版本の出た 1939 年には，1100 名所属員のうち，40％にあたる 420 名が上海に集中している。この 17 人の写真が撮影された五四頃は，ここまで集中していたか否かはわからないが，上海集中が進行し，青幇の中心が事実上，上海に移っていたものと思われる。17 名のうち，上海を地盤とする興武六の所属者が 8 名もおり，全体の半数を占めている点からも上海集中の傾向がうかがえる。また職業も政治家が多く政治権力を持った団体であることがわかる。俳優が 2 人いるが，演劇界が多数の顧客の間に挟まれて紛争が起こりやすく，生存維持の必要から青幇の武力，政治力を利用する立場にあったためであろう。

増谷氏が上海に入って調査を開始した 1940 年頃は，すでに写真から20 年が経過しており，17 人の時代は終わり，大・通・無〔悟〕と続く4 世代の中で，次世代の通字輩の時代になっていた。『清門考源』再版本の世代別人物の数を見ても，壮年者の通字輩が最も多く，若年者の無字輩がこれに継ぎ，大字輩の生き残り老齢者（70-80 歳）は，最も少ない。

陳国屏の『清門考源』再版本の巻末，第 18 章「近代家裏知聞録」は，所属者の上海集中というこの変化を如実に示している。陳氏は，前述の清末までは家譜に依っていたが，ここでは，「知聞録」とあるように，直接，青幇の人物から聞き書きを取り，伝聞も集めたことがわかる。記録された人物名は 1100 名を超え，記載は先の家譜によった清末の記録より詳細である。これに加えて，この再版本の翌年に出た興亜院華中連絡部，増谷達之輔編『上海劇壇と幇との関係』（華中連絡部調査報告シリーズ第 37 輯，1940，口絵 2 左・右）が，青幇の上海居住者 430 名について，陳氏の調査を補足する記事を提供している。増谷氏は，再版本の「近代家裏知聞録」によって，上海を原籍とする人，および他の原籍

第 2 章　民国期上海の青幇　　45

から上海に移住してきた人を選び出し，さらに「知聞録」に記載されていない人物についても独自の調査によって補足している。再版本と増谷報告を対照しながら，上海を中心とした当時の青幇の活動を概観する。ここに記載された青幇構成員は 430 名，再版本によって，輩行字別に分類し，さらに下位分類として糧船時代の「幇」名に従って，グループ分けをし，その上で，各人について，姓名あるいは字，号，原籍，先師名，職業などの情報を，列記している。再版本にあって増谷報告にないもの，逆に再版本には記載がなく増谷報告にのみ見えるものなどが混在している。

　次に，輩行字世代ごとに，幇名によって，構成員をグループに分割し，各グループ別に姓名，原籍，先師，職業を表示する。幇名として，人数の多い順に記すと次の 9 つである。

　　①興武六幇：208 名
　　②江淮泗幇：79 名
　　③興武四幇：77 名
　　④嘉興衛幇：27 名
　　⑤嘉海衛幇：21 名
　　⑥双鳳幇　：7 名
　　⑦鎮江前幇：6 名
　　⑧嘉白幇　：3 名
　　⑨杭州四幇：1 名

　これを見ると，先に清代晩期の記録に見た状況から，大きく変化している。例えば，先の記録では，7 幇中，第 4 位の小規模幇派に過ぎなかった「興武六」が第 1 位を占め，しかも全体の半数を占める圧倒的地位を示しているのに対し，逆に第 1 位を占めていた「嘉白」は，ほとんど消滅に近いほどに衰微している。他郷からの移住者が「興武六」に集中したためであり，この時期の青幇が上海を中心として組織に再編成されたことを意味している。増谷報告は，陳氏の「知聞録」に拠りつつ，より明確にこの変化を示した。以下，まず，陳氏の「知聞録」（再版本，1939）と増谷報告（1940）を対照した表を，先の各幇の記述順に従って記す。

Ⅰ　【江淮泗】人物表（表・上 2-1）

　前述のように，この幇は，格が高く，常に筆頭に配置される。この民
国期においても，水運関係，またはその系統をひく警察関係者が多い。
全体の人数も少なくない。幇内においても，声望が高かったものと思わ
れる。大字派には前掲写真 17 人の一人，高士奎（No.3）の名が見える。
劇壇関係者としては，李桂春（通字輩 No. 5）がいるが，増谷報告では漏
れている。

Ⅱ　【興武四】人物表（表・上 2-2）

　この幇も，江淮泗と人数の点では拮抗しており，政官界への転身者の
数も多いが，江淮泗に比べて，官僚が少ない。特に警察関係者が少な
く，民間団体に傾斜している。大字派には，前掲写真 17 人の一人，阮
慕白の名が見える（No.2）。劇壇関係者は見えない。

Ⅲ　【興武六】人物表（表・上 2-3）

　興武六は，元来，江淮泗を母体として分かれて，松江府の系列に入っ
た幇である。清末までは，小規模な幇であったが，松江府の上海県域が
外国租界となったことで，他の幇から，上海に職を求めて流入する水運
関係者で，興武六の頭目を師としてこの幇に入るものが激増し，その結
果，興武六は，短期間に肥大化して，200 名を擁する大幇となった。8
割は，他郷からの転籍者である。政官界よりは商工業界で活動したメン
バーが多い。ただ，ここの大字派には，前掲写真 17 人中，歩奉五，李
琴堂，程孝周，梁紹堂，栄華亭，樊謹成，周蓋臣，袁克文など 8 名の
名が見える。領袖の約半数を占めていることになる。これを見ても，こ
の幇が上海青幇の中枢を担っていたことがわかる。この他，写真にはな
いが，やはり大字派に三大亨の一人，黄金栄も興武六である。通字派に
は，これも三大亨の一人，張嘯林がおり，さらに無字派には，これまた
三大亨の一人，杜月笙もいる。ここには上海租界の治安維持に隠れた権
力を持つ三大亨がおり，上海最大の権力機関として機能した。人数も多
く，巨大勢力と言えよう。

第2章　民国期上海の青幇　　47

表・上 2-1　上海青幇人物表【江淮泗幇】

	No.	氏名 A 清門考源再版	氏名 B 増谷報告	原籍	先師	職業 政党・官僚	職業 民間	備考
大字輩	1	曹進(幼珊)	曹進	江蘇揚州→上海		政治家		領袖17人の一人
	2	無	薛兌文					通字輩先師欄に記載
	3	無	高士奎			前直隷水警庁長		通字輩先師欄に記載、水手。17人の一人
通字輩	1	王子南	王子南	山東烟台→上海	曹進		商業	通字輩先師欄に記載
	2	王玉山	王玉山	山東煦県→上海	曹進		商業	
	3	王堅理(守臣)	王堅理(守臣)	山東→上海	曹進		伶界	
	4	李鴻順	李鴻順	天津→上海	曹進	公和輪船水手頭目		水手
	5	李桂春	脱	河北→上海	曹進	俳優		
	6	季雲卿	季雲卿	無錫→上海	曹進	前上海禁煙局督察長		
	7	杭石君	杭石君	揚州→上海	曹進	弁護師		
	8	金九林(鼎臣)	金九林(鼎臣)	江蘇阜寧→上海	薛兌文	前法工部局督長		警察
	9	周筱清	周筱清	広東→上海	曹進		商業	
	10	周秉卿	周秉卿	安徽→上海	曹進		商業	
	11	易賛仁	易賛仁	湖北→上海	曹進	政治家		武術
	12	胡思徳(誠斎)	胡思徳(誠斎)	山東蓬萊(B脱)→上海	曹進		新記報関行	
	13	馬祥生	馬祥生	江蘇武進→上海	高士奎	前直隷水警庁長	商業	
	14	承鑫培	承鑫培	江蘇泗陽→上海	高士奎	国術会		武術
	15	涂岐山	涂岐山	江蘇溧陽→上海	薛兌文	前英租界捕房探員		警察
	16	馬集雪	馬集雲	天津→上海	曹進	輪船水手頭目		水手
	17	馬星耀	馬星耀	山東諸城→上海	曹進		匯兌商	
	18	無	馬寒凡	上海	高士奎		商業	
	19	原洗凡	原洗凡	揚州→上海	曹進		新聞界	
	20	姚吉光	姚吉光	南匯→上海	曹進		新聞界	
	21	柴本甫	柴本甫	寧波→上海	曹進		定生輪買弁	
	22	高文清	高文清	河北→上海	曹進		工界	
	23	章少良	章少良	安徽→上海	曹進	102師団団長		
	24	梁大宝	梁大宝	上海	王徳隣	前法租界捕房探員(前:B脱)		警察
	24a	張叔良	脱	南京→上海	曹進		前上海商務印書館	過方
	25	張海山	張海山	天津→上海	曹進		商業	

	番号							
通字輩	26	張栄照	張栄照	鎮江→上海	曹進		商業	
	27	張子生	張子生	江蘇徐州（B脱）上海移住の記載なし	栄華亭	前南京偵緝隊長		警察
	28	馮鶴亭	馮鶴亭	湖北→上海	曹進	商業	商業	
	29	張茂斎	張茂斎	天津→上海	曹進	前上海警備司令部偵査員		警察
	30	韋鍾秀	韋鍾秀	丹徒→上海	曹進	政治家		
	31	楊仁銓	楊仁銓	寧波→上海	高士奎		商業	
	32	趙瑞芝	趙瑞芝	天津→上海	曹進	怡和輪船水手頭目		水手
	33	銭均（珠林）	銭均	上海	曹進		瑞鎔造船廠	
	34	盧玉亭	盧玉亭	天津→上海	曹進	前宜昌稽査長		警察
	34a	盧徳珊	脱	天津→上海	曹進	利生輪水手頭		水手
	35	蕭作按	蕭作按	天津→上海	曹進	利生輪水手頭		水手
	36	盧楚僧	盧楚僧	荊州→上海	曹進	政治家		
	37	蕭作安（静軒）	蕭作安	山東蓬莱→上海	曹進		怡昌報関行	
	38	厳立才	厳立才	湖北→上海	清・洪領導	政治家		
	39	原欠	荘玉泉	寧波→上海	曹進		瑞鎔造船廠油漆工頭	
	40	原欠	鍾三和（双鳳に記載）					無字輩先師欄に記載
	41	原欠	王長第	上海移住の記載なし				無字輩先師欄に記載
	42	原欠	霍良臣	上海移住の記載なし				無字輩先師欄に記載
無字輩	1	王家豊	王家豊	上海	季雲卿		商業	
	2	王海山	王海山	湖北→上海	高文清		商業	
	3	王雨梅	王雨梅	奉天→上海	高文清		種徳堂薬店経理	
	4	任桂生	任桂生	寧波→上海	高文清		商業	
	5	李克雄	李克雄	紹興→上海	李琴堂（興武六）		商業	
	5a	呂寿祥	脱	寧波→上海	陶門		商界	過方
	6	原欠	李寿山	北京→上海	李琴堂	政治家		
	7	沙忠南	沙忠南	寧波→上海	呂海山		商工業（工：B脱）	
	8	巫仁徳	巫仁徳	揚州→上海	楊仁銓		商工業	
	9	林阿根	林阿根	上海	李琴堂		商業	
	10	周文元	周文元	寧波→上海	季雲卿		商業	未詳
	11	芮慶栄	芮慶栄	上海	季雲卿	政商業		
	12	胡雲眉	胡雲眉	蘇州→上海	季雲卿		商業	未詳
	13	胡定均	胡定均	寧波→上海	呂海山		商業	未詳
	14	紀増寿	紀増寿	寧波→上海	李琴堂		商業	
	15	陸雨亭	陸雨亭	信陽→上海	未載	政治家		
	16	高有典（漢卿）	高有典（漢卿）	湖北→上海	30 楊仁銓		商業	
	17	郭少栄	郭少栄	塩城→上海	7 金九林	政治家		

第 2 章　民国期上海の青幇

	No.	清門考源再版	増谷報告	原籍	先師	政・官	民間	備考
	17a	孫慶芬	脱	北平→上海	季雲卿		伶界	
	18	雪定（俗名陳金標）	雪定（俗名陳金標）	濰雲→上海	王長第（濰雲）		仏	
	19	陳光炎	陳光炎	杭州→上海	盧楚僧	政治家		
	20	陳家麟（筱帆）	陳家麟（筱帆）	南京→上海	霍良臣		学生	
	21	孫照北	孫照北	揚州→上海	杭石君		新聞界	
	22	陳瑛（伯年）	陳瑛（紹年）	寧波→上海	盧楚僧		商業	
無字輩	23	曹春森	曹春森	塩城→上海	7金九林	政治家		
	24	楊清（淦泉）	楊清（淦泉）	江蘇→上海	盧楚僧	政治家		
	25	原欠	楊泉	山陽→上海	盧楚僧	政治家		
	26	張小盈	張小盈	河北→上海	7金九林	前法租界捕房探目		警察
	27	稽阿発（国樑）	稽阿発	寧波→上海	李琴堂		商業	
	28	謝岳義（紀勝）	謝岳義（紀勝）	寧波→上海	呂海山		工界	
	29	顧文魁	顧文魁	蘇州→上海	李琴堂	水巡捕房探員		水手
	30	寶福之	寶福之	山東→上海	李琴堂		商業	
	31	原欠	朱桂生（啓簡）	上海	李琴堂		工界	
		70 名	79 名			35 名 44%	44 名 56%	

表・上 2-2　上海青幇人物表【興武四幇】

輩行 No.	氏名 清門考源再版	氏名 増谷報告	原籍	先師	職業 政・官	職業 民間	備考
大字輩 1	米伝忠（剣華）	米伝忠（剣華）	山東→上海		国術家		
2	阮薪伝（慕白）	阮薪伝	江蘇儀徴→上海		政治家		17 人の一人
3	馬玉祥	馬玉祥	山東→上海			商業	
4	原欠	趙徳成	天津→上海		軍界		通字輩先師欄に記載, 17 人の一人
5	原欠	胡少亭	丹徒→上海			商業	通字輩先師欄に記載
6	原欠	劉鳳儀	蘇州→上海			商業	通字輩先師欄に記載
7	原欠	楊奎	江都→上海				通字輩先師欄に記載
通字輩 1	王金栄	王金栄	天津→上海	趙徳成（軍）	軍界		
2	王秀文	王秀文	河北→上海	趙徳成（軍）	政界		
3	牛開泰	牛開泰	安徽巣県→上海	趙徳成（軍）		英美烟廠	
4	毛子安	毛子安	徐州→上海	未詳	公安局探員		警察
5	李荘（雪村）	李荘（雪村）	湖南→上海	趙徳成（軍）		宝善院院長	

		通字	姓名	原籍	師	職歴	業界	備考
	6	呂海清	呂海清	安徽寿県→上海	趙徳成（軍）		工界	
	7	冷旭初	冷旭初	安徽→上海	趙徳成（軍）	政治家	政党	
	8	柏寿山（国棟）	柏寿山	安徽→上海	趙徳成（軍）	前上海偵緝隊長		警察
	9	浦裕坤	浦裕坤	清河→上海	趙徳成（軍）		商業	
	10	孟明欽	孟明欽	淮安→上海	2阮薪伝	政治家		
	11	凌天鵬	凌天鵬	上海浦東	趙徳成（軍）	政治家		
	12	無	陸金宝	上海	趙徳成（軍）	法租界捕房探目		警察
	13	徐福雲	徐福運	揚州→上海	阮薪伝	京津三和楼	餐庁	
	14	徐如生	徐如生	塩城→上海	趙□□		商業	
	15	無	徐湘	揚州→上海	胡少亭（商業）		商業	
	16	無	范虞民	河北→上海	蕪湖趙門	政治家		
	17	無	范忠良	河北→上海	趙□□	政治家		
	18	無	陳安貴	海州→上海	趙□□	前蘇属緝私営隊長		警察
	19	無	陳万来	河北→上海	趙□□	政治家		
	20	無	陳金標	天津→上海	阮□□	政治家		
通字輩	21	無	陳国屏（一帆通源居士）	南京→上海	趙□□	前杭州市巡察総隊長		清門考源の著者，警察
	22	無	陳佑齢	淮安→上海	阮薪伝	政治家		
	23	無	張瑞雲	江都→上海	趙徳成（軍）	前蘇属緝私営隊長		警察
	24	無	張静一	彰徳→上海	趙徳成（軍）	政治家		
	25	無	曾九如	揚州→上海	劉鳳儀（蘇州商人）	政治家		原籍疑問
	26	無	楊錦森	泰興→上海	劉鳳儀（蘇州商人）	政治家		
	27	無	楊彩亭	天津→上海	趙徳成（軍）	軍界		
	28	無	鈕義宝	上海	趙徳成（軍）		商業	
	29	無	趙九洲	河南→上海	趙徳成（軍）	政治家		
	30	無	趙虎臣	安徽巣県→上海	楊奎（江都）	前江蘇水警稽査長		水手
	31	無	劉永福	北平→上海	趙□□	政治家		
	32	無	劉華夢	山東→上海	楊奎	政治家		
	33	無	樊文厳	天津→上海	趙□□	政治家		
	34	無	関英	天津→上海	趙□□	政治家		
	35	無	蔵寿芝	揚州→上海	趙□□		商業	
	36	無	魏捷臣	河北→上海	趙□□	政治家		
	37	無	魏思挙	河北→上海	趙□□	政治家		
	38	無	竇硯農	山東→上海	劉□□	政治家		
	39	無	白老二	安徽→上海	趙□□		商業	
	40	無	李友発	淮安→上海	趙□□		商業	
	41	無	張玉田	安徽→上海	趙□□		工業	
	42	無	梁志林	山東→上海	趙□□		商業	
	43	無	蘇柳法	上海	趙徳成（軍）		工商界	無字輩に誤入
	44	無	楊彩亭	天津→上海	趙徳成（軍）	軍界		

第 2 章　民国期上海の青幇

輩行字		清門考源再版本A	増谷報告B	原籍	先師	政官界	民間	備考
通字輩	45	原欠	陳傑	江蘇如皋→上海	趙徳成（軍）	政界		
	46	原欠	管伯（雲龍）	揚州→上海	胡門		商界	
無字輩	1	卜徳元	卜徳元	江都→上海	楊彩亭（軍）	政治家		
	2	原欠	宋文龍	高郵→上海	陳傑	政治家		
	3	李桂林	李桂林	南通→上海	8 柏寿山		商業	
	4	李庭海	李庭海	江都→上海	15 徐湘		商業	
	5	柏漢梁（夢霞）	柏漢梁（夢霞）	安徽→上海		政治家		8.13 死
	6	徐錦春	徐錦春	寧波→上海	陳傑		商業	
	7	陶乃倉	陶乃倉	江都→上海	15 徐湘		商業	
	8	高順生	高順生	溧水→上海	8 柏寿山		商業	
	9	孫麟書	孫麟書	泰県→上海	38 寶硯農		商業	
	10	黄福生	董福生	呉県→上海	陳傑		商業	
	11	楊進喜	楊進喜	丹徒→上海	管伯英（商業）		商業	
	12	傅金山	傅金山	上海浦東	梁門		建築師	
	13	楊慕書	楊慕書	無錫→上海	8 柏寿山	弁護士		
	14	楊慕荻	楊慕荻	無錫→上海	8 柏寿山	弁護士		
	15	賈国卿	賈国卿	河北→上海	柏門高足		商業	
	16	夏鼎鑑（子斌）	夏鼎鑑	南通→上海	陳傑	前横林公安局長		警察
	17	張丹（泳九）	張丹	無錫→上海	陳傑		商業	
	18	蔡釣徒	蔡釣徒	上海浦東	15 徐湘		報界	
	19	劉松林	劉松林	江都→上海	15 徐湘		商業	
	20	劉長生	劉長生	江都→上海	15 徐湘	司法界		
	21	戴世璋	戴世璋	句容→上海	38 寶硯農		商業	
	22	顧伯泉	顧伯泉	呉県→上海	陳傑		商業	
	23	竇桂卿	竇桂卿	江蘇邵伯→上海	管伯英		商業	
	24	厳良	厳良	揚州→上海	陳傑	政治家		
		77 名				47 名	30 名	

表・上 2-3　上海青幇人物表【興武六幇】

輩行字		氏名		原籍	先師	職業		備考
		清門考源再版本A	増谷報告B			政官界	民間	
大字輩	1	朱釣甫	朱釣甫	山東→上海	行五		商業	
	1a	黄錦（金栄）	脱	蕪湖→上海		政治家		補刊欄
	1b	王徳隣	脱	安徽合肥→上海			商界	通字輩先師欄に記載過方
	1c	王鴻寿	脱	江蘇如皋→上海			伶界	補刊欄
	2	汪禹丞	汪禹（誤作属）丞	安徽黟源→上海		政治家		
	3	周藎臣	周藎臣	江蘇丹徒→上海			商業	領袖 17 人の一人

大字輩	3a	歩章［奉］五（林屋山人）	脱	河南項城→上海			新聞界	領袖17人の一人
	4	邱現栄（雲河）	邱現栄（雲河）	山東楽陵→上海			理門当家	
	5	柏玉山	柏玉山	江蘇丹徒→上海			商業	
	6	馬玉山	馬玉山	河北河間→上海			商業	通字輩先師欄に記載
	6a	陳永康	脱	江蘇塩城→上海	過方	上海英捕房探長	警察	
	7a	陳万興（陳三爺）	脱	泗陽→上海	過方		政界	
	7	陳錫恩	陳錫恩	安徽寿州→上海			商業	
	8	梁紹堂	梁紹堂	山東東平→上海		政治家		領袖17人の一人
	8a	程孝周（俗称九爺）	脱	安徽合肥→上海	過方	政界		領袖17人の一人
	9	張仁奎（錦湖）	張仁奎（錦湖）	山東滕県→上海		前南通鎮守使		領袖17人の一人
	10	張之江	張之江	河北塩山→上海		前国民軍総司令		
	11	張錫臣（達古）	張錫臣（達古）	河北→上海		前上海警察庁軍楽隊長		警察
	12	張徳欽	張徳欽	江蘇上海（B作宝山）		弁護士（B作浙江省財務庁長）		
	13	樊瑾成	樊瑾成	安徽蕪湖→上海			商業	領袖17人の一人
	13a	蒋尊盈（伯器）	脱	浙江→上海		広東軍政府監督		通字輩先師欄に記載，過方
	14	穆恩魁（星武）	穆恩魁（星武）	河北天津→上海		警察官		通字輩先師欄に記載，警察
	15	梁姚安	梁姚安	天津居住			商界	通字輩先師欄に記載
	16	張徳鈺	張徳鈺	江都居住		政界		通字輩先師欄に記載
	17	袁克文	袁克文	天津居住		政界		通字輩先師欄に記載，領袖17人の一人
	18	宋崑崙	宋崑崙	天津→清江				通字輩先師欄に記載
	19	李琴堂	李琴堂	丹徒居住			商業	通字輩先師欄に記載，領袖17人の一人
	20	宋毓清	宋毓清	南京居住			商業	通字輩先師欄に記載
	21	無	錫鵬飛	山東→蘇州				通字輩先師欄に記載
	22	無	万姓福星					
	23	無	栄華亭	南京		荊州旗人，軍界		領袖17人の一人

第2章　民国期上海の青幇

通字輩	1	于文舟	于文舟	山東蓬莱→上海	梁姚安		商業	
	2	於金生	於金生	上海	陳万興		商業	
	3	孔茂如	孔茂如	揚州→上海	張徳鈺	前共進会総幹事		警察
	4	王貴生	王貴生	塩城→上海	程孝周	政治家		
	5	王筠清	王筠清	天津→上海	袁克文	政治家		
	6	王振川	王振川	北平→上海	梁姚安		氷川医院長	
	7	王栄奎	王栄奎	北平→上海	梁姚安	政治家		
	8	王鳳楼	王鳳楼	揚州→上海	張徳鈺	前水警大隊長		水手
	9	王廷棟（雲生）	王廷棟（雲生）	山東黄県→上海	梁姚安		商業	
	10	王雲翔	王雲翔	揚州→上海	1 朱鈞甫		商業	
	11	王金生	王植三	鎮江→上海	陳万興		商業	
	12	無	王植三	北平→上海	梁姚安		商業	
	13	王亜樵	王亜樵	安徽合山→上海	陳万興	軍界		
	14	無	王一民	済南→上海	張徳鈺	不明		
	15	毛雲	毛雲	浙江→上海	2 汪禹丞	前市党部執委		
	16	白鋪祺	白鐘祺	合肥→上海	王徳隣	前英租界捕房探長		警察
	17	石金栄	石金栄	寧波→上海	程孝周		商業	
	18	朱啓楨	朱啓楨	蘇州→上海	陳万興		商業	
	19	朱錫珍	朱錫珍	蘇州→上海	陳万興		商業	
	20	朱善夫	朱善夫	安徽寧国→上海	張徳鈺		商業	
	21	無	朱順林	上海	陳万興		商業	
	22	朱運森	朱運森	揚州→上海	13 樊瑾成		商業	
	23	朱万沅	朱万沅	高郵→上海	陳万興	前無錫司法警察長		警察
	24	朱景芳	朱景芳	上海	張徳鈺		商業	
	25	朱少山	朱少山	揚州→上海	13 樊瑾成		商業	
	26	任鶴山	任鶴山	天津→上海	1 朱鈞甫	国術		武術
	27	阮余三	阮余三	儀徴→上海	13 樊瑾成	学界		
	28	李剣虹	李剣虹	安徽→上海	2 汪禹丞	政治家		
	29	李金標（鴻翔）	李金標（鴻翔）	安徽寿県→上海	陳万興	政治家		
	30	李鼎士	李鼎士	湖州→上海	張徳鈺	政治家		
	31	無	李鴻発	江都→上海	陳万興	不明		
	32	何六良	何六良	紹興→上海	袁克文	政治家		
	33	呉炳泉	呉炳泉	江蘇呉県→上海	張徳鈺	前法租界捕房探員		警察，過方
	34	呉万章	呉万章	湖北→上海	陳万興		商業	
	35	呉崑山	呉崑山	河北→上海	張徳鈺	政治家		
	36	呉華卿	呉華卿	湖北→上海	4 邱現栄		商業	
	37	呉少卿	呉小卿	川沙→上海	陳万興		商業	
	38	汪仏生	汪仏生	安徽休寧→上海	張徳鈺	段政府陸軍部軍務司長		
	39	汪孟侠	汪孟侠	安徽休寧→上海	袁克文		典業	

通字輩

40	汪楚生	汪楚生	安徽休寧→上海	張德鈺	政治家		
41	汪恵如	汪恵如	安徽休寧→上海	王徳隣		典業	
42	包金生	包金生	清江→上海	宋崑崙		商業	
43	沙永祥(相皮老虎)	沙永祥	鎮江→上海	陳万興		商業	
44	沈文元	沈文元	蘇州→上海	陳万興		商業	
45	沈杏山	沈杏山	上海	陳万興	前蘇属緝私営営長		警察
46	邵有才	邵有才	揚州→上海	劉□□	政治家		
47	宋炯(烈武)	宋炯(烈武)	安徽寿県→上海	未詳	前討袁鉄血社社長		
48	金廷蓀	金廷蓀	寧波→上海	王徳隣		商業寧波月郷会董事	
	金碧艶	脱	北平→上海	袁克文		伶界	
49	周国石	周国石	広東潮州→上海	袁克文		商業	
50	郁鳳根(紹貴)	郁鳳根	無錫→上海	李琴堂		商業	
51	常遇清	常遇清	湖北荊州→上海	陳万興		商業	
52	俞逸芬	俞逸芬	海塩→上海	袁克文		新聞	
53	原欠	胡宝祥	河北→上海	王徳隣	政治家		
54	胡抱一	胡抱一	淮安→上海	不明	前甘粛行政専員,兼保安司令		
55	胡椿霖	胡椿霖	鎮江→上海	趙徳成(軍)		商業	
56	胡桃源	胡桃源	安徽→上海	張德鈺		商業	
57	姜豪	姜豪	上海	2 汪禹丞	前上海市党部監委		
58	朗君偉	朗君偉	揚州→上海	張德鈺		会計師	
59	夏秋堂	夏秋堂	揚州→上海	陳万興		中医	
60	夏坤山	夏坤山	湖北→上海	王徳隣		商業	
61	徐逸民	徐逸民	広東→上海	張德鈺		西医	
62	徐福生	徐福生	上海	張德鈺	前警備司令部稽査処長		警察
63	袁三宝(死)	袁三宝(死)	杭州→上海	陳万興		商業	
64	陳世昌(福生)	陳世昌(福生)	蘇州→上海	錫鵬飛		商業	杜月笙の先師
65	陳金宝	陳金宝	広東→上海	13 樊瑾成		商業	
66	陳承栻(鍾英)	陳鐘英(華栻)	福建→上海	張德鈺	前京滬鉄路局科長		
67	高鑫宝	高鑫宝	上海(法租界)	王徳隣		商業	
68	浦錦栄(阿四大)	浦金栄	江蘇呉県→上海	陳万興過方		商業	
69	海宗麒	海宗麒	河南→上海	梁姚安		西医	
70	唐嘉鵬	唐嘉鵬	寧波→上海	陳万興		商業	
71	馬金標	馬金標	山東→上海	程孝周	前警察庁探員		警察
72	馬鳳楼	馬鳳楼	山東→上海	陳万興	前警察所探員		警察
73	張竹平	張竹平	松江	張德鈺		新聞界,在香港	

	74	張嘯林	張嘯林	杭州→上海	13 樊瑾成	政治界		三大亨の一人
	75	原欠	張筱波	天津→上海	袁克文		無職	
	76	張志旺	張志旺	南京→上海	李琴堂	政治家		
	77	張如山	張如山	海塩→上海	袁克文		商業	
	78	張慶霖	張慶霖	揚州→上海	袁克文	政治家		
	79	張益斎	張益斎	安徽休寧→上海	張徳鈺	市民協会委員		
	80	張錦文	張錦文	江都→上海	王徳隣		商業	
	81	原欠	張鳴岐	江都→上海	裵□□		商業	
	82	曹福海	曹福海	山東→上海	13 樊瑾成		商業	
	83	曹志功	曹志功	安徽休寧→上海	張徳鈺	納税会執委員		
	84	盛佐臣	盛佐臣	上海	張徳鈺	法工部局衛生処督察		
	85	彭伯威	彭伯威	湖南→上海	張徳鈺	前警備司令部督察長		警察
	86	焦鼎鎧	焦鼎鎧	揚州→上海	劉□□	会計師納税会委員		
	87	梅坿(慕陶)	梅□□(慕陶)	揚州→上海	袁克文	共同租界警務幇介		警察
	88	梅福堂	梅福堂	湖北→上海	1 朱釣甫	政治家		
	89	馮蕃生	馮蕃生	海塩→上海	袁克文		商業	
	90	崔叔仙	崔叔仙	揚州→上海	張徳鈺		商業	
通字輩	91	許冠群	許冠群	常熟→上海	梁姚安	共同租界華人董事		
	92	原欠	許得標	安徽→上海	陳万興	政治家		
	93	程樹芝	程樹芝	揚州→上海	趙徳成(軍)		商業	
	94	黄憲中	黄憲中	安徽→上海	袁克文	政治家		
	95	曾煥堂	曾煥堂	広東→上海	袁克文	政治家		
	96	楊嘯天	楊嘯天	安徽→上海	張徳鈺	淞滬警備司令		警察
	97	楊春熙	楊春熙	江都→上海	王徳隣		商業	
	98	楊俊堂	楊俊堂	宝山—重慶	未詳		商業	
	99	楊藎卿	楊藎卿	上海→上海	未詳		商業	
	100	葉焯山	葉焯山	上海	王徳隣		商業	
	101	葉長春	葉長春	宿遷→南京	栄華亭(軍)		商業	
	102	栄立生	栄立生	荊州—南京→上海	栄華亭		商業	栄華亭の長男
	103	劉国槙	劉国槙	河北→上海	陳栄興	前第二師長		
	104	原欠	劉毓梅	山東→上海	張徳鈺	政治家		
	105	劉志高	劉赤高	揚州→上海	13 樊瑾成		商業	
	106	原欠	馬新東	泗陽→上海	陳万興	浦東英米煙草		
	107	関炯之	関炯之	湖北→上海	万姓福星	前公共租界会審官		警察
	108	趙驚乙(亭鳴)	趙驚乙	山東黄県→上海	梁姚安		新記報関行	
	109	趙松桃	趙松桃	南京→上海	宋毓清		工業	
	110	鮑炳均	鮑炳均	山東→上海	程孝周		商業	
	111	鄭筱麟	鄭筱麟	杭州→上海	宋毓清		神州薬房	
	112	蔡鴻生	蔡鴻生	呉県→上海	蘇州陳三爺		商業	

113	原欠	銭宝華	安徽→上海	李琴堂		医業	
114	銭憲亭	銭憲亭	山東→上海	梁姚安	公共租界捕房探員		警察
115	謝東昇	謝東昇	揚州→上海	呉□□	中華海員総工会執委		
116	謝葆生	謝葆生	寧波→上海	陳万興	前上海公安局督察長		警察
117	韓春山	韓春山	湖北→上海	1 朱鈞甫	政治家		
118	顧雲亭	顧雲亭	上海	陳万興		商業	
	顧阿炳	脱	上海虹口	陳万興,過方		商界	
119	厳福海	厳福海	紹興→上海	不明	公共租界捕房通訳		警察
120	鍾漢傑	鍾漢傑	湖北→上海	袁克文	前湖北国民先遣軍司令		
121	羅長清	羅長清	江寧→上海	梁姚安		商業	
122	厳春棠	厳春棠	上海	王徳隣		商業	
123	原欠	魏金福	江湾	湯□□	政治家		
124	原欠	翁皆美	上海	李琴堂		商業	無字輩先師欄に記載
125	原欠	魏四海	南通→上海	韓春山	商業		無字輩先師欄に記載
126	原欠	来永春				商業	無字輩先師欄に記載
127	原欠	張成生	寧波→上海 過方	蘇州陳門→上海		商界	
1a	丁武華	丁武華	江都→上海	80 張錦文		商業	
1	王子良	王子良	上海	64 陳世昌	前漁業局定海主任		
2	王志祥	王志祥	寧波→上海	未詳		商業	
3	李文清	李文清	河南→上海	1 于文舟	法租界捕房探員		警察
4	李連生	李連生	上海	64 陳世昌	前上海捕房探員		警察
5	朱如山	朱如山	南潯→上海	80 張錦文		商業	
6	朱根福	朱根福	上海	68 浦錦栄		商業	
7	朱華山	朱華山	鎮江→上海	59 夏秋堂	警察界		
8	李万余	李万余	鎮江→上海	未記載	政治家		金融。青幇領袖
9	永禅（廬保恒）	永禅（廬保恒）	江蘇東台→上海	26 任鶴山	龍華寺住持		
10	杜月笙	杜月笙	上海高橋	陳□□	浦東銀行総理		三大亨の一人
11	邵福森	邵福森	江蘇興化→上海	未詳		商業	
12	沈長根	脱	上海法租界			商業	過方
13	車松山（正福）	車松山（正福）	揚州→上海	46 邵有才	商政界		
14	余子卿	余子卿	江寧→上海	86 焦鼎鎧	警察界		警察
15	金双麟	金双麟	松江→上海	李□□		商業	
16	周家祥	周家祥	江蘇嘉定→上海	未詳		商界	
17	宓双龍	宓双龍	崇明→上海	朱□□		商界	

第 2 章　民国期上海の青幇

無字輩								
	18	東雲龍	東雲龍	南通→上海	80 張錦文		商業	
	19	馬玉書	馬玉書	上海	陳□□		商業	
	20		孫子成	塩城	朱□□		商業	
	21	孫介福（鉄臂）	孫介福	上海虹鎮	陳□□	前江蘇水警察隊長		水手
	22	郝鴻春	郝鴻春	月照→上海	1 于文舟		商業	
	23	洪宝順	洪宝順	寧波→上海	陳□□		商業	
	24	胡大徳	胡大徳	上海	未記載		商業	
	25	苗阿玉	苗阿玉	無錫→上海	陳□□		商業	
	26	洪慕青	洪慕青	上海	顧□□		商業	
	27	唐世雄	唐世雄	合肥→上海	未記載		水菓業	
	28	徐勤堂	徐勤堂	山東滕県→上海	1 于文舟		商業	
	29	耿全昌	耿全昌	河北→上海	1 于文舟	法租界捕房探目		警察
無字輩	30	范恒徳（阿禄郎）	范恒徳（阿福）	寧波→上海	李□□	大舞台経理		
	31	徐貴堂	徐貴堂	上海浦東	未詳	軍界		
	32	陳正和	陳正和	上海浦東	来永春	商業		
	33	高永泉	高永泉	上海	張咸生		商業	
	34	梁鴻	梁鴻	寧波→上海	顧□□		商業	
	35	許金清（三郎）	許金清	南通→上海	袁三宝	前上海地方法院警長		警察
		許錦春（福宝）	脱	江蘇呉県→上海	磨房三五門下		商界	
	36	張福堂	張福堂	上海	未詳		商業	
	37	張縄卿	張縄卿	上海	朱□□		商業	
	38	鄔烈昌（九江阿生）	鄔烈昌（九江阿生）	寧波→上海	胡□□		商業	
	39	銭中淮	銭中淮	寧波→上海	未詳		商業	
	40	蒋豪輔	蒋豪輔	崇明→上海	朱門		商業	
	41	楊永祥	楊永祥	紹興→上海	未詳		木行	
	42	楊宝生	楊宝生	揚州→上海	86 焦鼎鎧		商業	
	43	楊声康	楊声康	崇明→上海	李□□		工商業	
	44	董筱孟	董筱孟	寧波→上海	顧□□		商業	
	45	虞阿文	虞阿文	寧波→上海	浦□□		商業	
	46	銭春貴（鑫栄）	銭春貴（鑫栄）	浙江海寧→上海	未詳	政治家		
	47	劉大奎	劉大奎	鎮江→上海	浦□□		商業	
	48	樊良伯	樊良伯	嘉定→上海	李□□	政治家		
	49	龍清泉	龍清泉	山東聊城→上海	邱□□	国術家		武術
	50	顧福江	顧福江	崇明→上海	陳□□		商業	
	51	魏兆雲	魏非雲	江都→上海	房門高足		旅業	
	52	原欠	陳長福	上海	陳□□	政治家		
	53	原欠	陳泉福	上海	楊□□		商業	
	54	原欠	魏四海	南通→上海	117 韓春山		商業	通字輩に誤入
		191 名	205 名			90 名	115 名	

表・上 2-4　青幇人物表【嘉海衛】（拠増谷報告）

輩行字	氏　名 清門考源再版	氏　名 増谷報告	原　籍	先　師	職業 政・官	職業 民間	備　考
大字輩 1	段燮臣	段樊臣	江蘇清河→上海	未記載	政治家		
大字輩 2	楊馨一	楊馨一	清河→無錫→上海			商界	通字輩先師欄に記載, 過方
大字輩 3	原欠	王長林					通字輩先師欄に記載
大字輩 4	原欠	孫懐義	山東→上海		政治家		通字輩先師欄に記載
大字輩 5	原欠	呂文彪					通字輩先師欄に記載
大字輩 6	原欠	王徳林					通字輩先師欄に記載
通字輩 1a	王三宝	脱	蘇州→上海	陳□□		商界	過方
通字輩 1	荘孝揆（桂庭）	荘孝揆（桂庭）	広東→上海	未詳	前京漢路車長		
通字輩 2	栄炳根	栄炳根	無錫双鳳→上海	王長林		商業	
通字輩 3	浦応仙	浦応仙	蘇州→上海	楊馨一		中医	
通字輩 4	陳樹沢	陳樹沢	河北海静→上海	孫懐義	政治家		
通字輩 5	鮑子英	鮑子英	湖北荊州→上海	呂文彪	前上海市公安局秘探長		警察
通字輩 6	劉徳標	脱	湖北→上海	楊門	前蘇属緝私営営長		警察, 過方
通字輩 7	蒋桑麟	蒋桑麟	無錫→上海	楊馨一	前駐滬偵探長		警察
通字輩 8	謀則高	謀則高	呉県→上海	楊馨一		工商業	
通字輩 9	厳潮生	厳潮生	上海	王徳隣（興武六）		商業	
通字輩 10	原欠	金煜（立人）	寧波→上海	王徳林	律師		
無字輩 1	王守庭	王守庭	山東→上海	4 陳樹澤		商業	
無字輩 2	朱文元	朱文元	無錫→上海	2 栄炳根		商業	
無字輩 3	邱子嘉	邱子嘉	呉県→上海	6 蒋桑麟		商業	
無字輩 4	陸高昇	陸高昇	寧波→上海	2 栄炳根		商業	
邱 5	張椿宝	張椿宝	無錫→上海	唐□□		商業	
邱 6	顧錫金	顧錫金	無錫→上海	6 蒋桑麟		商業	
	18 名	21 名			9 名 42%	12 名 58%	

表・上 2-5　上海青幇【嘉興衛】

字輩	氏　名 清門考源再版	氏　名 増谷報告	原　籍	先　師	職業 職名	職業 職種	備　考
大字輩 1a	米占元	脱	山東→上海		軍界		過方
大字輩 1b	王九皋	脱	江蘇桃源→上海			商界	過方
大字輩 1c	劉登階	脱	江蘇泗陽→上海		政界		過方
大字輩 1d	辺懐周	脱	安徽寿州→上海				過方

第2章　民国期上海の青幇　　59

字輩	#	清門考源再版本	増谷報告	原籍	先師	政官界	民間	備考
大字輩	1		段樊臣	江蘇清河→上海		政治家		
	2		趙岑楼	江蘇清河→上海			商業	
通字輩	1	任同興	任同興	天津→上海		政治家		
	2	周朝駒	周朝駒	揚州→上海	劉登階		工界	
	3	周耀庭	周耀庭	揚州→上海	王九皋	法租界捕房探目		警察
	4	紀文彬	紀文彬	済南→上海	王九皋		商業	
	5	馬長書	馬長書	武進→上海	王九皋	政治家		
	6	秦海卿	秦海卿	湖北→上海	劉登階		商業	
	7	陳茂棠	陳茂棠	寧波→上海	王九皋		商業	
	8	陳哲克	陳哲克	寧波→上海	王九皋		商業	
	9	陳陸	陳陸	清江→上海	劉登階		黄包車商	
	10	楊品三	楊品三	泗陽→上海	劉登階		工業	
	11	劉在寿	劉在寿	揚州→上海	劉登階		工業	
	12	顧竹軒	顧竹軒	塩城→上海	劉登階		天蟾舞台経理	青幇劇界指導
	13	鄭子良	鄭子良	潮州→上海	趙岑楼	政治家		
無字輩	1	闞伝朝	闞伝朝	江都→上海	周耀庭		商業	
	2	原欠	朱妙根	上海	程□□		航業	
	3	原欠	高阿士	上海	程□□		航業	
	4	原欠	陳家宝	上海宝山	程□□	警察		警察
	5	原欠	梁慎卿	上海	程□□	警察		警察
	6	原欠	張錦龍	上海	程□□		航業	
	7	原欠	楊寿宝	塩城→上海	程□□	警察		
	8	原欠	銭如山	上海	程□□	警察		
	9	原欠	顧□堃	上海	程□□		航業	
	10	原欠	虞栄坤	寧波→上海	程□□	警察		警察
	11	鄭美堂	鄭美堂	寧波→上海	張□□		商業	
合計		21名	26名			10名 38%	16名 52%	

表・上 2-6　上海青幇人物表【鎮前】

字輩		氏名		原籍	先師	職業		備考
		清門考源再版本	増谷報告			政官界	民間	
大字輩	1	張樹声（天王老子）	張樹声	江蘇桃源→上海	未詳	理門領正		
通字輩	1	王子林	王子林	安徽→上海	張樹声		商業	
	2	朱世栄	朱世栄	嘉定→上海	張樹声		商業	
	3	朱景雲	朱景雲	青浦→上海	張樹声		商業	
	4	何国章	何国章	蘇州→上海	張樹声		商業	
	5	左巧生	脱	江蘇呉県→上海	張樹声			
	6	徐福淦	徐福淦	江都→上海	張樹声		貫器業	過方
無字輩	1	陸鎮（根生）	脱	下海南市		前上海市党部執委		過方
合計		8名	6名			1名	5名	

上篇　青幫と演劇の関係

表・上 2-7　上海青幫人物表【双鳳】

字　輩		氏　　名		原　籍	先　師	職　　業		備考
		清門考源再版本	増谷報告			政官界	民　間	
大字輩	1a	孟広有	脱	山東→上海		理門当家		過方
	1	張有才	張有才	江蘇宿遷→上海			商業	
	2	鍾三和	鍾三和	合肥→上海		未詳		
通字輩	1	劉福彪	劉福彪	湖北→上海	鍾三和	前滬軍福字営総司令		
	2	戴歩祥	戴歩祥	南京→上海	張有才		大華飯店経理	
無字輩	1	王雲発	王雲発	山東→上海	未詳		商業	
	2	湯才高	湯才高	寧波→上海	未詳	未詳		
	3	原欠	許福宝（錦春）	呉県→上海	磨房三五	未詳	商界	
合　計		7名	7名			4名 62%	3名 38%	

表・上 2-8　上海青幫人物表【嘉白】

字　輩		氏　　名		原　籍	先　師	職　　業		備考
		清門考源再版	増谷報告			政・官	民間	
通字輩	1a	周秉澄	脱	清江→上海	馮□□	政界		警察
	1	趙福海	趙福海	清江→上海	蔡□□	法租界捕房探員		
	2	楊登科	楊登科	清江→上海	佟万選	政治家		
	3	原欠	任寿之	安徽→上海	段□□	政治家		
合計		3名	3名			3名		

表・上 2-9　上海青幫人物表【杭四】

字　輩		氏　　名		原籍	先師	職　　業		備考
		清門考源再版	増谷報告			政・官	民間	
通字輩	1	孫振楽	孫振楽	安徽寿県	未詳		商業	
合計		1名	1名				1名	

Ⅳ　【嘉海衛】人物表（表・上 2-4）

　嘉海衛は，20 名程度の小規模な集団であるが，それでも警察官僚を出している。小規模ながら，青幇の上海支配の一翼を担っていたと言える。

Ⅴ　【嘉興衛】人物表（表・上 2-5）

　先にも述べたことであるが，嘉興衛は，清末の資料が欠けていて，民国への継承関係は追跡できない。政官界で活躍した人物も少ない。主に商工業界で青幇を支えたと言えるように思われる。

Ⅵ　【鎮前】人物表（表・上 2-6）

　鎮前幇も，元来，鎮江の地方勢力で，上海では，あまり存在感はない。政官界にはわずかに 1 名を出すに過ぎない。

Ⅶ　【双鳳】人物表（表・上 2-7）

　双鳳は，小規模ながら，水運時代は，蘇州と常州を拠点とする名門であった。陸上時代になってもその声望を継承し，政官界に相応の数の人物を出している。

Ⅷ　【嘉白】人物表（表・上 2-8）

　嘉白は，水運時代は，宮廷用の白米を浙江省 7 県から調達していた名門であるが，陸上時代に入って，上海が青幇の中心になっても，上海に転籍するメンバーはほとんどおらず，孤塁を守ったように見える。政官界にわずかな人材を送っているに過ぎない。

Ⅸ　【杭四】人物表（表・上 2-9）

　杭四，すなわち杭海四は，杭州接官庁碼頭を拠点とし，蘇州昆山県から糧米を調達した。『清門考源』再版本は，1 名の人物名しか載せていない。増谷報告も全く同じ人物名 1 人を挙げること，および他の資料になく，『清門考源』にのみある人物・情報が増谷報告にあることから，増谷氏が参照したのは，『清門考源』であることを断定できる。

第2節　増谷報告と『清門考源』との関係

　以上，各幇について，個別に批評したが，以下では，この表全体を通して見られる特徴について，検討する。

I　上海居住者の特定

　まず，第一は，この表の増谷報告が，どのようにして作られたか，という問題を検討する。増谷報告は，上に見るように，『清門考源』再版本の「近代家裏知聞録」（以下，「知聞録」と略称）から，上海居住者だけを抜き出して作成されたものである。

　「知聞録」は，6大幇の他，鎮前，双鳳，杭四の3つを加え，大通無〔悟〕学の4世代にわたり，各幇所属人物，約1100名につき，姓名，原籍，職業，師承関係，などを記す。これに対して，増谷報告は，各幇人物の中から，上海を原籍とするもの，約40名，他郷から上海に移住してきたもの，約290名を上海居住者と認定して記載する（表・上2-10）。

　この資料は，上海居住者だけのものであるから，前掲の晩清の資料と比べて人数に大きな差がある。例えば，上海への移住者が多かった興武六の人数が突出し，上海への移住者がほとんどなかった嘉白の人数が極端に少ないなどの現象が現れている。

　増谷報告は，基本的に「知聞録」に依拠するが，中には，「知聞録」に記載されながら，増谷報告に記載されていない例がある。原因は不明であるが，不記載者の中に，「知聞録」で「過方」（大後方へ移動）とある者が少なからず認められる点から，本人の所在を確認できなかったものを除去した可能性がある。逆に「知聞録」にない人物が記載されている例もある。これらを勘案すると，増谷報告は，「知聞録」に依りながらも，本人の所在については，独自の調査を行ったものとみられる。それには，当然，当時の上海青幇の幹部の協力があったものと思われる。ただ，当時の青幇の幹部だった大字派の人物は，「知聞録」では，その多くが「過方」と記されており，重慶に脱出していた。そのためか，

第2章　民国期上海の青幇　　63

表・上2-10　上海青幇人物記載人数比較表

	幫　名	清門考源再版	増谷報告
1	江淮泗	70	79
2	興武四	38	77
3	興武六	191	205
4	嘉海衛	18	21
5	嘉興衛	21	26
6	双　鳳	7	7
7	鎮江前	8	6
8	嘉　白	3	3
9	杭　四	1	1
	合　計	357	425

「知聞録」に記載がなく，増谷報告が増補した人物は，若い世代の無字
派に属する無名のものばかりである。それも調査員を派遣して直接本人
に会って調査したのではなく，青幇の幹部に託した間接調査だった可能
性が大きい。

Ⅱ　排列順序

　「知聞録」は，各幫に所属する人物を，輩行字順に排列するが，同字
輩の人物の排列は，姓の筆画順によっている。増谷報告は，全くこれに
従っている。日本人の場合には，50音順に配列するのが普通であるが，
増谷氏は，並べ直すことはせず，中国式の筆画順に従っている。「知聞
録」に全面的に依拠した証拠と言えるであろう。

Ⅲ　記述内容

　増谷報告は，各人について，姓名，原籍，師承関係，職業を記載して
いるが，これも「知聞録」の記載範囲を出ていない。調査員を派遣し
て本人に会い，直接取材していれば，「知聞録」の記載以上の情報が得
られているはずであるが，報告を見る限り，その形跡はない。上海青幇
は，日本に協力せざるを得なかったが，積極的な協力ではなかったこと
が看取される。

Ⅳ　調査の目的

　増谷報告は，「上海劇壇と幇との関係」と題する。題名から言えば，
劇壇と幇との関係だけを取り上げればよく，青幇名簿を載せる必要はな

かったのではないか。しかし，当時の興亜院（軍務主導）としては，劇壇に関心を持つはずはなく，上海統治のために青幇組織を知る必要があった。しかし青幇組織の調査を目的にすれば，日本側の情報探査の意図が露骨に表れる。青幇の協力も得られない。これを避けるために劇壇調査を表面に出したものの，興亜院本来の目的は，上海青幇の情報調査にあった。増谷報告が，本題と無関係の詳細な上海青幇名簿を載せたのは，このような背景によるものではないか。大通無学の4世代のうち，若年層に属して幇内での実権のない学字派を除いたのも，この理由によるものと考えられる。

第3節　増谷報告に見る上海青幇の特徴

I　水運時代の残影

　次に第二の問題として，上に載せた表から，この上海青幇の組織の特徴を検討してみる。

　水運が廃止されたにもかかわらず，糧船幇の組織を維持している。晩清時代の青幇が杭州に公所を置き，各幇の勢力もほぼ均衡していて，未だ水運業務を引きずっていたのに対し，民国期の青幇は，水運業から脱し，その中心は，上海に移った。水運以来の暴力に頼る非合法的行動を陸上でも継続するために，政府権力の弱い上海の租界地区が好都合だったためである。総数1100人の青幇の4割にあたる430人が上海に集中した（表・上2-11）。

　これを見ると，上海を原籍とするものは47名，10％に過ぎず，あとの90％は，他郷から上海に流入してきた移住者が占める。ここには，水運時代の痕跡が見える。例えば，移住者が最も多い順に上位10位を見ると，①揚州，②寧波，③天津，④蘇州，⑤無錫，⑥南京，⑦鎮江，⑧北平・鎮江・塩城，⑨南通，⑩崇明・紹興・休寧・泗陽・荊州となる。ほとんどが江蘇，浙江の大運河沿いの水運拠点である。特に，北方に離れた天津からの移住者が多いのは，水運時代の人脈が生きているからであろう。各表を通じて，揚州籍の人が多い。長江と大運河を結ぶ結節点にあり，水運時代には，この地から水手が多く雇用されたと推定

第 2 章　民国期上海の青幇

表・上 2-11　上海青幇人物原籍別分布表

省	都市	人数	都市順位	備　考
河北省	天津	18	④	
	北平	7	⑧	
	河間	1		
	塩山	1		
	（未詳）	15		都市を特定できず
	小計	49		
山東省	済南	2		
	聊城	1		
	楽陵	1		
	東平	1		
	滕県	1		
	月照	1		
	黄県	1		
	諸城			
	（未詳）	17		都市を特定できず
	小計	25		
江蘇省	上海	47	①	
	揚州	46	②	江都 16 を含む
	蘇州	16	⑤	呉県を含む
	無錫	9	⑥	
	南京	8	⑦	
	鎮江	7	⑧	
	塩城	7	⑧	
	南通	6	⑨	
	泗陽	5	⑩	
	崇明	5	⑩	
	淮安	4		
	嘉定	4		
	常熟	3		武進を含む
	松江	2		
	高郵	2		
	徐州	2		
	桃源	2		
	清河	2		
	溧水	1		
	句容	1		
	南潯	1		
	儀徴	1		
	宿遷	1		
	興化	1		
	南淮	1		
	小計	184		

浙江省	寧波	33	③	
	紹興	5	⑩	
	杭州	4		
	清江	4		
	海塩	3		
	（未詳）	2		都市を特定できず
	小計	51		
安徽省	休寧	5	⑩	
	合肥	4		
	巣県	3		
	寿州	4		
	蕪湖	1		
	寧国	1		
	合山	1		
	（未詳）	16		
	小計	35		
湖北省	荊州	5	⑩	
	薊州	1		
	海許	1		
	未詳	14		
	小計	21		
湖南省	（未詳）	2		都市を特定できず
	小計	2		
広東省	潮州	3		
	（未詳）	5		都市を特定できず
	小計	8		
福建省	（未詳）	1		
	小計	1		
河南省	項城	1		
	山陽	1		
	（未詳）	3		都市を特定できず
	小計	5		

する。この他，寧波，杭州，無錫，蘇州など，糧船の起点地域の人が多く，また糧船の帰着点である河北，天津なども少なくない。漢水から長江を経て大運河につながる湖北も，含まれているが，湖南，河南，山西などは，ほとんどいない。水運時代の人脈が上海の青幇に流れているものと見たい。

　また，江淮泗，興武四には，少数ながら水手を職業とする者が残っている。これも水運時代の名残である。

Ⅱ　警察権力への指向

　次に目立つのは，警察関係者が多いという点である。特に租界の捕房探員という職名の者が多い。水運時代の糧船の漕ぎ手は水手であり，腕力，臂力に秀でた者が選ばれた。陸に上がった場合，これらの人たちが，武力を不可欠とする警官になる傾向があった。各租界捕房探員という職は，彼らにとって臂力を生かす適職であった。特に【江淮泗】幇に水手，水手頭目の職名が多い。【江淮泗】は，諸幇の中で，水運時代から最も格が高く，その船旗は，進京の時は「龍」の標識，退京の時は，「鳳」の標識を用いた。記述において常に筆頭に記される。この幇の水運を担った水手や水手頭目は，矜持が高く，その職を維持し続けたものと思われる。しかし，彼らが大勢参加することによって，上海青幇は，治安維持を名目とする権力組織となった。高級軍人もかなりの数含まれており，警察力のバックになっていたと思われる。

　特に目を引くのは，「政治家」と記載する人物が多いことである。これらは，政党人，特に国民党に属する者と見られる。官僚も含まれる。これを見ると，この青幇を指導していたのは，これらの「政治家」，党人であったと思われる。党人の下に法制官僚や，警察官がおり，情報網や武力を持った組織であったと言えよう。4.12事件など，共産党員や労働組合員を逮捕したり，殺した過去がある。輩行字を通して縦につながっている親分，子分の関係は，秘密の護持や，情報の伝達に有効に働いたはずである。この組織の恐ろしさを十分に示唆している。

Ⅲ　商工業者との相互依存

　なお，先の晩清時代に比べて，商工業者が増加している。その実態は，この記録からは明らかにし難いが，財政面で警察権力を支えていたと見る。

　中に，伶界，つまり，劇場経営者や俳優も含まれている。劇場は，多数の観客が集まる所で，観客相互に喧嘩沙汰が起こりやすく，正規の警察の手が回りにくい。勢い，手軽に手下を動員できる侠人組織に頼る傾向があった。青幇に加入していることは，この面で大きなバックになったであろう。また，俳優は，弟子を得るために幼年者を買う習慣があった。このような場合，トラブルが起こりやすく，青幇というバックがあ

ることは，問題を有利に解決する上で有効だったのであろう。増谷報告
は，上海に人物をしぼることで，青幇のこのような組織的特徴を浮かび
上がらせていると言える。

　以下では，これらの点を，青幇の代表的な人物の行動を通して，見て
ゆくことにしたい。

第3章

青幇人物小伝

第2章の表・上2-1〜2-9に記載された人物のうち，有名な者の小伝を記す。小伝を通して，青幇の実態を窺うことができる。

第1節　興武六

I　大字輩
○黄金栄

　　黄金栄（1868年12月14日-1953年6月20日），またの名は錦鏞，祖籍は浙江省余姚市，江蘇省蘇州市に生まれる。上海青幇の頭目。黄金栄は，張嘯林，杜月笙とともに"上海三大亨"と並び称された。幼少の頃，上海城隍廟の萃華堂表具店の徒弟になった。1892年に上海フランス租界巡捕房で巡捕となり，以来，勤務を続け警務処で唯一の華人督察長に昇任した。その後，帝国主義，官僚，政客と手を結び，封建幇会勢力を発展させて，上海青幇最大の頭目となった。門徒は1000余人に達し，賭博などの犯罪の仕事を操縦した。

　　1927年4月に中華共進会を組織し，"四一二反革命政変"に参与した。後に共産党員と革命群衆を虐殺した。同年にフランス租界巡捕房督察長の職務を辞任した。1928年に蒋介石から国民政府少将参議，行政院参議に任命された。抗日戦争の時期，上海にあって，日本侵略当局が維持会会長になるように要求してきたのを拒絶し，

病と称して隠居した。1945 年，抗日戦争勝利後には，"栄社"を設立し，勢力は，遍く全国工商，農鉱，文化各界に及んだ。建国後は，人民政府に対して正直に罪行を自白した。最後は 1953 年 6 月 20 日に上海黄公館で死去した。

黄金栄は，幼い頃から読書を好まず，もっぱら不良や地元のやくざと交わった。フランスの上海総領事伯早脱と公董事局白爾は，租界内の治安を強化するために，研究の上，120 名の華人巡捕を公募することを決定した。黄金栄は，それまで表具匠をしていたことがあり，後にまた，上海県衙門で，しばらく刑事をやっていたことがあった。この時，黄金栄は，巡捕房に入って巡捕になればうまい汁を吸え，前途は無限だと聞いた。彼は寂寞に甘んぜず，運にかけてみようと決心した。そこで公館馬路にあったフランス租界総巡捕房に行って受験を申し込んだ。彼の強壮な身体がものを言ったのかもしれない。彼は思い通りに採用された。巡捕房に入ってから，黄金栄は，フランス巡捕の後について，一軒ずつ民家を回り，"地皮捐"，"房屋捐"を徴収した。さらに越境して筑路区に新建された房屋まで足を伸ばし，租界の門牌番号を締結した。この仕事の中で，彼はずば抜けた働きぶりを示した。さらに立ち退きを拒否する農民や，墓地の主，税金の増額に抗議する小商人の抵抗を鎮圧する活動にも参与した。これによって，彼は警務総監に気に入られ，いきなり華人刑事から便衣（探偵）兼情報係に抜擢された。

抜擢された黄金栄は，派遣されて十六鋪一帯で活動した。この時の彼は，平服を着て，あちらこちらと動き，茶館で茶をすすったり，ほらを吹いたりして情報を収集し，上部に連絡したりするのが仕事だった。黄金栄は身なりこそ大きかったが，頭は非常に回転が速かった。彼は一対一の交渉の手法で，やくざたちを取り込んだ。こそ泥や強盗を業とする連中が彼に情報を提供し，そのおかげでいくつかの事件を解決した。その他，彼は変装して「賊喊捉賊」のやり方で自分の威信を高めた。ある日，フランス巡捕房の向かいにある咸貨行の金字の看板が，突然，羽が生えたように飛び去った。老板は，焦って上の空となった。この時，"ある人"が老板に向かって「向かい側の黄金栄は，事件を解決する霊感がある」と告げた。

老板は，巡捕房に入り，直接に黄金栄を指名して事件の解決を頼んだ。あにはからんや，黄金栄が巡捕房を走り出るのを待たず，一群の小ものたちが，銅鑼太鼓でその看板を送り返しにきたのだった。これから，黄金栄の名声は，大いに喧伝された。しかし実は，これはすべて黄金栄が裏で操って演出した茶番劇だった。

　やがて，黄金栄は，また兼任刑事出外勤掛および強盗班の2つの部門の長に昇任した。しかし，黄金栄は，在任期間に本当にいくつかの大事件を解決している。ある時，フランス総領事の書記官凡爾蒂が夫人を連れて太湖に遊覧に行った。ところが思いもかけず，その地の土匪に捉われてしまった。フランス租界はこれを知ると，すぐに黄金栄を派遣して救助に行かせた。黄金栄は，手下の小ものを呼び出し，太湖土匪の頭領"太保阿四"，"猪玀阿美"を探し出し，やすやすとこの一対の"フランスの身の代"を無事に救い出した。

　さらにもう一つ，福建省督理周蔭人の参謀長楊知候が6箱の古玩，書画を帯同して上海にやってきたところ，思いもよらず，埠頭を出たとたんに盗まれてしまった。このため，松滬護軍使の何豊林は，特に黄金栄に頼んで追跡に協力してもらった。その結果，半日もたたないうちに，黄金栄は原物をもとのまま取り戻した。情報係の任にあった生涯の中で，最も黄金栄を得意にさせたのは，フランスの天主教神父が誘拐された事件であろう。これによって，フランス東正全権大臣が黄金栄に最高金質宝星を授与したのだった。フランス巡捕房は，彼を唯一の華人探督察長に抜擢し，別に8名の安南巡捕を彼のボディガードとして派遣した。この後，黄金栄はさらに昇進出世を遂げ，大胆不敵になって非行を働き，地方の顔役になった。

　彼は青幇の祖師に拝謁したり，香堂を拝したりはしておらず，門外の人に過ぎなかったが，自分の勢力を背景として，自ら"天字輩"青幇老大と称した。（当時の上海灘の青幇の最高の輩分は"大"字輩だった）あの黒白顛倒の時代の中で，黄金栄は，掌中の権力を利用し，アヘンを販売し，賭場を開設し，共同出資で犬の競争場を開くなど，数年ならずして，上海灘の最高位の大亨となった。黄金栄は，フランス巡捕房華探督察長の任にあること二十数年の長きに

わたり，そのまま 60 歳の誕生日に至ってようやく辞任した。このような次第であっても，フランス巡捕房警務処は，なお彼を継続して，顧問として招聘し，上海に引き留めた。

1949 年前夕，黄金栄の息子の嫁，李志清が黄金栄の金銀珠宝を根こそぎに持ち逃げして上海を離れて香港に行き，後にまた，台湾に至った。ある人が，黄金栄に香港に行くように勧めた。82 歳の黄金栄は，人生の最後の選択——台湾に行くか，上海に残るかの選択に直面して，最終的に残る道を選んだ。「不変を以て万変に応ずる」というのが，彼の処世信条だった。いずれにしても余命は長くない，天命に任せよう，という決断だった。

黄金栄は，わかっていた。自分はもう 80 代の老人で，香港で死んでもかまわないが，途中で急病になって死ぬのは，悲惨だ。彼は，人に言った，自分は棺桶に入ろうとする人間だ。一生，上海にいる。遺骸が異郷，外地に捨てられたくない。

黄金栄は，家にこもって外出を控え，外のことに関心を示さなかった。少なからぬ人が，黄金栄は，すでに台湾か香港に逃げたか，人民政府に逮捕されて獄中にいると思っていた。それゆえに，黄金栄の自白書（悔過書）が新聞に出た時，人民大衆の反響はきわめて強烈であった。みな，この大亨がまだ生きていて，寛大な扱いを受けているとは思わなかったと言った。やがて，黄を殺せという声が，天にこだました。

この厳しい現実を前にして，黄金栄の門弟たちさえも，立ちあがって，彼の罪状を暴き，仲間に向かって，共産党に同調することを求め，自分たちは，黄金栄とは一線を画した。解放初期は，すべてが無に帰して建設の途上にあり，人民政府が処理しなくてはならないことは，数えきれないほどであったから，黄金栄もしばらくは安逸の日を送ることができた。アヘンを吸っていた点についていうと，政府は明確に法令でアヘンを禁止していたにもかかわらず，黄金栄は，法令を理解できない愚か者のふりをして，相変わらず盛んにアヘンを吸っていた。しかも家の中には，大量の上等のアヘンを蓄えてあって，その量は，噂では〝あと 50 年吸ってもありあまる〟と言われていた。

第 3 章　青幇人物小伝　　73

　黄金栄は，毎日，アヘンを吸い，麻雀をやっていた。上海に留
まったまま，逃げなかった。彼のこの一連のやり方にも，多少の効
果があった。当時，黄金栄の家族は，上から下まで数えて，二十数
名の家族がいた。みな，龍門路均培里 1 号に住んでいた。ここは，
黄金栄が成りあがってから建てた家で，3 階建の洋館だった。十数
部屋あった中で，黄の居室は，2 階の東端にあった。付近の家は，
大多数が彼の貸家で，彼の門弟が黄から借りて住んでおり，互いに
気脈を通じていて，いざという時の行動に便利だった。真夏に暑さ
を避けて，漕河涇の別荘で一時期を過ごす外は黄金栄は，長らくこ
こに住んでいた。

　人民政府は，この時，黄金栄に以前と同じように彼の資産，例え
ば，大世界，黄金大戯院，栄金大戯院などを経営することを許可し
ていた。毎月，みな，相当な収入になっていた。

　1951 年初，反革命を鎮圧する運動が開始された。黄金栄の日常
は，厳しくなってきた。市民の中には，自ら立ち上がって黄宅の門
前に押しかけて，彼に批判闘争を受けるように要求する者さえあっ
た。控訴を求める手紙やら，検挙を求める手紙やらが，一封，一
封，雪片のように市政府と公安機関に舞い込み，政府が後ろ盾と
なって民衆のために敵を討ち恨みを晴らしくれるように懇請した。

　実際上，上海の幇会人物に対して，いかに鎮撫工作をうまくやっ
て，我方の役に立たせるかについて，党中央は，上海解放前夜にお
いて，すでに明確な方針を持っていた。すなわち彼らが騒ぎを起さ
ず，上海解放後の社会治安を乱さず，おとなしく改造を受け入れさ
えすれば，彼らに手を出さない。特に黄金栄，杜月笙のような幇会
の大親分については，しばらくの間，様子を見てから，考えること
にした（劉少奇談）のである，その目的は，"できる限り上海を混
乱させない"（周恩来語）ことにあった。このような方策が全国の
大局に対して有効に働き，上海経済を回復して発展させるのにも有
効であった。

　この方針に基づき，上海市人民政府が乗り出して黄金栄を召喚
し，彼に今までの政策は変わらないことを説明した上で，しかし，
彼に"悔過書"を書いて新聞に掲載するようにと言った。さらに一

歩進んで人民に釈明し，おとなしく罪を認め，人民群衆のある程度
の諒解を得るように求めた。

1951 年 5 月 20 日，上海『新聞報』，『文匯報』が『黄金栄自白
書』を掲載した。結果は，民衆の怒りを鎮められなかったばかりで
なく，かえってより大きな風波を誘発した。"黄金栄を殺せ，生か
すな"の声が上海灘に響きわたった。

黄金栄は，『自白書』の中で，"自ら進んで過ちを改める"，"功を
以て罪を償う"，"政府と人民の赦しを求める"などと書いた。上
海灘第一大亨の"懺悔"は，当時，しばらくの間，上海を震撼させ
た。

その後，黄金栄は，政府の改造奨励に対応して，大通りの掃除を
始めた。"黄金栄掃大街"のニュースは，羽が生えたように世界中
を飛び回った。旧上海の別の一大亨たる杜月笙は，香港でこの知ら
せを聞き，自分が上海に留まらず，この難を避けることができたこ
とを幸運としてひそかに喜んだ。国内外の反響を考慮した政府は，
黄金栄に対するこの"改造"措置を，象徴的なものにとどめ，その
後は，継続することはしなかったが，結局，彼はすでに風前の灯の
老人であった。2 年後，かつて上海にその名をとどろかせたこの人
物は，発熱がもとで病臥し，意識朦朧となって数日後に，世を去っ
た。時に年 86 歳だった[1]。

【補記】

増谷報告では，黄金栄の名を青幇の人名録に載せていない。これは，
典拠とした『清門考源』再版本が黄金栄の名を興武六，大字派の中に載
せていないためである。しかし，3 版本では，興武六，通字派に載せる。
次の通りである。

黄金栄（仁社），江蘇呉県，（領導栄社）

仁社とは，張仁奎の主催する社であり，黄金栄が張仁奎の弟子である
ことがわかる。しかし，同時に「栄社指導」とあり，独自に自らの門徒
を「栄社」の名で組織し，これを率いていることがわかる。上述の小伝
に見えるように，黄は当初，若い頃は，誰かを「老頭として拝会したこ

---

1) 【百度】（https://baike.baidu.com/item/ 黄金栄 /1533664?fr=ge_ala）黄金栄：附録Ⅰ①

とはなく，香堂を開いて弟子を取ったこともない。晩年になって，幇籍がないことに不便を感じ，幇籍を得ようとしたが，老頭子（親）になる資格のある理字輩の人がすでにすべて没していて，入籍の方法がない。そこで，やむなくおそらく3版本の出る直前，1945年頃に，同輩の大字派の中で，最も古参で声望の高かった張仁奎を頼って，彼を「老頭子」に仰ぎ，通字派の幇籍を得たが，年齢的には，張仁奎と同世代の大字派にあたるから，これは不自然な入幇であった。日頃，自ら，大字輩より一画，多い天字輩だと号していたというから，自他ともに幇外の人という自負があったと思われる。陳国屏は，このことを知っていて，再版本の出た1939年までは，黄金栄を大字輩や理字輩に載せていなかった。3版本になって，張仁奎の弟子として，興武六，通字派に載せたが，これは，黄金栄にしてみれば，所謂「天字輩」（事実上の大字輩）からの降格（格下げ）に甘んじたことになる。青幇三大亨の一人と呼ばれながら，張嘯林や杜月笙と比べて，青幇との関係が希薄で，浮き上がった存在だったと言えよう。最後まで上海に残ったのも，自ら，青幇の過去の犯罪とは深くは関係していないので，中国共産党も厳しくは追及しないであろうという，楽観を懐いていたからではないだろうか。その点，青幇と深く関わっていた杜月笙とは，全く立場が異なっていたように思われる。

○張仁奎

民国時期，青幇の三大人物と言えば，必ず杜月笙，黄金栄，および張嘯林を挙げなくてはならないが，青幇中で影響が深く，弟子も多く，スケールの大きい人物としては，張仁奎を挙げなくてはならない。

仁奎は，幼少の頃，富裕でない家に生まれた。父親は地主の常雇いで，母親は身体が弱く，いつも病床に臥せっていた。子供ながら物事がわかっていた張仁奎は，地主の家の牛飼いを手伝って生活した。しかし，その頃の世間は，牛を飼っているだけでは，人からいじめを受ける上に，良い生活を送ることはできるはずはなかった。そこで張仁奎は，武芸の達者な叔父から武術を学び，その他の地元の顔役や流れ者との戦いの中で，腕を磨いた。やがて，張仁奎は，科挙の武試に参加し，力で大勢の競争者を敗り，最高の点数を得て，張秀才となった。秀才になってから，張仁奎は，武館を開き学

生を教えた。十里八郷すべてに彼の学生がいるようになった。これによってよい評判を蓄積した。

　当時の世道は，混乱していた。洋人は，不断に朝廷，および庶民を侮辱し，排外の情緒は，空前の高揚を見せた。張仁奎は，満身の熱血をみなぎらせて国に報じようとし，山東滕県の馬風山と連絡をつけ，その麾下の義和団に参加した。張仁奎は，自己の高度な武芸と，勇あり謀ありの能力によって，馬風山の評価をかち取り，やがて青幇“礼”字輩に属する馬風山を先師として拝し，“大”字輩の青幇弟子となった。

　慈禧（西太后）は義和団に号令して西洋人に戦いを宣しながら，戦いに敗れた後は，あわてふためいて光緒帝を連れて逃げ出した。馬風山は，慈禧などの人に従って保衛しながら一路，西に行った。ただ世事は測りがたく，慈禧は，西洋人をなだめるために，言い訳として，命令を下し，義和団の人々を殺した。張仁奎は，また，義和団やその他の成員がみな犠牲になった時，自己の機敏によって，うまく脱出した。おそらくこの経験が，張仁奎に封建帝制下の権力者がどのような顔つきをしているのかを理解させたのであろう。その後の彼は，朝廷から離脱し，革命の道へ向かい始めた。

　張仁奎は，青幇“大”字輩の徐宝山に従って一緒に私塩を販売した。徐宝山が他の私塩販売の頭目と利益の衝突を起こしため，生命の危険が生じた時，自身の鎌刀を帯びて，一を以て十に敵し，徐宝山を刀下から救出した。これから後，徐宝山は張仁奎を命の恩人たる兄弟とみなし，張仁奎を副将に任じた。

　徐宝山が両江総督劉坤一の招安を受けてから，張仁奎は，彼とともに朝廷に帰順し，兵を率いて鎮江に駐屯した。しかし，以前の経験から，清政府に対しては信用していなかった。張仁奎は，表面上，朝廷に帰順し，朝廷の派遣命令に従ったが，ひそかに同盟会と接触し，加入していた。辛亥革命の砲声が響くと，各地の愛国人士の熱血が燃え立った。徐宝山，張仁奎などの人も革命軍の隊伍に加入し，成功裏に張勲の駐守する南京を攻め落とした。張仁奎は，この戦役において，一戦にして名を成した。張勲麾下の“瘟神”韓虎と正面から対戦し，一歩も引かず，最後に鎌刀を以って韓虎の脳天

に斬り下ろし，将士たちの士気を大いに高めたのだった。

　南京が順調に奪還されたあと，張仁奎は，自ら進んで孫中山を南京地区に迎え入れ，その時，同盟会の指導者たちと知り合った。張仁奎の驍勇善戦と英勇の戦績によって，七十七旅旅長に抜擢された。孫中山と袁世凱が袂を分かってから，張仁奎麾下の隊伍は，なお北洋軍に属していたが，彼は，同時にひそかに革命派の人たちと連携し，革命党の活動を支援した。

　袁世凱が逝去してから，北洋軍閥は，いくつかの派閥に分裂した。直系軍閥の首領，馮国璋は，張仁奎を将来性のある人材と見て，彼を七十六旅旅長兼省軍区司令に抜擢した。この後，張仁奎の地位は，軍界と幇派内において安定したと言える。彼は，広く善縁を結び，自身の能力と見識によって，門徒を集めた。身分を問わず，各界人士に対してすべて一様に友好の態度を取り，名望は頗る広まった。軍界，政界，商界，幇派の中で，彼の弟子は，多数に上り，人脈は，頗る広かった。蒋介石に至るまですべて彼に拝師帖を奉呈した。さらにその六十大寿の時には，蒋介石は，特別に人を派遣し，"軍界宿星，幇会元魁"という寿聯を献上した。

　大権を握った張仁奎は，またうまく自己の権力を利用し，自己の愛国の本心によって，国家を危難から救うために自らの貢献を果たした。名声と権力が頂点に達した時，張仁奎の智慧がまた発揮された。彼は，「月が盈ちれば虧ける」道理を弁え，さらなる高位に上ることを欲せず，引退の道を選んだ。最後は，日本人に挑発されて憤り，亡くなったが，張仁奎の葬儀には，名流が雲集し，みな彼に対して賞賛と尊敬を表した。彼の弟子である杜月笙は，さらに一生の時間をかけて，張老太爺の人柄と風格を学び，張老太爺に対して敬意を奉呈したのだった[2]。

【補記】

　張錦湖（1856-1944），名は，仁奎，字錦湖，民国陸軍上将，傑威将軍の衝を加えられる。祖籍，棗庄市山亭区山亭鎮沈庄村の人。後述の顧竹軒小伝によると，同輩行（大字派）の黄金栄は，張仁奎を老頭子として

2）【百度】（https://baike.baidu.com/item/ 張錦湖 /5644001?fr=ge_ala）張仁奎：附録Ⅰ②

その弟子になったことがあるという。こういうことがあるのか，疑問が残るが，青幇の内部では，同じ大字派でも，張仁奎の方が，黄金栄より，年齢が上で，格が高かったようである。陳国屏も『清門考源』再版の表紙の題字を張仁奎に依頼している。青幇内での声望は，黄金栄，張嘯林，杜月笙など所謂「三大亨」よりはるかに上だったらしい。

○張之江

張之江（1882-1969），字紫珉，号子茳，別号天行，教名保羅，河北塩山の人，西北軍著名の将領，中国国術の主要な倡導人兼奠基人。徳を重んじ義を守る人。仕事はすばやく，剛決果断であった。西北軍五虎将の筆頭，軍中では尊ばれて大主教と称された。察哈爾都統西北辺防督弁，代理国民軍総司令，国民政府禁烟委員会主席を歴任した。彼がアヘンをやめた時の決心と態度は，群衆に"第二の林則徐"と称賛された。後に中央国術館館長に任命された。1936年，武術隊を選抜して第10回オリンピックに参加した。オリンピック執行主席は，特に表演隊のために記録映画を撮るように命じた。建国後は，全国政協委員に任命された，1969年病逝[3]。

○樊瑾成

張嘯林は，財を成して以後，ふと自分の父親の親友で，すこぶる商才に富んだ唐観経が上海に住んでいることを思い出し，唐観経を宴席に招いた。宴席には，何人かの艶麗な歌姫を招き，唐を接待させた。唐観経は，ひどく喜び，張嘯林に向かって，上海灘で名士たちの仲間入りしようとするなら，どうしても幇会に頼らなければならない，と告げた。唐観経は，上海青幇頭目黄金栄の弟子だった。そこで張嘯林を青幇の老前輩，樊瑾成に紹介した。樊瑾成は，上海青幇にあって輩分が高く，名声も大きかったが，問題はあまりお金がないことだった。張嘯林は，樊瑾成にまとまったお金を送って敬意を表した。樊瑾成は，張嘯林を弟子にした[4]。

3）【百度】（https://baike.baidu.com/item/ 張之江 /30225?fr=ge_ala）張之江：附録Ⅰ③

4）【百度】（https://baike.baidu.com/item/ 張嘯林 /2046293?fr=ge_ala）樊瑾成：附録Ⅰ④

第3章 青幇人物小伝 79

Ⅱ　通字輩
○張嘯林

　清の光緒3年（1877），張嘯林は，浙江慈溪県に生まれた。光緒13年（1888），生地から，杭州に移住した。光緒16年（1890），張の父が死去し，13歳の張嘯林は，私塾に通い続けることができなくなり，仕事を探して世の中に出た。しかし，一方で仕事をしながらも，他方では，相変わらず賭博の悪習から抜けきれなかった。当時，張家のあった杭州拱宸橋一帯は，商工業が発達していて，張嘯林が外地商客を目くらましにして詐取誘拐する稼ぎ場所だった。光緒29年（1903），26歳の張嘯林は，心機一転して，杭州の浙江武備学堂を受験する決心をした。彼は，実際に合格し，同じく学堂で学習した張載陽らと親友となった。しかし，張嘯林にしてみると，武備学堂の数多くの規則は，まさしく如来が孫悟空の頭にはめた箍<ruby>箍<rt>たが</rt></ruby>のようなもので，耐えきれなかった。賭博と女色に対する禁止だけでも，生きていけないと感じた。張嘯林は，2年足らずで我慢できずに，自ら退学を願い出た。学堂を離れてから，張嘯林は，杭州府衙門領班の，やはり慈溪人の李休堂を訪れ，そこで仕事をしたいと申し出た。李休堂は，儒節を以て彼を受けいれ指導したいと言った。彼は，張嘯林というこのならず者がすでにかえって有名な人物となり，衙門にとって社会秩序を維持し事件を処理するのに大いに役に立つと思ったのである。衙門領班は，官制上は，吏に属する。国家の幹部ではなく，地方官が自己の裁量で任用できた。吏という職業は，政府の政策の下にある執行者であり，直接に人民と接する地位にある。秦叔宝の捕快という職は，吏であり，宋江及時雨の押司という職もまた吏である。上下の板挟みになる職業であるが，しかしまた黒白両道の内幕に通じるのに最も好い方法である。張嘯林は，この職位にあって自然に魚が水を得たるがごとく，飲んだり買ったり打ったりの他に，数年ならずしてまとまった財産を稼いだ。光緒32年（1906），李休堂は，安徽に行こうとしたが，張嘯林は，老母への孝養を口実にして杭州に留まった。稼いで貯めた金で茶館を開いた。彼は，また，李休堂の親戚の一人を妻に娶った。やがて彼は，杭州拱宸橋のボスとなった。

1912 年，張嘯林は，上海大流氓の季雲卿と知り合った，両人は，会っただけで，古い友人のように意気投合した。張嘯林は，先に上海に行って広い世界に踏み込む決心をし，上海に行ってみると，自分があの杭州という小天地で肩で風を切ってきた能力が完全に失われたことに気が付いた。もし季雲卿と手を結んでいなかったとすれば，彼は上海灘で餓死していたであろう。彼は，とりあえず妓院の賭場に潜り込んでごく小さな身分に甘んぜざるを得なかった。やがて，彼は，商人黄楚九と知り合い，黄楚九に認められた。張嘯林の願いとしては，黄楚九について正当な商売をしたかったのだが，黄楚九は，考慮の末，この張嘯林は，やはり裏の社会に入った方がよいと判断し，張嘯林を上海青幇の"大"字輩で，流氓の樊瑾成に紹介し，彼を親分として，青幇"通"字輩の一員とした。一たび足掛かりを得ると，すぐに人より抜きんでた能力を発揮し，やがて一方の小頭目となり，次いでやはり小頭目の杜月笙と知り合いになった。杜月笙は，青幇"悟"字輩で，張嘯林より一輩，下であった。しかし両人は一緒になって策をめぐらし地盤を占拠していった。やがて杜月笙は，別の黒幇一派と激しく争い，打たれて半死半生となって，路上に横たわっていた。張嘯林は，独りで杜月笙を背負って家に帰り，杜月笙の傷を治すために家産を使い果たした。この兄弟の情は，内向的な性格の杜月笙を感動させた。彼は，五体投地して，毎日，一生の間，この恩情を忘れないと誓った。

　地盤を失った杜月笙は，この後，当時，大名赫たるフランス租界巡捕房探長黄金栄に身を寄せ，次第に頭角を現した。やがて張嘯林は，イギリス租界の華人頭領と合作して黄金栄の不興を買った。杜月笙は，巧みに計を立て，張嘯林を黄金栄の側に依存させただけでなく，さらに張嘯林の力量を壮大なものにさせた。杜月笙の慎重さに張嘯林の大胆さを加え，彼らの"黄，賭，毒"の３つの商売は，ますます繁盛した。その後，黄金栄は，全く事情を知らぬ間に上海督軍盧永祥の公子を殴った。盧永祥は，怒りのあまり，黄金栄を捕まえた。杜月笙と張嘯林は，浙江武備学堂の朋友で，すでに浙江省長になっていた張載陽の関係を通して，盧永祥との関係を打開し，黄金栄を救出しただけでなく，上海および周辺の一群の軍閥官僚と

第3章 青幇人物小伝 81

も知り合いになった。その結果，みな一緒に資金を出し合ってアヘンの販売業をし，アヘン業は火に油を加えたごとく燃え広がった。これから，黄金栄も杜月笙，張嘯林の2人と義兄弟の契りを結んだ。上海"三大亨"は，このようにして一体になった。

1920年，3人は，資金を出し合って三鑫公司を開設し，アヘンを販売したり，良民の子女を脅して娼婦にしたり，暴力行為をほしいままにしたりした。張嘯林は，これによって"三色大亨"と称せられた。所謂"三色"とは，黄色が妓院の開設を，黒色がアヘン販売を，白色が殺人と賭博を指す。これらは，すべて張嘯林の得意とする分野であった。1920・30年代の上海では，張嘯林は，腹黒い辣腕家として，すべての人に知られていたと言える。

1926年，蔣介石が国民革命軍を率いて北に向かって挺進し，その勢いは，破竹のごとくであった。3人の江湖人物も，軍閥と蔣介石のいずれを選ぶか，難しい局面に直面せざるを得なかった。一方では，彼らは軍閥と結託してアヘン販売で暴利を得ていたが，他方面では，蔣介石は，最初から上海で青幇とも接触していた。3人は，双方のいずれにもひそかに気脈を通じながら，風向きがどちらに傾くかを観望してから態度を決めることにした。

1927年，共産党は，上海で工人起義を発動し，上海市を接収した。この時，蔣介石は，すでに清党を決意し，人を派遣して上海に入らせ，黄金栄，杜月笙，張嘯林の3人と連絡をつけ，彼らに一斉に共産党を攻撃するように要求した。4月12日，蔣介石は清党を発動した。三大亨も上海で，"中華共進会"を組織し，蔣介石の軍隊とともに一緒に上海の共産党および工人運動の領袖を鎮圧した。これが有名な四・一二大虐殺事件である。三大亨は，これにより江湖人士から政府人士に転化し，さらに国民革命軍総司令部少将参議の職銜を授与された。やがて，彼らは，銀行など金融産業の中にあって，厳然として金融家兼実業家に成り上がった。張小林は，この時期に，名前を張小林から張嘯林に改めている。

1932年，張嘯林は自ら進んで上海華商紗布交易所監事に就任した。抗戦が爆発した後，弟子に指示して"新亜和平促進会"を組織し，軍需物資を買い集めて敵に提供し，国難を利用して大儲けをし

た。

　1933 年元旦前後，張嘯林は，上海黒白道上の名流と，上海 "新世界" で "救済東北難民游芸会" を挙行した。その中心の劇は "競選花園舞后" である。游芸会は，『申報』上に巨幅の広告を出し，"各界が名花の愛国を激励し，名花に報国の機会を与えるように要請した" 上，このように言っている。舞女も "愛国の点では人後に落ちないが"，報国のしようがないので，ただダンスによって得たお金で東北難民あるいは義勇軍を救済し得るだけであり，舞客が "徹夜で舞踏会を開くのも" 愛国の表現である，と。

　1937 年，日本軍は，八一三事変を発動した。1937 年 10 月下旬，戦局は悪化し，蒋介石は，上海を放棄しようとした。"青幇三大亨" が日本に利用されるのを防ぐため，蒋介石は，黄金栄，杜月笙，張嘯林に一緒に香港に退避するように要請した。"三大亨" の地位の排列は，もともと黄，張，杜であったが，1930 年代中に杜，黄，張に変化した。張嘯林が登場した時期は，杜月笙より早く，輩分も杜月笙より一輩上であり，杜月笙に対して老大にあたるため，心中は長らく不服であった。

　蒋介石の役所が撤退する時，張嘯林はひそかに想った。"上海は，華洋の雑居する所で，各種の勢力地盤が錯綜している。日本人は，占領するのは容易だが，統治するのは難しい。必ずや幇会頭目を抱き込んで利用しようとするに違いない。しかし，三大亨の中で，黄金栄は，すでに日本人のために働くことはしないと表明しており，杜月笙は，香港に去った。これはまさに自分が上海灘を独り占めにする絶好の機会である" と。

　1937 年 11 月上旬，上海は陥落した。日本上海派遣司令官松井石根は，すばやく張嘯林との協議を果たした。この後，張嘯林は，門徒を配置し，各行各業を脅迫して日本人と "共存共栄" させ，抗日救亡活動を鎮圧し，愛国志士を捕殺した。また "新亜和平促進会" 会長の名で，人を外地に派遣して，日本軍のために糧食，棉花，石炭，薬品を買い集めさせ，強制的に価格を下げさせたり，武力を使って強奪したりした。さらに招兵買馬に乗じて，広く門徒を集めた。蒋介石は，軍統局長戴笠に張嘯林に対して制裁を加えるように

指示した。戴笠は，上海に潜伏していた軍統上海区区長陳恭澍に対し，張嘯林を殺害するよう命令を発した。彼らは，殺害計画を策定し，行動班を樹立した。実行組長陳黙は，任務を受け取ってから，張嘯林の生活起居の規律を探り尽くし，甚しきに至っては，彼が外出する時に車で決まって座る位置まで把握し尽くした。

1938年，行動組は，張嘯林が毎晩，大新公司五楼の倶楽部に出かけて博打をし，終わると，10余名の保鏢（用心棒）とともに2台の車に分乗して家に帰ることを探知した。張嘯林の車隊が帰宅する時に，ある交差点を通る必要があった。もし，赤信号に遇えば，車は必ず停まる。軍統上海区行動係長は，杜月笙の門徒丁松喬だったが，ここで手を下すことを決定した。念のため，彼らは，灯線に対して部下を配置し，張嘯林の車が到着したら，すぐに赤信号をつけるようにした。一切が計画通りに進んだ。車隊が通過する時，赤信号がついた。丁松喬は，数名の特工を率いて車両に向かって一しきり猛射した。張嘯林の運転手は，これを見て，猛然とアクセルを踏み，赤信号を突き抜けて，疾駆して去った。張嘯林の車体は，鋼板で防護されていた。車の窓ガラスも打ち抜けない防弾ガラスだった。弾丸は当たったが，車体に大きな損傷はなかった。

1940年1月13日，行動組は，また，張嘯林の親戚兪葉封が張嘯林を誘って翌日，更新舞台に行き，予約席で京劇の名優新艶秋の上演を見るということを知った。そこで行動組は，再度の暗殺の計画に着手した。陳黙は，若干の便衣の特務を率い，更新舞台の第1列に座を占めた。その横は，兪葉封だった。芝居は，すぐに終わった。張嘯林は，まだ到着しなかった。陳黙は，やむなくまず兪葉封を殺害し，張嘯林を威嚇した。張嘯林は，これを知り，恨むとともに畏れた。一日中，家にいて，日本に対し，憲兵隊を要求し，入り口に内外二重の関を作らせた。およそ人が訪ねて来ても，彼の同意がなければ，誰であろうと中に入れないようにした。

張嘯林は，家を出なくなった。行動組は，内部ルートを用い，張嘯林の保鏢林懐部によって暗殺を執行する他はなくなった。張嘯林がまだ名を成さない頃から，陳黙は，策略によって林懐部に主人を裏切らせるように工作を始めていた。林懐部は，張嘯林の運転手阿

四の紹介で張宅に入った。最初はただ門衛の役に過ぎなかった。張嘯林は，何度か暗殺の危険に遭った後，何人かの武術とピストルの双方に抜群の腕を持つ保鏢を探すことを希望した。阿四の幇助の下で，林懐部は，3発を連発し，すべての弾丸が的の中心を射抜いた。また，一発で飛んでいる雀を射落とした。このようにして，彼は，張嘯林の信任を獲得し，保鏢に採用された。陳黙は，5万塊銀元の報酬と漢奸を除く民族大義を以て，林懐部を内部ルートとし，指令を待って任務を執行する約束をさせることに成功した。

　1940年8月11日，張嘯林は，大勢の保鏢の護衛の下で，愚園路の岑徳広の家に行き，周仏海，陳公博および日本人と面会し，汪偽政府の浙江省省長の委任状を受け取った。

　1940年8月上旬，陳黙は，林懐部を呼び出し，近日内に手を下させる旨，伝えた。手を下した後は，軍統総部が方法を講じて彼と連絡をつけ，彼をフランス租界巡捕房捕弁にすると約束した。

　1940年8月14日，張嘯林がちょうど偽杭州錫箔局局長呉静観と家中で面会した時，林懐部は，張嘯林が客を送って楼を下るのを待って，張嘯林を除く挙に出ることを決意した。しかし，やがて客を案内してきた管家が降りて来て，翠芳楼に酒席と賭けに侍らせる妓女を呼びに行き，賭博と会食が交互に行われて深夜に至る可能性があった。もしそうなると，手を下す方法がなくなる。林懐部は，阿四が庭で車を磨いているのを見て，近寄って，〝私事があるので，楼上に行き張先生に一声かけて，私に5日の休暇をくれるように頼んでほしい〟と言った。阿四は，首を振って，〝張先生には決まりがある。客と会っている時は，奉公人は邪魔をしてはいけないのだ，お前も知らないわけはないだろう〟といった。林懐部は，故意に彼を刺激し，〝お前は，日頃から張先生がかくかくしかじか，いかにお前を尊重しているか，吹聴してきたが，見る所，俺と変わりはないようだな，ほら吹きめ〟といった。阿四は，これを聞いて憤り，両人は，喧嘩を始めた。楼上の張嘯林は，声音を聞きつけて，思わず，窓前にまたがって声を荒げて怒鳴った。〝何を争っているんだ？〟張嘯林は，林懐部を怒鳴りつけ，〝この亀孫子，腹いっぱい食って何もせずに喧嘩するなんて。日本兵をもう一人雇えば，お

前なんか，いらないんだ"。林懐部も一歩も引かず，口答えした。張嘯林は，ここで窓外へ身を乗り出して怒鳴った。"阿四，この野郎のピストルをとりあげて，追い出せ"。林懐部は，即坐に言った。"追い出すに及ばぬ，俺は，自分で出てゆく"。言いながら，林懐部は，腰間に手を伸ばし，ピストルを抜き出した。みんなは，林懐部が本当にピストルを渡して立ち去るものと思ったが，意外にも，彼は，張嘯林に向かって手を挙げて一発，発砲した。弾丸は，張嘯林の顔面に命中し，張嘯林は，その場で落命した[5]。

【補記】

張嘯林の死亡は 1940 年 8 月，『清門考源』再版は 1939 年 7 月，増谷報告は，1940 年 7 月であるから，増谷報告は，張嘯林の名を【興武六通字派】の欄に記載している。しかし，1946 年の『清門考源』第 3 版では，その名が削除されている。死亡していても有名な人物は記載されるのが通例であるから，削除は，日本に協力した「漢奸」として除名されたものと見られる。張は，国民党から命を狙われていることを知り，日本の憲兵隊の保護を求めたが，国民党が敷いた内外の暗殺ルートから逃れることができなかった。

Ⅲ　無字輩
○杜月笙

　　杜月笙（1888 年-1951 年 8 月 16 日），原名は杜月生，後に章太炎の提案によって名を鏞と改め，月笙を号とした。江蘇川沙（今の上海市浦東新区）の人，近代上海青幇の中の一員。14 歳で初めて上海十六鋪に出て，水果行の学徒となる。後に当時の青幇の上海の首領"黄金栄公館"に入る。1925 年 7 月，杜月笙は，"三鑫公司"を設立し，フランス租界のアヘンの運搬を壟断した。1927 年 4 月，杜月笙と黄金栄，張嘯林は，中華共進会を組織した。1929 年，杜月笙は，公董局華董に任命された。これは華人のフランス租界における最高の位置である。1929 年，杜月笙は，中淮銀行を創立し，上海金融業に足を踏み入れた。1949 年 4 月，杜月笙は，香港に行き，

---

5)　【百度】（https://baike.baidu.com/item/ 張嘯林 /2046293?fr=ge_ala）張嘯林：附録Ⅰ⑤

晩年を過ごした。1951 年 8 月 16 日，杜月笙は，香港で病死した。享年 63 だった。

　（以下，詳述）清の光緒 14 年 7 月 15 日（1888 年 8 月 22 日），杜月笙は，江蘇省川沙庁（今の上海市浦東新区）高橋鎮南の杜家宅で生まれた。杜月生と名付けられた。4 歳で母を失い，6 歳の時，父親も世を去った。残された彼は外祖母に育てられた。舅父は，木匠であった。生活も苦しかったため，彼は半年，私塾に通っただけで退学した。彼が手を伸ばしてご飯を求めると，舅父朱揚声は，ある時，彼に銭を与えて大餅油条を売りに行かせた。しかし"寡人は，賭を好む"。彼は，しばしば賭けに負けて本も子もすっかり無くしてしまっただけでなく，時には舅父の銭を盗むことさえあったため，結局，家から追い出され，方々流浪した。彼は，高橋から流浪して上海灘に至った。その時，すでに 13，4 歳になっていた。

　彼は，まず十六鋪にあったある水果行で賬房をしていた伯父杜阿慶の処へ身を寄せた。伯父の紹介で別の水果行に入り，学徒となった。半年もたたぬうちに，老板の機嫌を損ね，その家からたたき出された。高橋に帰り，ある肉屋で下働きとなったが，またもや賭博のために，仕事を辞めさせられた。このようにして，再び上海にやってきた。杜月生は，この大勢の人の中にあって，まず彼がかつて追い出された宝大水果行に行って，熟れ過ぎた果物をもらい受け，さらに波止場に停泊している水果船に行って落ちている新鮮な果物を拾い集め，裏通りやアヘン屋などで大声で売り歩いた。生活は苦しかった。偶然に何文かの銭が余ると，やはり友達との賭博に走った。

　この時期，彼は 2 つのあだ名で呼ばれた，"水果月生"と"蠟光月生"である。こうしてしばらく時間を過ごす間に，彼は，多くの人々と知り合い，さらに波止場の小さな秘密結社に加入し，彼らと一緒に初めて上海に出てきた農民を騙したり，波止場の荷物を盗んだりした。

　当時，十六鋪碼頭には，青幇"大亨"陳世昌がいた。彼は，杜月生が若いのに非常に機敏なのを見て，彼を門下の弟子とした。杜月生は，彼を老頭子（義理の父）として拝礼した。杜月生は，このよ

第3章　青幇人物小伝　　　87

うにして正式に“在幇”と言える身分になった。幇会の勢力に依拠
して，彼は流氓たちとグルになり輪船碼頭で，詐欺や脅迫，アヘン
の密売などの仕事をした。同時に，上海灘の黒社会の中での長い経
歴を買われて，フランス租界巡捕房に雇われて包探（刑事）となっ
た。

　民国7年（1918），杜月生は，陳世昌の同輩弟兄の黄振億の紹介
を通して，当時，上海灘大流氓の統領で，フランス租界警務処督察
長の任にあった黄金栄の家に至り，雑務係となった。彼の頭脳の機
敏さと，万事に完璧な仕事ぶりは，すぐに黄金栄の妻，林桂生から
認められた。当時，淞滬護軍都督使何豊林などの人が，私的に資金
を集め，アヘンの請負販売をする会社を始めた。杜月生は，この会
社は軍閥の後ろ盾があるため，必ずもうかると判断し，林桂生を動
かして黄金栄の名義で出資させた。2年もたたぬうち，黄金栄のた
めに200万元を儲けた。これにより，黄金栄は杜月生の“才幹に
対して”初めて注意を払い，あわせてそのうち，5万元を報酬とし
て与えた。この後，黄金栄は，また，彼をフランス租界内のアヘン
運送販売部門に推挙し，並びにフランス租界三大賭場の一つ“公興
倶楽部”の経営権を杜月生に与えた。

　当時，上海のアヘン密売は，イギリス租界の探目沈杏山を首とす
る“大八股党”に握られていた。彼らは，まず烟土（未精製のアヘ
ン）を奪い取ることから始め，次第に土商との協議を達成した。そ
れは，土商から巨大な額の“保護費”を出させて，大八股党が保護
の責任を負うという内容だった。

　烟土の運送の安全を名目として，杜月生は，大八股党から烟土の
利を奪取しようとした。そこで顧嘉棠，葉焯山，高鑫宝，芮慶栄，
楊啓堂，黄家豊，姚志生，侯泉根ら8人を集めて，“小八股党”を
組織し，一隊の流氓の武装集団を樹立した。大八股党との争奪戦の
中で，彼らは公然と略奪したり，あるいは陰で脅し取ったりした。
民国8年（1919）初めになって，“小八股党”は，最終的に“大八
股党”にとってかわり，上海烟土行業の牛耳を執るに至った。杜月
生は，これにより，名声大いに振った。

　民国14年（1925）7月，杜月生は，黄金栄，張嘯林らとともに

潮州幇の烟土商と連合し，もっぱらアヘンを扱う"三鑫公司"を立ち上げた。この会社から保鏢の人員を派遣し，フランス租界の烟土の流通と消費を一括して運営した。当時，黄金栄は，フランス租界の督察長の身分であったから，公然とこの会社の経営に顔を出すわけにはいかなかった。そこで杜月生を会社の社長に任命し，張嘯林と杜月生の青幇での弟兄であった范回春に副社長を担当させた。

　ある時，黄金栄は，芝居見物の最中，浙江督軍廬永祥の息子廬小嘉と，女優をめぐって争い，この公子の恨みを買って，淞滬護軍都督使何豊林に派遣された便衣連中にひどく殴られた。その後，また，誘拐されて龍華護軍使署の看守所に押し込められた。杜月生は，張嘯林とともにその間に立って策をめぐらし救助に尽力した。杜月生は，フランス租界の各大土商から巨額の資金を集めた。張嘯林が代表して何豊林，廬小嘉に謝罪し和解を求め，さらに杜月生が青幇"大"字輩の老頭子張鏡湖（仁奎）を訪ねて仲介を依頼し，ついに廬小嘉の怒気を鎮め，黄金栄を釈放させた。黄金栄は，杜月生，張嘯林の"救命の恩"に感謝するため，2人と結拝して兄弟となった。これから，黄金栄，杜月生と張嘯林の3人の上海灘の大流氓親分は，連合して一体となり，当時の上海黒社会の中で最も影響力を具えた勢力となった。杜月生もまたこの時から一方の旗頭を担当するようになり，自ら門戸を立てるに至った。同年，フランス租界商会総連合会主席に出任し，納税華人会監察を兼ねた。民国15年（1926），章太炎の提案により，杜月生を杜月笙と改名した。

　民国16年（1927）4月，杜月笙は，黄金栄，張嘯林と中華共進会を組織し，蒋介石の革命運動鎮圧のための手先となった。4月12日，計略を立てて上海工人運動の領袖汪寿華を生き埋めにした。その後，流氓を指揮して工人糾察隊を襲撃させ，手当たり次第に共産党員と工人群衆を虐殺し，これによって蒋介石の支持を獲得した。南京政府成立後，杜月笙は，海空総司令部顧問，軍事委員会少将参議，および行政院参議等の職に任ぜられた。すべて実権をともなわない肩書に過ぎないが，その社会的地位は，これによって著しく上昇した。9月，杜月笙は，フランス租界公董局臨時華董顧問となった。

第3章　青幇人物小伝　　89

　民国 18 年（1929），杜月笙は，フランス租界公董局華董に昇任した。これは華人のフランス租界における最高の地位である。同年，中淮銀行を創立し，上海金融業に足を踏み入れた。金融界人士徐新六，陳光甫，唐寿民らと結ぶことを通じて，彼の銀行業務は，頗る繁栄した。民国 19 年（1930），杜月笙は，家郷の浦東高橋鎮高南郷陸家堰に 50 畝の土地を買い，高創新栄造廠廠主謝秉衡に委託して杜氏家祠を建造した。

　民国 20 年（1931）6 月 8 日から 10 日まで，杜月笙は，家祀落成典礼と“奉主入祠”典礼を挙行した。儀仗隊には，5000 人もの大人数が参加し，フランス租界の杜公館から出発して，長さは，数里に達した。巡捕が露払いを勤め，鼓楽は，天を震わせた。酒席を開くこと 3 日，毎日 1000 卓を数えた。蒋介石，淞滬警備司令熊式輝，上海市長張群らを含め，国民党の要人は，すべて匾額を送った。排場の大なること，靡費の巨なること，時の盛を極めた。

　民国 21 年（1932），杜月笙は，恒社を組織し始めた。民国 22 年（1933）2 月，恒社開幕典礼を挙行した。杜月笙は，自ら名誉理事長に任じた。社名は，“如月之恒”の典故から取った。名義上は，民間社団で，“進徳修業，崇道尚義，互信互助，服務社会，効忠国家”を宗旨としたが，実際上は，秘密結社であり，これに借りて広く門徒を集め，社会各方面に勢力を伸した。恒社が初めて成立した時は，130 余人だったが，1937 年には 520 余人に達し，国民党上海市党部，上海市社会局，新聞界，電影界など，多方面の人士がすべて参加してきた。

　民国 23 年（1934），杜月笙は，上海市地方協会会長に就任した。同時に，彼は，“中国紅〔赤〕十字会”副会長になった。民国 24 年（1935）4 月，杜月笙は，中国通商銀行の董事長となった。

　民国 26 年（1937）初め，日本海軍軍令部長永野修身は，欧州から帰国の途中，特に上海に行き杜月笙と面会し，彼に人を募る条件を提示し，経済運営の方面での協力を促した。杜月笙は，これを拒絶した。盧溝橋事変が勃発した後，中国は，全面抗戦に入った。7 月 22 日，国民党上海市党部を代表して，杜月笙は，上海各界抗敵後援会の組織の成立に参与し，併せて同会主席団成員および籌募委

員会主任委員に就任した。11月，上海が陥落した。上海を占領した日本人が，杜月笙の上海における顕赫たる地位と影響を考慮し，多方面から籠絡を謀ったが，日本人の威嚇と利益誘導に直面して，杜月笙は，再度，これを拒絶し，上海を離れ，単身，香港に避難した。12月初め，彼はまた，蒋介石に会うために急いで武漢に赴き，蒋介石と会って，蒋から中央賑済委員会常務委員，分管第九賑済区事務に任命された。命を受けた後，杜月笙は，香港に帰り，賑済委員会第九区賑済事務所を設立し，自ら主任に任じた。同時に香港にあって中国紅十字総会弁事処の看板を掲げて，これによって，実態を隠蔽した上で，動員と組織に従事し，一定の社会的影響を持つ人士の香港移住を斡旋し，併せて国民政府と上海など淪陥区との連携に責任を負った。この他，彼は戴笠と共同出資で“港記公司”を設立し，国民政府が川，康，滇一帯で禁烟を名目に掠奪したアヘン烟土を運搬販売する仕事の責務を負った。

民国28年（1939）夏，呉開先が，命を奉じて上海に行き，国民党地下組織を整頓して，“上海党政統一委員会”を設立した。呉は，自ら書記長に任じ，杜月笙は，上海の金融工商，党政，特務系統および黒幇勢力中の特殊な影響によって，蒋介石から同委員会の主任委員に任命された。

民国29年（1940），杜月笙は，人民行動委員会を組織した。これは，国民党支持下の中国各幇会の連合機構であり，杜月笙は主要な責任者となった，これにより実際上，中国幇会の総龍頭となった。

民国30年（1941）12月，香港が淪陥した。杜月笙は，重慶に遷居した。彼は重慶で恒社総社を再建し，併せて西南の各重要城市に分社を設立した。

民国31年（1942）3月，杜月笙は，重慶で“中華実業信托公司”を設立し，董事長に任じた。華中各地の略奪物資を内運によって販売消費させた。同時に彼は，中国通商銀行を重慶に遷し，自ら総経理に任じた。同年秋，彼はまた，自ら内江，成都，宝鶏，西安，洛陽などの地に赴き，通商銀行分行を開設した。各分行内には，皆な恒社分社を設けた。

民国32年（1943），杜月笙は，また，戴笠と協議し，蒋介石の認

可を経て通済公司を設立し，国統区の戦略物資を用いて交換で淪陥区の棉紗を取得し，人から機会に便乗して“国難を種に大儲けした”と指弾された。同時にこの行為は，やはり大いに日本侵略軍の戦略物資の欠乏を緩和させた。

　民国 34 年（1945）8 月，抗日戦争勝利の初め，杜月笙は，国民党軍政勢力が未だ上海に到達していない前の重大問題であった“均周密策劃”に対して，蒋介石が勝利の果実を奪取するのを積極的に助けた。9 月，杜月笙は，上海に帰った。10 月から，すぐに“恒社”の整頓に着手した。整頓後の“恒社”は，全国二十数個の城市に分社組織を発展させ，人数もまた大々的に増加し，社員は，上は中央部長，司長から，下は董事長，報社社長，弁護士，特務に至り，遍く全国に分布した。この時期，杜月笙の勢力は，さらに一層膨脹し，獲得した各種各様の職名は，合計で 70 個前後に及んだ。“国大”代表，上海市参議員などの公職を除く他，任にあたった職務は，文化教育，金融工商，交通電気などの各行各業に及んでいた。

　民国 35 年（1946）4 月，蒋介石は，“民主政治”を体現するため，上海市参議会議員を“民選”とした。選挙の前夜，杜月笙は，その徒衆を発動し，四方で買収と抱き込みを行い，脅迫と利益誘導によって，議長に当選した。しかし，ちょうどこの時，彼の腹心の万墨林が私財の隠匿の罪で，海警備司令宣鉄吾に逮捕された。併せて蒋介石から，議長の一席は，潘公展が就任することを希望するという談話が伝えられた。杜月笙は，蒋介石の圧力に迫られ，やむなくすでに手にしていた議長の職位を譲った。これは杜月笙を大いに悲嘆させ，“淪陥時の上海には正義がなかったが，勝利後の上海には公道がない”と言わしめた。10 月，杜月笙は，また，軍統責任者鄭介民と手を組み，所謂“人民行動委員会”を“中国新社会事業建設協会”に改組し，常務理事に任じて，積極的に帮会組織を指導し，国民党特務と協力して，共産党と進歩勢力に打撃を与えた。

　民国 37 年（1948）春，杜月笙は，国民政府が招集した“行憲国大”に参加し，蒋介石を持ち上げて総統に当選させた。同年夏，蒋介石は，深刻な財政危機を挽回するため，蒋経国を上海に派遣し，

市値改革を実行させた。金円券を発行し，民間に対し，所持する外貨および金銀を一律に金円券に兌換するように要求した。9月初め，杜月笙の三男杜維屏が完全な前例証拠に拠らずに，蒋経国に“投機倒把”の罪で逮捕された。この他，蒋経国は，さらに万墨林に訓戒とする旨を伝えた。杜月笙は，寂しい思いで“彼ら（蒋介石集団）が私に引退を求める時期が来たというべきだろう”と感じた。その後，杜月笙は，門下に指示して四方に証拠を集め，孔祥熙の長子孔令侃が擁する揚子公司も同じ仕事に従事していることを証明し，蒋経国に同様の扱いをするように逼った。蒋経国はやむなく，杜維屏を6か月の徒刑に処しただけで，この事件を早々と幕引き収束させる他はなかった。

1949年，杜月笙は，黄炎培，銭新之，章士釗，盛丕華，沙千里，史良，張瀾などの人と頻繁に接触することによって，時局と自身の前途を検討した。杜月笙は，一度は上海に留まることを考慮したが，しかしずっしりと重い歴史の包袱を前にして，彼に対して共産党が旧悪を追及しないですませる可能性を完全に信ずることは難しかった。

10日，蒋介石は，杜月笙を呼び，台湾に退避するように求めた。5月1日，杜月笙は，上海に留まらず，また台湾にも行かないことを決め，香港に留まることを選んだ。

1951年8月7日，杜月笙は，意識不明となった。回復してから，家人を呼び，秘書の胡叙五に来てもらって遺言を口述した。杜月笙の頭は，十分に明晰であった。遺言は，政治には触れず，すべて遺産継承などの家庭の瑣事であった。

杜月笙は，永年，他人が彼に書いた各種の借金証文を取り出して，全部，焼却し，遺族に対し，債務の残りなどを追求しないように警告した。残ったのは，10万元の現金だけだった。妻にはそれぞれ，1万元，男子には1万元，未婚の娘には6千元，出嫁した娘には4千元とした。娘の杜美如の言によると，杜月笙は，息を引き取る前に一言，“私にはもう希望はない。お前たちには希望がある，中国はさらに希望がある”と言ったという。杜月笙は，口述が終わった後，秘書に再度，1回，朗読させ，その後，頑張って身体

第 3 章 青幇人物小伝 93

を起こし，自分の名を杜鏞と署名した。8 月 16 日午後，4 時 50 分，杜月笙は，香港で病逝した，享年 63 歳だった[6]。

【補記】

杜月笙は，『清門考源』再版本では，興武六無字派に入っている。その先師，陳世昌も同じく，興武六通字派に入っていて，師承関係は一貫している。増谷報告は，これによって，陳杜両名をともに興武六に配置している。しかし，1946 年に出た同書第 3 版では，2 人とも，江淮泗に入れている。理由は不明であるが，あるいは，江淮泗が，青幇諸幇の中で筆頭の地位を占めることから，杜自身が，転籍を希望し，それが実現したのではないか，と想像する。しかし，秩序を重んずる青幇において，このような異例の転籍がどうして許容されたのか，疑問の残る所である。

なお，杜月笙が終の棲家として香港を選んだのは，黄金栄に比べて，賢明な判断だったと言える。死に臨んで手元に残った金がわずか 10 万元，これを遺族に公平に分配したというのも感慨深い。仗義疎財，一代の侠人だったことを印象付ける。

第 2 節　嘉興衛

I　大字輩

○劉登階

蘇北塩城の人。『清門考源』再版本に載る民国 2 年撮影の青幇領袖 17 人の中の一人。そのメンバーは，前述の通り。しかし，劉登階がいつ蘇北から上海に出てきたか，またどのようにして青幇領袖に上り詰めたか，など，詳しい経歴は，一切不明である。顧竹軒の師。晩年は，顧竹軒の世話で過ごし，生涯を終えた，という[7]。

---

6)　【百度】（https://baike.baidu.com/item/ 杜月笙 /1525463?fr=ge_ala）杜月笙：附録 I ⑥

7)　【百度】の説明による。ただし，【百度】の説明も不安定で，何度も説明が変わっている。『清門考源』掲載の民国初年青幇領袖 17 名の一人であることと，顧竹軒の師であること以外は詳細は不明。顧竹軒を弟子としたのは，同郷だからであろう。

Ⅱ　通字輩

○顧竹軒

　　顧竹軒（1886-1956），字は，如茂，江蘇建湖の人。少年期は，家
庭が貧寒で，たまたま災荒に逢ったため，16歳で上海に出て生計
を求めた。共同租界の協記公司で人力車を引き，一度は，租界巡捕
房に入って巡捕となった。二十数歳の時には，上海幇会の上層に
成りあがり，徒弟は，数百人に達した。“江北大亨”の称がある。
1920年代の初め，人と共同出資して閘北に同慶舞台を開いた。や
がてまた，徳勝茶楼，天蟾舞台を開いた。1923年から，独自で天
蟾舞台を経営した。京劇の名優と連絡し，京劇の演出場所の改良を
推進した。1932年一二八事変と1937年八一三事変では，傷兵と難
民の救済に参加し，保衛団を派遣して抗戦を支援した。抗日戦争
の期間，中共地下党員をかくまったり，護送したり，救出したりし
た。国共内戦時期には，中共中央上海局に属する幇会工作委員会工
作者をかくまったり支援したりした。また何度も発電廠地下党責任
者の活動をかくまい，物資と医薬品を蘇北根拠地に輸送するため
の便宜を計らった。1947年，上海市参議会参議員に任じた。1949
年，特別招待代表として上海市第一次各界人民代表会議に出席し
た。1956年7月6日，上海で逝去した。

　　（以下，詳述）

　　旧上海の青幇大亨と言えば，皆がよく知っているのは，黄金栄，
杜月笙，張嘯林の“三大亨”に勝る者はいないであろう。しかし，
蘇北人の中では，“江北大亨”と称される顧竹軒の勢力こそ，最大
のものであった。このため，人は彼に“江北皇帝”という称号を
贈っている。

　　顧竹軒，字如茂，彼の先祖は，塩城の西北郷（今の建湖）の人で
ある。国民党高級将領顧祝同と同宗である。清代咸豊，同治年間，
顧家は，家を挙げて破船に乗って塩城梁垜団（今の建湖県鍾庄郷唐
湾村）に流れ着き，人に雇われて耕作した。

　　顧竹軒は，光緒12年農暦3月14日に生まれた。家中では排行
第四だったので，郷人は，“顧四”と呼びならわした。顧家は，人
が多く地が少なかったので，顧竹軒の幼年は，貧困の中で過ごした。

少年の時，彼は力が強く，人よりも余計に食べた。14，5 歳の時に
は，重い犂を背負って田を起こすことができた。当時，蘇北は，不
作と餓えが頻繁に起こった。光緒 28 年（1902）初め，16 歳の顧竹
軒は，母親と長兄の顧松茂などの人に付いて，小船に乗り，飢饉を
避けて上海に逃れ，生計の道を求めた。上海に着いてから，顧竹軒
は，まず，閘北天宝里附近の "一百間" と呼ぶ場所に寓居し，道路
工事をしたり，農家の大八車を引いて糊口をしのいだ。そのうちに
共同租界による中国人の巡査の募集に出会った。条件は，身体が強
壮で背が高いこと，学歴は問わず，ということだった。顧は，これ
に応募し，合格した。しかし，同郷の犯人をこっそり逃がしたかど
で，罷免された。やがて，顧は，兄と一緒に閘北国慶路にあったド
イツ人の "飛星黄包車公司" に雇われた。その後，彼は，また，こ
のドイツ人経営者の個人用人力車を引き，深く信頼され，同公司の
ハイヤー業務を任された。第一次世界大戦が勃発したのち，ドイツ
人の老板は帰国した。顧竹軒は，この機に乗じて手元の資金を利用
し，安い値段で，同公司の経営権を入手した。顧竹軒の出世街道
は，ここから始まったのである。

　1916 年前後，顧竹軒は，同郷関係を通して寧波籍の青帮大亨，
劉登階を老頭子（義父）にいただいて，弟子入りした。劉は，青
帮 "大" 字輩に属していた。青帮の "大通悟学" という輩分排名に
依って，顧竹軒は，"通" 字輩となった。この時，顧は，すでに一
定の経済的な資産を持っており，また，青帮の "二十二炉香" でも
あった。加えて彼はもともと共同租界の巡捕を務めた経歴もあっ
た。この 3 つが相まって，顧竹軒は，大いに香堂を開き，広く門
徒を集めることができ，急速に青帮の閘北における "大頭香"（輩
分が高く，勢力が大きいことを指す）となることができた。

　顧竹軒は，人力車を引いていた時代から，豁達豪放な性格で，非
常に江湖の義気を重んじ，常に車引きの貧しい同郷人を助けた。金
があろうとなかろうと，差別なく常に全力で援助した。彼は言っ
た，"この顧四を見こんでくれさえすれば，ズボンを質に入れるよ
うな貧乏人でも気楽に来てくれ"。これだけでなく，顧は，財を軽
んじ義を重んじ，塩阜同郷が面子を保てるように務めたので，閘北

塩埠藉の下層のやくざ連中や無頼漢の間で，非常に尊重された。彼らは“顧四瘟子”は友達甲斐がある，と言った。このため，顧の門徒には，低級の文職官吏，小軍官，一般警察，各種商人などが含まれていたが，人数の最も多いのは，やはり人力車業の行主，および多数の人力車夫だった。フランス租界巡捕房に20数年も勤め，派の内幕を熟知していた薛耕莘は，『近代上海の流氓』の中で，顧を“旧上海最大の人力車覇主”と称している。しかも勢力範囲を見ると，閘北が彼の大本営である他，その勢力は，共同租界にも浸透し，門徒は，1万余人の多きに達した。

　人力車を貸し出す商売の他にも，顧竹軒は，非常に多くの商売に手を出している。黒社会には，喧嘩の仲直りに茶館でお茶を飲んで和解する習慣があり，こういう場合，顧は，閘北の黒社会における地位が高かったため，そのすべてに顔を出してきた。このため顧は，自分が茶館を開けば，さらに利益が上がるはずだと思い，やがて閘北大統路の新開橋寄りの場所に徳勝茶楼を開いた。また，落魄して上海に流れてきた塩阜の淮劇芸人を招き，茶楼で草台戯（茶卓を寄せて舞台に仕立てた）を上演させ，大勢の蘇北人を引き寄せた。この他，彼は，泰祥南貨店，大生輪船公司，同慶舞台（左士臣と共同出資），三星舞台，大江南飯店，天蟾玻璃廠など，多くの工商企業を開設した。

　旧上海の帮派の競争は，異常に激烈だった。顧竹軒は，自分の勢力を拡張するため，人間関係の上で，慎重に工夫を凝らした。顧は，青帮の中で，自分の勢力が“三大亨”には，はるかに及ばないことをよくわきまえていた。このため，彼は，力を尽くして彼らと関係を結ぼうとした。特に黄金栄とは交際が甚だ篤かった。黄本人は，上海青帮の中で勢力は頗る大きかったが，しかし長期にわたり“老頭子”としての儀式を受けたことはなく，一個の帮外の虚位に過ぎなかった。彼は自嘲して，“私は天字輩だ。大字輩に比べて一画多いのだ”というほどだった。後に黄は，“大”字輩の張仁奎を拝して“老頭子”としたが，やはり“通”字輩に過ぎなかった。しかし，顧竹軒は，黄の勢力を借りてフランス租界に足を踏み入れるために，黄に向かって門生の帖子を奉呈した。顧のこのやり方は，

事実上，やはり良好な効果をもたらした。後に彼と莫逆の交を結ぶ
寧波の大亨虞洽卿は，まさにこの時に顧と親しくなったからであ
る。虞本人の工商界における顕赫たる地位のおかげで，顧竹軒が企
業活動に従事する時に得た利益は，少なからぬものであった。例え
ば，顧が蘇北里下河地区で経営した大生輪船公司は，その船の多く
が，虞洽卿の三北輪船公司里の旧船であったが，その買取価格は非
常に低廉だった。また大生公司が張孝若，杜月笙の合営する大達輪
船公司と競争して劣勢にあった際に，正しく虞の幇助のおかげで，
支えきることができたのだった。顧は，かつて門徒の阜寧人劉玉貴
に指示して京劇の名優，常春恒を暗殺させたことがあったが，その
時もやはり虞の援助と対処のおかげで，この事件を解決することが
できたのである。

　顧竹軒をして青幇の中で声名顕赫たらしめた"天蟾舞台"事件
は，杜月笙の彼に対する全力の支持と切り離すことはできない。現
在，福州路（旧称四馬路）にある天蟾舞台は，もとは共同租界の二
馬路（今の九江路）にあった。天蟾玻璃廠の名称と同じく，天蟾舞
台の"天蟾"の来源は，頗る物語性を具えている。顧は，かつて一
匹の三足の青蛙が口から金銭を吐いている夢を見た。彼は占い師に
夢解きを頼んだ。占い師は，これは，天賜の蟾蛤で，吉祥出世の印
だと言った。彼はこれを本当だと信じ込み。玻璃廠と戯台に"天
蟾"の2字を冠した。天蟾舞台が設立されてから，虞洽卿の親友
で，戯劇界の"浮浪人"，青幇"通"字輩の季雲卿（季は曹幼珊の門
徒）の幇助を獲得し，商売は繁盛した。これに加えて黄金栄が背後
で支えてくれたため，顧は，急速に評劇院同業の中で抜きんでた存
在となった。さらにまた，評劇院聯誼会の主席に当選した。1920
年代の中後期，大馬路（今の南京東路）の永安公司（天蟾舞台は，
ちょうど永安公司の後ろ側にあった）が南部に拡張するために，工部
局と結託して，天蟾舞台を無理やり立ち退かせようとした。顧竹軒
は，四方に奔走して交渉したが，依然として効果がなかった。最後
に，彼は杜月笙の支援を得て，大金を以て2人の外籍弁護士を雇
い，官司を訴えて英連邦最高法院まで持ち込んだ。最高法院の裁定
を経て，工部局は敗訴し，天蟾舞台の撤去の損失費10万銀元を賠

償した。この事件は，顧について言えば，名利双得であった。10万銀元の賠償費は，顧に元手を減らさせなかっただけでなく，相当の儲けをもたらした。別の方面では，顧が工部局を訴えて成功を獲得したことは，租界勢力を太上皇と見て恐れていた多くの人たちを刮目させ，彼を真に気骨のある人物と称せざるを得なくさせた。かくして"顧四牛皮"というこのあだ名も唱えられるようになった。

"三大亨"同様に，顧竹軒は，工商界に足を踏み入れ，一定の社会的地位と勢力を得た後，また極力，官紳階層と接近し，自分をその中に押しこもうと務めた。1924年秋，斉盧交戦がまさに酣だった際，閘北の豪紳王彦斌が滬北区保衛団を組織し成立させた。顧が閘北において勢力が大きかったため，ついに彼に団附（顧問）になるように要請した。これより，顧は正々堂々たる地方武装官員となり，社会的地位は，日とともに増大した。その後，彼は，また陸続として上海市人力車同業公会主席，閘北商団会董，塩阜同郷会主席，蘇北旅滬同郷聯合会副主任，蘇北難民救済委員会副主任，中国紅十字会理事，およびいくつかの慈善機構の董事など，社会に貢献する公職に任じた。これと同時に，顧の上層社会人士との接触も日ごとに増加した。これらの中で著名な人としては，塩阜同郷の清末進士で，法部主事，国会議員の季龍図，蒋介石と師徒の名分も持つ胡敬安，《前線日報》館長馬樹礼，中国仏教会副主席静波法師，および江蘇保安司令李長江などがいる。ここで一言触れる価値があるのは，顧と同宗遠房の，国民党高級将領顧祝同との交流もまた一定程度において彼の上海社会における地位を強固にし高めたという点である。1930年代初め，顧祝同は，江蘇省主席に任命された。顧竹軒は，その祝寿の名義を以て，揚州のある旧園を購入し，整理一新したのち，"祝同花園"と名付けて，顧祝同の族弟に贈った。顧祝同もこれに酬いて，顧竹軒40歳の誕生日に，彼自ら代表を派遣して家宅を訪問させ寿を祝った。抗戦勝利の後，間もなく，当時，すでに国民党陸軍司令に任じていた顧祝同は，上海に公務に赴く機会を利用して，ついでに顧竹軒を表敬訪問した。このニュースが一たび，新聞に出るや，もともと勢力が衰退して人気がなかった顧氏の門前は，たちまち，また，"車は流水のごとく，馬は龍のごとく"

なった。やがて顧はまた，上海市政当局に招聘されて市議会議員となった。これだけでなく，顧は，さらに機会を利用して最高層と接近した。彼は，蒋介石と並んで写真に納まったのである。その後，すぐこの写真を天蟾舞台の4階の部屋の中に掛け，自分の身分を高めるために利用し続けた。

　顧竹軒は，幼年，家庭が貧寒で，学問をする余裕がなかった。このため目に一丁字もなかった。しかし，一定の社会的地位を得た後，彼は，人に頼んで自分で字を識ることに勤め，次第に手紙や，新聞を読めるようになった。その後，上流社会との交流と接触の中で，彼はまた，次第に一種の上層人士の“典雅持重”の風格を身につけた。身分地位が日ごとに高まるにつれて，顧は，身の潔白と自重に勤めるようになった。社会事業は，適当に済ませられれば，適当に手を抜き，手を抜けない時は，自分の高齢多病を理由に辞退した。しかし，2つの仕事に関しては，比較的熱心に対応した。1つめは，同郷を救済すること，2つめは，帮中で，中国共産党を援助するために多少の仕事をしたことだった。

　顧竹軒は，1956年7月6日，肝硬変による腹水を患い，上海で逝去した。16歳で家を離れて上海に来て以後，彼は55年の長きにわたる歳月の中で，二度と再び塩城に帰って住むことはなかった。しかしその故郷に対する思念は，非常に強烈であり，塩阜の郷親のために力を尽くした。顧が初めて頭角を現した早い時期から，彼は，軽財尚義，済急恤貧の人として塩阜から上海に出てきた貧しい郷親から賛えられていた。

　1911年，蘇北に大旱が起こった。一部の災民は，凶作を逃れて上海に出てきて，乞食をして生活した。顧は，これを見ると，同慶舞台の共同出資者，左土臣などとともに代表となって，塩阜旅滬の同郷と自分の門徒とその次世代の間で寄付を募り，凶作を逃れて上海に出てきた郷親を救済した。この他，彼はまた，塩阜両県の救災問題を華洋義販会に訴えた。顧は，郷親に関する慈善事業に従事するにあたっては，以前からすべて自ら事にあたり，解決に尽力し，決して実体のない肩書を誇ることはしなかった。例えば，閘北に江淮小学を創設する時，彼は，大統路にあった自分の宅地を校地に献

上しただけでなく，さらにきわめて多額の金銭を寄贈して創設基金とした。顧の郷親に対する災害救済の例については，建湖県文史資料弁公室が，特に代表的ないくつかの事例を選んでいる。

民国 18 年（1929）冬，顧氏は，郷里に帰り母を弔った。事前に家郷がこの年に大旱で収穫を失ったことを知り，特に巨額の銀元を工面して専用の輪船に乗せて帰郷した。葬儀が終わると，放出を宣布した。およそ家に救済を求めに来た人には，児童なら銀元 1 枚（50 斤稲に該当），青壮男女なら 2 枚，老人は 5 枚，鰥寡孤独者なら 7，8 枚など，最も多いものは 10 枚も与えた。外地の飢民は，うわさを聞いて集まり，飢民の船隻は，唐湾河を埋め尽くし，銀元を人々にすべて配り終わるまで続いた。隣村から妊婦が門前に救済を乞いに来たが，人ごみに押されてズボンに子を産み落とした。顧は特に人を派遣して，銀元，大米，衣服などの物を送らせた。

民国 20 年（1931）秋，運河の堤防が数十丈も決壊し，内下河地区に西水が横流し，見渡す限りの広い水面が冬を過ぎても引かなかった。罹災民は流離して住む場所を失い，飢寒に啼泣した。顧竹軒は，全力を尽くして華洋義販会と赤十字会の間を奔走呼号し，彼と塩城のアメリカ籍宣教師白秀生の努力のおかげで，ついに塩，阜，東（東台）3 県のために大量の糧食，衣服，布団，薬品を獲得することができた。

この時の災害救助の中で，顧竹軒は，なるべく多くの寄付を得るために，自分の闇北太陽廟路附近にあった天蟾玻璃廠を売却するまでして，合計 5，6 万元を集めた。この件は，塩阜郷親の父老の中で，口碑として伝わっている，当時，郷親たちは親しみを込めて彼を〝顧四爹爹〟と呼んだ。それだけでなく，1935 年編写の《続修塩城県志》の中にも特に，その救災に〝奔走すること甚だ力めり〟と一筆，記している。この他，国難にぶつかった際にも，彼の慷慨仗義は，非常に多くの人の好評を獲得した。

〝一二・八〟淞滬戦争が勃発した時，彼は天蟾舞台の上演を停止し，租界に流入して来る塩阜同郷の避難民の身の置き場所とした。楼上楼下，人が満ちて心配だったが，さらに寄付を集めて衣食の需要に対応する必要があった。時には蘇北の老家に帰って避難したい

と要求する人もいた，顧氏は，三北船公司董事長虞洽卿と協議して長江客輪を借り，難民を分散して泰県口岸までに運送し，さらに大生輪船公司の内河客輪で塩阜各地に行き，2か月を掛けて1万人に上る人を運んだ。顧竹軒は，舞台を上演停止にしたのとは別に，さらに私財も投じた。

1937年"八・一三"事変が発生した。難民は，紛紛と涌き出て，租界に入り避難した。この時，顧氏は，保釈されて出獄（趙広福，張亭桂が顧竹軒を「大世界経理唐嘉鵬を人を教唆して殺害させた」と訴えた事件のため顧は収監された）してきたばかりだったが，すぐに，慨然として再度，天蟾の上演を停止し，難民収容所に改めた。これは3か月間続き，その後，戦線が西に移り，難民は，やっと陸続として離去を開始したのだった。

顧竹軒は，塩阜郷親のことに熱心だった。上海に来ている同郷であれ，塩阜当地の人であれ，均しく彼の恩徳に感じ，彼に対する評価は非常に高かった。彼が塩阜郷親のことに熱心であったのは，本人が同郷のことに熱心だったのと，江湖義気，軽財仗義の性格を持っていたことによる，と説明するにしても，なおその他に否定できないことは，彼が共産党員であった甥の革命活動参加を支持したり，しばしば中国共産党の地下工作者をかくまったり，命を救ったり，自分の幼子を新四軍に加入させたりした理由は，多少とも青幇の行動の伝統にある"狡兎三窟"の気風と関連があるという点である。

"四・一二"反革命事変の後，まもなく，その時，工運大隊の任にあった姜維新がストライキした労働者を安全な場所に送り出すのに手間取り，租界巡捕房に逮捕された。巡捕房は後に，彼を龍華の淞滬警備司令部に移送した。姜の兄の姜維山は，当時，天蟾舞台で働いていた。姜維山は，顧竹軒に乗り出して救い出してくれるように頼んだ。顧は，最初，偽って姜維新は，天蟾舞台の職工だと言い，さらに状況を調べに来た警員を接待して食事を献上する機会を利用して，イギリス籍警員を避け，華籍警員に疎通して査問時間を延長させて，救出の時間を作り出し，その後に天蟾舞台が保証人になって姜維新を保釈出獄させた。姜維新の事後の回想によれば，当

時，逮捕されていたものは，2，30人いたが，結局わずかに2，3人だけが救い出されたに過ぎなかった，という。事後に姜は，周恩来に報告した時，周恩来も，"顧竹軒は頼るに足る人物だ"と言ったという。

　顧叔平は，聖約翰大学を卒業した，顧竹軒の嫡親の甥である。彼は早くから革命に身を投じ，たびたび顧竹軒との関係を利用して，最も危険な環境の下で，あざやかに任務を完遂してきた。1943年春，時に中国共産党塩阜区委組織部長の任にあった喩屏（建国後，中華人民共和国最高人民検察院副総検察長に任ず）は，妻の李楓（時に中国共産党淮安県委書記に任ず）と命を奉じて延安に行き整風に参加しようとした。組織は，喩，李2人をかくまって，上海を経て延安に行かせる任務を顧叔平に与えた。

　蘇北根拠地から上海まで，途中，何回かの危険に遭遇したが，その都度，顧叔平が顧竹軒の名を持ち出して危険を乗り切った。上海に到着してから，顧叔平も2人の身分を隠蔽せず，顧竹軒に実情をすべて報告し，顧に支援を頼んだ。顧竹軒は，安全への考慮から2人を地蔵寺の中に寄居させ，約20石米の銭を使って関門を通り抜け，太原へ行く通行証を取得した。慎重を期するため，顧はまた，義子の李少春に言いつけて，その父——京劇の名優李桂春（芸名小達子，顧竹軒と私交甚だ篤し）にあてた手紙を書かせて喩，李2人に渡して携帯させ，困難が生じた時の役に立つように計らった。顧叔平は，喩屏夫婦がすでに安全に延安に到達したという情報を得たのち，初めて自ら我に返って根拠地に帰った。事後，喩屏は，顧竹軒を"人柄がよく，政治的頭脳あり，正義感あり，よく人の難を見て助ける人物"と言って，称賛した。この事件のために，顧竹軒は，あやうく監獄に送られそうになったが，甥の革命工作に関して依然として熱心に援助した。

　1945年3月，中共射陽県委書記馬賓の妻，林立が甲状腺肥大症を患い，切除の手術が必要になった。組織は，顧叔平に顧竹軒との関係を利用して，林立と夫妻を装い，上海に行って治療するように要求した。顧竹軒は，個人関係を通して林をすぐに紅十字会医院（現華山医院）に入院させた。退院後，林立は，さらに顧宅で十数

第3章　青幇人物小伝　　103

日，休養した。彼らが立ち去る時，顧竹軒は，自分の幼年の息子顧乃錦（瑾）を顧叔平に預け，新四軍に参加させ，革命に身を投じさせた。顧乃錦は，後に中国共産党に加入し，解放後は，上海黄浦区文化局副局長に任じた。

　解放戦争時期に，組織は，顧叔平を上海に派遣して工作させた。顧叔平は，顧竹軒の全力の支援のおかげで，楡林区副区長に当選した。さらに天蟾舞台の経理室を利用して地下党の会議場所とした。このように大々的に彼らが革命に従事する活動に便宜を与えた。解放前後，顧竹軒はまた，自己の特殊身分を利用して，地下党と解放軍を援助して接収工作をうまく完了させ，有効に社会治安を維持させた。

　顧竹軒がいかなる目的から党の革命工作を援助したかにかかわらず，客観的には，すべて革命事業に対して貢献を果たした。上海解放後，間もなく，陳毅市長は，自ら親しく天蟾舞台に赴いて顧と会見した。

　1949年8月，上海市は，第一次各界人民代表会議を招集した。顧は，特別招待代表として会議に参加した。上海市長陳毅は，自ら彼を接見し，きわめて大きな鼓舞を与えた。これらは，すべて彼の革命のために尽くした貢献に対する確認，および褒奨である。

　解放後，顧竹軒は，上海に留まった。青幇の徒弟と友人に共産党を敵視しないように促した。香港を訪問したことがあるが，その後，病のために顔を出すことは少なくなった。1956年7月，顧竹軒は，肝臓病を患って死去した。時に年，71歳[8]。

【補記】
　顧竹軒は，黄金栄，張嘯林，杜月笙の三大亨よりは，青幇内での地位が低く，蒋介石に利用されることが少なかった。このため4.12事件に関与しなかった。

　しかし，香堂を開くことで，弟子を拡大したこと，同郷人に対する慈善事業に献身的に尽くしたこと，などで独自の声望を獲得した。天下国家を論ずるのではなく，身内を優先する古い儒教的な態度であるが，こ

---

8)　【百度】（https://baike.baidu.com/item/ 顧竹軒 /9345104?fr=ge_ala）顧竹軒：附録Ⅰ⑦

れが同郷の門弟を増やす上で効果的だった。青幇の狡兎三窟の知恵を踏まえて，時代がどちらに転んでも身の安全をはかる方策を講じ，身内の共産党員を保護して，間接に共産党とも気脈を通じていた。蒋介石から距離を置いていたことが共産党との接触を可能にした。変化が激しく先の見えない時代を独自の知恵と才覚で生き残ったと言える。

第4章

上海青幇と上海劇壇

　水運時代における糧船幇は，杭州に公所を設け，ここで，祖師を祀り，春秋2回に祭祀を挙行し，演劇を奉納した。『清門考源』再版本は，巻首に図を載せる（図・上 4-1）。

　この図に付して次のように述べる。

図・上 4-1　杭州糧船公所
（『清門考源』再版本 [1939] に拠る）

糧船公所は，大王廟内に附設されていた。廟は，杭州武林門外，拱宸橋の河辺にあった。すなわち現在の浙江水上公安局の場所である。伝説によると，この廟は，昔，はなはだ荘厳華麗で，毎年春と秋に，農民，米商，船戸，および附近の商人が資金を集めて戯を演じたという。毎年，会期になると，参拝者の香火は特に盛んだった。幇中の人士には，千里を遠しとせずに会にかけつけて香火を献じる者がいた。昔，承運漕糧総事務所がここに設けられ，糧幇総公所もまた，ここで仕事をして，門前には糧船が雲集した[1]。

このように，水運時代には，糧船幇は，祭祀演劇の形で，季節ごとに神に演劇を奉納してきたが，水運が廃れてメンバーが陸に上がってからは，市場の劇場を経営する形で，演劇界を支配した。以下，増谷報告により，青幇と劇界の関係を記す。ただし，増谷報告に記載のない場合もあり，別に「百度」の記事を補記した。

第1節　劇場所有者

上海の劇場経営者はほとんどが青幇関係者だった。以下である。

Ⅰ　金大戯院 —— 金廷蓀，青幇通字派
【増谷】青幇頭目，大字派（自称天字輩），黄金栄の創立にかかる。
【百度】金廷蓀，通字派，黄金栄を継ぐ。王徳隣の弟子。金廷蓀，浙江寧波の人，男，黄金大戯院経理。金廷蓀の資産は医院，紡績，金融，五金などに及ぶ。1934年に浙東商業銀行首任董事長に当選した[2]。

---

1) 糧船公所附設於大王廟内，廟在杭州武林門外，拱宸橋河旁。即現浙江水上公安局局址。拠伝云。該廟昔日顔荘厳華麗，毎逢春秋，農民，米商，船戸，以及附近商民集資演戯。毎逢会期，香火特盛。幇中人士不遠千里而有趕会敬香者。昔日，承運漕糧総事務所設此。而糧幇総公所亦仮此処弁公，門前糧船雲集。

2) 【百度】(https://baike.baidu.com/item/ 金廷蓀 /4770693?fr=ge_ala) 金廷蓀

第 4 章　上海青幇と上海劇壇　　　107

Ⅱ　更新舞台 —— 董兆斌，青幇無字派
陸連奎の弟子。

Ⅲ　栄記共舞台 —— 張善琨，青幇通字派
王文奎の弟子。
　【百度】張善琨は，浙江呉興人，少年時代に南京で中学教育を受け，
　上海南洋公学（交通大学前身）を卒業した。かつて烟草公司で広告
　主任をした。後に，黄金栄に身を寄せ，青幇に加入した。大世界游
　芸場と共舞台を主管し，からくりや背景を用いた連台本戯を演出し
　て観衆を集めて，大きなセンセーションを巻き起こした[3]。

Ⅳ　鑫記大舞台 —— 范恒徳，青幇無字派
師名未詳。
　范恒徳，大舞台の老板，伝説中の小八股党，8 人の一人。
　林樹森，梁一鳴[4]（帰属俳優）。

Ⅴ　天蟾舞台 —— 顧竹軒，青幇通字派
劉登階の弟子。
　前掲，顧竹軒伝参照。

Ⅵ　卡爾登劇院 —— 周翼華，幇籍なし
　【百度】周翼華は，浙江紹興の人。民国 26 年（1937）12 月，卡爾
　登大戯院は，昌興公司（経理呉性裁）に譲渡され，周は昌興公司董
　事の身分で，卡爾登の業務を主管した。民国 34 年末に改組され，
　周は，解放まで卡爾登経理に任命された。1954 年公私合営となっ
　て，長江劇場と改名した。周は，定年退職まで副経理（私方）に任
　命された。1940 年代，周は，前後して上海伶界聯合会梨園坊会産
　保管委員会委員，黄金大戯院，共舞台顧問，上海伶界聯合会名誉理
　事，上海電影院業商業同業公会理事などの職に出任している。周翼

---

3)　【百度】（https://baike.baidu.com/item/ 張善琨 /105089971?fr=ge_ala）張善琨
4)　【百度】2023 年 11 月閲覧。范恒徳，大舞台老板，伝説中小八股党八人之一。

華は，生平より京劇を愛好し，1930年代には，上海の名票友となっていて，京劇に対して頗る造詣が深かった。民国25年周信芳と袁美雲聯華影業公司で京劇を撮影した時にも，貢献した[5]。

このように，有名劇場の経営者のほとんどが，青幇人物で占められている。

なお，ここ上海の劇場で演じられる演劇は，京劇である。同郷会館では，浙江省紹興府に伝わる紹興大戯，あるいは，広東の粤劇，潮劇が演じられることはあるが，一般の上海人を観衆とする劇場では，地元の方言による申劇が盛行した。

しかし，中上級人士の間では，北京の京劇が重んじられた。青幇の関与する劇場は，すべて京劇である。したがって，これらの劇場に出演する俳優は，すべて京劇の俳優である。ただ，京劇と言っても，北京の京劇そのものではなく，南方風に改められた「上海京劇」，いわゆる「海派京劇」である。北京の本場京劇が酒席に興を添える機能を重視してさわりの場だけを連ねるのに対し，上海京劇では，知的興味を重視して長編劇を通しで演じる。日本の歌舞伎で，江戸歌舞伎の十八番が短編の所作を中心とするのに対し，関西歌舞伎では長編の浄瑠璃脚本を通しで演じるのによく似ている。上海の観客の方が，知的関心が強いと言える。青幇には，非常に多くの大商人が加入しており，彼らは，教養もあり，長編の海派京劇の観衆，顧客としての役割を演じた。また彼ら自身，社交のために京劇を習い，時には演じた。これを票友という。我が国の能楽が社交に果たす機能に似ている。青幇は，海派京劇の観客と票友に浸透し，支配していたと言える。

第2節　劇場別経営者，所属俳優

青幇の大物，黄金栄や，顧竹軒が上海で劇場を経営していたことは，前述した通りである。杜月笙もその4番目の妻に俳優を迎えている。張嘯林は，特に劇場を経営した形跡はないが，賭場とともに劇場によく出

---

5)　【百度】（https://baike.baidu.com/item/周翼華/12677821?fr=ge_ala）周翼華

入りしている。

　増谷報告では，上海伶界聯合会のメンバー（経営者クラスの俳優）のリスト，大劇場別の専属俳優のリストを挙げる。いずれにも青幇のメンバーが入っている。

　以下の通りである。

Ⅰ　共舞台
　○陳月楼
　○趙如泉（青幇，大字派）
　○陸文儀
　○侯少坡（青幇，無字派）
　○楊桂林（武管事）

Ⅱ　天蟾舞台
　○陳鶴峰
　○楊宝童
　○王瑞林

Ⅲ　卡爾登大戯院
　○李茂林
　○金慶奎
　○高百歳（青幇，無字派）
　○劉文奎
　○李人俊（武管事）

Ⅳ　大舞台
　○林樹森（青幇，王鴻寿の弟子）
　○王鳳山
　○李茂芝
　○劉坤栄
　○王合雲
　○沈季生（管衣箱）

○劉鳳海（佈景主任）

○何潤初（管事）

V　黄金大戯院（青幇，通字派，経理）
　○李春利（青幇，大字派，前主席）
　○韓金奎
　○朱徳芳
　○孫蘭亭（経理）

VI　更新舞台
　○黄秋成
　○劉振廷（青幇，通字派，経理）
　○李瑞亭（総管）

VII　大世界（青幇，黄金栄の経営）
　○白叔安（経理）

VIII　新世界
　○劉鳳来（大京班主任）

IX　永　安
　○譚紅梅（大京班経理）
　○鄭徳喜（箱管，票房）
　○李鴻奎（票房経理）

X　新々楽園
　○張遠亭（大京班経理）

第3節　俳　優

I　上海に流寓した京劇俳優

　増谷報告は，次の俳優 64 名をあげる。いずれも，河北の出身者である。青幇関係者が含まれている。また，同じ時期に浜一衛教授が収集した北平の劇場の戯単（芝居番付）に名の見える俳優も散見する（中里見敬他編『濱文庫戯単図録』所収）。以下では，これらを注記して，その名を列挙してみる。

　　1 趙桐珊
　　2 劉文奎
　　3 高百歳（1902–1969）青幇
　　　　○中里見書 226 頁，S01，更新舞台戯単，追韓信，平貴別窯
　　4 楊瑞亭
　　5 林樹森（青幇，大舞台）
　　6 宋宝珊
　　7 李春利（青幇）
　　　　○中里見書 228 頁，T01，天蟾舞台戯単，済公伝
　　8 陳月楼
　　9 趙松樵
　　10 王少楼
　　11 侯少坡（青幇）
　　12 王合雲
　　13 韓文奎
　　14 王鳳山
　　15 劉鳳海
　　16 瑞徳宝
　　17 劉君傑
　　18 李瑞亭
　　　　○中里見書 226 頁，S01，更新舞台，蕭何追韓信，文武老生
　　19 劉振廷（青幇）

20 張銘声（天蟾舞台）

　○ "麒派" 張銘声の《連環套》。張銘声は "麒派" の文武老生。彼は，天蟾舞台で，全本《連環套》一劇を演じた。彼は黄天霸を演じるのが非常にうまく，加えて張宏奎の竇爾墩も迫真の演技だった。そのため観衆の人気が高く，あまり間を置かずに上演しても，満席を得た[6]。

21 張国斌（青幇）

22 張翼鵬

23 李克昌

24 王会臣

25 李富春

26 馬盛龍

27 王栄森

28 朱徳芳

29 傅長才

30 王逢春

　○中里見書 226 頁，S01，更新舞台，長坂坡，張邵

31 鄭元麟

32 鄭玉華（青幇，大舞台）

33 賈春虎

34 馬春甫

35 張月亭

36 于宗瑛（卡爾登）

37 梁次珊（卡爾登）

38 筱澣三

39 孫柏齢

40 梁一鳴（大舞台）

41 王富英（青幇，天蟾舞台）

42 高雲樵

　○中里見書 226 頁，T01，天蟾舞台，済公伝

6）【百度】2023 年 11 月閲覧。張銘声

43 王炒芳

44 李君玉

45 李桂森

46 劉鳳来

47 李茂林

48 張徳禄

49 穆春華

50 張鶴雲

51 張質淋（青幇）

52 劉潤芳

53 劉斌崑（青幇，天蟾舞台）

54 李小龍

55 苗勝春

56 張国威

57 王福勝

58 路凌雲（青幇，大舞台）

59 李子君

60 周振和

61 周振海

62 王其昌

63 徐雲霆

Ⅱ　劇場別の所属俳優

　増谷報告は，上記の個別名簿の他に，劇場所属別の名簿も上げている。ここに個別名簿にない俳優も載っている。それは，河北出身でない，南方人である。以下，「百度」により説明を補う。

（1）　大舞台

○林樹森

　林樹森（1897-1947），男，京劇の老生，紅生。字守寛，芸名は，小益芳。江蘇丹陽の人，祖籍は福建蒲田，上海に生まれる。南派京劇の代表人物の一人。梨園世家の出身。祖父林連貴は，もと徽班の俳優。清同治年間，北京から上海に来て，丹桂茶園に所属した。文武

老生に巧みだった。父親は，林宝奎，老生に巧みで，紗帽生を演じるのが得意だった……[7]。

○李仲林

李仲林，男，京劇の武生，芸名は，小小桂元。その父は，京劇の名丑 "小桂元" である。代表作《七俠五義》《智取威虎山》などの戯[8]。

○梁一鳴（前出）

○王小芳

○張淑嫻

少し前のことだが，京朝派の李宗義と張淑嫻が，ここで《打漁殺家》,《巴駱和》などの劇を合演し，海派戯を見た後の武漢の観衆に，改めて十分に京朝戯の醍醐味を満喫させた[9]。

○鄭玉華（前出）

(2)　卡爾登

○麒麟童（周信芳）

○高百歲（前出）

○金素雯

○干宗瑛（前出）

○劉韻芳

1936 年，《明末遺恨》で周信芳と共演。

○路凌雲（青帮，通字派）

○張慧聡

○王蘭芳

○周信芳

周信芳（1895 年 1 月 14 日-1975 年 3 月 8 日），名は士楚，字信芳，芸名麒麟童，籍貫（出身地）は，浙江慈城（今の浙江省寧波市江北区）。1895 年 1 月 14 日，江蘇清江に生まれる。京劇俳優，京劇 "麒派" の創始者。芸人の家の出身。6 歳の時，父に随い，浙江杭州に移り住んだ，陳長興について芸を習った。7 歳の時，七齡童の芸名で舞

---

7)　【百度】2023 年 11 月閲覧。林樹森

8)　【百度】2023 年 11 月閲覧。李仲林

9)　【百度】2023 年 11 月閲覧。張淑嫻

台に出た。その後，漢口，蕪湖および滬上（上海）の一帯を回って
上演した。芸名を"七霊童"に改めた。1907年，上海に出て出演，
初めて"麒麟童"の芸名を用いた。翌年，北京に行き，喜連成科班
に入り，梅蘭芳らと同じ舞台に立ち，烟台，天津，海参崴などの
地を回って演じた。1912年，上海に帰り，新新舞台などの劇場で，
譚鑫培らと同じ舞台で上演した。演技はようやく成熟に向かい，
1915年に上海丹桂第一台に入った。その後，2回，北平に赴いた。
1924年に上海に帰り，前後して，丹桂第一台，更新舞台，大新舞
台，天蟾舞台などで上演した。京劇芸術の改革を試み，王鴻寿，汪
笑儂らと協力し，数多くの劇目を編演または，他の劇種から移植し
た。芸術上では勇敢に民族戯曲のための現実主義的表現方法を創造
し，継承発展させた。鮮明な性格を具えた典型人物を造形し，独特
の"麒派"上演芸術の風格を形成した。中華人民共和国成立後は，
第1，2，3回の全国人民代表大会代表に当選し，中国戯曲研究院
副院長，上海京劇院院長，中国戯劇家協会上海分会主席などの職位
を歴任した。1975年3月8日，周信芳は上海で逝世した。代表劇
目には《徐策跑城》《烏龍院》《蕭何月下追韓信》《香妃》《董小宛》
などがある[10]。

○王慧蟾

○梁次珊（前出）

○楊碧君

（3）　天蟾舞台

○陳鶴峰

陳鶴峰の怒気，王鴻福を殺す：陳鶴峰は，著名な"麒派"老生で
ある。王鴻福は，京朝派の鬚生である。彼ら2人が同時に"漢大"
（武漢大劇院）で演じた時，陳鶴峰は，《斬経堂》一劇を加演した。
陳は，主役の呉漢を演じ，王鴻福は，反串して老旦を演じ呉母に扮
していた。この時はちょうど，真夏の暑い盛りだった。王鴻福は，
アヘンを吸う量が足りず，その上暑気あたりに陥った。そのため，
呉母がその子の呉漢に妻の王蘭英を殺しに行くように命ずる段に

---

10)　【百度】（https://baike.baidu.com/item/ 周信芳 /593779?fr=ge_ala）周信芳：附録 I ⑪

なって，呉漢が，母の命に従おうと思う反面，夫妻の情を思って，
態度を決めかねている場面で，呉母は，息子が自分の命に従わない
のを不満とし，立腹のあまり一喝する演技に及んだところ，あには
からんや，王鴻福は，この場面を演じる瞬間，台上に昏倒してし
まった。この時，舞台裏の人は，やむなく王を幕の後ろへ引きずり
こみ，上演を続けた。翌日，新聞紙上で，"陳鶴峰の怒気，王鴻福
を殺す" という標題のニュースが出た[11]。

○王富英（前出）

○高雪樵（前出）

○張銘声（前出）

○雲艶霞

○楊宝童

○韓素秋

江南四大名坤旦の一人。2018 年 12 月 4 日，京劇界の一人の老寿星
仙が世を去った。享年 104 歳だった。彼女こそは深く蓋派芸術に
通暁し，その夫張翼鵬を助け，継承の基礎の上に立って，新しく発
展させた韓素秋である[12]。

○張質彬（前出）

○董志揚

（4） 共舞台

○趙如泉（青幇，大字派）

清の光緒 20 年（1894）と 26 年（1900）に，前後して 2 回，上海に
来て，市内の戯院で出演した。光緒 29 年に 3 回目の上海訪問，玉
仙茶園（元の住所は今の湖北路）で王鴻寿による同名の小説から改
編した 12 本の連台本戯《三門街》を上演し，反響を引き起こし，
声誉大いに起こった。それから，趙如泉は，上海に留まり，長期
間，連台本戯を編演した。1930 年代以後，大量の先端技術を駆使
した演出による連台本戯を上演した。神話，公案，侠義など各種の
劇種がある[13]。

11） 【百度】2023 年 11 月閲覧。陳鶴峰

12） 【百度】2023 年 11 月閲覧。韓素秋

13） 【百度】（https://baike.baidu.com/item/ 趙如泉 /5088521?fr=ge_ala） 趙如泉：附録Ⅰ⑬

第 4 章　上海青幇と上海劇壇　　　117

【補記】後述，俳優の条参照。
○趙松樵
○王椿柏

　京劇 "麒（麒童）派" の創始人周信芳は，高百歳，劉奎童，陳鶴峰の 3 人の高足を門下に収めた後，王椿柏が文武の技芸に非凡なのを見て，また，王を門下に収めようとした。しかし，王は人に「自分は "麒" に学ぶけれども。"麒" の弟子にはならない」と言ったという。

　王椿柏の "麒派" 戯《蕭何月下追韓信》は，"登台拝帥" の一劇とともに非常に特色があった，彼はまた，王虎辰の代表作《周瑜帰天》と劉五立の代表作《林冲夜奔》をもよく演じこなした。彼は，唱も做も上手な老生だっただけでなく，長靠，短打の武生でも，また《走麦城》の紅生（関羽）も演じこなした。彼が最初に "漢大" で出演した時に連れてきたのは，二牌刀馬花旦の海碧霞だった。年が若く容貌は美しく，技芸もとても良かった。2 度目に連れてきたのは，夫人の毛剣秋だった。毛は，青衣兼花旦だった。王椿柏は，彼女と《坐楼殺媳》一劇を合演した。王は，唱做双全の老生役で，役に対応した。王椿柏が《追韓信》一劇を上演したあと，その影響は非常に大きく，以後，武漢に来る老生は，みな《追》劇を演じるようになった。その結果，当時の武漢三鎮の男女老少の京劇戯迷は，大街小巷で均しく "三生有幸……" という《追韓信》の唱腔を口ずさむに至った。"麒派" 戯の影響の深遠なことは，これでわかるであろう[14]。

【補記】
椿柏は，麟派を学ぶことに心血を注いでおり，唱，做は，いずれも水準まで達したが，特に武工については，百歳，鶴峰なども及ばない（王唯我「我談麟派」，藤野真子『上海の京劇』中国文庫，2015 年，108 頁）
○李如春

　李如春は，1911 年に上海に出生した。その父，李長勝は，銅錘花臉の俳優で，常に汪桂芬らと同じ舞台で演じた。李如春は，7 歳

────────────
14)　【百度】2024 年 4 月閲覧。王椿柏

で父から芸を学び，翌年，天津，北京に行って演じた。1920 年に
上海伶界聯合会が経営する榛苓小学に入学して勉強し，文化を学び
ながら，演劇芸術を学んだ。楊寿長，王玉芳らの教誨を得てから，
周永泉に弟子入りし，花臉を学んだ。併せて正式に登台し，芸名を
"筱李長勝" と称した。得意の演目は，《草橋関》《牧虎関》《打龍
袍》であった。

　李如春は，次々と多くの師につき，ある時は王鴻寿に私淑し，そ
の《古城会》《水淹七軍》《灞橋挑袍》などの紅生戯（関羽）を見学
した。さらに謝月泉，劉長林，趙如泉などの名家にも教えを乞う
た。1920 年代中期，李如春は，上海で，《慈雲太子出世》《火焼紅
蓮寺》《狸猫換太子》などの連台本戯を上演した。1935 年には麒
麟童の門を叩いて弟子となり，《臨江駅》《追韓信》《明末遺恨》な
どの麒派戯を学んで演じた。1940 年代，上海天蟾舞台で《鍘美案》
《探陰山》等の包公戯を演じた。上演を続けること半年で，一世を
風靡した。彼の包公戯は，基本は，李桂春の芸に依拠しており，塑
造した包公の形象は，威厳清廉，正気凛然として，当時，"江南活
包公" の名声があった。彼が応宝蓮から学んだ《目連救母》は，唱
做以外に，跌，撲，滾，翻，摔を兼ね，その演技の堅実なることに
よって，"狠派老生"（極め付きの老生）と称された。

　新中国成立後，1951 年から 1954 年まで，天蟾舞台で再度，《包
公》を演じ，さらに《太平天国》，3 本《狸猫換太子》などを連続
上演し，すべて満員であった。1954 年，李如春は，上海で新中国
京劇団の結成に参加した。後にこの団は江西を支援し，江西省廬山
京劇団と改名し，李如春は，団長に任ぜられた。1959 年，団を率
いて北京に赴いて出演した。その後，江西省文芸学校で教授し，退
休後は，上海に寓居した。1980 年代，上海麒派芸術進修班のため
に麒派芸術を教授した。

　1958 年初め，李如春が主演の肩書で演じた《狸猫換太子》は，
天蟾舞台で，連演すること 9 か月に及んだ。

　1979 年 3 月 6 日から 3 月 14 日まで，上海京劇 3 団は，延安劇場
で "麒派芸術展覧演出" を挙行した。劇目は《四進士》《鴻門宴》
《追韓信》などであった。主要な俳優には周少麟，李如春，李桐森，

第 4 章　上海青幇と上海劇壇　　119

呂君樵，孫鵬志などがいた。

　1984 年 12 月 30 日，上海人民広播電台星期戯曲広播会が中国大戯院で麒派演唱会を挙行し，生中継を行った。麒派芸術進修班学員は，均しく舞台に上って演唱した。一世代上の麒派演員，李如春，孫鵬志，呂君樵は，それぞれ《路遥知馬力》《打厳嵩》《鹿台恨》を演唱した。1998 年，農暦戊寅年に逝去した[15)]。

○李秀英

○李雲枋

○王少楼

　王少楼（1911-67 年），男，京劇の老生，教師。字は兆霆。祖籍山東，1911 年 11 月 8 日，宣統 3 年（辛亥）9 月 18 日，北京に生まれた。1967 年 1 月 22 日，農暦丙午年 12 月 12 日逝世。梨園世家の出身。祖父の王順福は旦角の俳優。父親の王毓楼は武生に秀でていた。叔母の王明華は，梅蘭芳夫人。王少楼の夫人徐咏芬は，梅蘭芳大師の琴師徐蘭沅先生の長女である[16)]。

○張徳禄

○張国武

○陳月楼

第 4 節　青幇幇派別・字輩別から見た上海京劇俳優

　増谷報告は，青幇に加入している俳優については，記述している。以下では，列挙された俳優を幇派ごとにまとめて挙げる。また「百度」によって，小伝を記す。

Ⅰ　江淮泗

○李桂春：通字派

　9 月 18 日，19 日の晩，折子戯の典型演目《小放牛》，《杜十娘》，

---

15)　【百度】（https://baike.baidu.com/item/ 李如春 /3284783?fr=ge_ala）李如春：附録Ⅰ⑨

16)　【百度】2023 年 11 月閲覧。王少楼

《蜈蚣嶺》，および伝統長編劇《胡蝶杯》の後半が河北梆子劇場で，予定通り上演された。場内は，文武兼備の精彩な演技が絶え間なく続いた。劇場の外では，河北省河北梆子劇院と覇州の李少春紀念館が連合で挙行した「李桂春先生生誕135周年，および李少春京劇芸術巡回展覧」が正式に進行していた。観衆は，河北梆子劇場で，典型的な河北梆子の劇目を鑑賞できただけでなく，京劇表演芸術家李少春先生とその父親李桂春の芸術人生を理解することができた。劇場外の展示は，2つの大きな部分に分かれていた。第1部は，李少春の父親李桂春の芸歴を紹介するものだった。李桂春は，李少春が修行し，名を成す過程の中で，非常に重要な働きをした。かつて河北省河北梆子劇院副院長の任にあった[17]。

○李勝奎：通字派
○侯少波：無字派，季雲卿の弟子

唱戯（演劇上演）には，武術が必要なことは，誰でも知っている。しかし現実は，目前にあって明らかである。同じ一幕の劇で，2人の俳優がいずれも高度の武技を持っているのに，上演の成果には，意外にも大きな差が出る。これはなぜか。実は人によって才能の違いがあるのだ。卓越した武戯が古拙である人がいると同時に，卓越した武技が飄逸な人もいる。古拙は飄逸の美には及ばない。芸をよく知っている人は，双方を評価する。芸を知らない人は，古拙はレベルが低いと判定する。古拙と飄逸は才能の差である。一方を強制することはできない。卓越した武技が古拙である人のことは，今は論じない。卓越した武技が飄逸である人としては，譚鑫培，楊小楼，尚和玉，李春来，沈韻秋，王金元，蓋叫天，麒麟童，白玉昆，余叔岩，譚富英，高盛麟，李少春，朱素雲，葉盛蘭，龔雲甫，元元旦，閻世善，梅蘭芳，劉廷玉，馮志奎，金少山，劉奎官，傅小山，苗勝春，劉斌昆，侯少波などを挙げることができる。最も「その手足の動きのきれが良い」のを買うのである。私は，勇猛一点張りの武生は，好まない。また武技だけが自慢で，歌唱ではどんな芝居で

17）【百度】（https://baike.baidu.com/item/ 李桂春 /5324297?fr=ge_ala）李桂春・李少春：附録Ⅰ⑧

もいい加減にすます武生は，もっと好まない[18]。

Ⅱ　興武四
○高慶奎：通字派

　北平，怜界，趙門高足（趙如泉の高弟）

○劉玉泰：無字派

　北平，怜界，柏門高足

Ⅲ　興武六
○王鴻寿：大字派

　（総述）

　王鴻寿（1850-1925），京劇老生の名家，京劇紅生役の創始者である。芸名は，三麻子，祖籍は，江蘇如東。幼にして自分の昆徽班で昆曲の武丑と徽戯の靠把老生を学習した。青年の時，太平軍の徽班で過ごし，後に朱湘其に弟子入りした。同治10年前後，上海の慶楽，天仙，天楽，丹桂などの茶園で戯班に参加した。

　王鴻寿は，演義小説，歴史故事，伝説などが提供する内容に基づいて，新しい戯曲を作り，大規模に関羽劇の劇目を豊富にした。また《斬熊虎》の関羽出世から始まって，関羽が神になるまで，《三結義》，《斬華雄》，《虎牢関》，《斬車冑》，《屯土山》，《斬顔良》，《灞橋挑袍》，《過五関》，《古城会》，《漢津口》，《臨江会》，《華容道》，《戦長沙》，《単刀会》，《水淹七軍》第1本から第4本まで，《走麦城》などを包括して，合計36齣を編纂した。彼の関羽劇に対する豊富なアイディアは，後の関羽劇の模範となった。

　王鴻寿のレパートリーは，非常に広かった。関羽劇の他，靠把戯，短打戯，特に衰派と做工，老生戯にも，すべて大変造詣が深かった。例えば，《徐策跑城》，《掃松下書》，《斬経堂》，《酔軒撈月》などは，均しく甚だ精彩があった。彼は，髯口，紗帽翅，翎子，および要眼などの特技を運用して劇の気分を高めた。彼の直接の弟子には，周信芳，李洪春，林樹森，趙如泉，劉奎官らがおり，夏月

18）【百度】2023年11月閲覧。侯少波

潤，李吉来，唐韻笙などは関羽に扮したが，王鴻寿を見習わない人は一人もいない。

（以下，詳述）

王鴻寿（1850-1925）は，如東の人，一説に安徽懐寧（今の安慶）の人ともいう。

近代徽劇，京劇の上演芸術家。芸名三麻子。父は，清水道糧運の官員で，任地の南通州の家には昆，徽の両組の戯班があった。王鴻寿は，幼年の頃から昆，徽の武生と靠把老生戯を習った。咸豊10年（1860）頃，父は，誣告に遭って，一家誅滅の罪に陥れられた。王鴻寿は，単身脱出し，伶界に身を寄せた。14歳で徽班名伶朱湘其（一作象棋）に弟子入りした。やがて武生戯（兼工老生）で，里下河，南京，鎮江一帯に名を馳せた。光緒元年（1875）に至り，王鴻寿は，上海に入り（同年9月29日『申報』広告に拠る），小東門外升平軒戯園で，武生戯《武擋（当）山》，《白水灘》，老生戯《九更天》に出演した。宣統2年（1910）『図画日報』325号によると，王鴻寿は，"幼年には一洞天，久楽に属し，中年には，天仙に属し，晩年には，自ら玉仙を開き，大損をしたため，漢口に行って戯班に参加した。その演じた劇は，幼年は，《白水灘》，《翠屛山》，《悪虎村》，《八蝋廟》などであり，中年では《游龍戯鳳》，《烏龍院》，《観画跑城》などである。晩年には，もっぱら関羽戯に巧みだった。例えば《過五関》，《古城会》，《斬華雄》，《屯土山》，《封金掛印》，《贈袍賜馬》，《戦長沙》，《白馬坡》，《江東宴》，《水淹七軍》などである"。また，同年の『図画日報』252号によると，"王鴻寿は，徽班の名伶景元福の影響を受け，《観画跑城》，《掃青松》，《告御状》，《揮監三拉》，《度白鑒（倹）》，《奇双会》，《雪擁藍関》などの劇について，その神髄を得ようと願った"。王鴻寿は，演技の構想が淵博であり，できる役が非常に多かった，"特に珍しいのは文武老生の他，時には臨時にまた花瞼を演じたり，また小丑を演じたり，また開口跳を歌唱したり。……ほとんど戯として巧みならざるはなく，この上なく稀有の人だった"（『図画日報』325号）。彼はまた新劇を編むことにも長じていた。天仙茶園の時には，連台本戯《鉄公鶏》，《双珠球》，《文武香球》などの劇を編み，人口に膾炙しないものは

なかった。玉仙茶園の時には、《三門街》など、40余本を編んで上演し、演じるたびに座席は必ず満員になった。漢口から上海に帰ってから後は、新劇場に参加して上演した。また、《漢皋宦海》を編んだ。王鴻寿が晩年に得意とした関羽戯も、また各場面のすべてに旧本があったわけではなく、半分は、王が苦心して創作したものである。彼はさらに関羽の服装、臉譜を改革した。いろいろな関羽の図像や塑像を参照して、関羽の荘厳、威武の造型と風貌を創造した。上演の方面では、花部、雅部の諸腔の吐字発声の技巧を動員して、京劇の関羽のために独特の唱念形式を創造した。靠把老生、武生、架子花臉、倣工老生を融合して一つの炉に溶かし込み、関羽の独特の身段（"四不像"という）を創造した。特に別に関羽の"趟馬"、"春秋刀法"を造形し、さらに馬僮一角を加え、前に8名の"月華旗"手、後に"関"字大旗を配し、関羽の出場あるいは出征の場面をして、動と静と相い調和し、気勢を磅礴せしめて、関羽戯の上演芸術の体系を完成し、非常に多くの南北の京劇の紅生俳優に手本として尊重された。王鴻寿は、多年の蓄積と創造を経て、その演ずる関羽は、"英気は勃勃として眉宇の間より出で、人をして数千載の後にして、なお武繆当日の威風を髣髴せしめ、思わず粛然として畏敬を起こさしめた"（『海上梨新歴史』巻1）。班中の人は、彼に"活関公"、"戯祖師"の賛辞を奉った。王鴻寿は、上海にいる間に、なお常に南京、鎮江、揚州、および里下河一帯に来て上演した。辛亥革命の後、まもなく、南通に出かけて上演し、祖先を祭った。民国13年（1924）、彼は招きに応じて北京に行って上演し、この年の秋に上海に帰った。まもなく病にかかった。黄金大戯院の老板は、熱心に彼に請い、長い間、離れていた上海の観衆のために《走麦城》を上演するように頼んだ。王鴻寿は、求めに応じて病の身で登台し、蓋叫天に脇役の関平を演じさせた。観衆の熱情に鼓舞されたため、上演は日頃に増して熱を帯び、真に迫っていた。劇が終わって帰宅すると、寝台に臥して立ち上がれなくなった。翌年、農暦正月初一、上海フランス租界紅蓮里の寓所で逝去した。享年75歳。王鴻寿門下の弟子には、李洪春、林樹森、周信芳、劉奎官、張桂軒、高慶奎、沈華軒、楊洪春などがいる。彼は里下河の徽班の

大量の劇目を上海に持ってきて，後の海派京劇の形成に貢献を果たした。その関羽戯の影響は，秦腔，晋劇，湘劇，漢劇，豫劇，粤劇などに及んでいる。

【別伝】鴻寿は，また洪寿に作る，顔にそばかすがあり，排行が第三であったため，芸名を三麻子とした。江蘇南通の人，一説に安徽安慶の人。幼年期に太平軍徽班小科班で学芸を学び，武生を演じた。清の同治初年に太平天国が失敗した後，南京，揚州，鎮江一帯を遍歴して出演した。徽班の武生朱相其に弟子入りしたこともある。同治末年に上海に至り，まず久楽茶園の徽班小科班で学芸を学び出演した。小金生，周来全，小桂寿と同班で，《白水灘》，《花蝴蝶》，《悪虎村》など武生戯を主として演じた。清の光緒元年（1875）新建の天仙茶園に転入した。当時，天仙は，京，徽の合班で，徽班の名伶，景元福，劉双林，四麻子らが均しくここに集まっていた。王は，これらの名家の伝授を受けることができ，また，出演の余暇には，広く各京班の戯園の演出を観察研究した。後に自身の条件を考えて，文武老生に転向し，上演の風格の上では，次第に京劇化した。この時期によく演じた劇目には，《游龍戯鳳》，《烏龍院》，《節義廉明》などがある。彼の演じた《観画跑城》，《掃青松》，《斬経堂》，《雪擁藍関》は，なお徽調を歌唱していたが，唱法上では伝統的徽調に比べてすでに発展と変化を遂げており，上演もまた別に一格を創り出していた。中年後は，紅生戯の上演によって評価された。その紅生戯は，徽班の先輩，景元福，四麻子の表演を継承し，また，上海京班の最も早期の紅生，景四宝の絶技を吸収したものだった。特に做工と身段の造型に重きを置き，歌唱の方は，多く【吹腔】と【高撥子】で，かつ生腔の浄韻を用いた。光緒14年，彼は，招きに応じて南昌に行き，江西巡撫徳馨の祝寿のために出演した。この時，関羽画像18幅を入手して，朝夕研究し，多種の舞台造型を構想した。彼は，日頃から関羽を崇拝し，演ずるたびに必ず香を焚いて礼拝し，それからメイクアップをし，登台すれば，荘厳に武威を示し，人をして粛然として尊敬の念を起こさせた。ゆえに"活関公"の称がある。老生，紅生の他に，また花臉，小丑，老旦などを演じた。例えば《割髪代首》では，張繍，曹操，典韋，胡

車の４つの役を演じることができた。他にも，灘黄小戯の《来唱》
の来富，《打斎飯》の和尚など，演じて精巧ならざるなく，時には
梆子戯を歌唱できた。そのため，晩年には，戯班の中で，"戯劇の
祖師"と称された。王は，また劇作に長じていた。彼が演じた30
数幕の紅生戯は，《古城会》，《水淹七軍》，《過五関》など，徽班か
ら移植したもの，および《華容道》，《白馬坡》，《戦長沙》など京班
にもともとあったものを除いて，大多数は，彼が《三国演義》小説
を藍本として新たに編撰したものだった。彼は天仙茶園にいた時，
やはり坊間の旧小説によって《野叟曝言》，《双珠球》，《文武香球》
などの新戯を編集した。12本の《鉄公鶏》は，最初は，やはり彼
と打鼓佬の趙嵩綬の手筆から出たものである。その編劇は，俳優に
合わせて書くことができた。天福茶園にいた時，班中，唯だ一人の
花旦俳優が，出番を要求したので，全本《万里尋夫》を作劇し，一
しきり，営業は頗る繁盛した。玉仙茶園を開いた時，孫菊仙・朱素
雲と先後して戯班を組んだが，趙如泉などの出色の人材が目に入
り，ついに《三門街》を編集し，趙に主役の李広をやらせ，王は，
脇役の厳秀に扮した。この劇は，連作されて40余本に至り，当時
最長の連台本戯となった。後に玉仙が損失を出したため，天津に北
上し，また新戯劇作の首領と尊ばれた。彼は，また社会のニュース
を種にして"時事新戯"を編集することもできた。光緒13年5月，
丹桂茶園が演じた《火焼第一楼》は，彼が閬苑第一楼茶館の焼失事
件を敷衍して編んだものである。このため裁判沙汰となって上演禁
止に遭った。辛亥革命前後，また《漢皋宦海》，《広州血》，《民軍起
義得武昌》などの新戯を書いた。時事新戯の中で，彼は，清朝官吏
を演じるのが得意だった。例えば，《鉄公鶏》の向栄，《清廉訪案》
の県官等。王は，かつて数度にわたり戯院を経営した。玉仙茶園の
経営を除いても，さらに前後して春桂茶園，南洋第一舞台，歌舞台
の総管あるいは経理の職に就いた。民国10年（1921），天津で大新
舞台を開いた。王は，海派京劇の創設者の一人で，京劇の紅生の役
の形成と発展に重大な貢献をした。小孟七，夏月潤，趙如泉らは，
皆多く彼を模倣した。林樹森，李吉来，李洪春は，最も身近で習っ
た人である。その他，周信芳，唐韻笙らの演じる関羽のごとき，そ

の影響を受けていないものはない。民国 13 年秋，王は，共舞台で
《斬経堂》を演じた後，病を得て，翌年初め，フランス租界仁蓮里
の寓所で亡くなった[19]。

【補記】

王鴻寿については，増谷報告に記載がない。それは，増谷氏が依拠し
た『清門考源』再版本では，王の名は，巻末の補刊に記載されているも
のの，知聞録には名がなかったため，記載を逸したものと思われる。ま
た，補刊では，河北より上海に移住とあり，原籍の南通如東県と合わ
ない。ここに言う河北とは，天津を指すと見る。王は，上海で劇場経営
に失敗し，一旦，上海を退去してから，天津から再度，上海に入ってい
る。補刊は，これによって河北としたものであろう。

○李春利：大字派

60 余歳，伶界聯合会執行委員，劇界の最有力者（増谷）

過去から現在までずっと《李陵碑》中の花臉を "劉永春" と誤認し
てきた。実は，レコードのレーベル上には，別に劉永春の名字は
見当たらない。責任を持って言う。百代唱片を除き，その他の公司
の "劉永春" と記された唱片（レコード）は，ほとんどが贋品であ
る。特に物克多唱片においては，いずれも "劉永春" と記してある
のは，少なくとも 2 人以上の人が唱っている。対比してみてわかっ
たが，1908 年 "劉永春" は，まさしく天仙茶園の武浄兼架子花の
李春利が唱ったものである。あるいはもう少し慎重に言っても，こ
の物克多唱片の "劉永春" と "李春利" は，同一人物の唱ったもの
である[20]。

○袁克文：大字派

民国の四大公子と言えば，多くの説があるが，しかし，結局のと
ころ，何人かに絞られることになろう。第一は，東北王張作霖の息
子張学良，第二は，大総統袁世凱の息子の袁克文，第三は，清の皇
族の溥侗，第四は，督軍盧永祥の息子の盧小嘉，第五は，孫中山の
息子の孫科，第六は，張鎮芳の息子の張伯駒，第七は，段祺瑞の息

---

19) 【百度】(https://baike.baidu.com/item/ 王鴻寿 /5088574?fr=ge_ala) 王鴻寿伝：附録 I
⑩

20) 【百度】2023 年 11 月閲覧。李春利

子の段宏業，第八は，農商総長の息子の張孝若などである。しかし，いずれの説においても，欠かせない人物が一人いる。それは，袁世凱の次男，袁克文である。

　袁克文は，朝鮮で生まれた。彼は，幼少の頃から非常に聡明で，琴棋書画のいずれにも精通し，特に書法は，一絶と称するに堪えるほどだった。袁氏一族の中で彼に及ぶものはいなかった。彼が字を書く時，紙を卓上に置く必要はなかった。両側から人が紙を引いて空中に張ると，彼は，その上に字を書いた。字は，雄渾で力強いだけでなく，筆力に支えられて薄い紙でも突き破れなかった。

　後に，袁世凱の地位がますます高くなるにつれて，袁克文も，彼の次男として，北京での声望は無限に高まった。しかし，袁克文は，袁世凱とは処世において融和しなかった。新思潮の影響を受けていたために，袁克文は，強烈に自分の父親が帝を称することに反対した。この時，陶寒翠という人物が袁世凱を罵る内容の本を書いた。彼は，袁克文を訪ねてこの本の封面に題字を書いてもらおうとしたという。袁克文は，深い思慮もなくこれに応じた。袁世凱はこのことを知って，杯を投げて袁克文をひどく罵ったという。

　袁克文と父親との関係が疎遠になったのは，幼年時の境遇と大きな関係がある。袁克文の生母，金氏は，朝鮮の貴族の令嬢だった。色白で美貌だったが，袁世凱は，根っから彼女を好んでいなかった。金氏が袁克文を産んでから，すぐに無理やりに母子を引き離し，袁克文を子供を産めない妾の沈氏に育てさせた。沈氏は青楼の出身で，子供を教育する能力がなく，袁克文を勝手気ままにさせた。さらに金氏を非常に過酷に扱い，いつも打ったり罵ったりした。このため金氏は，まだ若い女の身で虐待を受けて病にかかり，やがて亡くなった。幼小の袁克文は，心の奥底で母に同情し，父を恨んだが，もとより事態を動かす力に欠けていた。

　このような境遇の下で成長した袁克文には，次第に厭世の情緒が生まれ，ますますわがままで放埓となった。後に上海にやってきて張善亭を師として青帮に加入したが，その大半の時間は，女人の間を右往左往するのに費やされた。すでに一妻五妾がいたにもかかわらず，彼の身辺は，依然として多数の女人に囲まれていた。さらに

その後，袁克文は，この種の「飲む打つ買う」の生活に飽き飽きしてきて，骨董品の收蔵と戯曲の歌唱に趣味を向けるようになった。他の人は，戯曲の歌唱でお金を稼いだが，袁克文は，上海の大劇場で2幕歌うだけで，数千両の金を使った。しかし，袁克文は，確かに才能があった。どんな役にも精通していた。戯曲の素養の上では，彼の崑曲は非常にうまかった。小生でも，丑角でも，演技は，堂に入っていた。

　しかし，当時，俳優の地位は，非常に低かった。彼の兄，袁克定は，このことを知ると，非常に怒った。袁克文の行為が自家の門風を辱めると考え，上海警察局に劇場を閉鎖させるように通知した。しかし，上海警察局は，袁克文の青幇における地位を警戒し，行うべきことを行わず，このことは，結局，曖昧のままで終わった。しかし，袁世凱の死後，財力の支持を失った袁克文が送った生活は，非常にみじめだった。ただ書画を売って暮らすだけの生活で，飢寒，こもごも迫る中，1931年に天津で病死した。方地山は，彼のために次のような碑文を書いた。才華横溢するも君は薄命，一世の英明もこれ鬼の雄たるのみ[21]。

○路凌雲：通字派

【増谷】47歳，李春利の弟子

【百度】形と心において，その拳は大きな価値があった。尚雲祥を師とし，その高足であった。

　路凌雲の一組の拳の写真から，老前輩の気勢の非凡なことがわかる！

○金碧艶：通字派，興武六，大字派の袁克文（抱存）の弟子

○李勝奎：大字派

○李洪春：通字派

【増谷】45歳，李春利の弟子，更新舞台に出演。

【百度】李洪春（1898-1991），京劇の上演芸術家。紅生の俳優。原名李春才，1898年5月25日，北京に生まれる。祖籍は，江蘇省南

---

21)　【百度】（https://baike.baidu.com/item/ 袁克文 /4272709?fr=ge_ala）袁克文伝：附録Ⅰ⑫

京。後に山東省武定（無棣県佘家巷郷，李官庄）に移った。李先生
は，前から全家族を連れて帰郷し，両親を見舞うとともに，芸の
本領を見せることを願っていたのだが，果たせぬうちに，1991年，
病のため北京で逝去した[22]。

IV　嘉海衛
○劉振廷：通字派
　【増谷】50歳，楊馨一の弟子。1939年，大舞台に出演，1940年，
更新舞台に出演する。紅幇にも加入する。

V　嘉白
○劉文奎：通字派
　【増谷】34歳，嘉白幇。芸は宝玉珊に師事。

VI　幇派不明
（以下，増谷氏の調査は，字輩のみを記し，幇派を記載していない。『清門
考源』再版本にも記載なし）
○趙如泉：大字派
　【増谷】60歳，伶界聯合会執行委員，海派最有力者
　【百度】趙如泉（1881-1961）は，京劇の俳優。河北保定の人。7歳
で京劇を学んだ。初め老生を習い，後に武生に変わった。12歳の
時，練習として出演したが，後に練習中に怪我をしたため，文武老
生，紅生に変わった。并せて武浄，武丑をも能くする。演技の上
では，頗る南方の著名な老生俳優潘月樵の影響を受けている。紅
生としては，"活関公"という名称のある王鴻寿を継承している。
趙如泉は，終生上海で出演し，連台戯を主とした。清の光緒20年
（1894），26年（1900），前後して2度，上海を来訪し，市内の戯院
で演じた。光緒29年，3度目の上海来訪，玉仙茶園（元の住所は今
の湖北路）で，王鴻寿による同名の小説を改編した12本の連台本
戯《三門街》を上演し，反響を引き起こし，声誉大いに起こった。

22）【百度】（https://baike.baidu.com/item/ 李洪春 /5088771?fr=ge_ala）李洪春

それから，趙如泉は，上海に足を駐め，長期間，連台本戯を編演した。

　1930 年代以後，大量の仕掛けを背景に用いた連台本戯を演じた。神話，公案，侠義などの類，さらには社会ニュースを題材にして書いた時事新戯など，博く諸劇の長所を取り入れ，編劇，導演（演出家）を招き，特に文明戯の俳優を招いて加入させ，同じ舞台で上演した。唱腔は，皮黄の他に，さらに蘇州小調をも取り入れた。趙如泉は，一生，上海で公演し，連台本戯を主とし，演技，音楽，舞台背景などの多方面において革新を推進し，伶界に一定の影響を及ぼした。民国 17 年以来，上海伶界聯合会副会長，会長をつとめた。一部の観衆の低級趣味に迎合するため，演出には時に劇情から離れることがあり，編演した劇目の中にも少なからぬ糟粕が混在している。解放後は，年老いて体が衰えたため，出演は，きわめて少ない。1956 年，上海文史館館員に招聘された。編輯と広報を担当。その演ずる配役は，おおむね，生き生きとしてユーモアがあり，当時の社会に対して積極的な意義を具えていた[23]。

○劉斌琨：大字派
【増谷】44 歳，馮禹臣の弟子，黄金大戯院に出演
【百度】南方の名丑劉斌昆は，1930 年代，上海で大きな人気があった。そのきっかけは，《大劈棺》一劇の中での，"二百五" という役を演じたことにある。童芷苓がこの演劇の中での "劈后" で有名になった。1940 年代初期，劉斌昆は，漢口の天声舞台の招きに応じ，特別に武漢に来て演出し，彼の特技の "二百五" を演じた。その日の《大劈棺》では，張淑蘭が田氏に扮し，陳筱穆が荘周に扮した。夜の 10 時頃，劉斌昆の "二百五" が登場しようとした時，天声舞台の場内は，立錐の余地もないほどの満員の観客で埋まり，通路まで観客で埋まった。ふと見ると，背の高い身体を，半ば傾けて椅子の上に立ち，面に微笑を浮かべながら，身に漿糊で張り合わせた薄絹の長袍，馬褂を着用し，紙で作ったような人物が現れた。書童が紙巻でその耳や，鼻を擦る時，彼は感覚がないように見えた。それ

---

23)　【百度】（前出）趙如泉：附録 I ⑬

から"あとの椅子から降りる"などの彼の動作は，腿が突っ張った
人形に酷似していた。その場の観客は，劉の上演を見て，みな一生
の中で，得難い芸術を享受したと認めた[24]。

○鄭玉華：大字派
【増谷】48歳，満州の王徳志の弟子
【百度】鄭玉華，男，京劇の老生，老旦の俳優。天津市の人。早年，
鄭の父は，理髪で一家の生活を支えた。鄭玉華は，7歳で，京劇の
名浄程永龍の門下に入り，戯を学んだ。老生，老旦役に巧みだっ
た。13歳で登台，芸名は，"小金瑞"で，一時に名声を馳せた。後
に班に参加し東北各省で上演した。1917年，戯班に従ってモスク
ワ，ウラジオストックに行き，華人のために上演した。代表作品に
は《群英会》等がある[25]。

○常玉清：通字派
【百度】常玉清は，湖北荆州の人。湖北の武備学堂を卒業してから，
上海に出てきたが，上海では，寄る辺がなく，碼頭を回って生活し
た。後に青幇に入り，次第に自己の能力によって上海で新天地を開
いた。一定の能力を持っていたが，生に執着して死を恐れる人物で
あり，日本が九一八事変を発動してから，日本に頼って生きる道を
選んだ[26]。

○孫慶芬：【増谷】無字派，季雲卿の弟子
○高百歳：【増谷】無字派，36歳，常玉清の弟子
【百度】高百歳（1902–69），字幼斎，号は智云，またの名は伯綏。
北京に生まれる。1956年，中国共産党に加入。著名な京劇老生俳
優。代表劇目に《打厳嵩》がある[27]。

○張国斌：【増谷】無字派，44［34］歳，常玉清の弟子，共舞台に出
演
○張質彬：【増谷】無字派，39歳，常玉清の弟子，天蟾舞台に出演
○王富英：【増谷】無字派，29歳，常玉清の弟子，天蟾舞台に出演

24）【百度】（https://baike.baidu.com/item/劉斌昆/5241527?fr=ge_ala）劉斌昆
25）【百度】（https://baike.baidu.com/item/鄭玉華/11626?fr=ge_ala）鄭玉華
26）【百度】（2023年11月閲覧）常玉清
27）【百度】（2023年11月閲覧）高百歳

上篇　結語
上海劇壇が青幇と関係を持つ社会的背景

　本篇を終えるにあたり，秘密結社と劇界がなぜ，結び付いたのかを検討する。

(1)　劇場経営における治安維持の必要

　上述のように，青幇の主要人物は，京劇の劇場を経営している。劇場経営は，時には，名優を招くことで巨利を博することもあるが，場合によっては大損をすることもある。一種の博打，賭けのような要素があり，安定した商業ではない。むしろ，賤業と見なされてきた。妓院と同じである。賭博に慣れた青幇の大物は，これに手を染める条件を備えていた。多数の観客が集まる劇場は，観客同士の喧嘩沙汰も多く，これを抑えるには，武力が必要だった。上海租界は，政府の警察権力が十分には機能しないところであった。ここで劇場を経営するには，青幇のような治安を維持できる武力を持った組織が必要だったのである。

(2)　青幇の首領が京劇を社交に利用する意図があったこと

　青幇は水運時代は，下層民の集団だったが，陸上時代に入って，官吏や商工業経営者で加入する者が増え，中層，上層の組織に変質した。この段階で，社交のための宴会が盛行した。京劇の歌唱は，この宴席や社交の場で余興として機能した。この場面に対応するためには，歌唱を日頃からたしなむ必要があった。このような状況を背景として，中上層の間で，京劇愛好グループ，票房が多数，成立した。増谷報告は，1940年時点で，上海に存在した多数の票房を挙げている。この中には青幇が

直接，経営するものもあった。次の通りである。

○フランス租界華員倶楽部

責任者は，曹炳生は，青幇馬長生の門下。

○恒社

責任者は，杜月笙。

また，増谷報告によると，当時，慈善活動などで新聞に出た票友は200名を超えていたと言い，その主要なもの100名の名を挙げている。

（3）俳優と青幇の関係

俳優が青幇に入る理由は，多くは身の安全のために保護を求めることであった。俳優は，身分が低く，顧客や劇場経営者の機嫌を損ねると，殺される危険さえあった。例えば，上述の天蟾舞台の経営者，顧竹軒などは，京劇の俳優を暗殺している。幇に入ることで，このような危険を軽減することができたに違いない。また反面，有力俳優の場合，社会の中上層の有力者との交友を求めるのが目的という場合もあったと思われる。伶界聯合会の幹部などになると，上級人士との交流が起こり，自然に青幇に近づく場合もあったであろう。王鴻寿のように，劇場を経営する場合には，劇場内の治安を維持するために，青幇の保護を必要としたに違いない。

以上ように，演劇関係者としては，劇場経営，票房の運営，俳優ギルドの運営など，多くの面で青幇と関係することになったと思われる。上海は，政府の警察力が十分に及ばない租界であったから，青幇が治安維持を担った。これが，青幇の劇界支配を招いた背景である。

下　篇
紅幫と劇界

第 1 章
南洋における天地会会党

第 1 節　シンガポールに流寓せる会党の遺跡

　　上海を中心とする青幇に対して，南方の広州には，天地会，いわゆる
「紅幇」が存在し，やはり俳優と密接な関係を持っていた。天地会は，
清初の康熙 17 年（1691）に方大洪，胡徳帝，馬超興，蔡徳忠および李
式開など，5 人，いわゆる「五祖」によって設立された。

　　ここでは，官僚や商人は，上海や江南から京劇系の劇団を招いて京劇
を享受していたが，一方では，この地の方言で，もっぱら民衆に向かっ
て演じる方言劇団（土劇と呼ばれる）が存在した。つまりここでは，京
劇を演じる外来劇団（外江班）と土着の劇団（本地班）の 2 種の劇団が
併存した。この本地班が秘密結社の天地会，つまり紅幇と結びついて発
展したのである。以下，この本地班について述べる。

　　この天地会は，滅満復明を旗印として，たびたび蜂起し，辛亥革命を
導く原動力となった。蜂起は，たびたび失敗し，しばしば南洋に退避し
て再起を期した。孫文もたびたび，南洋に亡命して，再起を図ってい
る。したがって，南洋は，天地会の地盤として，一種の革命根拠地に
なっていた。以下は，まず，その事例から述べることにする。

Ⅰ　五虎祠と陳育崧氏の研究

　　シンガポール華僑史の研究において大きな業績を残した陳育崧氏が，
「厦門小刀会与新加坡」（『星洲日報半月刊』第 4 期上，1938 年）で指摘し

下篇　紅幇と劇界

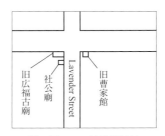

図・下1-1　社公廟地址

たことであるが，シンガポール市の東端，ガラン（Kalang）河畔，ラヴェンダーストリート（Lavender Street 労朋拉街）に「社公廟」，あるいは「五虎祠」と呼ばれる小廟があった（現在は，撤去されて存在しない）。位置を示す（図・下1-1）。

　この中に80数基の木製神位が奉祀されていて，その神位には，「皇明義士」，「扶明義士」，「待明義士」など，明らかに滅満復明を意味する語が刻されている。これらの神位は，陳育崧論文が出てから45年を経た1983年に筆者が訪れた時にも，廟自体は，風雨にさらされて荒れ果てた廃屋の感があったものの，中に祀られた神位群は，健在であった。陳育崧氏は，上記の論文のあと，同論文を訂正した新論文「新加坡開埠元勲曹亜珠玫」（『南洋商報』1970年1月1日）において，新説を展開された。

　その要点は，これらの多数の神位群の中で，「祧基義士号符義曹府君神位」と記す神位がシンガポールの開埠の元勲とされる曹亜珠のものであるとする主張である。曹亜珠（一に曹亜志に作る）なる人物は，洪錦棠，陳育崧両氏の研究によると，広東台山県出身の木匠で，1891年2月6日に英人ラッフルズがシンガポール島に上陸するに際して，その先導役を務めた功労者であると言われている。例えば，呉華『新加坡華族会館志』（新加坡南洋学会，1975）第2冊，「曹家館」の条にいう。

　○「曹家館」の条：曹家館の口伝歴史に拠れば，曹家館の所在地（勝明拉街1号）は，150年前に，ラッフルズがシンガポール上陸に協力してくれたことに感激して，この土地を曹亜珠に下賜したものである，という[1]。
　○「曹家館」の条：伝説によると，曹家館は，1819年に，台山人曹

第1章　南洋における天地会会党　　　139

亜志によって創立されたものという。……該館には現在，両幅の木
刻賀聯が保存されている。その2には"咸豊3年，曹府大公司栄陞
之慶，……"とある。咸豊3年は，すなわち1853年である。上述
の聯語によって，曹家館は，1853年の時には，曹府大公司と称さ
れていたことがわかる[2]。

　陳育崧氏の論文は，洪錦棠氏の考証の後を受けて，この曹亜志なる人
物について，次のように述べている。

○陳育崧「新加坡開埠元勲曹亜珠攺」（『南洋商報』1970年1月1日），
　「五虎祠」の条：五虎祠は，俗に社公廟と称される。これは，曹家
　館の対面する位置にある一間の小廟であり，中に，80件あまりの
　神主牌を祀ってある……このことは，曹亜志が当時の秘密組織，義
　興公司の領袖人物であったことを物語る[3]。

　以上の諸点は，洪錦棠が明らかにしたものであるが，陳育崧論文は，
さらに詳しく確認した上，社公廟内の神位の一つが曹亜志のものである
ことを主張している。その論拠として次の諸点をあげる。

○曹氏総墳は，碧山亭第三亭の岐字山と呼ぶ山崗上にある。山の上に
　は20個の総墳がある。その中，血縁関係に属するものは，曹氏を
　除くと，朱氏，甄氏，陳氏，許氏などがある……調査した結果によ
　ると，この墓群は，1906年に，青山亭から緑野亭に遷され，1957
　年に，緑野亭から碧山亭に遷されたものである。曹氏総墳の左方に
　は，非常によく整備された独立の墳墓がある。墓碑は，比較的闊
　大で，上面に「皇清顕祖考符義曹公之墳墓，道光11年歳次辛卯仲
　春建，1952年7月8日星洲曹家館重修」などの文字が刻されてい
　る。石墓碑の上にはセメントで作られた横額がはめ込まれ，「曹公
　諱志之墓」と刻まれている。これは疑いなく最近の重修の時に，加

---

　1)　呉華『新加坡華族会館志』（新加坡南洋学会，1975）第2冊，「曹家館」の条。「拠
曹家館的口伝歴史，曹家館的所在地（勝明拉街1号）是在百五十五年前，莱仏士為感激曹亜
志協助他登陸新加坡而将該地段賜与他。」
　2)　呉華前掲書第2冊，「曹家館」の条。「拠説，該館乃于1819年，由台山人曹亜志創
立，……該館現存両幅木刻聯，其二……「咸豊三年，曹府大公司栄陞之慶，……」，咸豊三
年即為1853年，由上述聯語中，可知曹家館在1853年時，乃称為曹府大公司。」
　3)　陳育崧「新加坡開埠元勲曹亜珠攺」（『南洋商報』1970年1月1日），「五虎祠」の条。
「五虎祠，俗称社公廟，這是曹家館対過的一間小廟。廟裡，奉祀著八十多件的神主牌……這是
説明了曹亜志（？）是当時秘密組織義興公司的一個領袖人物。」

えられたものである。このことの意味することは重大である。つまり曹氏族人は，曹亜志と曹符義が同一人であることを肯定的に認めていることになる[4]。

○陳育崧同前論文：曹亜志の神主牌は，……牌上に「祧基義士号符義曹府君神位」と正書してある。この神主牌は，開けることができ，裏面には一枚の黄紙が入っている。青インクで「曹亜志（？）は乾隆壬寅年3月27日に生まれた。台山県端芬区那泰村の人。嘉慶24年1819年1月30日，36歳の時に，本埠に上陸し，1819年□月6日（？）に（本埠を）英人の統治に帰せしめた。道光庚寅（辛卯？）11年3月26日，48歳，逝世した。1831年である」とペンで書いてある[5]。

○陳育崧同前論文：この一群の墓葬には，1857年3月9日に緑野亭から遷されてきたものがある。墓碑の上には，「曹公符成附葬的妻子叫了氏」と刻してある。符成と符義は，非常に密切な関係にあり，兄弟輩行の可能性がある。……五虎祠では，曹符義と同じく「祧基義士」と称しているものが，別に2人いる。その他，最も重要な一人は，「創建功勲諱号符成才富曹府君神主」である[6]。

○陳育崧同前論文：廟の中に80件あまりの神主牌を奉祀してある。……各式各様の称号がある。……これらの称号は，台湾の明鄭成功

4）　陳育崧同前論文：曹氏総墳，在碧山亭第三亭的山崗上，叫「坡字山」，山上有二十個総墳。其中，属於血縁関係的，除曹氏外，有朱氏，甄氏，陳氏，許氏……根拠調査所得，這一個墓群，是1906年，従青山亭遷緑野亭，1957年，従緑野亭遷碧山亭的。曹氏総墳的左方，有一個很完整的独立墳墓。墓碑比較闊大，上面刻着「皇清顕祖考符義曹公之墳墓，道光十一年歳次辛卯仲春建，一九五二年七月八日星洲曹家館重修」等字。石墓碑上用洋灰砌成横額，鐫有「曹公諱志之墓」。這無疑是最近重修時，加上去的。這個作用，意義重大，曹氏族人肯定的認曹亜志（？）和曹符義是同一人。

5）　陳育崧同前論文：曹亜志（？）的神主牌……牌上正書「祧基義士号符義曹府君神位」，這個神主牌，可以打開的，裏面蔵着一張黄紙，用藍色鋼筆写着，「曹亜志（？）生於乾隆壬寅年三月二十七日，台山県端芬区那泰村人，由嘉慶二十四年一八一九年一月卅日，已於（？）三十六才，登陸本坡，一八一九年□月六日（？）帰英人統治。由道光庚寅（辛卯？）係十一年三月二十六日，四十八歳，逝世。一八三一年也。」

6）　陳育崧同前論文：這一群墓葬，有一個是一九五七年三月九日才由緑野亭遷来的。墓碑上刻着「曹公符成附葬的妻子叫了氏」。符成和符義，很有密切的関係，可能是兄弟輩行，……五虎祠，和曹符義同称「祧基義士」的，另有両人。其他最重要的一位是「創建功勲諱号符成才富曹府君神主」。

第1章　南洋における天地会会党　　　141

政府の職官と類似するように見える[7]。

○陳育崧同前論文：天地会の組織は，鄭成功の反清復明運動と非常に密切な関係がある。東南アジア各地の義興公司において，一脈相い承けている。……著者はさらにシンガポールの地名，Rochore（梧槽）も，天地会創始者「五祖」の転訳から出ているかもしれないと推測している[8]。

　以上に見るように，陳育崧氏の議論は，台湾の鄭成功とシンガポールなど東南アジアの天地会組織「義興公司」との関係に収斂している。社公廟の義士たちの実態の解明には程遠いところで，検討が終わってしまっている。

　慎重な論証の割には，特に，曹亜志，曹亜珠を同一人とする陳育崧氏の説は，なお確証を得ているとは言い難く，呉華氏もこれを留保している。

○呉華前掲書第2冊，「曹家館」の条：史料の中から，我々は確かに曹符義なる人物がいたことを知り得る。陳育崧先生は，地契をひっ繰り返しているうちに，曹亜珠の答署した文書を発見した。それゆえに曹亜珠についても，また確かにそのような人物がいたことを知ることができる。しかし，曹亜志という，このような物語性に富んだ人物については，実証するに足る史料がない。「曹符義すなわち曹亜志」についても，我々は，史料の中で，なおまだ実証することができていない。「曹亜珠は曹符義」というのもまだ実証できていない。それゆえに，「曹符義，曹亜志は，曹亜珠と同一人である」という問題は，実証できる史料を，まだこれから捜索しなくてはならない[9]。

---

　　7)　陳育崧同前論文：廟裡奉祀着八十多件的神主牌，……有各式各様称号的，……我発覚上述的称号，和台湾明鄭的職官，可以作一比較研究。

　　8)　陳育崧同前論文：天地会的組織，跟鄭成功的反清復明運動，有着很密切的関係。在東南亜各地的義興公司，是一脈相承的，……作者還推測新加坡的地名，Rochore（梧槽）很可能是出自天地会的叛始人「五祖」両字的転訳。

　　9)　呉華前掲書第2冊，「曹家館」の条。従史料中，我們確知有曹符義其人。陳育崧先生在翻地契中，発現了曹亜珠簽署文件，所以曹亜珠也是確有其人，但是曹亜志這麼一個伝奇性的人物，就没有史料可以証実。「曹符義即曹亜志」，我們在史料中，尚未能証実，「曹亜珠就是曹符義」也未能証実。所以「曹符義，曹亜志，与曹亜珠同為一人」的問題，尚待我們尋找史料来作証。

呉氏の批判はもっともであるが，曹符義，曹亜志の同一人物なることは，墓碑の標記から証明されている。問題は，曹亜珠である。台山方言で，「志」と「珠」が類似音であるとするが，音韻学的には納得できない。曹符義（ペナン義興公司の領袖）の詳細な伝記がないため，曹亜珠と結びつけにくいという隘路にぶつかっている，と言える。

Ⅱ　五虎祠神位の内部記載

　さて，以上の曹氏一族の問題から離れるが，1982 年 10 月 21-22 日，筆者は，この社公廟を訪れ，廟守の黄鴻泰氏の許可を得て，各位牌を開き，内部に朱書されている籍貫（出身地），生卒年などを精査した。その結果，意外にもこの位牌の主の大部分が潮州人であり，特に呉忠恕の残党である可能性が高いことが判明した。位牌は 7 段，各 16-20 基が配置されていた（図・下 1-2 から 1-7 参照）[10]。

　以下，上段から下段へ A 段から G 段まで，各位牌に記された名号，籍貫，生卒年を示す。（　）内は内部文字。

　　A 段 19 位

　　　1 明恩義士，諱沢遠，李府君禄位（生于天運戊子年□月初五日巳時，世居広東潮郡澄邑蓬州都烏汀郷）［道光 8 年 1828-］

　　　2 楽明義士，諱領，号雲侯，陳公府君之神位（文字なし）

　　　3 皇明義士，諱連校，呉府君神位（世居広東潮郡海邑上埔都彩塘市）

　　　4 志明義士，諱阿貴，字紫光，呉公府君神位（文字なし）

　　　5 待明義士，諱名教，曾府君神位（文字なし）

　　　6 教鐸義士，諱美生，簡府君神位（享寿五十有二歳，終于道光二十五年五月二十八日亥年）［乾隆 59 年 1794-道光 25 年 1845］

　　　7 創建功勲，諱姚蘭，瑞［諡］才富，梅府君神位（内部開けず）

　　　8 扶明護衛将軍，諱阿細，諡作宏，鍾府君神位（鍾公阿細生於天運辛酉年，終於戊午年八月初三日，天運辛酉二月念六甲申日立）。［嘉慶 6 年 1801-咸豊 8 年 1858］

　　　9 祧基義士，号符義，曹府君神位（文字あるも読めず）［乾隆 47

　10）　社公廟の名は，左側の伯公像（土地神，社公）を中心とする神々の廟であることを示す。五虎祠の別称は，右側の神位群を指す。五虎は，戦士を意味する。社公廟が先にあり，五虎祠は後から附設されたものであろう。

第1章　南洋における天地会会党　　　　　　　　143

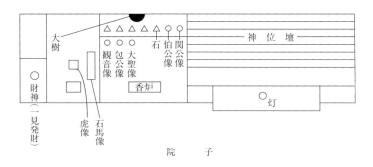

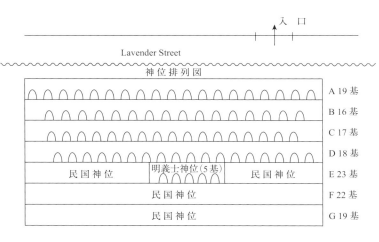

図・下1-2　社公廟内部平面図，神位排列図

図・下 1-3　社公廟外観

図・下 1-4　社公廟内部（右側は五虎祠）

第 1 章　南洋における天地会会党　　　　　　　　　145

図・下 1-5　五虎祠神位群

図・下 1-6　五虎祠神位群

図・下 1-7　五虎祠神位
左：表面「誅寇義士諱輝郁先鋒陳公府君神主位」
右：裏面「明贈義士林□□（号亜泰）神主，終于天運辛巳年九月二十日，五十九才」

年 1783-道光 11 年 1831，拠陳育崧］

10 誅寇義士，諱輝郁，先鋒，陳公府君神主位（文字なし）

11 復明義士，諱蘭芳，号戊芝，許府君之神位（開けず）

12 創建功勲，諱号符成，才富，曹府君神主位（生于嘉慶二年十二月十二日亥時，終于咸豊五年八月廿五日子時大吉。天運九年正月廿五日吉日立）［嘉慶 2 年 1798-咸豊 6 年 1856，拠陳育崧］

13 候明義士，諱陳来，盛府君之神位（文字なし）

14 祧基義士，諱安，字慶聯，麦公府君神位（咸豊九年卒，七十三歳）［乾隆 5 年 1787-咸豊 9 年 1859］

15 待明義士，諱壮孷，謚宣敏，韓府君之神位（生于天運壬午年八月十四日，卒于天運戊辰年二月十八日）［道光 2 年 1822-同治 7 年 1868］

16 忠烈義士，号崑崗，陳府君神位（文字なし）

17 卓立義士，輝亭，陳府君神位（文字なし）

18 神位文字不明（開けず）

19 神位文字不明（開けず）

B 段 16 位

20 皇明義士，諱文炳，字自豊，趙府君神主位（文字なし）

21 志明義士，諱文蔚，号賢奕，曾府君之神位（住居広東省潮州府海陽県上莆都驪塘郷，生於乾隆壬子年拾月初七日申時降誕，終於咸豊癸丑年正月拾三日亥時正寝，吉穴葬南夷□□泰山亭，紅毛厝百余歩）［乾隆 57 年 1791-咸豊 3 年 1853］

22 誅寇車騎先鋒，鄭六府君神位（文字なし）

23 卓立義士，諱声実，謚称宏，陳府君之神位（生於天運丁酉年十月廿一日寅時，終於天運甲子年二月廿七日寅時。享寿七十五歳。世居広東潮郡海邑龍渓都）［乾隆 56 年 1790-同治 3 年 1864］

24 皇明義士，諱□□，号敦□，黄府君之神位（開けず）

25 皇明義士，諱応科，陳府君神位（生於壬午正月初八日巳時，終於庚午年七月初六日申時，享寿四拾有九歳，世居広東潮郡海邑龍渓都茂龓［龍］郷二巷内）［道光 2 年 1822-同治 9 年 1876］

26 皇明義士，謚純睦，号馨華，諱族昌，張府君之神位（文字なし）

27 皇明義士，諡剛毅，諱秤長，李府君之神位（文字なし）

28 明贈義士，諱欽元，黄府君禄位（生于天運丙戌年正月十八日丑時，享寿不明，世居広東潮郡海邑江東都独樹郷）[道光6年1826 -？]

29 皇明義士，諱敦毅，号習英，諡其員先生，梁府君神位（文字なし）

30 明贈義士，号亜泰，林府君禄位（生于天運癸未年三月廿六日辰時，終于天運辛巳年九月廿一日申時，享寿五十九歳，世居広東潮郡澄邑蕚浦都月埔儒林郷）[道光3年1823-光緒7年1881]

31 皇明義士，諱徳財，陳府君神位（生卒不明，四十二歳，世居広東潮郡澄邑履露湖蘆市）

32 明勲義士，号文塢，劉府君禄位（終于天運壬申年四月廿四日，享寿六十有九歳，世居潮郡掲邑）[嘉慶9年1804-同治11年1872]

33 待明義士，諱如璞，楊府君神主（文字なし）

34 候明義士，諱乙卯，呉府君神位（広東潮郡海邑上埔都彩塘市）

35 明賜義士，諱其然，楊府君禄位（文字なし）

C段17位

36 候明義士，諱盧惜，諡殿定，陳府君之神位（寿七十九歳，世居広東潮州府海陽県陳里郷）

37 皇明義士，諱子炅，呉府君之神位（生於天運戊辰年八月十五日未時，終於天運庚申年五月初五日子時，享寿五拾有一［三］歳，世居広東潮郡饒邑深村）[嘉慶13年1801-咸豊10年1860]

38 皇明義士，諱永定，郭府君神位（生于天運戊辰七月十四日，死于天運己［乙］亥年三月初八日辰時，享寿六拾有三［七］歳，世居広東潮郡海邑龍渓都鳳廓郷）[嘉慶13年1808-光緒1年1875，拠荘欽永所録文字批改]

39 皇明義士，諡篤志，諱万元，字連□，李府君禄位（文字なし）

40 皇明義士，諱登道，張府君神位（文字なし）

41 明恩義士，号学文，諱紅記，陳府君之神位（生於天運癸酉年□年□月□日，終於天運丙寅年十二月十四日，享寿五十有四歳，世居広東潮郡澄邑蓬州都所内）[嘉慶18年1813-同治5年1866]

第 1 章　南洋における天地会会党　　149

42 候明義士，号上超，字宗賢，先鋒卓府君之禄位（文字なし）

43 皇明義士，諱嘉利，陳府君神位（[海陽県] 南桂都，辛未年拾月二十四日申時）[？−同治 10 年 1871]

44 皇明義士，諱沛，黄府君禄位（生于天運乙酉年九月廿四日，世居広東潮郡海邑上埔都新華橋郷）[道光 5 年 1825−？]

45 明勲義士，諱長茂，蔡府君禄位（世居広東潮郡潮陽県達豪埠）

46 輔明義士，諱意寧，李府君禄位（原籍，福建台湾府嘉義県向鼇公潭保五間厝庄人，生于大英 1817 年歳次戊寅正月初八日辰時，天運辛未年三月初五日，即大英 1871 年吉立）[嘉慶 22 年−同治 10 年 1871]

47 輔明義士，諱源国，蘇府君禄位（文字なし）

48 候明義士，諱御勝，許府君神主（仙命生於乙亥年十一月初六日亥時，帰終於丙子年正月初十日子時。陸府）[嘉慶 20 年 1815−同治 6 年 1876]

49 扶明義士，諱睦毅，号碧亭，炳綏，余府君禄位（文字なし）

50 候明義士，諱乙卯，呉府君神位（文字なし）

51 明賜義士，諱其然，楊府君禄位（文字なし）

52 待明義士，諱如璞，楊府君神主（文字なし）

D 段 18 位

53 祧基義士，諱旭進，諱瑞宗，鄧府君神主位（生于戊午年五月十九日未時，終于庚申年八月十四日酉時。大吉昌，天運九年正月廿五日建立）[乾隆 3 年 1738−嘉慶 5 年 1800]

54 明贈義士，号大総理，錫禧，阮府君禄位（文字なし）

55 創建功勲，諱阿敬，何公之神主（天運辛酉二月念六甲申日立）[咸豊 11 年 1861 建]

56 明賜義士，号如玉，盧府君神位（開けず）

57 明勲義士，諱勉旺，余府君禄位（世居広東潮郡澄邑夢浦都月埔郷）

58 皇明義士，諱孝徳，林府君禄位（文字なし）

59 明賜義士，号国香，許府君禄位（天運生于己卯年八月初十日午時，終于癸酉年九月廿六日子時，享寿五十有五歳，世居海邑閣州郷登隆都）[嘉慶 24 年 1819−同治 12 年 1873]

60 候明義士，諱開順，号貞国，陳府君之神主（生於天運癸亥年
　十一月初一日申時，終於天運丁巳年正月初六日卯時，享寿五拾有七
　歳，世居<u>広東潮郡海邑南桂都東鳳郷</u>）［嘉慶 8 年 1803-咸豊 7 年
　1857］

61 抜粋義士，号錦惜，陳府君神位（文字なし）

62 明賜義士，号大進，沈府君禄位（世居<u>広東潮郡海邑</u>……）

63 教鐸義士，諱［号］頭先生，号［諱］錫盎，郭府君禄位（生
　於天運癸亥七月十三日亥時，終於天運辛未年十二月二十日戌時，享
　寿六十九歳，世居<u>広東潮郡海邑龍渓都鳳廓郷</u>）［嘉慶 8 年 1803 年-
　同治 10 年 1871］

64 皇明義士，号天曜，王府君神主（文字なし）

65 皇明義士，諱開先，楊府君神主（生卒年らしき文字あるも判読
　不能）

66 皇明義士，号誠桿，沈府君神主（生於嘉慶□年□月□日□時，
　終於咸豊辛酉十月初一日申時）［嘉慶□年-咸豊 11 年 1861］

67 明勲義士，号立成，劉府君神位（世居<u>広東潮郡海邑</u>……）

68 皇明義士，諱［号］其亭，郭府君神主（文字なし）

69 明恩義士，諱景山，鄭府君禄位（開けず）

70 恩勲義士，諱典生，范府君禄位（開けず）

E 段 5 位

71 皇明義士，諱必鶴，陳府君神位（文字なし）

72 候明義士，諡睦群，号臨江，諱贈湧，余府君之神位（文字な
　し）

73 候明義士，諱如坤，洪公府君神主（生於癸未年拾弐月拾四日，
　終於己巳年拾弐月念玖日，世居於<u>塘山澄邑呉溝橋</u>，葬於太山亭，坐
　東南向西北）［道光 3 年 1823-同治 8 年 1869］

74 皇明義士，諱起豊，陳府君禄位（生於道光乙酉年六月廿九日卯
　時生，卒於光緒丁丑年二月初七日未時巳）［道光 5 年 1825-光緒 3
　年 1877］

75 明贈義士，諡順喜，呉府君禄位（世居<u>広東潮郡海邑上埔都彩塘
　市</u>）

上の 75 基の神位群は，上の列にあるものほど古く，下の列にゆくほ

ど，新しくなるはずであるが，筆者が1983年に調査した時点では，上段のA列，B列までは，原位置を保っているらしく見えたが，C列—D列—E列の3列では，原位置から移動したものが少なくないらしく，排列に乱れがある。ただし，最下段の3列，即E列—F列—G列の両外側は，いずれも民国以降のものであるから，全体として見ると，上段から下段に古い順に並んでいると見てよいと思われる。

　以下，この神位群の記載内容を分析してみる。

Ⅲ　五虎祠神位人物の籍貫と生卒年代

　まず，これらの神位群の時代の幅を検討してみる。以下，生卒年代の記されている者，27名について，年齢順に記載内容を表によって，示す（表・下1-1）。これによると，神位の人物の生卒年代は，乾隆，嘉慶，道光，咸豊，同治，光緒など，清朝の年号を用いているものが若干あるが，大半は，「天運」の号を用いている。中には，単に干支のみを記すものもある。「天運」は，天地会会党の用いる年号表記であり，これらの神位群が「滅満復明」，「義士」などの称号と合わせて，天地会系の会党であることを示す。さて，この記載を見てみると，この神位群は，2つのグループに分けられる。

　まず第1のグループは，生卒の記載の上で，1790年代以前に生まれた1-8，すなわち，グループの中の高齢者で，長老と目される人々である。ここでは，4の陳声実を除いて，「天運」の号を用いておらず，すべて清朝の年号を用いている。単に干支のみを表示する例もあるが(1)，「天運」の表示はない。ただし，生卒年では「天運」を用いなくても，神位を立てた年の表示として，「天運」を用いたものが3基ある（1，8，9）。この3基は，同時に作られた可能性が高く，9の「天運辛酉(1861)」が天運9年と同年とすると，天運元年は，1853年になる。咸豊3年(1853)を天運元年としたのは，太平天国軍の別紙，上海小刀会の劉麗川である。彼は，この年，南京で自立し，大明国統理の名で良民安換の布告を出している（口絵4）。おそらく，この1853年（咸豊3）以前は，このグループとしても，清朝の年号を用いていたのが，この年以降，9年間に反清の機運が生まれて来て，先人の神位建立にあたって，清朝の正朔を奉ぜず，「天運」の号を用いるようになったのであろう。高齢者

下篇　紅毹と劇界

表・下 1-1　社公廟神位人物生卒年分布表

称　号	氏　名	籍　貫	生　年	卒　年	備　考
1 祧基義士 53	桔旭進 （号瑞宗）		戊午年 （1738）	庚申年 （1800）	天運 8 年（1862）立
2 祧基義士 9	曹符義		乾隆壬寅 （1782）	道光庚寅 （1831）	陳育崧論文による
3 祧基義士 14	麦安 （字慶聯）		乾隆 52 年 （1787）	咸豊 9 年 （1859）	
4 卓立義士 23	陳声実 （謚称宏）	潮州海陽県	天運丁酉 （1790）	天運甲子 （1864）	
5 志明義士 21	曾文蔚 （号賢奕）	潮州海陽県	乾隆壬子 （1791）	咸豊癸丑 （1853）	
6 皇明義士 66	沈□□ （号識択）		嘉慶□□ （179？）	咸豊辛丑 （1861）	
7 教鐸義士 6	簡美生		乾隆 59 年 （1794）	道光 25 年 （1845）	享年 52 歳
8 創建功勲 12	曹符成 （才富）		嘉慶 2 年 （1797）	咸豊 6 年 （1856）	天運 9 年立
9 創建功勲 55	何阿敬				天運辛酉（1861）立
10 扶明護衛将軍 8	鍾阿細 （謚作宏）		天運辛酉 （1801）	戊午 （1858）	天運辛酉（1861）立
11 教鐸義士 63	郭□□ （号錫盆）	潮州海陽県	天運癸亥 （1803）	天運辛未 （1871）	
12 候明義士 60	陳開順 （号貞国）	潮州海陽県	天運癸亥 （1803）	天運丁巳 （1857）	享年 57 歳
13 明義士 32	劉□□ （号文塢）	潮州掲陽県	［天運□□］	天運壬申 （1872）	享年 69 歳
14 皇明義士 37	呉子□	潮州饒平県	天運戊辰 （1808）	天運庚申 （1860）	享年 51 歳
15 皇明義士 43	陳嘉利	潮州海陽県	［辛未年 （1811）］	辛未年 （1871）	［推定］
16 明恩義 41	陳紅記 （号学文）	潮州澄海県	天運癸酉 （1813）	天運丙寅 （1866）	享年 54 歳
17 候明義士 48	許御勝	恵州陸豊県	［乙亥］ （1815）	丙子	
18 補明義士 46	李意寧	台湾嘉義県	大英 1817	［1871］	天運辛未（1871）立
19 明賜義士 59	許□□ （号国香）	潮州海陽県	天運己卯 （1819）	天運癸酉 （1873）	享年 55 歳
20 待明義士 15	韓旺彝 （謚宜敏）		天運壬午 （1822） ［1870］	天運戊辰 （1868）	享年 49 歳，泰山亭に 葬られる。坐南向西北
21 皇明義士 25	陳応科	潮州海陽県	壬午 （1822）	庚午 （1876）	
22 候明義士 73	洪如坤	潮州澄海県	癸未 （1823）	天運己巳 （1869）	
23 明贈義士 30	林□□ （号阿泰）	潮州澄海県	天運癸未 （1823）	天運辛巳 （1881）	
24 皇明義士 74	陳起豊	潮州海陽県	道光乙酉 （1825）	光緒丁丑 （1877）	
25 明贈義士 28	黄欽元	潮州海陽県	天運丙午 （1826）		

第1章　南洋における天地会会党　　　　　153

26 皇明義士 44	黄沛	潮州海陽県	天運乙酉 (1825)	
27 明恩義士 1	李沢遠	潮州澄海県	天運戊子 (1828)	
27 創建功勲				天運辛酉 （1861） 立

　の中で，一人，例外的に，4のみが，天運を用いているのは，この人物の卒年が1864年であり，すでにこの「天運」を使用する機運が高まっていた中でその神位が建てられたからであろう。この第1グループにおいても，第2グループと同じく，神位に「義士」の称号が用いられている。このグループは，早くから南洋に移住して定着した人たちで，大陸での反清活動に直接，関わったことはなかったはずである。それにもかかわらず，「義士」と称されるのは，おそらく彼らが天地会の流れをくむ「義興公司」に加入し，早くから大陸で蜂起に失敗して亡命してきた者を受け入れ，保護してきたため，神位の建立者から「義士」の称号を贈られたのであろう。この点を考えると，この神位群の建立者は，曹符義，曹符成など，曹家館，あるいは曹氏一族ではなく，天地会組織の「義興公司」だったと推定する。生卒年に清朝の年号を用いたのは，各人が死亡してその神位を建立する時点で，「天運」の語がなかったためであろう。また，その称号は，「祧基」，「卓立」，「創建功勲」，「教鐸」など，創設者，指導者を意味するに留まり，第2グループにおけるような「復明」を意味する語がないのは，反清蜂起に参与していない点を考慮したためであろう。なお，9は，生卒の記載がないが，称号と建立の時期が天運辛酉（1861，天運8年）であることから，長老に入ると見て，第1グループに入れた。

　これに対して，第2グループ18名は，第1グループより，10年から30年，若い。

　15，17，21，23を除き，すべて生卒年に「天運」の語を用いている。ほとんどが，1860年以降の卒年であり，義興公司において，「天運」の語が定着して以後，神位が建てられたケースにあたる。またこのグループでは，11の郭錫盎が「教鐸義士」と称するのを除き（この人物はおそらく蜂起に参加していなかったと思われる），他の18名は，すべて「明」の字を含む。「扶明」，「候明」，「明勲」，「皇明」，「明恩」，「輔明」，「待明，「明贈」，などである。明の字に強い反清の意味が込められている。

154　下篇　紅幇と劇界

表・下1-2　社公廟義士籍貫表

	府	県	都	郷	里	姓名	称号	生卒年
1	潮州府	海陽県	上埔都	驪塘郷		曾文蔚 21	志明義士	1791-1853
2			同	新華橋郷		黄 沛 44	皇明義士	1825- ?
3			同	彩塘市		呉連枝 3	皇明義士	? - ?
4			同	同		呉乙卯 34	候明義士	? - ?
5			龍渓都	?		陳声実 23	卓立義士	1790-1864
6			同	鳳廓郷		郭錫盉 63	教鐸義士	1803-1871
7			同	同		郭永定 38	皇明義士	1808-1875
8			同	茂隴郷	二巷	陳応科 25	皇明義士	1822-1870
9			南桂都	東鳳郷		陳開順 60	候明義士	1803-1857
10			同	?		陳嘉利 43	皇明義士	1811-1871
11			江東都	独樹郷		黄欽元 28	明贈義士	1826- ?
12			東莆都	陳里郷		陳盧惜 36	明賜義士	? - ?
13			登隆都	閣州郷		許国香 59	明賜義士	1819-1873
14			?	?		沈大進 62	明賜義士	? - ?
15			?	?		劉立成 67	明勲義士	? - ?
16		澄海県	蓬州都	?		陳紅記 41	明恩義士	1813-1866
17			同	烏汀郷		李沢遠 1	明恩義士	1828-?
18			莩浦都	月埔郷	儒林里	林亜泰 30	明贈義士	1823-1881
19			同	同		余勉旺 57	明勲義士	? - ?
20					塘山呉溝橋	洪如坤 73	候明義士	1823-1869
21					履露湖盧市	陳徳財 31	皇明義士	? - ? (42歳)
22		潮陽県	招収都	?	達豪埠	蔡長茂 45	明勲義士	? - ?
23		揭陽県	?	?	?	劉文塢 32	明勲義士	1804-1872
24		饒平県			深村	呉子炅 37	皇明義士	1808-1876
25		陸豊県	?	?	?	許御勝 48	候明義士	1815-1876
26	台湾府	嘉義県		向鬚公潭保	五間厝庄	李意寧 46	輔明義士	1817- ?

　これらは，反清蜂起の戦闘に参加して失敗し，義興公司の援助を得てシンガポールに身を寄せてきた人たちであろう。

　次に，五虎祠位牌のうち，籍貫の記されているもの，26基を生卒年順に表示すると，上の通りである（表・下1-2）。

　これを見れば，明らかなように，26名中，潮州人が24名，同じエスニックグループに入る陸豊県人，1名を加えると25名，他に，台湾嘉義県出身者が1名含まれている。ほとんどすべてが潮州系ということになる。かつて陳育崧氏が主張した厦門小刀会とは，全く無関係なことがわかる。また，台湾出身者が1名，含まれているが，わずか1名に過ぎず，台湾出身者がこのグループの組織的中枢を担った形跡はなく，同氏が後に主張した鄭成功との関係も特に認められない。

　むしろ問題は，上記に見える多数の潮州系の人々の組織と天地会の関

第 1 章　南洋における天地会会党　　　155

係を探求することにある。この点を踏まえて，この集団の籍貫の分布を
検討してみる。

　まず，潮州の関係地図を示す（図・下 1-8）。

　この図から大勢を窺うと，海陽県（潮州府）と澄海県の西側の地域に
彩塘市を中心に南北に分布している。このことが何を意味するかについ
ては，後述する。

　ここでは，この地図と関連するものとして，シンガポール潮州人の墓
地の問題に触れておく。まず，シンガポールの潮州人の共同墓地につい
て，呉華氏は，次のように述べる。

　○呉華前掲書，第 1 冊，「義安公司」：義安公司は，シンガポール
　　潮州邑籍人士の最も早い団体である。これは，正式には 1845 年
　　に成立した。……義安公司は，次々と，義山を購置すること 6
　　か所に及ぶ。泰山亭，広恩山，広寿山，広孝山などである，各所
　　の義山の中で，泰山亭は，開設が最も早い。それには 1845 年 10
　　月 20 日東インド会社発給の地契がある[11]。

　○陳育崧「関于汨墓的研究」（『椰陰館文存』第 1 巻 100 頁）：シンガ
　　ポールの「百老匯」オーチャード・ロードは，今日，一座，一
　　座，摩天楼大楼が聳え立つところであるが，誰か知らん，この路
　　上の大半の土地は，10 年前には潮州義安公司の泰山亭公塚のあ
　　る場所だった。……断碑残碣の環境の中で，非常に多数の注意す
　　べき墓群を発見した。簡単に紹介すると，次の通りである。

　　　△光緒 3 年 6 月 16 日立，汨考挙明卓公，妣慈徳呉氏墓，世居
　　　澄邑□□都□□郡

　　　△天運甲申年 3 月 22 日立，妣竹富林氏，汨考宝満謝公，妣上
　　　社王氏墓，世居澄邑□□都□□郡

　　この 2 つの墓碑の上の汨は，天地会党人の特製文字である，この
　　字は，「清」の字である。党人がこの字を作成した真意は，「清朝
　　に主なし，大明は半ばを復す」ことを表すと言われる（筆者注：
　　清の字を〔氵＋主（主）＋月〕に分解し，中間の主（主）を抜くと，

────────────
　11）　呉華前掲書，第 1 冊，「義安公司」：義安公司是新加坡潮州邑籍人士最早的一個団
体，它正式成立于一八四五年，義安公司先後購置義山有六処。泰山亭，広恩山，広寿山，広
孝山，各処義山中，乃泰山亭開闢最早，它係于一八四五年十月廿日東印度公司発給地契。

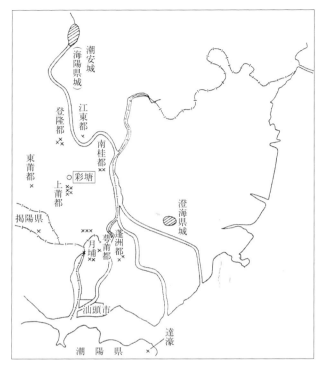

図・下1-8 社公廟義士出身地分布図(×印)

「氵+月」＝泪となる)。彼らは「反清復明」を「反泪復汩」と書く。2つの古い墓は，時代があまり隔たっていない。光緒3年，歳次丁丑は，1877年であり，天運甲申は，光緒10年，1884年にあたる。死者は，すべて潮州澄海県の人である。

△「明公朝元程公之墓」，天運乙酉

この墓碑の上には，「明」字を大書する，そのため，これを「明墓」と見る人がいるが，実際は，天運乙酉は，光緒11年，1885年である。泰山亭塚山上の墓碑で，「明」字を冠するものは甚だ多いが，すべて当時の会党の遺物である[12]。

---

12) 陳育崧「関於泪墓的研究」(『椰陰館文存』第1巻100頁)：新加坡的「百老滙」烏節路，今日一座座的摩天大楼矗立起来，誰知，這条路上的大半段，十年前是潮州義安公司泰山亭公塚所在，……断碑残碣的周遭，発見許多很可注意的墓群。譲我約略的介紹出来。

別に 1949 年に韓槐準氏も，義順村烏魯加郎区で，「義叙」と刻された墓を発見して，「明墓」の題名で発表している。

○陳育崧同前論文：1949 年，韓槐準は，義順村付近で一つの古墓を発見した。墓碑には，次のように刻してある。

義叙，……達豪亦港郷，明考朝元程公之墓

この墓葬は，1890 年，私会党禁止以前の遺物である，柔仏新山公塚でも，我々は同様の墳墓を目にすることができる[13]。

ここに見える「達豪亦港郷」とは，潮州潮陽県達豪赤港郷を指す。(亦字は，赤字の誤り)。上掲の地図にも位置を示した。これらの「明考」墓碑群もまた，道光，咸豊年間に，潮州での反清蜂起に失敗して，シンガポールに流寓した天地会会党が，潮州人を主体としていたことを示すものである[14]。社公廟に祀られる神位群の人物が潮州人であることは，泰山亭の墓碑群とも符合するものであり，偶然ではない。

なお，筆者は，1982 年 10 月，社公廟の管理人，黄鴻泰氏（年齢 65 歳ぐらい，武術家，棒術の達人，広東南海県の人）に社公廟神位群の由来について，質問し，説明を受けた。

以下，これを記す。

この社公廟の神位群は，別に「義興公司」と呼ばれる。150 年前，ラッフルズに随伴してきた曹某が，この地を拓いた。付近は叢林で，鋸木場があり，木工，石工，泥工がたむろし，喧嘩が絶えな

○光緒三年六月十六日立，洎考挙明卓公，妣慈徳呉氏墓，世居澄邑□□都□□郡

○天運甲申年三月廿二日立，妣竹富林氏，洎考宝満謝公，妣上社王氏墓，世居澄邑□□都□□郡

這両個墓碑上的「洎」是天地会党人的特製字，這個字是「清」字。党人製造此字的用意，拠説是表示「清朝無主，大明復半」，他們把『反清復明』写成「反洎復汨」。這両個古墳，時代相距不遠。光緒三年，歳値丁丑，是一八七七年，天運甲申，応該是光緒十年，一八八四年。死者都是潮州澄海県人。「明公朝元程公之墓」，這個墓碑上，大書「明」字，因此有人認為是個「明墓」，其実，天運乙酉是光緒十一年，一八八五年，泰山亭塚山上的墓碑，用「明」字冠首的很多，都是当時「会党」的遺物。

13）　同前：1949 年，韓槐準在義順村付近発見一古墓，墓碑刻着，

○義叙，……達豪亦港郷，明考朝元程公之墓

這些墓葬，是一八九〇年，禁閉私会党以前的遺物，在柔仏新山公塚，我們還可以看到同様的墳墓。

14）　陳育崧『新加坡史話』（『柳蔭館文存』第 1 巻 74 頁）。

かったという。神位の人々は，反清の人で，ペナンからではなく，直接，本土の福建，広東から，ここへ来た。集団で暮らし，家族を作らなかったので，死後，その神位をまとめて祀るようになった。元来は，鋸木場のあった地点（Lavender 街の道の奥）に祀ってあったが，60 年前に現在の地（大路に面する）に移った。近年は，広東人の物故者の神主を加えている。曹家館は，十数年前に消え失せ，隣接の広福古廟も 2 年前に芽籠 101 巷に移って，今は，「広福堂」と改称した。この社公廟もいずれ移址を命ぜられ，散亡する運命にある。潮州人との特別な関係は，聞いたことがない。

　この談話で注意を引くのは，これらの所謂，反清革命党がマレーシア経由でなく，中国本土から直接，シンガポールに入ったとしている点である。陳育崧氏は，この反清復明の義士たちは，曹亜珠がペナンから連れてきたと考えていて，次のように言う。

　○曹亜珠は，当時の秘密組織，義興公司の領袖たりし人物であり，義興公司は，ライトがペナンを開いた最初の年にすでに存在していた。ラッフルズが曹亜志をシンガポールに連れてきたので，この組織もまた曹亜志とともにシンガポールに移居したのである。

　曹亜珠は，ペナンの義興公司をどの程度，掌握していたのか。ペナンでは，義興公司は，広東人の集団で，ペナンの北部を占め，南部の福建人と対立していた[15]。潮州人は，広東地区，福建地区の境（むしろ福建地区）に拠点（潮州会館）を置いていたから，義興公司に属してはいなかった，と見られる。たとえ，社公廟神位の亡命潮州人が最初ペナンに入ったとしても，当然，潮州会館に身を寄せたはずで，曹亜珠は，彼らを掌握できなかったであろう。彼がシンガポールに連れて行ったのは，曹氏一族とその周辺だけで，潮州人を連れてゆくことはできなかったであろう。したがって，社公廟関係亡命者がペナンを経由してシンガポールに入ったとする陳氏の説には従い難い。潮州亡命者は，広東潮州からシンガポールに直接入ったと考えるべきであろう。シンガポール川の河口は，潮州人の拠点であり，ここに天地会に近い義安公司（後述）があっ

───────────

　15）　ペナンの天地会系結社，義興公司については，尾上兼英「東南アジア華人社会の伝統芸能（二）」，『中国小説史研究序説』（汲古書院，2020 年 1 月）473-474 頁に記載されている。

第 1 章　南洋における天地会会党　　　159

た。亡命者たちは，まず，ここに身を寄せ，後にペナン以来，義興公司
を率いる曹亜珠の拠点，ガラン河畔に移ったものと考える[16]。

---

　16)　社公廟神位の位牌の表面に記載された称号について紹介したのは，荘欽永氏である
が，初めて位牌を開いたのは，筆者である。荘氏はこの事実を覆い隠そうとしている。以下，
この点を論じておく。まず，荘氏がこの位牌の内部文字を紹介したのは，次の 2 篇の論文で
ある。[　]内に略号を記す。
　　①荘欽永「社公廟神主牌研究」，『星洲日報』1985 年 7 月 13 日，20 日，7 月 10 日，17
　　日。[荘①]
　　②荘欽永「社公廟神主牌研究」，『新加坡華人史論叢』（新加坡南洋学会，1986）。[荘②]
　これらの論文で，荘氏は調査日を 1985 年 4 月 22 日として明記している。筆者は，この論
文を知らずに，自分の 1982 年 10 月 21–22 日の調査に基づいて，1991 年から 1993 年にかけ
て，次の論文を発表した。
　　①田仲一成「シンガポール潮僑の組織と演劇」，『創大アジア研究』No.12，1991 年 3 月
　　[田①]
　　②同前，中訳：譚恵芳訳「十九世紀末期与二十世紀新加坡潮人組織与演劇活動」，『亜洲
　　文化』第 16 期，十周年記念特輯：東南亜華人与中国文化専号，新加坡亜洲研究会，1992
　　年 6 月 [田②]
　　③田仲一成「新加坡"五虎祠"義士考―潮州天地会会党与新加坡義興公司的関係」，『慶
　　祝饒宗頤教授七十五歳論文集』香港中文大学中国文化研究所，1993 [田③]
　その後，3 年を経て，荘氏の次の著書が刊行された。
　荘欽永『噴吻峨嘈猥五虎祠義士新義』南洋学会，1996 [荘③]
　この書は，[田③]に刺激され，[荘①][荘②]で発表した内容を改めて再検討したものと
言うが，ことさらに[田③]を貶める意図が明白であり，公正な議論とは認め難い。以下，
荘氏の論著の問題点を示す。
　　1.　荘氏の調査時期：[荘①][荘②]はともに，1985 年 4 月 22 日に社公廟を訪れて調査し
たと記す。しかし，[荘③]では，この調査時期を記さない。これはなぜか。おそらく，[田
②][田③]に，調査時点を 1982 年 8 月および 10 月と明記されており，自己の調査時期よ
り 2 年半ほど早い，したがって自分がこの資料の最初の発見者であることを主張できなく
なったことを知ったため，この事実を隠蔽するために，自己の調査時期を記さなかったもの
と推定される。
　　2.　荘氏調査時点での社公廟神位牌の排列順：荘氏は[荘①][荘②]においては，姓名の
ウエード式ローマ字綴りのアルファベット順に並べ，[荘③]においては，同じくピンイン綴
りのアルファベット順に並べる。これに対して，田仲は，[田③]で，調査当時の社公廟内の
位牌配置を各段ごとに，忠実に図示した。姓名のアルファベット順というのは，それ自体意
味が無い。歴史学者の整理としては，見識に欠ける。想うに，氏が調査した時点では，位牌
群は，壇上に奉祀されておらず，まとめて保管されていたのではないか。筆者が調査した時
点，1982 年 10 月でも，社公廟は郊外に移転する準備を進めていた。荘氏の調査は 2 年半遅
れた 1985 年 4 月であり，社公廟の祭壇は移転準備のため，すでに撤去されて原型をとどめて
いなかったのではないか。氏は[田③]を見て，この事実を糊塗するため[荘③]を書いた
ものと推定する。
　　3.　位牌文字：荘氏は，位牌文字について，[田③]の誤記を逐一注記するが，[荘①][荘
②]の誤記で[田③]が正しく記すものについては，注記しない。これは[田③]を過度に
貶める意図があるものと推定する。読者が[田③]を参照することを恐れているものであろ
う。

160　　　　　　　　　下篇　紅甲と劇界

第 2 節　道光咸豊間潮州会党蜂起とシンガポール
天地会会党との関係

　以上により，社公廟五虎祠に祀られる反清復明の会党が，潮州の出身者であることがわかったが，彼らがいずれの時期，潮州のいずれの場所で起きた蜂起に関わったのかが問題となる。蜂起に志を得ず，シンガポールに流寓したのは，曹家館第 1 世代の四邑出身者ではなく，彼らによって保護された第 2 世代以下の人たち（上掲の表・下 1-1 では，10–27）の潮州人たちである。彼らの流寓時期は，いつか。最年少の 1820 年代生まれの人が成年に達した時期以降と考えれば，1840 年（道光 20）以降と見るべきであろう。シンガポール側の記録でも，会党の流入時期を道光，咸豊年間としているから，この時期の蜂起と見てよいであろう。そこで，この時期の潮州での会党蜂起を探ってみる。

Ⅰ　黄悟空の蜂起
　まず，光緒 26 年刊『海陽県志』巻 25「前事略」に見える次の事件が注意を引く（図・下 1-9）。
　　　道光 24 年（1846）に，知県，呉均は，土賊，黄悟空を逮捕した。これより先，巡道，李璋煜は，海陽の附郭は，幹員（腕利き）でなければ，治まらないという理由で，嘉応州の同知，呉均を抜擢し，県の事に当たらせた。奸人たちは，呉が厳しく処置が明瞭なのを恐れて，多くは他県に逃げた。偶然，この年は飢饉にぶつかった。潮陽の黄悟空は，曾阿三らと旗を竪て，双刀の会を結成した。これに

　4．［田③］の論旨を退けながら，実際には摂取している：［田③］は，社公廟位牌のうち，籍貫の判明する 25 名のうち，24 名が潮州人であることにかんがみ，この義士グループが潮州人の集団であったこと主張している。荘氏は問題をシンガポール義興の問題にすりかえ，潮州人は一部に過ぎなかったと主張する。しかし社公廟義士自体が潮州人で占められていることは否定できないため，挿絵に多数の潮州関係地図を載せる。これも［田③］を故意に退ける意図から出るものである。
　要するに，［荘③］は，調査時期が［田③］より遅いにもかかわらず，「自らの調査の方が早かった」と主張しているもので，その内容は，［田③］の事実上の剽窃である。

第1章　南洋における天地会会党　　　　　　　161

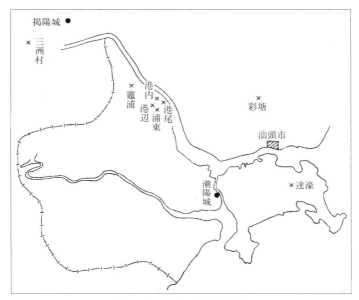

図・下1-9　双刀会関係地図

応ずる者は，万を単位に計るぐらい多く，掲陽城を囲んだ。郡中は，震動した。璋煜は，均に檄を飛ばして郷勇（志願兵）を督励して逮捕させた。賊は，敗潰した。そこで賊党の主の名を探し，潮陽知事，寿祺に文書を送って，悟空を購捕させた。妻の弟に縛されて献上された。余の党もまた次第に擒に就いた。按察使，孔継尹は，潮州に来て指揮し，首犯を誅する外は，多くは釈放させた。呉均は，乱民を治めるには重い刑罰を用うるべきだという理由で，力を尽くして反対したが，聴き入れられなかった。そこで密かに犯人たちを捕らえて全員を誅殺した。皆の心は，粛然とした[17]。

これによると，道光24年に潮陽県の黄悟空が双刀会を率いて掲陽城

---

17)　道光二十四年，知県呉均，勧捕土賊黄悟空。先是巡道李璋煜，以海陽附郭，非幹員不治，詳調嘉応同知呉均，知県事。奸人憚其厳明，多逃他邑，会歳饑，潮陽黄悟空，与曽阿三等竪旗，拝双刀会。応者，万計。囲掲陽城。郡中，震動。璋煜，檄均督勇勧捕。賊敗潰。乃訪賊党主名，移潮陽知県寿祺，購捕悟空。為妻弟縛献。余党亦次第就擒。按察使，孔継尹，来潮涖謝，誅首悪外，多縦捨。均，以治乱民用重典，力争不得。仍密捕誅之。衆心粛然。

162 　　　　　　　　下篇　紅幇と劇界

を囲んだが，海陽県同知，呉均の強硬策によって平定したという。同じことは，光緒10年重修刊『潮陽県志』巻13，「紀事」にも見える。

　　道光24年に，土寇の黄悟空が乱を起こした。知県の寿祺が購捕し，誅に伏した。黄悟空なる者は，夏林郷の人である。性格は，険鷙で，かつて豪家の奴に雇われた時に，その主人を殺した。ここに至って，双刀会を結成した。潮（陽），掲（陽）の愚民で，これに応ずる者は，万を単位に数えるほど多かった。しかし，その足跡は，詭って秘匿され，初めから誰が首謀者なのかわからなかった。8月，仲間を先導して，掲陽県を囲んだ。兵備道，李璋煜は，海陽の県令，呉均らを率いて，馬を飛ばして現場に急行し，これを蹴散らした。ここでやっと首謀者の名がわかった。密かに祺に命じて購捕させた。その妻の弟が，悟空を捕縛して献上してきた。身柄を郡に送って法に伏させた[18]。

　ここで，黄悟空は，掲陽県に境を接する直浦都夏林郷の人であったことが，示されている。黄悟空の率いる双刀会の軍事行動が潮陽の西北の山間部から発して，掲陽城を囲んだので，海陽県の側から攻める方が，潮陽県から上るよりは，地の利があったのであろう。

　さて，この黄悟空，曾阿三の双刀会が，天地会系の会党であったことについて，荘吉発教授が『清代天地会源流考』（台北，国立故宮博物院，1981年），第4章「嘉慶道光間天地会」の条において，軍機処檔案に基づいて，明らかにしている。以下にこれを引く。

　　双刀会は，結盟の時に，双刀を架設することに因んで，この名を得たものである。小刀会とは，名を得た理由が異なる。広東の恵（州）・潮（州）・嘉（応州）の各府は，双刀会の勢力が最も浩大であった。潮州府潮陽県の人，林大眉，黄阿隆，黄悟空などは，ともに天地会の党員である。郷里の人は，敬遠していた。福建漳浦県の人，戴仙はもとの名を戴毓祥と言い，平素から占いを業としていた者である。道光23年（1843）7月に，戴仙は，広東省恵州陸豊

──────────
　18）　道光24年，土寇，黄悟空，倡乱。知県，寿祺，購捕。伏誅。黄悟空者，夏林郷人。性，険鷙，嘗賃豪家奴，殺主。至是結双刀会。潮（陽），掲（陽）愚民，応之者，万数。然，詭秘蹤跡，初未知其為禍首也。八月，嗍党，囲掲陽。兵備道，李璋煜，率海陽令，呉均等，馳往散之。迺得主名。密飭祺購捕。其妻弟，縛悟空以献。解郡正法。

県大安圩地方に至り，露店を出して人相見をしていた。長楽県人，曾阿三という者がおり，いつも出掛けていって話をし，互いに知り合いになった。曾阿三は，戴仙に，「以前，漳州で商売をした時に，かつて『天地会歌訣図』1枚を拾得し，身に着けていたところ，事に遇っても，いつも人に助けられた」と告げた。戴仙は，すぐに布を用いてその図の通りに1枚の絵を描いた。

　道光24年（1844）8月，戴仙は，掲陽地方に至り，曾阿三の姓名を騙り，偽って「天地会大哥」と自称し，掲陽の会党首領，黄阿隆，黄大頭らと同じ党員となった。潮陽県人の黄悟空は，この年に先だち，4月初5日において，族人，黄銀生と水争いの件で恨みを懐き，会内の黄寛書などを糾合し，黄銀生を殺害した後，逃避した。8月26日，黄悟空は，思い立って，林大眉，黄阿隆と相談し，手分けして人を集め，天地会を結成した。ただ天地会の名称は，長い間，使われてきて，会員を吸収し難いことを恐れ，ついに双刀会と改名した。

　ついで，8人を集めることができて，併せて11人となり，8月28日において，林大眉の居住していた港内郷の外涵の元空廟内に壇を設けて結拝した。各々，銭120文を出し，黄悟空にわたして香，燭，鶏，酒を買い備えさせ，年齢の上下を論ぜず，ともに黄悟空を推して大哥とした。壇上に洪令の牌位を供設し，黄悟空が衆を率いて跪拝した。別に篾圏を結んで門とし，双刀を架起し，皆がそれぞれ刀の下をくぐり抜けた。黄悟空は，「口を開くに本を離れず，手を出だすに三を離れず」の暗号を伝授し，各人に会単一紙を分給した。鶏を殺し，血をたらして酒に入れ，分飲して後に，各々は，解散した。

　その後，黄悟空は，拝会の人が少ないため，また，紅布三角の洪令小旗を製作し，上に「□□□」の字様（意はすなわち天地会の3字なり。197頁参照）を書いて憑信となし，林大眉ら10人に交給した。手分けして人を集めて入会させ，先後ともに180人を集めることができた。これを5隊に分かち，9月初8，9，13，18，26などの日において，港内，港尾，浦東，港辺，竈浦らの処で結拝し，ともに年齢に関係なく，林大眉，黄阿隆，李阿宅，黄阿五，黄阿璧を大

哥とし，黄悟空を会総とした。

戴仙は，黄悟空が拝会したことを聞いた後，思い立って，林阿隆，黄大頭と相談し，人を集めて結拝した。ついに会図を取り出だし，「雄兵百万，英雄ことごとく招く」などの字を書き添え，さらに黄悟空の会単にならって，木板，および三省玉期記図章などを刊刻した。これによって合計152人を集めることができた。これを4隊に分かち，9月28，10月初8，13，16などの日において，掲陽県属の楊厝菴，坡嘴馬路，三洲などの処において結拝した。〔戴仙，〕林大眉，黄阿隆，黄大頭，鄭阿葆，および陳阿五を大哥とし，戴仙を会総とした。また双刀会の結盟儀式に倣って，衆を率いて，刀をくぐり，酒を飲んで口訣を伝授し，会単を分給した。

各営，県によって，陸続として，林大眉ら，236名が捉えられた。その場で射殺された者，21名，自首したもの42名，そのうち，戴仙，林大眉，黄阿隆などの首領は，「凌遅処死」を被り，李阿宅ら119名は，斬梟，斬決せられ，その余の125名は，罪に応じてそれぞれ，絞，遣，流などの罪に処せられた[19]。

19）　至於双刀会，則是因結盟時，架設双刀而得名。与小刀会的得名不同。広東恵（州）・潮（州）・嘉（応州）各府，双刀会的勢力，最為浩大。潮州府潮陽県人，林大眉，黄阿隆，黄悟空等，倶係天地会党。郷里側目。福建漳浦県人，戴仙，原名戴毓祥，素習堪輿卦命。道光二十三年七月間，戴仙至広東恵州府陸豊県大安圩地方，擺攤算命。有長楽県人，曾阿三，常往叙談，彼此熟識。曾阿三，告以，従前在漳州生理時，曾拾得「天地会歌訣図」一張，帯於身辺，遇事，有人幇助。戴仙即用布照様写画一張。道光二十四年（1844）八月，戴仙，至掲陽地方，仮冒曾阿三姓名，捏称天地会大哥，与掲陽会党首領，林大眉，黄阿隆，黄大頭等聯為同党。潮陽県人，黄悟空，先於是年，四月初五日，因挾与族人黄銀生，争水之嫌，糾同会内黄寛憲等，将銀生殺死後，逃避。八月二十六日，黄悟空起意，商同林大眉，黄阿隆，分頭糾人，結拝天地会。惟因天地会名称，沿用已久，恐難吸収会員，遂改名双刀会。

旋，糾得八人，一共十一人，於八月二十八日，在林大眉居住的港内郷外涵元空廟内設壇結拝。各々，出銭一百二十文，交与黄悟空買備香燭鶏酒，不序年歯，共推黄悟空為大哥。壇上供設洪令牌位，黄悟空，率衆跪拝。另紮篾圏為門，架起双刀，衆人，由刀下鑽過。黄悟空，伝授「開口不離本，出手不離三」暗号，毎人分給会単一紙。宰鶏，滴血入酒，分飲後，各散。

其後，黄悟空，因拝会人少，復製得紅布三角洪令小旗，上写「贐飄旡」字様，意即天地会三字，作為憑信，交給林大眉等十人。分頭糾人入会，先後共糾一百八十人。分作五起，於九月初八，九，十三，十八，二十六等日，在港内，港尾，浦東，港辺，竈浦等処結拝，倶不序年歯，以林大眉，黄阿隆，李阿宅，黄阿五，黄阿璧為大哥，黄悟空為会総。

戴仙開黄悟空拝会後，亦起意，商同林阿隆，黄大頭，糾人結拝。遂取出会図，添写「雄兵百万，英雄尽招」等字様，並倣照黄悟空会単，刊刻木板，及三省玉期記図章等。共糾得一五二人。分作四起，於九月二十八，十月初八，十三，十六等日，在掲陽県属楊厝菴，坡嘴馬路，三洲等処，結拝，以林大眉，黄大頭，鄭阿葆，及陳阿五為大哥，戴仙為会総。亦照双

第 1 章　南洋における天地会会党　　165

　以上のごとく，道光 24 年の双刀会の蜂起は，天地会の一派が起こし
たもので，潮陽県の北西部から，掲陽県にかけての地域で会党が組織さ
れたことがわかる。社公廟の義士の中にも，潮陽県の出身者が 1 人，掲
陽県の出身者が 1 人，含まれている。亡命者は，全員そろって脱出し
たのではなく，個別に逃避したであろうから，この 2 人が双刀会の人
であった可能性も否定できない。

Ⅱ　呉忠恕の蜂起

　次に同じく，この潮州地区で道光，咸豊の間に起こった会党蜂起で，
社公廟の人物と関係を想定し得るものとしては，双刀会から 10 年遅れ
て咸豊 4 年（1854）に起こった呉忠恕の蜂起がある。まず関連地図を示
す（図・下 1-10）。

　以下，これについて，光緒 26 年刊，『海陽県志』巻 25，「前事略」の
記事をあげてみる。

　1.　咸豊 4 年 5 月，彩塘郷の呉忠恕が乱を起こした。

　　　これより先，忠恕は，流民となり，業を失ったため，遊僧亮と宝
　　雲寺で会い衆を集めて拝会した。ある男がこれを密かに知県劉鎮
　　に上申した。劉鎮は，この上申の真偽を疑い，この男に嫌悪を懐
　　いて，放置して取り合わなかった。一月たってみると，集まった
　　者は，数千人に達していた。4 月，陳娘康は，呉均を潮陽に囲ん
　　だ。忠恕は，そこで外部の諸匪と約し，潮州府城を攻めようと企
　　てた。城中は，警戒して守りを厳しくした。賊は，ついに牛を殺
　　して衆に饗し，旗を開いて乱を唱え，澄海城を囲んだが，落とせ
　　ずに，ついに龍渓郡を攻めた[20]。

　2.　6 月 4 日，知県劉鎮と都司金国梁は，軍を率いて進み<u>龍湖</u>に駐

刀会結盟儀式，率衆，鑽刀，飲酒伝授口訣，分給会単。

　経各営一県，陸続拏獲林大眉等，二百三十六名。当場格斃二十一名，投首四十二名，其
中，戴仙，林大眉，黄阿隆等首領，被「凌遅処死」，李阿宅等一百十一名，斬梟斬決，其余
一百二十五名，分別擬，絞，遣，流等罪。

　20）　咸豊四年五月，彩塘郷呉忠恕，作乱。先是，忠恕，因流民失業，与遊僧亮聚宝雲
寺，糾衆拝会。有某生，密与知県劉鎮稟。鎮，疑挟嫌，置不理。匝月聚，数千人。四月，陳
娘康囲呉均於潮陽。忠恕，因約外属諸匪，謀攻府城。城中戒厳。賊，遂椎牛饗衆，開旗倡乱，
囲澄海城。不克。遂攻龍渓郡。

166　　　下篇　紅封と劇界

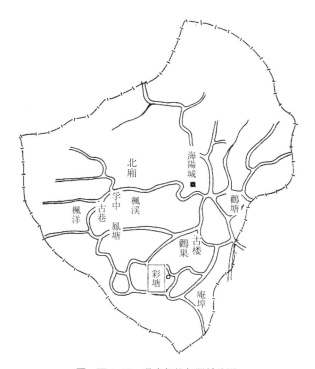

図・下 1-10　呉忠恕蜂起関係地図

屯し，彩塘占領を狙った。忠恕は，旗を立て乱を起こした。各属の賊徒は，みな呼応した。劉鎮と金国梁とは会同し，兵を発して進み掃討した。忠恕は，劉鎮，金国梁がやってくると聞き，党を分かち，進んで鵝巣を占拠し，また古楼郷に分かれ犄角の態勢を形成し，兵を龍湖鎮などに圧迫した[21]。

3. 鵝塘郷の陳阿十が乱を起こした。これより先，呉忠恕は，潮州城を攻めようとした。城中の人は，多く鵝塘に避難した。阿十は，子女玉帛を見て，急に道ならぬ欲を懐き，まず，澄海に至り，賊首王興順に謁見した。興順は，ともに連結することを許

---

21)　六月四日，知県劉鎮，都司金国梁，率師出駐龍湖，図彩塘。忠恕，堅旗倡乱。各属賊匪，俱為響応。劉鎮，会同金国梁，統兵進勦。忠恕聞，金国梁将至，分党進踞鵝巣，又分紮古楼郷為犄角。蹙官兵於龍湖鎮等。

第1章　南洋における天地会会党　　　　　167

諾した。阿十は，帰ってついに衆を集めて叛した。忠恕と一緒に
進み，臥石，岡洋，涸渓などの郷を占拠した。[6月] 24日，饒
平の隆眼城を攻めた。6月] 25日，澄海の鴎汀寨を攻めた。皆，
官軍と郷勇に打ち敗られた[22]。

4. 7月初1日，陳阿十は，東橋頭を攻めた。汪政は，撃ってこれ
を退けた[23]。

5. [7月] 21日，汪政，陳坤は，軍を率いて，涸渓に出で，賊を
掃討した[24]。

6. [7月] 30日，呉忠恕は，東橋頭を攻めた。汪政は，撃ってこ
れを退けた。呉忠恕は，党を集めて8000余人と号した。韓山の
背より来攻した。王近仁らは，東橋頭に駐し，これと戦った[25]。

7. 閏7月，呉忠恕は，庵埠，隴仔郷を攻めた。通判，賀桂齢は兵
を率いてこれを救ったが，勝てず。隴仔は，すでに破れ，庵埠郷
の遠近は，賊のために脅されてこれに応じた。勢はますます，盛
んになった。並びに通判の署を毀ち，党を分って，これを占拠さ
せた。（一説に言う。忠恕は，初め阿十とともに庵埠を攻めることを
約束してあったが，阿十が，7月25日に暴かに死んだので，忠恕は，
すなわち自ら行き，庵埠を占拠した，と。）[26]

8. 呉忠恕は，その党，李陽春を派遣し，兵力の一部を割いて楓渓
郷を占拠させた。廩生の呉作舟，歳貢の朱光鼎は，潜かに帰仁諸
郷と約して，ともに賊を撃った。楓渓は，元から北庿と仲が悪
かった。そのため北庿は，楓渓が己を襲ってくるのを心配してい
た。帰仁郷の紳士，陳翱は，これを和解させ，力を合わせて賊を

---

22)　鸛塘郷陳阿十，作乱。先是，呉忠恕将攻城。城中人，多遷避鸛塘。阿十，見子女玉
帛頓懐不軌，先至澄海，謁賊首王興順。興順允与結連結。帰遂聚衆叛。与忠恕合進，踞臥石，
岡洋，涸渓等郷。[六月] 二十四日，攻饒平隆眼城。[六月] 二十五日，攻澄海鴎汀寨。皆為
官軍郷勇所敗。

23)　七月初一日，陳阿十，攻東橋頭。汪政，撃退之。

24)　[七月] 二十一日，汪政，陳坤，率師，出涸渓，進勦。

25)　[七月] 三十日，呉忠恕，攻東橋頭。汪政，撃退之。呉忠恕，紏党号八千余人。由
韓山背来。王近仁等，駐東橋頭，与戦。

26)　閏七月，……呉忠恕，攻庵埠，隴仔郷。通判，賀桂齢率兵救之，不克。隴仔既破，
庵埠郷遠近，為賊所脅応。勢益披猖。並毀通判署，分党踞之。……又，称：忠恕，初約阿十
同攻庵埠，阿十以七月二十五日暴死，忠恕乃自行，則踞庵埠。

攻めた。賊は，驚いて潰えた。陽春ら10人を執えて官に送った。賊の勢は稍々殺がれた。尋いで呉阿受は，また賊目，李如珠を引き入れ，衆を集めて，また楓渓を占拠した。さらに党を分かって，北廂の鳳山などの郷を占拠した。これより賊は，ついに東西両路に分かれた[27]。

9. 閏7月23日，西郷の賊は，楓渓などの処から海陽城を攻めた。汪政は，兵を西湖山の側に伏してこれを撃った。

[閏7月]28日，西南十排の郷勇を募って団練を城東の登栄都に設けた。この時，楓渓，北廂は，皆な賊に占拠されていた。各官は，西南の諸郷の民が平素から強悍であるため，彼らが賊に附くのを恐れた。そこで，古巷，楓洋，鳳塘，鶴隴，長美，孚中諸郷の者老を諭し，その郷の悍鷙の勇を募り，毎日，口糧を支給した。名付けて十排といい，公所を城中に設け，統轄を容易にした。その域東の上流の河道は，蔡家囲を占拠する賊に遮断され，舟楫が通じなくなった。官は，また紳士，戴維祺に諭して，団練を亀湖各郷に設け，大義を暁し，約同して賊を禦いだ。外属の文書は，ことごとく維祺を経由し，郷人の水泳を善くする者を択んで夜に乗じて泳いで渡り，密かに城に入れさせ，内外の消息を通じた。陳阿十の賊党は，噂でこれを知り，その郷を攻めた。各団勇は，援けに行き，ともにこれを撃った[28]。

10. 8月初7日，呉忠恕は，潮陽の賊を合して城を囲んだ。この時に恵来は，官軍によって奪回され，潮陽の賊は忠恕に投じた。忠恕は，これと合流した。8月初7日，霖雨が甫めて霽れた。忠恕

---

27) 呉忠恕，遣其党，李陽春，分踞楓渓郷。廩生呉作舟，歳貢朱光鼎，潜約帰仁諸郷，共撃賊。楓渓，故与北廂有隙，慮其襲己。帰仁郷紳，陳翔，和解之，乃合力攻賊。賊，驚潰。執陽春等十人送官。賊勢稍殺。尋呉阿受，復引賊目李如珠，糾衆，還踞楓渓。並分党，踞北廂鳳山等郷。自是，賊遂分東西両路。

28) 閏七月二十三日，西郷賊，由楓渓等処攻城。汪政，伏兵西湖山側，撃之。[閏七月]二十八日，募西南十排郷勇，設団練於城東登栄都。時楓渓，北廂，皆為賊所踞。各官，以西南諸郷，素強悍，恐其附賊，乃諭古巷，楓洋，鳳塘，鶴隴，長美，孚中諸郷者，募其郷悍鷙鷙，日給口糧。名曰十排，設公所城中。以資統摂。其城東上游河道，為踞蔡家囲之賊所截，舟楫不通。官又諭紳士，諭戴維祺，設団練於亀湖各郷，暁以大義，約同禦賊。外属文書悉由維祺，択郷人善水者，乗夜浮渡，密帯入城，以通内外消息。陳阿十賊党，聞覚，攻其郷。各団勇，赴援，共撃之。

第 1 章　南洋における天地会会党　　　169

は，2万余の衆を率い，七路に分けて郡城を包囲攻撃した。自ら
大隊を以って西湖山に趨いた。巡道，曹履泰，潮鎮，寿山は，報
を聞き，陣に登った。汪政は，商って各員に令し，路を分けて迎
戦した。………汪政は陳坤，李宣芳とともに馳せて西湖山に赴
き，まず，その巓に登り，力を奮って鏖戦した。午より西に至る
間，各隊は，賊を殺すこと，算えきれないほどだった。……しか
し，我が軍は終に兵少なく，傷を受ける者が衆かったため，窮追
することができなかった。賊は，これより，連旬，包囲攻撃を続
けた。城中は，糧食がまさに尽きようとし，人心は惶々たる状況
に陥った[29]。

11. 9月，呉均は，饒平知県王恵溥に檄を飛ばし，潮州府城を援け
させた。筆架山の後に至ったが，賊のために遮断され，やむなく
鸛塘に入った。陳阿十は，暴かに死し，その兄，陳阿四が代って
その衆を統轄した。鸛塘の賊は，陳阿四であろう[30]。

12. ［9月］17日，西路の賊は，長美郷を攻めた。郷人は，古巷，
楓洋などの郷と合して，賊と月弓池で戦った。北廂を占拠した賊
が来援した。孚中の郷勇は，これを西塘渡で禦いだ[31]。

13. ［9月］18日，夜半，意渓郷の紳士，鍾英才は，官軍と約して
東路の賊を撃ち，大いにこれを破った。夜半……英才は，弟鴻達
らと暗かに郷兵と約し，礮（大砲）を開いて賊を擒えた。官兵が
岸に至った時，賊は，すでに破られていた。黎明，湯坑の隊勇
は，筆架山から，菱角池を渡り，東津を破った。賊を獲うるこ
と，100余人，東路の囲が解けた[32]。

---

29) 八月初七日，呉忠恕，合潮陽賊囲城。時恵来，為官軍克復，潮陽賊投忠恕。忠恕，
与之合。八月初七日，霖雨甫霽。忠恕率二万余衆，分七路環攻郡城。自以大隊趨西湖山。巡
道，曹履泰，潮鎮，寿山，開報，登陣。汪政，商令各員，分路迎戦。……汪政与陳坤，李宣
芳共馳赴西湖山，先，登其巓，奮力鏖戦。自午至西，各隊殺賊無算，……然我軍終兵少，且
以受創者衆，不能窮追。賊，自是，連旬，囲攻。城中，糧食将尽，人心惶々。

30) 九月，呉均，檄饒平知県王恵溥援府城。至筆架山後，為賊截劫，入鸛塘。陳阿十暴
死，其兄，陳阿四，代統其衆。鸛塘賊当為陳阿四也。

31) ［九月］十七日，西路賊，攻長美郷。郷人，合古巷，楓洋等郷，与賊戦於月弓池，
踞北廂賊，来援。孚中郷勇，禦之於西塘渡。

32) ［九月］十八日，夜半，意渓郷紳士，鍾英才，約官軍撃東路賊，大破之。夜半……
英才，与弟鴻達等，暗約郷兵，開礮擒賊。官兵抵岸，賊已破。黎明，湯坑隊勇，従筆架山渡
菱角池，破東津。獲賊，百余，東路囲解。

14. ［9 月］21 日，官軍は，十排の郷勇とともに賊を鳳山に攻めた。並びに楓渓・北廂郷を占拠していた賊を駆逐した。西路の囲もまた解けた[33]。

15. 10 月，汪政は，紳士，郭廷集を諭し，法を設けて賊の首謀者を擒えさせた。並びに自ら兵を率いて彩塘郷に至り，封鎖して各匪の身柄を引き渡させた。呉忠恕，李如珠，和尚亮ら，次第に縛に就き，誅に伏した。陳阿四は，王恵溥を護送する時に，ともに捕縛された。この時，賊数十人が，投降した[34]。

16. ［咸豊 5 年］8 月 28 日，呉忠恕の残党，黄学勝，楊雲南ら，衆を集めること，1000 余人，庵埠を襲撃して攻めたが，郷人のために撃敗された。官軍は，その場で，これを擒えた。勝らは，誅に伏し，その党は，ことごとく潰散した[35]。

　これによると，呉忠恕の率いる蜂起軍は，咸豊 4 年の 5 月から 10 月まで，6 か月間，潮州府城（海陽県）の南部から東部にかけて，官軍・団練と戦い，一時，潮州城を危機に陥れるほどの勢威を振るった，という。呉忠恕は，5 月に海陽県南部の彩塘郷で蜂起し，6 月には海陽県南部の龍湖鎮の官兵を破って，ここを拠点に勢力を拡大，近接の鶴塘郷の陳阿十と合流し，北上して海陽県城の西北部を占領する。この地区の帰仁郷，北廂郷に拠点を置く西路軍と，県城東北の登栄都に進出した東路軍とに分かれて，東西から県城を包囲する形で布陣，次いで 8 月には潮陽の陳娘康，鄭遊春の残党を合わせて，2 万余の大勢力となり，海陽県城を攻撃した。包囲は，9 月下旬過ぎまで約 1 か月余も続き，城中は食が尽きて危うく陥落しそうになったが，蜂起軍も糧食の補給に苦しみ，従軍者の一部が帰農した隙を官軍側に衝かれて敗退した。鍾英才が礮（大砲）を使ったことも官側の優勢を導く要因になったと思われる。9 月下旬に平定，10 月には，呉忠恕などの首領も故郷の彩塘郷で捕えられ，処刑されて終わった。この蜂起軍は，当時，広東で頻発した三合会系

---

33) ［九月］二十一日，官軍，与十排郷勇，攻賊於鳳山。並逐踞楓渓・北廂郷賊。西路囲亦解。

34) 十月，汪政，諭紳士，郭廷集，設法擒賊首。並自率兵，至彩塘郷，勒交各匪。呉忠恕，李如珠，和尚亮等，次第就縛，伏誅。陳阿四護送王恵溥，並縛。賊数十，投誠。

35) ［咸豊五年］八月二十八日，呉忠恕遺党，黄学勝，楊雲南等，集衆，千余人，襲攻庵埠。為郷人撃敗，官軍，就擒之。勝等，伏誅，其党，悉潰散。

（天地会系）の会党と見られる。半年にわたり，官軍を苦しめた活躍は，善戦と称すべく，清朝の地方統治に打撃を与えた点では，初期の反清蜂起としては，成功と評価できる。

第3節　呉忠恕の蜂起と弾詞・演劇

I　潮州歌冊《呉忠恕》

この事件は，まもなく，潮州の民間歌謡である《歌冊》の題材になって，流行した。呉奎信「潮州歌冊《呉忠恕》的人民性与歴史意義」（『潮学研究』6，1997）によって，その歌詞を引く。

○呉忠恕軍，龍湖の戦闘。

将令一下如山崩，鳴鑼撃鼓如雷震。郷紳一見魂魄飛，未戦先嚇退三分。

将令一たび下るや山の崩るるがごとく，鑼を鳴らし鼓を撃ち雷の震うがごとし。郷紳は一たび見て魂魄飛び，いまだ戦わざるにまず嚇きて退くこと三分なり。

○龍湖鎮の官軍潰滅，潮州城へ敗走。

心驚脈跳路上行，只恐後面有追兵。

心は驚き脈は跳びて路上を行くに，ただ後面に追兵あるを恐る。

○呉忠恕軍，陳阿十軍と合流。

轟轟烈烈如黄蜂，又如曹操下江東，人喊馬嘶如雷震，令人一見心胆寒。

轟々烈々として黄蜂のごとく，また曹操の江東を下せるがごとし。人は喊び馬は嘶き雷の震うがごとく，人をして一たび見て心胆寒からしむ。

○官軍が龍湖鎮で潰滅したのち，潮州府は広東総督に援軍を要請。

差人領命帯文書，誰知盗賊満路衢。紛紛不能向前進，在路阻隔一月余。

人を差し命を領し文書を帯びしむるに，誰か知らん盗賊は路衢に満つるとは。紛々として前に向かいて進む能わず，路に在りて阻隔せらるること一月余なり。

172　　　　　　　　　　　下篇　紅幇と劇界

○潮州官紳側の対応。

召了七隅四関廂，十一地保来告量，……自此七隅四関廂，尽皆排
列刀斧鎗，分派武弁去帯管，夜日公局相告量。

七隅と四関廂を召したるに，十一の地保きたりて告量す。……これ
より七隅四関廂，ことごとく皆な刀斧鎗を排列す。武弁を分派
して去きて帯管せしめ，夜日に公局にて告量す。

○県官経験者の邱歩瓊，兵司馬の林某，緒戦の戦闘を指揮した武官
などが到着。

春城楼内一隊兵，頭人乃是孫英爺，統領五百掲陽壮，能征貫戦極
有名。

春城楼内の一隊の兵，頭人は乃ち孫英爺，500の掲陽の壮を統領
し，征きて貫き戦うこときわめて名あり。

○呉忠恕の潮州城包囲戦闘。

紛紛倶来囲潮城，東西南北倶賊兵，城内城外衆百姓，看了無不心
頭驚。

紛々としてともに来りて潮城を囲み，東西南北は倶に賊兵なり，
城内城外の衆百姓，看るに心頭の驚かざるなし。

○包囲軍，水陸交通を遮断，兵糧攻めに出る。城内，食尽きる。

筒米糶到五十銭，柴炭貴加三倍価。

筒米は糶するに50銭に至り，柴炭は貴きこと3倍の価を加わう。

○蜂起失敗後，呉忠恕慷慨して義に就く。

如此可為大丈夫，敢作敢当不受輸。

かくのごときは大丈夫たるべし，敢えて作し敢えて当たり輸を受
けず。

この論文の拠った潮州歌冊は『呉忠恕全歌』全8巻，潮州府，前街
瑞安堂，木活字本（口絵3，5）である。刊年は不明（民国初期と推測さ
れる），本書巻末の附録Ⅱに原文を掲載した。その内容からみて，シン
ガポール社会廟位牌との関係を推測できる点が少なくない。その証拠を
シンガポールに脱出した残党の位牌から探ってみる。

例えば潮州系の中でも，呉忠恕の変の主役となった海陽県人が15名，
澄海県人が6名，計21名を占める。呉忠恕と籍貫を同じくする彩塘郷

第1章 南洋における天地会会党　　　173

出身者が2名おり，いずれも呉姓である。これらを総合すれば，この潮
藉の社公廟義士たちは呉忠恕軍の亡命者と見てよいであろう。李馨『柔
仏潮僑概況』[36)]は，当時，天地会系（洪門）の潮州人会党でシンガポー
ルに亡命するものが多かったことについて述べた上，上記社公廟義士の
一人，陳開順について，次のように述べる。

　　洪門の志士，逃避して新嘉坡に在るもの，数たること甚だ多し。組
　　織は厖大にして，当地の政府は，初め，放任の態度を取り，尚お自
　　由活動を能くす。後よりようやく制限を加う。この時，我が潮僑，
　　陳君開順，また該会中の中堅人物に系わる。……工人同志の多く
　　の人を率領し，剛毅果敢，最初，柔仏の陳厝港に抵り，墾植に従事
　　し，きわめて成功を為す[37)]。

陳開順自身は咸豊4年には51歳，死亡する3年前，呉忠恕の変に参
加した可能性は低いが，この咸豊4年の時点までに，シンガポールに
潮州会党が多数，亡命していたことは疑いない。呉忠恕の蜂起が失敗し
た時，シンガポールの会党組織が亡命者の受け入れに動いたことは疑い
ない。

II　潮州劇《呉忠恕》

『潮劇劇目匯考』（広東人民出版社，1999年）770頁に1950年代演出本
の新編潮劇《呉忠恕》の梗概を載せる。次の通りである。

　　清の咸豊4年，呉忠恕は義軍を率いて庵埠などの地を攻略し，彩
　　塘において倉を開き貧民を救済した。その時，劉鎮が兵を引き連れ
　　て龍湖鎮を固守しているという知らせが入り，呉は妻月英とともに
　　母に別れを告げて，敵を迎え撃つ。戦闘は半月に及んだが，龍湖
　　は落ちない。百姓への損害を少なくするため，月英は変装して龍湖
　　寨に忍び込み，内外呼応の策をとる。しかし裏切り者の鍾才に密告
　　され，危機が迫る中，月英は窮余の一策で「賊を捕まえたぞ」と叫
　　び，敵の注意をそらして敵を殺し，門を開ける。呉軍の支隊，黄学

36）　潘醒農編著『馬来亜潮僑通鑑』シンガポール，南島出版社，1950年版。

37）　洪門志士，逃避在新嘉坡，為数甚多。組織厖大，当地政府，初取放任之態度，尚能
自由活動。後漸加限制。該時，我潮僑，陳君開順，亦係該会之中堅人物。……率領工人同志
多人，剛毅果敢，最初，抵柔仏陳厝港，従事墾植，極為成功。

勝の農民軍が突入し，劉鎮の脱出を許したが，他の敵を殲滅する。忠恕は，勝ちに乗じて，潮州を攻撃する。

　包囲2か月，両軍拮抗のまま，糧食が尽きてくる。呉軍の陳炳は，落花生を積んだ船2隻を強奪する。忠恕は軍紀の厳正のために，陳を折檻する。老農民は，これを見て感動し，落花生を兵糧として献上するが，忠恕は，受けず，韓江を渡り，病臥中の陳十を尋ね，官塘に行って糧食を調達してくれるように依頼する。

　劉鎮が橋東を失ったことに対して，知府の呉均は厳罰を加えようとしたが，潮陽の知県汪政が城西の勝利を伝えた上，陳十と岳父許厳を仲違いさせ戦わせるように献策し，鍾才を使って扇動させ，農民軍の戦意の分散を図る。呉均は，ひそかに澄海県，饒平県の郷勇を組織して，官兵を支援させる。

　陳十が帰宅して病から立ち上がれず，鍾才に命じた兵糧調達も失敗する。許厳は，陳十を毒殺しようとするが，軍師の僧亮が駆けつけ，下手人の許を殺す。

　鍾才は，陳十の令旗を借りて兵糧調達に行き，農民軍に対し，秋の収穫のために帰宅するよう扇動する。陳炳が阻むが，すでに大半の農民が帰農してしまっていた。軍師亮が戻り，潮州城に入って褒美をもらおうとしていた鍾才を射殺する。

　忠恕の娘，玉芸は，帰宅して祖母を訪ね，澄海県，饒平県の清軍が彩塘に入り，祖母が捕らえられ，黄学勝が戦死したことを知る。忠恕は，兵を起こして敵を殺し，母を救おうとする。陳炳は，負傷し，意渓一帯が敵の手に落ちたことを告げる。呉忠恕は，兵を率いて江東を救いに行き，負傷した軍師亮の軍と合流し，普寧県の許亜梅に投じることを決定したが，亮は，重傷がもとで死に，忠恕も伏兵に遭い，傷亡続出の損害を受け，一人西岸に向かって逃避する。陳炳が堅守していた楓渓大営も陥落し，夫人らも戦死する。陳炳は，玉芸と西岸に逃げ，忠恕と会う。忠恕は，大勢がすでに去ったことを悟り，独り川岸に残り，船に2人を乗せて離脱させ，再起の種を残す[38]。

　一般に，新中国の地方劇政策としては，伝統古装劇，新編歴史故事劇，現代劇の3種が奨励され，"破四旧"というスローガンが唱えられ

第1章　南洋における天地会会党　　175

ている。この「呉忠恕」は新編歴史故事劇に入るものであり，潮劇の新しい傾向を代表するものと言えよう。ただ，前述の『海陽県志』や潮州歌冊『呉忠恕全歌』とは内容が全く異なり，史実からは離れたフィクションになっている。史実の歪曲があり，学術的価値に欠ける。

38）　清咸豊4年，呉忠恕領導義軍，打下庵埠等地，在彩塘，開倉済糧。忽報劉鎮帯兵固守龍湖鎮，呉偕妻月英，辞母前往迎戦。戦闘半月，未克龍湖。為減少傷害百姓，月英喬装入寨，以便裡応外合。但為内奸鍾才告密告，正当危急之際，月英怒喊捉賊，転移目標。月英殺敵開門。呉軍支隊，黄学勝帯農軍衝入，除劉鎮逃脱外，余皆被殺。忠令農軍乗勝，攻打潮州。包囲城二月，相持不下，糧草将尽。陳炳劫来二船花生。忠恕為厳格軍紀，将他責打。老農民深為感動，願献花生作軍餉，忠恕堅決不受，並親自渡江，請卧病的陳十，至官塘籌糧。劉鎮失橋東，知府呉均正擬重責，潮陽知県汪政忽報城西得勝，並献策使陳十与岳父許厳互相残殺，命鍾才従中扇動，分散農民軍之心。呉均密調澄，饒二県勇壮，前来支援。陳十回家，卧病不起，命鍾才籌糧不就。許厳欲毒死陳十，師亮趕至，将凶手殺死。鍾才仮陳十令旗籌糧，煽動農軍回家秋収。陳炳力阻，但已散去大半。亮師回来，将擬入城報功的鍾才射殺。忠恕女児玉芸，回家探望祖母，獲悉潮・饒清軍打入彩塘，祖母被擒，学勝戦死。忠恕欲起兵殺敵，救回母親。陳炳負傷報説，意渓一帯失守。呉忠恕，帯兵往救東，与受傷陳亮会師，決定投奔普寧許亜梅，師亮傷重喪生，忠恕又遭伏兵，傷亡惨重，隻身向西岸逃生。陳炳堅守的楓渓大営陥落，夫人等戦死。陳炳与玉芸逃至西岸，与忠恕相会後。忠恕知大勢已去，独守灘頭，用船送他偑離去，留下火種。

第2章

シンガポールに残る天地会の遺風

第1節　シンガポールの潮州人組織

Ⅰ　粤海清廟

上述したごとく，19世紀中葉以後，潮幇は，粤系諸幇の中心勢力となる。その組織統制の象徴としての粤海清廟も，重要な作用を果たす。以下，この廟について述べる。

1802年前後に，潮州人は，シンガポール河口のChulia Streetに天后聖母を祀る小廟を建立し，潮州人の宗教信仰の中心[1]としていた。潮僑の伝説によると，この小廟は，乾隆以前にすでにこの地に存在しており，乾隆3年（1783）に改建したことがあるという。あるいは，これは元来，福建系殖民者の廟であったかもしれない。潮州人は，元来，玄天上帝（北帝）を信仰しており，天后を祀らないからである（特に潮州西南の掲陽県，普寧県，恵来県などの人がそうである）。後に次第に玄帝と天后を同時に祀るようになった。道光6年（1826）になって，この小廟を修理する時，天后宮の他に，天后宮と同規模の上帝宮を合併して建てた。これが今日の「粤海清廟」である。まず，写真を示す（図・下2-1から2-5）。

向かって左に天妃聖母，右に玄天上帝を祀る。左右対称に配置されている。屋根には多数の影像が並ぶ。

---

1)　本書下篇第1章（注1）呉華論文。

第 2 章　シンガポールに残る天地会の遺風　　　177

図・下 2-1　粤海清廟

図・下 2-2　屋根の装飾彫刻

図・下 2-3　粤海清廟の潮州宗祠式門檻（天后廟）

図・下2-4 天后神像

図・下2-5 玄帝神像

第 2 章　シンガポールに残る天地会の遺風　　　179

建築は潮州の宗族の宗祠を擬している。

天后の神壇は，図・下 2-4 の通り。神像は小型である。

玄天上帝の神壇は，図・下 2-5 の通り。3 基の玄帝像が並ぶ。

現在，この廟の玄天上帝壇の神龕の前に，一対の掲陽県人の書いた対聯がある。その文は，次のごとくである[2]。

　　道光 6 年歳次吉旦

　　道本真通総摂霊源帰静穆（道は真に本づきて通じ，総べて霊源を摂りて静穆に帰す）

　　魔憑武伏還将生気寅威厳（魔は武に憑りて伏せられ，還た生気を将ちて威厳に寓す）

　　掲邑衆弟子合敬

廟内に存留する古物は，上述の対聯を除く外，天后宮内の道光 17 年（1837）に陳仁合の敬奉した銅鐘，および上帝宮内の道光 18 年（1838）□治峰の敬奉した銅鐘があるが，宮内が暗いため，細部にわたる調査□，できなかった。しかし，これらの古物から見て，現在のこの廟が道□年間の原形をとどめているものと推測される。

この廟は，元来，Chulia Street の潮商の私人寺廟であった。建立以来，道光初年に増建するまで，ずっと私人によって経営管理されてきた。後□道光 25 年（1845）に「義安公司」が成立するに至り，「粤海清廟」の□地，資産などは，すべてこの公司に寄付され，公司の総理余氏がこの□の経営管理の仕事を兼務している。この廟の資産権は公司の総経理と□理など十三姓に委託されている。その姓名は次のごとくである。

　　余連城（公司創設者余有進の子），郭南盛，林秋光，劉廷標，曾匯泉，呉竹村，張為千，王邦傑，楊瑞恭，陳紹光，黄耀珪，沈来春，余振美及蔡雪舟。

義安公司の総経理は，設立以来，すべて余姓の世代が相伝している。第 1 代は余有進，2 代は余石城，3 代は余連城，4 代は余応忠である。廟産の管理もまた余姓が責を負っている。この十三姓体制は，1927 年

---
　　2)　潘醒農「新加坡華人古神廟，粤海清廟」（『南洋商報』1972 年□月□日，1976 年 7 月 26 日改稿）。

に林義順が潮州八邑会館を設立するまで継続した。この期間，義安公司の弁事処も，廟の後庁に置かれていた。事実上，公司と廟の関係は一体不可分であった。

　寺廟自体，後に咸豊2年（1852）から咸豊5年（1855）までに，拡充され，最後に光緒22年（1896）3月25日に，陳錦捷の監督の下で，今日の規模に重建された。

　現在，この廟内の匾額は，光緒重修の時に献ぜられたものである。咸豊以前の古物は発見されていない。この廟の平面図，および匾額などの主要な古物の配置は，図・下2-6に示す通りである。

　この図の示す通り，廟内の匾額のうちには，潮州茶陽会館（大埔客家，永豊大系）のもの，瓊州幫（海南）のもの，応和会館（嘉応州客家幫）のもの，恵肇系（広州，肇慶府，恵州海豊県陸豊県の聯合幫）のものなどがある。これから見ると，広東系諸集団が広汎に奉献（粤東の名も見える）を行っている。つまり，この廟は潮州人の専属ではなく，広東幫（粤幫）全体の会所になっていることがわかる。このため，この廟は潮州の名を冠せず，「粤」海清廟と称して，粤の名を冠している。これは実際の状況に対応している。天后宮の主壇の上には，清の光緒帝親筆の匾額「曙雲祥海」がかかる。これは光緒帝から下賜されたものである。これは，福建幫の拠点である天福宮にかかる光緒皇帝下賜の匾額「波靖南模」と対応している。これを見ても，この廟が福幫の天福宮と対応する粤幫の本廟であることがわかる。下賜の年代から見ると，粤海清廟は光緒22年，天福宮は光緒33年であり，粤海清廟の方が天福宮より約10年早い。粤海清廟の声望がきわめて高かったことがわかる。

　なお，杭州武林門外にある清門教（青幫）の家廟の大門の両側にかかる2つの額には，海晏と河清の対語が書かれている（口絵1の右）。粤海清廟の海清は，この「海は晏く，河は清し」から取った可能性がある。青幫も天地会の分派であり，この点からも，粤海清廟のルーツが天地会にあることが推定できる。

　従来，シンガポールの華僑組織に関する研究の中で，常に粤幫系の核心として挙げられてきたのは，海唇福徳古廟の広恵肇，嘉応，永豊大三派聯合が組織した青山亭一緑野亭公所の系統であった。事実上，潮幫も海唇福徳祠（大伯公）と関係を持っていた。例えば，咸豊4年「伯公廟

第2章　シンガポールに残る天地会の遺風

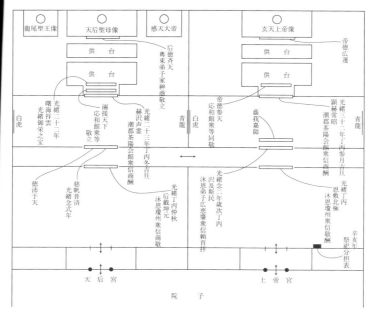

図・下2-6　粤海清廟平面図

「重修碑」には，非常に多くの潮州商人が「潮郡衆信商」の名で献金者名簿の中に刻されている。しかし，この大組織は，元来公共墓地を管理運営することを主要な目的としてきたため，墓地を拡大するために各幫の分裂を引き起こし，粤幫全体における政治的中心としては，十分にその機能を持続できなかった。これに対して，潮州幫を核心とする粤海清廟は，潮幫の強大な勢力を背景として，広恵肇，嘉応，永豊大，および瓊州系を包摂し，広く粤系諸幫を統括して，強大な政治力を発揮した。この廟は，同治以後，事実上，粤系諸幫の聯合会所となり，その機能と声望を維持したのである。

　ついでに付言すると，シンガポールの粤系諸幫は，その武力組織である天地会系の秘密結社「義興公司」と深い関係にあった[3]。潮幫の「義

---

3)　シンガポールの Lavender Street に小刀会（天地会系）会党の聯合神祠（五虎祠）があった。これは潮州で蜂起して失敗した呉忠恕の残党がシンガポールに亡命して人々を祀ったものである。中に80個の位牌が祀られていた。籍貫の明記されている者は，大部分が潮州

安公司」もこの「義興公司」と密切な関係にあったらしい。粤海清廟において，「天后宮」と「玄帝宮」の配置は，完全に同じであり，左右対称になっている。"天"を象徴する天后と，"地"を象徴する玄帝は，併せて"天地"を寓意している。しかも天はすなわち"日"，地はすなわち"月"とすれば，すなわち"日"に"月"を加えれば"明"となる，すなわち暗に「滅満復明」の真意を隠している。シンガポール義興の内部では，潮州人は最も戦闘力のある有力集団であった。このため，潮帮の「義安公司」は，義興公司との密切な関係を通して，「武装闘争」（特に対福帮の闘争）においても，粤帮系の主導的地位を占めていたのである。

II 粤海清廟の祭祀組織と巡遊・演劇

上述の通り，粤海清廟は，潮帮の核心であると同時にまた，粤系各帮を連携させる会所であった。その祭祀組織は，正しくその実際の情況を反映している。廟内には，その情況を証明する物証が残されている。それは上述の平面図が示す上帝宮入口の左側の牆壁の上に掛っている木板である。写真を示す（図・下 2-7）。

木板の上には「辛□年各社酬神」と題されている。その原文は，次の通りである[4]。

　　　　合境平安
　　　　辛□年の各社の□神を左に列す。（□の字判読不能）
　　　　請神は，10 月 27 日とす。
　　　　義安郡は，10 月 28 日とす。

澄海県あるいは海陽県の人である。例えば，次の通りである。
　△明恩義士諱澤遠李府君禄位，天運戊子年十二月初五日巳時に生まる，世々広東潮郡澄邑蓬州都烏汀郷に居る。
　△皇明義士，諱連枝呉府君神位，世々広東潮郡海邑上埔都彩塘市に居る。
　△志明義士，諱文蔚號賢奕，曾府君の神位，広東省潮州府海陽県上莆郡彩塘郷に住居す，乾隆壬子年拾月初七日申時に降誕す。咸豊癸丑年正月拾三日亥時に終わる。正寝の吉穴は，南夷重□□□紅毛暦百餘歩に葬らる。
　詳細については，田仲一成『中国地方戯曲研究』（東京，汲古書院，2006 年）。
　4）　この木板を最初に日本に紹介したのは，尾上兼英「東南アジア華人社会の伝統芸能——農暦七・八・九月の祭祀の地方劇」『東洋文化研究所紀要』83 冊（1981）45 頁である，ここで，尾上教授は，辛□年を「辛亥年」とする。ただし□が「亥」字であるか否か，判読しがたい，「酉」字の可能性もあるように見える。

第 2 章　シンガポールに残る天地会の遺風　　　　　　　　　183

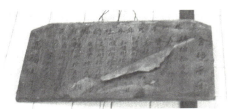

図・下 2-7　巡遊祭祀木板

　瓊州社は，11 月初 2 日とす。
　客社は，11 月初 5・6 日とす。
　順豊街は，11 月初 8・9 日とす。
　和順街は，11 月初 10・11 日とす。
　順興街は，11 月 12・13 日とす。
　長興街は，11 月 16・17 日とす。
　広恵肇は，11 月 19・20 日とす。
　万順街は，11 月 21・22 日とす。
　嘉興街は，11 月 26・27 日とす。
　回鑾は，12 月 17 日とす。
　万福攸同

　上表を一目見ただけで，明らかなように，これは，農暦 10 月下旬に始まって，1 か月に及ぶ粤海清廟祭祀の輪番分担表である。この表によると，また，義安郡，すなわち義安公司管理下の各街潮州人を除く外に，さらに海南（瓊州社），客家（客社），広州府，恵州，肇慶府などの粤系各幇も，輪番に分担して 2 日ずつ，祭祀の責任を担っている。辛□の歳は，上述の光緒 22 年前後に粤系各幇の奉献した扁額を考慮すると，光緒 27 年，あるいは宣統 3 年，あるいは民国 10 年，あるいは民国 20 年などが考えられる。この他，農暦 10 月から 11 月までに宗教儀典を挙行するのは，潮州人の習慣である。通常は「歳晩酬神」と称されている。1 年の平安を神霊に感謝する祝日である。この儀典において，廟中に祀る主神の天后と玄帝だけでなく，参加した粤系各幇の人々が日常生活の居住区に奉祀する一切の神像，香炉をすべて祭祀場地に集め，その神霊に感謝を示したと思われる。これは広東系族群の間で 10 年に一度，

下篇　紅幇と劇界

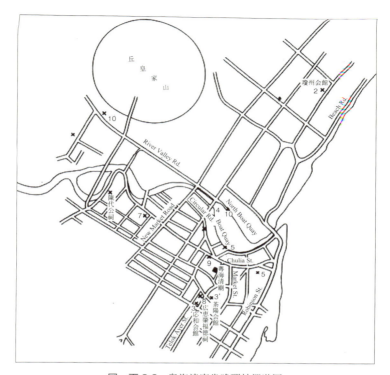

図・下2-8　粤海清廟歳晩酬神巡遊図

行われる「太平清醮」にあたる。上表に見える祭祀の責任者は，主に潮州人であり，表中の街名もシンガポール河口両岸の潮州人居住区の街道が多いが，この「歳晩酬神」に参加した潮州以外の粤系諸幇は，おそらく自らの故郷の「太平清醮」に参加するつもりで，これに参加したに違いない。

潮州八邑会館の董事，潘醒農先生のご教示によると，上表に記された各幇，各街の祭祀地点は，次の通りである。
 1. 義安郡：義安公司（潮人），弁事処は粤海清廟の後庁にある。
 2. 瓊州社：瓊州会館（海南人，Beach Road）
 3. 客社：応和会館（嘉応人，Telok Ayer Street）
　　茶陽会館（大埔人，Pekin Street）
 4. 順豊街：十八溪乾 Boat Quay（潮人）

5. 和順街：老百利口 Robinson Street（潮人）

6. 順興街：十三行（潮人：Boat Quay の中間）

7. 長興街：新巴利各街から陳聖王祠の後まで。New Market Road（潮人）

8. 広恵肇：広府系（広州人，恵州人，肇慶人：弁事処は Telok Aver Street の海唇福徳祠の中にある）

9. 万順街：山仔頂 Chulia Street（潮人）

10. 嘉興街：怒吻基 North Boat Quay および皇家山脚 River valley Road（潮人）

　図・下 2-8 に示したように，これらの組織の大部分はシンガポール河口の下流区域の両岸に集中している，ここは，潮州人聚居の場所である。客家系，広恵肇系，瓊州系の拠点は，その外側を囲む地帯に分散し，あたかも潮幇の外郭のごとき景観を呈している。

　この儀典では，神轎が各社各街を巡遊する形式で挙行された。すなわち粤海清廟の主神，天后聖母像と玄天上帝像を神轎に載せた上で，各街を巡遊する。各地点では，事前の準備を整え，表に示した順に輪番で神轎を迎える。各地点は，神霊の逗留場所として，2–3 日留まる。この期間，祭祀戯劇を演じて神霊に奉献し，神恩に感謝する。予定の時日が来ると，再び神轎を次の地点まで巡遊させる。このようにして，神轎は，10 月下旬から，およそ 1 か月の期間，シンガポール河口両岸一帯を巡回する。神輿は，本廟から遠いところから巡遊を開始する。まず西はずれの Beach Road の海南会館からはじめ，次いで東へ転じて Cross Street の広東地区を順次遠巻きに回って，最後に本拠地のシンガポール河口の両岸一帯に戻ってくる，本股（祭祀の主要負責街社）のあるこの区域で，再び半月各所で神輿を迎えて祭礼を挙行する。最後に 12 月中旬に，神輿を本宮の粤海清廟に送り返す。これは，潮州人を中心とする，粤系諸幇が総動員で行った長期かつ大規模な「歳晩時神」の儀典であり，この儀式を通して粤系諸幇の団結を強化しようとしたのである。この儀典の最盛期は，おそらく清末であろう。民国期に入ってから，徐々に衰え 1920 年代には消滅したようである。現在，自身の目で当時の情況を見た老人は，すべて世を去っている。したがってこの祭祀の細部を知ることはきわめて困難である。ここに潮州八邑会館董事，潘醒農先生の論文

「新加坡華人古廟　粵海清廟」（原載『南洋商報』1976 年 7 月 26 日。改稿）
の中の関連部分を示しておく。

　　粵海清廟は，シンガポールの潮，広，客，瓊など全粵系人士が祭拝
　する神廟であり，香火は頗る盛んであった。19 世紀 20 年代，つま
　り 1820 年代以前から，毎年農暦冬 10 月の間，慣例として神霊の
　奉迎と神輿の巡遊の盛大な行事が行われてきた。遊神の日は，潮，
　広，恵，肇，嘉応，茶陽および瓊州各属の人士が聯合して参加し
　遊行した。隊伍は壮観であり，鼓楽旗景をともない，大坡小坡各街
　道を通過した。群衆は，争って見ようとし，盛況は，一時を極め
　た。昔年，潮僑が聚居した地区では，酬神のために，街段に番号を
　振って順序を決め慶祝を挙行した。各街段で現在わかる分配された
　街名は，順興街（十三行），順豊街（十八渓境），長興街（十八間後），
　万順街（山仔頂），嘉興街（怒吻基，および皇家山脚），長興街三順股
　（新巴利各街より陳聖王後に至る），和順街（老巴利口）などの街道で
　ある。劇を演じて神に酬い，きわめてにぎやかであった。このよう
　な巡遊慶祝は，民国になってから，次第に消え失せ，歴史の遺物に
　過ぎなくなった[5]。

　論文中に記されている地名は，上述の木板に載るものとおおむね一致
しているが，より詳細である。別に神轎が一地点から次地点に運ばれる
時は，各幇の人士が音楽や彩旗をともなって巡遊に参加したこと，およ
び各地点では必ず劇を演じて神霊に献したことなど，きわめて具体的な
記述である。おそらく古老からの歴代の伝承を踏まえたものであろう。
これをもとに想像すると，粵系諸幇は，きっと神輿がお旅所に留まって
いる間，神輿に対面する位置に戯棚を架設し，徹夜で劇を奉納したに違
いない。劇の種類も，各幇の郷土の演劇であったと思われる。例えば，
潮州幇は潮州劇，広恵肇系は粵劇，客家幇は漢劇，瓊州幇は瓊劇を演じ

　　5）　粵海清廟是新加坡，潮，広，客，瓊全粵人士所祭拝的神廟，香火頗盛。十九世紀廿
年代以前，毎年農暦冬十月間，例有請神及回鑾的盛挙。遊神之日，潮，広，恵，肇，嘉応，
茶陽及瓊州各属人士聯合参加遊行，隊伍壮観，有鼓楽旗景，行経大坡小坡各街道，群衆争看，
盛極一時。昔年潮僑聚居的地区，為着酬神，編排街段挙行慶祝，各街段現拠所知者，分配街
名為：順興街（十三行），順豊街（十八渓境），長興街（十八間後），万順街（山仔頂），嘉興
街（怒吻基及皇家山脚），長興街三順股（新巴利各街至陳聖王後），和順街（老巴利口）等街
道，演劇酬神，極為熱鬧，這様的遊神慶祝，到了民国以後，纔逐漸取消，成為歴史陳迹。

たであろう。

　この1か月の間，連日，祭祀を挙行し戯劇を上演するには，当然，巨額の費用を必要とする。この方面で，財力上の支持を提供したのは，シンガポール河口の経済を独占した潮州人であろう。木板に示すように，潮州人は5つの組織に分かれている（本股，二股，三股，四股，五股）。各組織は各自，財政を運営し，労働を組織した。その組織能力は傑出していたと言えるであろう。辛□の年の表が示すのは責任の輪番制であり，この五股も輪番で仕事と期間を分担している。この他，粤海清廟を拠点とする義安公司が，始終，祭祀全体を統轄する役割を果たしたことは，想像に難くない。

　なお，上述の木板の示す祭祀日程の中で，儀典の第1日の10月27日を「請神」としている。この項目はどのようなものであったか。おそらく，各社各街が自ら奉祀する神像（例えば，瓊州会館では天后像，海晏福徳祠では大伯公像，応和会館では関帝像，各潮僑街坊では，福徳伯公像など），あるいは神像に代替する香炉を神輿に載せて粤海清廟に参集し，天后聖母と玄天上帝に対して，天界からの降臨を請願する儀式を行ったものであろう。この他，日程表の中で，どこの街区の責任かが明記されていない日がある。特に11月28日以後，12月16日まで，半月余りの間，日程表には記載がない。おそらく，この期間には，潮幇の私人が神像をとどめて劇を献上したものであろう。

　当然ながら，毎年，粤海清廟を中心として行われた大規模な宗教祭典は，潮州人が粤系の中核になって行ったことであり，同時に，この活動が潮州人の地位を強化することになった。事実，上述の潘氏論文の中に引用された義安公司の檔案の記載によると，1914年第一次世界大戦によって引き起されたシンガポールの経済不況に際して，粤海清廟業主兼義安公司総経理の余連城は，当地の粤系諸幇（広州，客家，瓊州各派）の領袖と義安公司董事（潮州十三姓）に通知を発出し，6月26日早朝7時，全体人員を粤海清廟に集合させ，玄天上帝に地方の平安を祈願した。その疏文は次の通りである[6]。

　　6）　前掲潘醒農論文。

疏文を具う，本坡の粤省の沐恩治子等は，欧西戦争の未だ息まざるに，叩して［神霊の］黙佑を求め，以って地方を保たんとするの事たり。大英国と鄰邦と戦事あり。戦釁すでに開かるるに縁り，ついに本坡の商場をしてその影響を受けしむ。現在，百業は阻滞し，人心は，惶惶たり。悵みて前途を念ずるに，未だ如何に結局するやを知らず。治子等，英属の地に居り，同に深く戒懼す。伏して念う。上帝は，造物の主たり，能く民に福利を賜う。爰に虔心もて祈禱し，黙佑を叩求す。戦争をして早く息め，和平に帰せしめ，庶わくば国家の商務をして得て以って維持せしめ，地方をして旧に仍りて安諡ならしむれば，すなわち深恩を無尽に感ぜん。此に肅しみて上呈す[7]。

　この疏文によっても，粤海清廟の声望を担っていた潮幇の強大な指導力を見ることができよう。

　現在，粤海清廟の所在地 Phillip Street 一帯は，都市再開発のゆえに，建設工事が進行中であり，この廟の昔日の典礼や演劇の面影は，すでに存在しない。1982 年に調査した期間は，ちょうどこの年の農暦 8 月 21 日（陽暦 10 月 7 日）の玄天上帝の誕辰にあたっていた。しかるに，粤海清廟では，何らの祭祀も挙行されなかった。かつての権威は，すでに消滅したと見てよいであろう。

第 2 節　シンガポールに残る天運の年代標記

　先に述べたように，シンガポールに亡命した社公廟の反清義士の神位では，そのほとんどが，生卒年の標記に関し，清朝の年号を使わず，「天運」の語を用いている。この天運の年号標記は，天地会独特のものである。以下，族群別に，この天運の語が，どの程度，祭祀儀礼に用い

　7）　具疏文本坡粤省沐恩治子等為欧西戦争未息，叩求黙佑以保地方事。縁大英国与鄰邦有戦事。戦釁已開，遂使本坡商場受其影響，現在百業阻滞，人心惶惶。悵念前途，未知如何結局。治子等居英属地，同深戒懼。伏念：上帝為造物主，能賜民福利，爰是虔心祈禱，叩求黙佑，俾得戦争早息，帰於和平，庶使国家商務得以維持，地方仍旧安証，則感深恩於無尽矣。肅此上呈

第 2 章　シンガポールに残る天地会の遺風　　　189

られているか，検証してみよう。

Ⅰ　閩北系居民

(1) 福州人

　福建省の北部，福州，興化（莆田，仙遊）などの場合，儀礼文の年号標記には，「太歳」が用いられ，「天運」は，例外的に見出されるに過ぎない。以下，例を示す。

　○シンガポール，莫律，中元祭祀，正一派道士，1983 年
　　霊宝大法司，本司，莫律慶中元公建普度たり。……涓ぶに今月 12 日傍晩を以てし，恭みて本街に就きて，聖像を羅列し，勅水もて壇を浄め，陰気より穢を駆り，道侶発奏し，恭みて師尊を迎え，醮事を主盟せしむ。……詰す。太歳癸亥年 7 月 11 日[8]。

　○シンガポール，五鳳閣，正一派道士，中元，1982 年
　　太乙慈尊青玄上帝，本慈尊，五鳳閣普度建醮の事たり。……涓ぶに 7 月 25，26，27 の三天において，恭みて新加坡小坡徳申宋律本廟前に就きて，経壇を敷設し，次いで 26，27 日において，壇を整え心を運らし，霊宝正教，太上慈悲，植福延禧，普く度いて，幽明両つながらに利するの経醮一壇を修建す。……太歳壬戌年 7 月 22 日，給す[9]。

　○シンガポール，TanjonBarker，福邑公建普度，仏教，1982 年
　　策するに，今月 25 至 27 日を以て，恭みて本区界下に就きて，丕いに梵壇を結び，芽籠廿三巷正覚寺六和僧伽を延き請い，虔誠もて，済度幽植福，冥陽両利，普度保安道場を修建す。……太歳壬戌年 7 月吉日[10]。

---

　8)　シンガポール，莫律，中元祭祀，正一派道士，1983 年：霊宝大法司，本司為莫律慶中元公建普度，……涓以今月十二日傍晩，恭就本街，羅列聖像，勅水浄壇，陰気駆穢，道侶発奏，恭迎師尊，主盟醮事，……詰太歳癸亥年七月十一日。

　9)　シンガポール，五鳳閣，正一派道士，中元，1982 年：太乙慈尊青玄上帝，本慈尊為五鳳閣普度建醮事，……涓於七月廿五，六，七三天。恭就新加坡小坡徳申宋律本廟前，敷設経壇，次于念六，七日，整壇運心，修建霊宝正教太上慈悲植福延禧普度，幽明両利，経醮一壇，……太歳壬戌年七月念二日，給。

　10)　シンガポール，Tanjon Barker，福邑公建普度，仏教，1982 年：策以今月廿五至廿七日，恭就本区界下，丕結梵壇，延請芽籠廿三巷正覚寺六和僧伽，虔誠修建済度幽植福，冥陽両利，普度保安道場，……太歳壬戌年七月吉日。

190 下篇　紅幇と劇界

このように，この福州グループの 1980 年代の祭祀では，道教の道士，
仏教の僧侶を問わず，年号には「太歳」が用いられている。ただ，そ
の 10 年前の 1970 年には，「天運」が用いられたことがあった。例えば，
次のごとくである。

　○シンガポール，五鳳閣，正一派道士，1972 年

　　五鳳閣，聖誕と保安の経醮たり。宝誥を発奏す。天運壬子年 9 月
　　18，9 吉日の良期，五鳳閣の華光大帝，および列聖の千秋寿誕たる
　　に逢い，恭みて祝す。この良辰に籍り，恭みて新加坡小坡徳申宋律
　　本廟の前に就き，保安泰平経醮一場を啓建す[11]。

シンガポールの福州人は，泉州人や潮州人より遅れて，民国期にシン
ガポールに入ったので，道光，咸豊時代の義興公司や天地会の影響は受
けていない。ここの天運の用例は，シンガポール華僑の多数派，潮州人
の影響を受けたものであろう。

（2）興化人

次に同じく閩北系に属している興化人，すなわち，莆田，仙遊人の場
合を見てみる。

ここでは，「太歳」を用いる例が多いが，中には，単に歳次とのみ記
す場合もある。「天運」の用例は，見出せない。まず，「太歳」の例をあ
げる。次のごとくである。

　○シンガポール，興安天后宮，仏教，中元祭祀，1983 年

　　三宝植福普度大梵壇，……今拠るに，新加坡共和国の興安華僑人
　　民，恭みて第零八二零郵区，惹蘭馬達拉街 16 号，天后宮内に就き，
　　壇を設けて仏を奉じ，福を植て禧を延く。年例の祈安普度を公建
　　して祥を迎う。……太歳癸亥年 7 月 19 日。弘法沙門，比丘心印，
　　榜[12]。

　○シンガポール，九鯉洞，逢甲普度，三一派道士，1983 年

　11）　シンガポール，五鳳閣，正一派道士，1972 年：五鳳閣聖誕，保安経醮，発奏宝誥，
逢天運壬子年九月十八，九吉日良期為五鳳閣華光大帝，暨列聖千秋寿誕，恭祝。籍此良辰，
恭就新加坡小坡徳申宋律本廟前，啓建保安泰平経醮一場。

　12）　シンガポール，興安天后宮，仏教，中元祭祀，1983 年：三宝植福普度大梵壇，
……今拠新加坡共和国興安華僑人民，恭就第零八二零郵区，惹蘭馬達拉街十六号，天后宮内，
設壇奉仏，植福延禧，公建年例祈安普度迎祥，……太歳癸亥年七月十九日。弘法沙門，比丘
心印，榜。

第2章　シンガポールに残る天地会の遺風　　　191

三教修建瓊瑤教門，逢甲普度醮壇を公建し，延生薦抜，同に孤幽を
超するの事たり。……茲に壬申月甲子日より起り，丁卯日良辰に至
るを涓び，同門の友に仗り，丹坡九鯉洞に就きて，三教修建瓊瑤教
門を建設し，逢甲大普度道場を公建す。……太歳甲子年7月[13]。
○シンガポール，九鯉洞，逢甲普度，青雲亭仏僧，1984年
三宝祈福，普度皇壇，延福済幽普慶の事たり。……今，東震旦界，
亜細亜州，南洋新嘉坡共和国，惹蘭丹坡門牌五号，九鯉洞あり。設
壇を設け仏を奉じ，甲に逢いて例に循い，福を祈り生を延べ，幽を
済い，肉身目連，梁皇普度の法会を崇建す。……太歳甲子年7月
日[14]。

これらは，戦前からある伝統の長い廟寺での祭祀儀礼であり，いずれ
も年号には，「太歳」の語を冠している。これに対して，戦後に入殖し
た人々の寺廟での祭祀では，「太歳」の語は用いられず，単に歳次，あ
るいは公元と記すのみである。以下，この例をあげる。
○シンガポール，重興壇神誕祭祀，正一派道士，1982年
天人霊宝大法司，本司，禧を延き寿を祝い，以って平安を祈るの事
たり。……謹みて，今月是日において，羽士に仗り，本壇に就き
て，天人祝寿醮壇を建設す。……外に傀儡仙歌を演じ，特に伸べて
張公聖君星輝寿極，華誕千秋を頌祝す。茲に地官大帝降誕之辰に遇
う。……歳次壬戌年7月23日（公元1982年9月10日）[15]。

これらを通して，「天運」の語の使用例は見られない。

　　13）　シンガポール，九鯉洞，逢甲普度，三一派道士，1983年：三教修建瓊瑤教門，公
建逢甲普度醮壇，為延生薦抜，同超孤幽事，……茲涓壬申月甲子日起，至丁卯日良辰，仗同
門友，就丹坡九鯉洞，建設三教，修建瓊瑤教門，公建逢甲大普度道場。……太歳甲子年七月
日。
　　14）　シンガポール，九鯉洞，逢甲普度，青雲亭仏僧，1984年：三宝祈福普度皇壇，為
延福済幽普慶事。……今有東震旦界，亜細亜州，南洋新嘉坡共和国，惹蘭丹坡門牌五号，九
鯉洞，設壇奉仏，逢甲循例，崇建祈福延生済幽，肉身目連，梁皇普度法会，……太歳甲子年
七月　日。
　　15）　シンガポール，重興壇神誕祭祀，正一派道士，1982年：天人霊宝大法司，本司為
延禧祝寿以祈平安事。……謹於今月是日，仗羽士，就于本壇，建設天人祝寿醮壇，……外演
傀儡仙歌，特伸頌祝張公聖君星輝寿極，華誕千秋，茲遇地官大帝降誕之辰，……歳次壬戌年
七月廿三日（公元一九八二年九月十日）

Ⅱ　閩南系居民

　この系統では,「天運」の語が広く用いられている。以下,泉州人,台湾人,潮汕人に分けて検討する。

(1) 泉州・漳州人

　この系統では,道士団の用いる奏文,牒文,関文のすべてにおいて,「天運」が用いられている。以下,例示する。

　○シンガポール,大坡,斉天大聖廟（聖宝壇）神誕祭祀,正一派道士,1982 年

　　衆善信,早く自り聖宝壇を欽敬し,斉天大聖千秋佳期を慶祝す。涓ぶに今月 15 より連ねて 16・17 日を取りて,道に仗り,聖宝壇に在りて,霊宝延生植福道場を造立す。……天運壬戌年 8 月 15 連 16・17 日[16]。

　○シンガポール,聖善壇,正一派道士,1982 年

　　衆善信,早く自り,聖善壇斉天大聖仏祖を欽敬す。……誠心もて謹みて今月 20 日を涓び,玄門を延聘し,浄処を掃清し,霊宝延生設醮集福道場を啓建す。……天運壬戌 8 月 20 日[17]。

　ただし,シンガポール,セランゴン通りにある後港斗母宮では,太歳の語が用いられている。次のごとし。

　○シンガポール,後港斗母宮,正一派道士,1982 年

　　今拠るに,中華民国各州府県各都社里の人民にして,現に新嘉坡共和国に寓し,実隴崗斗母宮四方等に,居住せるもの,道を奉じ安を祈り,灯に就き醮を設け演戯を演ず。……太歳壬戌年 9 月　　日[18]。

　この廟は,泉人が創設したものではあるが,その後,泉漳人以外の他府県出身のシンガポール居民から広く信仰され,泉漳色が希薄になっていることから,「天運」が使いにくく,伝統的な「太歳」が使われた

---

16)　シンガポール,大坡,斉天大聖廟（聖宝壇）神誕祭祀,正一派道士,1982 年衆善信自早欽敬聖宝壇,慶祝斉天大聖千秋佳期,涓取今月十五連十六七日,仗道,在宝壇,造立霊宝延生植福道場,……天運壬戌年八月十五連十六七日。

17)　シンガポール,聖善壇,正一派道士,1982 年：衆善信自早欽敬聖善壇斉天大聖仏祖,……誠心謹涓今月二十日,延聘玄門,掃清浄処,啓建霊宝延生設醮集福道場,……天運壬戌年八月二十日。

18)　○シンガポール,後港斗母宮,正一派道士,1982 年：今拠中華民国各州府県各都社里人民,現寓新嘉坡共和国,実隴崗斗母宮四方人等,居住,奉道祈安就灯設醮演戯。……太歳壬戌年九月　　日。

第 2 章　シンガポールに残る天地会の遺風　　193

ものと推測する。

（2）台湾

台湾は，南部を中心に，泉州，漳州からの移民が多く住み，また天地会の発祥地でもあるから，「天運」が多く用いられている。次の通りである。

○台北，松山，慈佑宮（天后廟），正一派道士，1963 年

霊宝大法司，建醮投牒の事たり。今拠るに，中華民国台湾省台北市松山慈佑宮，道を奉じ醮を建て，成を慶して恩に酬い，安を祈り福を植つ。……天運癸卯年陽月　日具牒[19]。

○台南，西港郷，慶菴宮（天后廟），正一派道士，1964 年

王の勅にて，天に代わりて巡狩し，兼ねて陰陽実録を掌る。便宜行事，呉某，ことごとく醜類を駆り以って地方を靖んずるの事たり。……一方の男婦老幼，同に食は得られ飲は和かならんことを。合境の士農工商，各々居に安じ業を楽しまんことを。……天運甲辰年 4 月 15 日，給[20]。

しかし，一方で，道士が儀礼執行のマニュアルとして使う文では，同儀礼文の中で，「大清国」の語と天運の語が同時に使われている例がある。次のごとくである。

○台湾城隍廟，祈安建醮たり。清代より醮を建て恩に酬ゆ。榜もて幽顕に告ぐるの事たり。……今拠るに大清国台湾△△△居住，……壇を建て道を奉ず。醮を設け恩に謝し，安を祈り福を植つ。……恭みて△△連△△至日を諏び，敬みて城隍廟に就き，殿宇を潔蠲し，諸玄侶を集め，酬恩醮典を啓建す。……天運△△年△△月，給す[21]。

大清の語によって，清への所属を表示しながら，同時に反清を意味する天運の年号を使うのは矛盾するが，道士は，天運の語が流行してい

---

19)　台北，松山，慈佑宮（天后廟），正一派道士，1963 年：霊宝大法司為建醮投牒事。今拠中華民国台湾省台北市松山慈佑宮，奉道建醮。慶成酬恩，祈安植福，……天運癸卯年陽月　日具牒。

20)　王勅代天巡狩，兼掌陰陽実録，便宜行事，呉某，為尽駆醜類以靖地方事。一方男婦老幼，同得食和飲，合境士農工商，各居安楽業，……天運甲辰年四月十五日，給。

21)　台湾城隍廟，祈安建醮，清代：為建醮酬恩，榜告幽顕事，……今拠大清国台湾△△△居住，……建壇奉道，設醮謝恩，祈安植福，……恭諏△△連△△至日，敬就城隍廟，潔蠲殿宇，集諸玄侶，啓建酬恩醮典。……天運△△年△△月，給。

るのを見て，元来，太歳とあったのを筆写の際に天運に改めたのであろう。清末において，台湾では，天運が流行していたことを示すものと考える。ただし，このような榜文が実際に公示されたわけではなく，あくまで道士仲間のマニュアルであり，官憲の目に触れることもなく，物議をかもすこともなかったようである。

Ⅲ　潮汕系居民

潮州人の場合は，儀礼は，香港と同じく，道教ではなく，徳教（仏教）で行われている。次の通り。

○シンガポール，柔仏街烏亜派律坊衆，中元祭祀，徳教楽善堂，1983 年

慶讃中元，秉釈迦如来遺教，主行法事加持，楽善堂，慶祝普度賑済孤魂の事たり。

……謹みて是月の 17・18 日を卜し，社に仗りて枅に就き，清供を建立す，二天連宵なり。……天運癸亥年 7 月 18 日[22]。

ここに見るように，シンガポールの潮州人は，中元祭祀にあたって，いずれも儀礼文に「天運」の号を用いている。もちろん中国本土の潮州では，祭祀が行われることがあっても，天運の表示は禁止されている。

Ⅳ　海南人（瓊州）

海南島は，潮汕人と同じく，閩南系に属する。ここでも祭祀では，天運が用いられている。次のごとくである。

○シンガポール，連城街，昭応祠，正一派道士，中元祭祀，1983 年

中国広東省瓊州府，各県各市各郷村人たり。新加坡小坡連城街に僑居するもの，昭応祠あり。小坡中秋園に詣る，信じて道を奉ず。中元を慶祝し，戯を演じて神に酬い，小か孤に施して食せしめ，以って神明の扶助を祈り，祠員は四季平安にして，海利は大豊収の事たり。……天運癸亥年 7 月　日[23]。

22）　シンガポール，柔仏街烏亜派律坊衆，中元祭祀，徳教楽善堂，1983 年：慶讃中元，秉釈迦如来遺教，主行法事加持，楽善堂，為慶祝普度賑済孤魂事。……謹卜是月十七八日，仗社就枅，建立清供，二天連宵，……天運癸亥年七月十八日。

23）　シンガポール，連城街，昭応祠，中元祭祀，1983 年：為中国広東省瓊州府，各県

第 2 章　シンガポールに残る天地会の遺風　　195

○シンガポール，荷蘭街，梁太爺廟，正一派道士，中元祭祀，1982
年
　中国広東省瓊州府，□□県，□□市，□□村人たり。今，門牌□□
号に居り，荷蘭街，梁太爺廟に詣る。信じて道を奉じ，虔誠もて功
を崇め，徳に報じて進表を進め，慶賀して恩に酬い，以って神慈の
顕赫たるを祈り，合家を庇佑して順安たらしむるの事たり。……<u>天
運壬戌年</u> 7 月 12 日[24]。
○シンガポール，三巴旺，海南人葬儀，正一派道士，1982 年
　伏するに，祖籍中国広東省瓊州府文昌県抱羅市書家村人たり。現に
新加坡に居る……茲に在……りて，道場を啓建す。信じて道を奉
ず。懇求修斎超度し，幽魂を拯救し，苦を脱せしめ局を破り，絆纏
を解除し，病を医して煉度し，康復せしめて亡を薦め，往生せしめ
て路を得しめ，籍りて家人をして安心せしむるの事たり。……<u>天運
壬戌年</u> 8 月　　日[25]。
　このように，海南地区でも天運が用いられている。その理由は，不明
であるが，上記の昭応祠は，遭難した漁民を百八兄弟として祀ってい
る。住民のために犠牲になった漁民を水滸伝に結びつける心性は，天地
会と通じるところがある。また，明末清初には，海南の黎族が清軍に抵
抗したという事実もある。この地には，政治的風土として，自主独立，
反権力の気風があったのではないか。天地会と深い関係を持つ，潮州，
海陸豊から海岸線に沿って移住したきたという点も，この風土を醸成し
た可能性がある。

　シンガポールでは，茅山派の道士団が天運を用いている。次の通りで

各市各郷村人，僑居新加坡小坡連城街，昭応祠，詣於小坡中秋園，信奉道為慶祝中元，演戯
酬神，小施孤食，以祈神明扶助，祠員四季平安，海利大豊収事。……天運癸亥年七月　　日。
　　24）　シンガポール，荷蘭街，梁太爺廟，正一派道士，中元祭祀，1982 年：為中国広東
省瓊州府，□□県，□□市，□□村人，今居門牌□□号，詣於荷蘭街，梁太爺廟，信奉道，
為虔誠崇功，報徳進表，慶賀酬恩，以祈神慈顕赫，庇佑合家順安事。……天運壬戌年七月
十二日。
　　25）　シンガポール，三巴旺，海南人葬儀，正一派道士，1982 年：伏為祖籍中国広東省
瓊州府文昌県抱羅市書家村人，現居新加坡……茲在……，啓建道場，信奉道，懇求修斎超度，
拯救幽魂，脱苦破局，解除絆纏，医病煉度，康復薦亡，往生得路，籍使家人安心事，……天
運壬戌年八月　　日。

ある。

〇シンガポール，摩士街，盂蘭盆会，広東茅山派道士，1983 年

雷霆都司，照拠するに，大中華国各府州県人，星洲公民，結ぶこと
固く道を奉ず。盂蘭勝会を修建し，境を保ち祥を凝めしむ。……
今，柒月のこの日夜を始と為し，道に仗り，盂蘭勝会法事功徳を修
建す。一昼連宵なり。孤魂を満堂に超度す。……天運壬戌年柒月
日示[26]。

これを見ても，シンガポールでは，天地会の影響が大きかったと言え
るであろう。

第 3 節　シンガポールに残る天地会符号

Ⅰ　シンガポールにおける天地会符号の遺存

天地会の遺風を伝えるものとして，天地会特有の呪符がシンガポール
に残っていることに注意したい。例えば，閩南系，泉漳人グループの道
士の奏文には，しばしば，天地会特有の複合文字が呪字として使われて
いる。例えば，上にあげたシンガポールの聖宝壇の斉天大聖神誕祭祀に
おける道士の奏文には，次のような 4 つの文字が使われている（図・下
2-9）。

また，同じくシンガポールの善聖壇の斉天大聖神誕の疏文にも同じ
く，この 4 つの符号文字が冒頭に記されている。

Ⅱ　台湾天地会符号との関係

この符号文字については，台湾天地会文献に記録がある。例えば，林
爽文の蜂起が失敗した後，天地会の残党，陳蘇老，蘇葉などが，福建同
安県に帰り，晋江県人，陳滋，陳池などと，ひそかに次の名称の会をつ
くったという。

乾隆 57 年 9 月 15 日，実録に載る「閩浙総督伍拉納奏審，擬陳蘇老

26）　シンガポール，摩士街，盂蘭盆会，広東茅山派道士，1983 年：雷霆都司，照拠大
中華国各府州県人，星洲公民，結固奉道，修建盂蘭勝会，保境凝祥，……今柒月是日夜為始，
仗道修建盂蘭勝会法事功徳，一昼連宵，超度孤魂満堂。……天運壬戌年柒月　日示。

第2章　シンガポールに残る天地会の遺風

図・下 2-9　天地会符号文字

等人折」に次のごとく記す。

　　窃かに照するに，泉州匪徒，陳蘇老等，「天地会」の名色を改設し，衆を糾めて劫せんと図る。（中略）天地会の匪徒，査拿の厳緊なるに因り，□□（図・下 2-9 の③）の名色に改設す。また，従前，台湾の林爽文，かつて「順天」の偽号を用いしを憶いて，今に随い，素より刻字を能くするの呉牛，□□（同③）の 2 字を刊刻す。

　この 2 字は，上の字が，青天を意味し，下の字が黒地を意味する。併せて「天地」の意味となる。また別に，天地会を次の符号（図・下 2-9 の④）で表すこともあるという。

　ここでは，第 3 字が「会」を意味する。また，図・下 2-9 の①では，第 1 字は，「天」を意味し，第 2 字，南玄（北）を意味する。第 3 字は「方便」，第 4 字は，「貝（備）＋粧（装）」と読める。併せて，「天南北，方便備装」（天の南北に武装の便がある）という意味であろうか。とすれば，「今こそ，武装蜂起の時」という号令になろう。このような符号文字は，香港では見かけない。シンガポールの方が天地会根拠地として機能が強かったと言えよう。

第 3 章

香港に残る天地会の遺風

第 1 節　天運の標記

　香港においても，天運の標記は，散見する。

I　潮州人

　香港の潮州人の場合は，すべての祭祀は，徳教教団（仏教）が担当している，その儀礼文献において，ほとんど例外なく「天運」の号を用いている。まず，潮州人の場合を挙げる。

○香港土瓜湾，福地，中元祭祀，徳教慈善閣，1978 年（口絵 6）

　　盂蘭勝会を設け，孤幽を普済す。迷津に宝筏を開きて，苦海より越超せしめむ。行きて七重宝樹の貝葉を見しめて，声を一心に伝う。□□〔2 字脱：慈悲？〕は昧からず，楽土は求むべし。同じく覚路に登り，共に菩提を証せん。……謹みてこの月の廿一日より廿三日に至るを択び，延きて港九徳慈善閣善社経科を延き，恭みて本区の福地に就き，普度道場を啓建す。三連宵なり。……天運戊午歳 7 月 21 日[1]。

○香港九龍蘇屋邨，中元祭祀，徳教従徳善社，1979 年

　1）　香港土瓜湾，福地，中元祭祀，徳教慈善閣 1978 年：設盂蘭勝会，普済孤幽。開迷津宝筏，越超苦海。行見七重宝樹葉，伝声一心。□□不昧，楽土可求。同登覚路，共証菩提。謹択是月廿一日至廿三日，延仗港九徳慈善閣経科，恭就本区福地，啓建道場，三天連宵，……天運己未歳七月廿一日。

第 3 章　香港に残る天地会の遺風　　　199

孤魂を超抜し，生を蓮邦に得しむるの事たり。……謹みて 7 月 27
日至 29 日を定めて，円満ならしむ。延きて従徳善社に仗り，恭み
て九龍蘇屋邨，保安道運動場浄地に就き，道場を啓建す。三天連宵
なり。……天運己未年 7 月初 4 日[2]。

Ⅱ　海陸豊人

潮州人と同じ族群に属する海陸豊人は，潮州人と異なり，祭祀では，
正一派道教が担当するが，その儀礼文献では，やはり天運の語を用い
る。
○香港蠔涌，聖人公媽，中元祭祀，邱氏広勝祖壇，1980 年
　　今拠るに，広東省宝安県，香港新界，西貢蠔涌，四隅にて吉に向い
　　て居住せるもの，道を奉じ経を宣す。建醮して福を集め，安を祈
　　る。……茲に本月初 6 日において，恭みて福地に就き，勝会を崇
　　舗す。……天運庚申年 7 月初 6 日[3]。
○香港，秀茂坪，斉天大聖廟，神誕祭祀，道士，1978 年
　　謹みて大聖仏祖の降神して扶乩もて示諭するを奉ず。農暦 8 月初 1
　　日より，虔誠もて斎戒せよ。……特に此に通知す。……天運攸年 8
　　月　　日[4]。
○香港，長洲，北帝廟，太平清醮，魏氏広徳祖壇，1983 年
　　今拠るに，広東省宝安県香港長洲等の処にて，道を奉じ教を宣す。
　　太平清醮を修建し，境を保ち祥を迎え，福を植て安を祈る。……天
　　運癸亥年 4 月初 5 日[5]。
　潮州人とは，宗教は異なるが，天運の語が用いられていることは同様
である。

---

　2)　香港九龍蘇屋邨，中元祭祀，徳教従徳善社，1979 年：為超抜孤魂，得生蓮邦事。
……謹定七月廿七日至廿九日，円満。延仗従徳善社，恭就九龍蘇屋邨，保安道運動場浄地，
啓建道場。三天連宵，……天運己未年七月初四日。
　3)　香港蠔涌，聖人公媽，中元祭祀，邱氏広勝祖壇，1980 年：今拠広東省宝安県，香港
新界，西貢蠔涌，四隅吉向居住，奉道宣経，建醮集福祈安，……茲於本月初六日，恭就福地，
崇舗勝会，……天運庚申年七月初六日。
　4)　香港，秀茂坪，斉天大聖廟，神誕祭祀，道士，1978 年：謹奉大聖仏祖，降神扶乩示
諭，由于農暦八月初一日，虔誠斎戒，……特此通知，……天運攸年八月　　日。
　5)　香港，長洲，北帝廟，太平清醮，魏氏広徳祖壇，1983 年：今拠広東省宝安県香港長
洲等処，奉道宣教，修建太平清醮，保境迎祥，植福祈安，……天運癸亥年四月初五日。

Ⅲ 福佬人

潮州府の山間部，饒平県，掲陽県には，客家人が居住しており，福建系の潮州人と雑居している。ここから出てきた人は，香港では，潮州人，海陸豊人と区別して福佬人と呼ばれている。言語は，潮州人と同系統の閩南系であるが，宗教信仰では客家人族群と同じく三山国王を信仰している。このグループでは，祭祀に海陸豊道士を招く。このため，ここでも天運の語が用いられている。例えば，次の通りである。

○香港，茜草湾，三山国王廟，神誕祭祀，1981 年

天運辛酉年2 月 25 日，恭みて三山国王千秋宝誕を祝し，神に酬いて戯を演ず。農暦弐月 24 日より起りて，26 日に至りて止む。一連三天なり。彩龍粤劇団を公演せしめ，鴻恩に答謝し，盛典を隆重ならしむ。……茶果嶺茜草湾街坊第 11 届値理会啓[6]。

○香港，南丫島，榕樹湾，三山国王廟，重修祭祀，1978 年

天運戊午年佳月に三山国王廟宇を重修し，境を保ち民を安んず。茲に各位群県の善男信女の楽助せる善款を，石に泐して留念せしむ[7]。

三山国王は，台湾では客家人によって信仰されている。香港の場合は，福佬人のみに信仰されている。このように，潮州，海陸豊，客家人など，香港地区において，天運の号が広く使用されていることがわかる。この地区において天地会による反清復明運動が頻発してきたことを反映するものと思われる。

Ⅳ 客粤系

次に潮汕人を除く広東系グループ（客粤系）の場合を見ると，天運の語の分布は，複雑である。以下，分析する。

（1）内陸平野部農村地域

香港新界内陸部の農村地域は，大宗族の村落であり，その祭祀では，

6） 香港，茜草湾，三山国王廟，神誕祭祀，1981 年：天運辛酉年弐月廿五日，恭祝三山国王千秋宝誕，酬神演戯，由農暦弐月廿四日起，廿六日止，一連三天，公演彩龍粤劇団，答謝鴻恩，隆重盛典，……茶果嶺茜草湾街坊第十一届値理会啓。

7） 香港，南丫島，榕樹湾，三山国王廟，重修祭祀，1978 年：天運戊午年佳月重修，三山国王廟宇，保境安民，茲将各位群県，善男信女，楽助善款，泐石留念。

第3章　香港に残る天地会の遺風　　201

天運の語は皆無である。例えば，次のごとし。

　○香港新界，龍躍頭，太平清醮，正一派道士，1983年

　　拠るに広東広州府宝安県第六都，龍躍頭郷，吉に向いて居住せるも

　　の，道を正一に奉じ，恩に酬い，境を保つ。太平清醮もて，福を錫

　　わり祥を迎う。……民国癸亥年10月25日，榜文[8]。

　○香港新界，粉嶺，太平洪朝，正一派道士，1984年

　　今拠るに広東省広州府宝安県第五都，粉嶺村，吉に向いて居住せ

　　るもの，道を奉じ，恩に酬い，太平洪朝もて，福を集め祥を迎う。

　　……中華民国73年正月15日，表[9]。

　○香港新界，廈村，太平清醮，正一派道士，1984年

　　拠るに宝安県第五都，廈村郷，吉に向いて居住せるもの，道を奉じ

　　て恩に酬い，太平清醮もて，福を錫わり祥を迎う。……中華民国甲

　　子年閏10月20日，榜[10]。

　このように，香港の内陸，新界平野部に宋代以来，居住してきた大宗
族の単姓村落は，中華民国を年号としており，この点では，台湾と同じ
意識である。

（2）沿海部市鎮地域

　新界の沿海部は，漁村あるいは商工業者が集居する市鎮地域である。
ここでの祭祀は，正一派道士でなく，茅山派の小道士団や全真教教団
が担っていることが多く，全真派道士は，「天運」の年号を使っている。
以下，例示する。

　○香港柴湾，天后廟，中元祭祀，全真派抱道堂，1979年

　　今，拠るに，中華民国広東省広州府宝安県香港柴湾新邨坊衆，盂蘭

　　第19届値理会，設壇を設け道を奉ず。中元盂蘭万縁勝会を啓建す。

　　……<u>天運己未年</u>7月13日，香港抱道堂[11]。

　8）　香港新界龍躍頭，太平清醮，正一派道士，1983年：拠広東広州府宝安県第六都，龍
躍頭郷，吉向居住，奉道正一酬恩，保境。太平清醮，錫福迎祥，……民国癸亥年十月廿五日，
榜文。

　9）　香港新界，粉嶺，太平洪朝，正一派道士，1984年：今拠広東省広州府宝安県第五都，
粉嶺村，吉向居住，奉道酬恩太平洪朝，集福迎祥。……中華民国七拾三年正月十五日，表。

　10）　香港新界，廈村，太平清醮，正一派道士，1984年：拠宝安県第五都，廈村郷，吉
向居住，奉道酬恩太平清醮，錫福迎祥，……中華民国甲子年閏十月廿日，榜。

　11）　香港柴湾，天后廟，中元祭祀，全真派抱道堂，1979年：今拠中華民国広東省広州府
宝安県香港柴湾新邨坊衆，盂蘭第十九届値理会，設壇奉道，啓建中元盂蘭万縁勝会，……天

○香港柴湾，天后廟，中元祭祀，全真派青松観，1980 年

　嗣派全真演教，科範を叨承せる事，……乃ち香港埠柴湾区居民あ
り，盂蘭建醮万善縁法会第 12 届庚申年建醮大会あり。……道を奉
ずること惟だ虔しみ，壇を舗き供を設く。……天運庚申年 7 月 26
日[12]。

○香港新界，大埔頭郷，太平清醮，全真派園玄学院，1983 年

　廼ち中華国広東省宝安県，香港九龍新界，大埔頭郷あり。太平清醮
を啓建す。道を奉じ修斎し，壇を舗き供を設く。……天運癸亥年
10 月 27 日[13]。

　この例で見るように，ここの柴湾の盂蘭盆会は，小民が多い。教団は
富裕層より小民を基盤に活動しており，その面で天地会の天運は，庶民
を引きつける力があり，利用価値を認めていたのであろう。

第 2 節　天地会・白蓮教の遺風

Ⅰ　広西天地会文献

　かつて，民国 23 年（1934）8 月，『国立北平図書館館刊』第 8 巻，第
4 号に太平天国の研究家，羅爾綱が，「一部新発見的天地会文件鈔本」
と題する論文を載せ，広西省貴県修志局の探訪蒐集した天地会文献を
紹介し，併せてその鈔本を排印掲載した。この文献は，天地会の重要文
献として有名になり，近年に至っても，これについての考証が続いてい
る。羅爾綱自身の説明によると，広西貴県は，鬱江の河辺にあり，咸豊
年間に起こった天地会の一派，「艇匪」の支配地域であり，また天地会
大成王の属邑でもあって，光緒末年の李立亭の蜂起にあたっても，これ
に呼応した県であった。したがって，この文献は，これらの咸豊以来の

運己未年七月十三日，香港抱道堂。
　　12）　港柴湾，天后廟，中元祭祀，全真派青松観，1980 年：嗣派全真演教，叨承科範事，
……乃有香港埠柴湾区居民，盂蘭建醮万善縁法会第十二届庚申年建醮大会。……奉道惟虔，
舗壇設供，……天運庚申年七月廿六日。
　　13）　香港新界，大埔頭郷，太平清醮，全真派園玄学院，1983 年：廼有中華国広東省宝
安県，香港九龍新界，大埔頭郷，啓建太平清醮，奉道修斎，舗壇設供，……天運癸亥年十月
廿七日。

この地の天地会の伝承に係るものと推定されている。文献は，①引文，②洪門紀念図，③洪門詩篇および拝会互答，④対聯その他，の4部分より成る。このうち④の「対聯その他」の条には，天地会の祭祀の場において，結拝儀礼などに用いられた建築物の種類，およびそれぞれの門柱に貼られた対聯が記載されている。建物は，次の通り。

　　○霊王廟，○九層塔，○忠義堂，○義合店，○花亭，○少林寺，○橋，○観音座，○関帝座

　これらの設備の前で，入会式，団拝式，結拝式などの儀礼が執行されたものと，想定される。対聯としては，霊王廟が本殿と門口の2対，九層塔が，正面と二板（2階）の2対，花亭が2対，関帝座が2対，他は忠義堂（集会所），義合店，少林寺，橋，漢音座など，いずれも1対を示している。このうち，関帝座の2対（座の左右門柱と内部の神龕）のうちの1対は，次の通りである。

　　匹馬斬顔良，河北英雄皆喪胆：匹馬にて顔良を斬る，河北の英雄は皆な胆を喪う
　　単刀会魯粛，江南豪傑尽寒心：単刀もて魯粛に会す，江南の豪傑はことごとく心を寒くす

　この関帝座の対聯は，通常，関羽の特性として強調される「忠義」の面よりは，臂力に秀でた豪傑，強人としての特色に重点を置いた文言であり，いかにも秘密結社に崇拝されるにふさわしい野性味が強く出ている。

II　新界客家に残る天地会関帝対聯

　ところで，意外なことに，この対聯は，香港内陸部，山間地帯の客家系村落の関帝廟に見出される。例えば，新界東部，大埔地区の碗窯村の関帝廟の対聯がこれと同じである。平面図を示す（図・下3-1）。

　入り口の門柱に見る対聯は，「河北の英雄皆な肝を喪い，江南の豪傑ことごとく心を寒くす」とあり，前掲の天地会の関帝座の対聯の，後半部分を踏襲したものである。

　この碗窯村の関帝廟を奉祀する馬氏一族は，故地の嘉応州長楽県から，広州新安県に遷り，さらに当地に入った客家人であり，廟内の道光9年碑文によると，当時すでにこの廟は存在していたという。一族が当

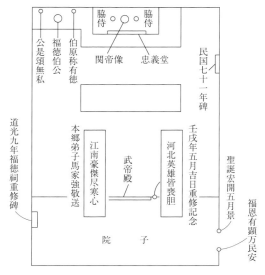

図・下 3-1　碗窰馬氏村関帝廟平面図

地に定住した時は，これより少し早く，乾隆末と見られる。当初は，福徳祠（土地神）として建てられ，馬氏によって関帝廟（武帝殿）に改建されたらしい。その時，天地会に属する客家人の馬氏が，天地会の慣例を踏襲して，この対聯を入り口に掲げたのであろう。新界の内陸平野部は，大宗族が支配する地域であり，前述のように，天地会系の天運の年号は，全く見られないが，遅れて山間部に入った客家人は，天地会の遺風を伝承していて，それが関帝廟に残ったものであろう。

Ⅲ　新界客家に残る天地会観音対聯

　この点は，先の天地会文献の④「対聯およびその他」の条にあげられた対聯群のうちの「観音座」の対聯についても，新界山間部の客家村にその痕跡を認めることができる。まず，天地会文献に見える「観音座」の対聯は，次の通りである。

　　西山緑竹千年翠：西山の緑竹は千年の翠
　　南海蓮花九品香：南海の蓮花は九品の香
　天地会がなぜ，観音を信仰するかと言えば，おそらく，白蓮教の影響

知泉書館

出版案内

2025.5 ver. 65

― 新 刊 ―

理学講義　第一巻

カルトの知性主義　分析的方法の精神化とその基づけ

イプニッツの最善世界説　〔知泉学術叢書36〕

ーゲル全集　第8巻2　精神現象学Ⅱ

イデッガー＝リッカート往復書簡　1912-1933　〔知泉学術叢書35〕

峡を越えた旧石器人類　東北日本における細石刃石器群の技術と石材の変化

コル・オレーム『貨幣論』とその世界　〔知泉学術叢書37〕

物輸出の代償

学　第76号　カント生誕三〇〇年／人工知能と人類の未来

〒113-0033　東京都文京区本郷1-13-2
Tel：03-3814-6161／Fax：03-3814-6166
http://www.chisen.co.jp
＊表示はすべて本体価格です。消費税が別途加算されます。
＊これから刊行するものは時期・タイトル等を変更する場合があります。

倫理学講義　第一巻

山田晶著／小浜善信編

京都大学の定年退職後、若い人たちに興味を与え、かり易く語ることを熟慮した南山大学等の教養科目講義は、哲学・倫理学の深い学識と膨大な知識にけられ、多くの学生を魅了した。学生や研究者がと人生を知るために、今日でも読まれるべき名講義

【目次】　**A子の話**　ナルシスとナルシズム／ナルシズムの成件／鏡／映像／恋／死、他　**捨八の話**　生い立ち／絶望／失ヤクザ時代／村に帰る／山に入る／母／自分を知るとはいかことか、他　**愛の諸形態**　愛の意味の自明性／物の所有と心と有／人間嫌いの愛／自愛と他愛／愛と了解／愛と共感、他　**の問題**　疎外の構造／仲間の構造／仲間と個人／仲間の分節間と権力／仲間の分裂、他

ISBN978-4-86285-428-5
四六判496頁・3500円

デカルトの知性主義　分析的方法の精神化とその基づけ

小沢明也著

数学をモデルとした普遍学の「方法」の純粋で単純性質を提示し、方法に則った「懐疑」の意図とその象、妥当性を考察。「コギト」が見出される過程や第一哲学の方法の主体を掘り下げる。デカルト研究哲学史研究を自らの「哲学の実践」とした労作。

【目次】　哲学者研究の哲学　**方法**　方法の誕生　数学のモチ推論と理性　**懐疑**　作者の発作ないしは方法の危機　精神をから引き離すこと　**コギトとエゴの存在**　『規則論』における"sum"と"Ego cogito"の順序関係について　ソクラテス的反転ゴの持続と観念の永続　**デカルト形而上学の構造**　方法と第一学　知性弁護論　デカルトの循環　「欲求」(appétit)の左遷

ISBN978-4-86285-427-8
菊判358頁・5500円

イプニッツの最善世界説 〔知泉学術叢書36〕通巻37

P. ラトー著／酒井潔・長綱啓典監訳

哲学史において誤解されてきたライプニッツ『弁神論』の理論的意義を再評価する。最善世界説を神の自由，倫理，世界の秩序と結びつけ，道徳的論証により擁護した議論を精緻に分析。さらにカントの批判など受容史を考察し，近代哲学への影響を明らかにする。

【目次】 弁神論　諸可能世界の最善とは何か？　世界をつくるものライプニッツにおける完全性, 調和, そして神による選択　最善なるものは進歩を排除するか？　永劫回帰に反して　世界は進歩するのか？　諸精神の王国　精神の本性と特殊性　愛　可能な最善の世界での行為　ライプニッツにおける道徳の地位とその諸原理の起源　無神論者は有徳でありうるか？　フランスにおけるオプティミスムの運命　訳者解説

BN978-4-86285-429-2
書判640頁・5400円

ヘーゲル全集　第8巻2　精神現象学Ⅱ

責任編集　山口誠一 　　　　　　（第13回配本）

本巻では「自己意識」「理性」「精神」「宗教」「絶対知」章を収録。『精神現象学』には底本にふさわしい原典がなく，これまでの翻訳諸本も参考にしながら国内外の『精神現象学』の古典的研究の集大成を目指した。ヘーゲルの主著，研究者待望の最新訳。

【目次】 自己意識　自己自身だという確信の真理(自己意識の自立性と非自立性／自己意識の自由)　理性　理性の確信と真理(観察する理性／理性的自己意識の自己自身による実現／実在的であると思い込んでいる個体性)　精神　(真の精神, 人倫／自己に疎遠な精神, 形成陶冶／自己確信的精神, 道徳性)　宗教　(自然宗教／芸術宗教／啓示宗教)　絶対知　付録　『精神現象学』総解説2　『精神現象学』の各論2

ISBN978-4-86285-430-8
両判860頁・10000円

8　　　　　　　　　　　　　　　　　　　　　2024年8～12月刊行の新

キリスト教文化のかたち　その思想と行動様式を学ぼう
金子晴勇著　　　　　　ISBN978-4-86285-423-0　　四六判240頁・230

近代日本はヨーロッパをモデルにして，市民生活から生産技術，学問と教育など多岐に
り展開した。欧米人が基礎教養として身に付けてきた行動様式の由来や，キリスト教
が人々の生活を高めてきたさまざまな経緯を深く知るために必読の一書。

親和的感性に拠る知と相生　愛と醜悪の間にて
宮本久雄著　　　　　　ISBN978-4-86285-421-6　　四六判224頁・27

愛の親和性の働き（エヒイェ）と時熟（カイロス）による親和的感性の成立を通して
の地平を拓く。古代から現代までの宗教と思想の多様な営みを分析して，伝統的な神
の壁を超えて，真の救いと恵みに出会う世界を親和的感性の媒介により発見する試み。

変革する12世紀　テクスト／ことばから見た中世ヨーロッパ
岩波敦子著　　　　　　ISBN978-4-86285-416-2　　菊判488頁・620

12世紀ルネサンスにおける地理的・知的グローバリゼーションは，長い伝統の中にあ
人々の意識に新機軸をもたらした。皇帝・国王・司教証書の分析を通し，文書化の躍
中に時間意識の変化や，新たに紡ぎ出された共同体の記憶を読み解く文書メディア論

世阿弥の「花」を知る　能楽論と謡曲を通して
鈴木さやか著　　　　　ISBN978-4-86285-411-7　　Ａ５判308頁・550

日本の文芸論において，自然の呼びかけに応答した人々の美しい心を表わしてきた
の伝統を踏まえた世阿弥の二十数編に及ぶ能楽論と謡曲について，全体としての文脈
味しその基本構造を解明する独自の試み。「花」の自己変容と生のあり方を探究する。

中国の秘密結社と演劇
田仲一成著　　　　　　ISBN978-4-86285-422-3　　菊判456頁＋口絵4頁・600

中国の秘密結社「青幇」「紅幇」はどのように誕生し，演劇とどのように結び付いたの
日本軍による当時の調査資料と著者の現地調査に基づき，演劇を巡る社会構造を分析
先駆的業績。当時の壮絶な人物伝をも伝えて，陰の中国近現代史としても魅力的な作品

北朝鮮の内部文書集　第1巻　ソ連軍政期─建国初期
木村光彦編訳　　　　　ISBN978-4-86285-424-7　　Ａ５判528頁・720

朝鮮戦争時に北朝鮮で捕獲した大量の内部文書から北朝鮮の実情を知る文書を選び，
編集した。全体を四編に分け，Ⅰ共産党・諸組織，Ⅱ保安，Ⅲ土地改革，Ⅳ農業・糧
として紹介・解説した。ソ連軍政期の実態と共産党主導の組織活動と政治経済事情を解

（2025年1～4月の新刊については，p.2～6をご覧ください）

第3章　香港に残る天地会の遺風　　　205

を受けているからであろう。

　嘉慶11年12月16日，「江西巡撫先福奏，周達浜改，天地会為三点
会折」に附せられた「劉梅占所存紅布花帖抄件」に会党が信仰していた
神々のリストがある。次の通りである。

　　古より忠義兼全と称するに，未だ関聖帝君に過ぐる者，あらざるな
　　り。遡りてその桃園結義以来，兄弟は，啻に同胞たるのみならず，
　　患難には相顧み，病疾には相扶け，芳名耿耿，今に至るも棄てず。
　　かくのごとく尊帝の忠義を仰ぐ。窃かに芳名を聚会す。

　　　　天地神明　　五谷帝主：韓朋
　　　　日月星光　　財帛星君：韓福
　　　　玉皇上帝　　司命五帝：鄭田
　　　　観音仏母　　五雷神将：李昌国，呉天成
　　　　上天神母　　二剣神将：李色弟
　　　　玄天上帝　　福徳神龍：方大洪
　　　　　　　　　　　　　　張元通
　　　　　　　　　　　　　　林永招
　　　　伽藍菩薩　　36名天罡星
　　　　五顕大帝　　72名地煞星
　　　　岳王爺爺　　塩米二将軍：本坊福徳土地
　　　　万提喜大哥　後五房大哥，及歴代大哥
　　　　伝鉄鼻大哥　伝黄清大哥，（以下略）

今拠るに，浜等，敢て邪慝を以て心と為し，妄（忘）りに異志を生
ずることあらず。願わくは同心同力ならん。およそ身を持して世に
処し，敢て神恩に負き，忘りに盟義に背かず。盟せるよりの後は，
兄弟は，情は骨肉に同じく，同胞より勝る。吉凶には，すなわち
彼此相応じ，貴賤には，すなわち甘苦情を同じくし，是非には，す
なわち神霊黙佑せん。愈々久しく愈々長し。敢えて口に詩句を吐か
ず。自ら言う。敢て大を以て小を圧せず，強を以て弱を欺かず。敢
て兄弟の財産を騙すを謀り，義嫂を姦淫せず。敢て身に臨みて退縮
し，公に借りて私を挟まず。状書に照らして施行せざれば，諸神と
もに誅せん。如しこの盟に依らば，天神富を降すこと綿々，福寿禄
全く，子孫昌盛し，奕世書香ならん。伏して望むらくは，神祇監察

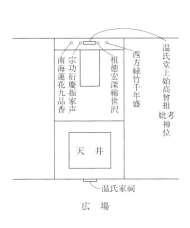
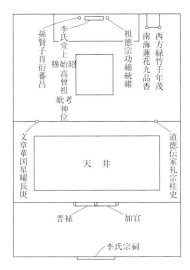

図・下 3-2　新塘村温氏家祠平面図　　　図・下 3-3　蓮澳村李氏家祠平面図

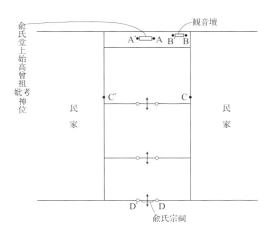

図・下 3-4　汀角約兪氏家祠平面図

A　河潤揚徽源流長存
A'　汀渓衍緒枝葉蕃殷
B　西方緑竹千年翠
B'　南海蓮花九品香
C　積厚流長循大道
C'　善存敬止入公門
D　脈承河潤
D'　跡発汀渓

第 3 章　香港に残る天地会の遺風

せんことを。順天年月日[14]。

　これを見ると，関帝に次いで，観音仏母の名を挙げている。非常に地位が高いことがわかる。おそらく天地会は，明代の秘密結社，白蓮教の流れを汲んでいて，観音信仰は，その宗教的結合の地盤の重要な部分であったと思われる。祭祀の場に関帝座と並んで観音座を置くのもその表れと言えよう。

　ところで，新界の客家人の家廟には，上記の観音座の対聯が見出される。

　例えば，新界東部に，「林村約」と称する村落連合があるが，そのうちの一つ，新塘村，温氏家廟では，「宗祖歴代神位」の両側に上にあげた天地会観音座の対聯とほぼ同じ文句の対聯を貼っている。図のごとくである（図・下 3-2）。

　また，同じく林村約に属する蓮澳村の李氏宗祠においても，左廂の観音座に，図のごとく同じ対聯が貼られている（図・下 3-3）。

　さらに，新界東部沿海の汀角約に属する汀角村の客家人，李氏の宗祠にも，同じ対聯が見える。図のごとくである（図・下 3-4）。

　以上の例は，すべて客家人である。乾隆末から道光，咸豊にかけて，

　14）　自古称忠義兼全，未有過于関聖帝君者也。遡其桃園結義以来，兄弟不啻同胞，患難相顧，病疾相扶，芳名耿耿，至今不棄，似等仰尊帝忠義，窃芳名聚会。

　天地神明　　五谷帝主：韓朋
　日月星光　　財帛星君：韓福
　玉皇上帝　　司命五帝：鄭田
　観音仏母　　五雷神将：李昌国，呉天成
　上天神母　　二剣神将：李色弟
　玄天上帝　　福徳神龍：方大洪
　　　　　　　　　　　　張元通
　　　　　　　　　　　　林永招
　伽藍菩薩　　三十六名天罡星
　五顕大帝　　七十二名地煞星
　岳王爺爺　　塩米二将軍：本坊福徳土地
　万提喜大哥　後五房大哥，及歴代大哥
　伝鉄鼻大哥　伝黄清大哥，（以下略）

　今拠浜等，非敢以邪慝為心，忘生異志。願同心同力。凡持身処世，不敢有負神恩，忘背盟義，自盟之後，兄弟情同骨肉，勝似同胞，吉凶，則彼此相応，貴賤，則甘苦同情，是非，則神霊黙佑。愈久愈昌，不敢口吐詩句，自言不敢以大圧小，以強欺弱，不敢謀騙兄弟財産，姦淫義嫂。不敢臨身退縮，借公挟私。不照状書施行，諸神共誅。如依此盟，天神降富綿々，福寿禄全，子孫昌盛，奕世書香。伏望神祇監察，順天年月日。

故郷の嘉応州から，多くの客家人が新界東部の山間部に移住してきた
が，彼らの間には，天地会の伝統が残っていて，それが上記のような観
音対聯に反映していることがわかる。

第3節　天地父母奉祀の遺風

　先にあげた天地会文献の③「洪門詩篇および拝会相答」「祭五祖」の
条に，
　　　一に天を拝して父と為し，二に地を拝して母と為す[15]。
という言葉がある。ここから「天地会」，または「父母会」という名称
が出たという。
　ところが，香港では，潮州人が祭祀において，天地父母を祀る場合が
多い。潮州本土では，現在，このような祭祀は，当然，見られないが，
戦前はどうであったか。おそらく，道光，咸豊頃から，このような天地
会系の廟宇があったのではないか，と推測する。

　Ⅰ　竹園天地父母祠
　香港でも，独立の「天地父母」の廟宇は，ほとんど見かけない。わず
かに獅子山の南斜面に戦後の急造と見られる粗末な天地父母の小祠が
あった（現在は消滅）。その位置を地図で示す（図・下3-5）。
　この地域は，戦後，本土から香港に脱出してきた潮州人，海陸豊人
が，木造のバラックを建てて住んだ貧民街である。急峻な山腹にへばり
つくように小さなバラックが密集して，内部は，迷路のようになってい
る。遠景を写真で示す（図・下3-6）。
　周辺には，斉天大聖祠，李道明祠，北帝廟など，海陸豊系の廟宇が多
く集中している。中で，最も整備されているのは，北帝廟である。
　天地父母祠は，潮州系であるが，簡素な作りである（図・下3-7）。
　神座には，中央に「天地父母」と記す石碑，両側に天后聖母宝座，福
徳老爺神位のはめ込み板を配する。天后は「天」を，福徳は「地」を代

---

　15)　一拝天為父，二拝地為母。

第 3 章　香港に残る天地会の遺風　　　　　　　209

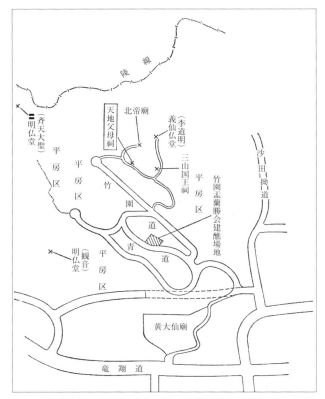

図・下 3-5　獅子山山腹地区，竹園天地父母祠位置図

表する。それぞれ前に香炉を置く（図・下 3-8）。

　明らかに天地父母を中心にした構成で，天地会の影響があるのではないかと推測する。

Ⅱ　柴湾天地父母祠

　なお，香港島，柴湾にも「天地父母祠」がある（図・下 3-9）。
　ここでは，中央に「天地父母」，左右に「北斗星君」，「南辰星君」の神名を記す。
　対聯は，「天賜福沢沐合境，地満神恩佑平安」とある。潮州小民の建造になるものとみられる。ここにも天地会の影響があるものと推測す

図・下 3-6　獅子山山腹地区，竹園天地父母祠

図・下 3-7　天地父母祠

第3章　香港に残る天地会の遺風　　　　　　　　211

図・下 3-8　天地父母神主

図・下 3-9　柴湾天地父母祠

る。

Ⅲ　徳教による祭祀儀礼

　天地父母は，潮州人，海陸豊人が祀る場合が多いが，祭祀儀礼は，海陸豊道士ではなく，潮州徳教に拠っている。例えば，竹園潮僑盂蘭勝会が毎年，中元節，農暦7月初1日から3日間，祭祀を挙行する。天地父母，天后聖母，福徳老爺の3基の香炉を，小祠の下の竹園公園に運んで，神殿とし，これに対して徳教儀礼と潮州劇を奉献する。1979年度では，儀礼は，徳教「慈心閣」，潮州劇は，玉梨春潮劇団が担当した。演目は，《唐僧出世》，《唐僧取経》，《崔鳴鳳》などである。

　祭祀の場所は，図のように設置された（図・下3-10）。

　最後の晩，7月初3日の午夜，神殿前に置かれた3基の香炉を，木製の箱型に安置して2人で担ぎ，天地父母祠へ送り返す。少年隊が隊列を組み，銅鑼を打ちながら山道を登る。小祠に到達すると，香炉をもとの位置に安置する。天地父母を祀るという点で，天地会の発想がうかがわれる。

　以上，香港における天地会の影響について概観した。シンガポールにおけるほど，明瞭な影響は認められないが，潮州人，客家人などの祭祀や廟宇に若干，その遺風を認めることができる。

　このように，天地会会党が，福建，広東を中心に華南一帯に勢力を拡大したことについて，福建提督学政，汪潤之が嘉慶21年に草した「化導士民告示」稿（中国人民大学清史研究所編『天地会』6）に次のように論じている。

　　本院，考試より以来，各府を周歴す。聞見する所に就きて，爾等のためにここに告ぐ。近来，閩省の邪匪，如えば，陰盤教，仁義会，三仙会，添弟会（天地会），拝香会，双刀会，君子会，百子会の諸名目，ことごとく拿獲せらる。その匪犯，多く建寧，邵武二府の間に聚る。汀州の寧化，延平府の南平，龍渓，福州の古田，屏南等の県に毘連し，福寧一府にもこれあり。その故を推求するに，ただ建・邵諸処，荒山叢径多く，蔵匿の易きに因る。また，崇安は，地武彝に近く，茶の利の従うあり。衆民雑り来たり，奸匪ついに中

第3章 香港に残る天地会の遺風　　　　　213

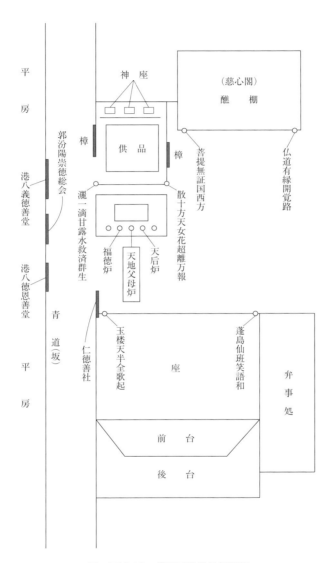

図・下 3-10　竹園天地父母祭祀図

より，これを煽惑す。その中，固より興（化），永（春），泉（州），漳（州）など，下南諸府の人あり。而して下南，尚お，会匪少なき者は，何の故なりや。蓋し，泉（州），漳（州）の間，地は海浜に近く，百姓は塩を晒し，魚を捕り，猶お生を為すべし。また，また族を聚めて居り，小族は大族に附し，奸宄，容れ難き所あり。ゆえにただ外に出て匪と為るのみにして，邪教をその郷里に倡うる能わず[16]。

　これによると，会党が活動できるのは。地形が峻嶮で身を隠しやすいところか，衆民雑居する市場地だけであって，同族が聚居している宗族村落地帯では，大宗族が小宗族を支配し，小宗族は大宗族に依存する形で，秩序が安定しており。会党は，入り込む余地がない。下層貧民は，外に出て会党になることはできても，郷里では，活動できない，と言っている。

　事実，香港内陸部，新界の内陸平野部の宗族村落では，上に述べたように，天運の語は見出せず，天地会の活動の痕跡は認められない。天地会の対聯や天運の年号があるのは，山間部の客家村落か，衆民雑居の市場地だけである。裏返せば，天地会は，政治権力や宗族権力の及ばない空白地帯に浸透し，反清勢力の拡大をはかったのである。シンガポールなど，清朝権力が及ばないところに，会党の遺跡が多くみられるのは，このような事情に基づいている。

　16）　本院自考試以来，周歴各府。就所聞見，為爾等告焉。近来，閩省邪匪，如陰盤教，仁義会，三仙会，添弟会（天地会），拝香会，双刀会，君子会，百子会諸会名目，悉被拿獲。其匪犯，多聚于建寧，邵武二府之間。毘連汀（州）之寧化，延（平府）焉，南平，龍渓，福州焉，古田，屏南等県，福寧一府亦有之。推求其故，只因建・邵諸諸処，多荒山叢径，易于蔵匿。又，崇安，地近武彝，有茶利従。衆民雑来，奸匪遂従中，煽惑之。其中，固有興（化），永（春），泉（州），漳（州），下南諸府之人。而下南，尚少会匪者，何故。蓋，泉（州），漳（州）之間，地近海浜，百姓晒塩，捕魚，猶可為生。又，復聚族而居，小族附于大族，奸宄有所難容。故但出外為匪，不能倡邪教于其郷里也。

第4章

天地会会党と演劇

第1節　天地会と粵劇俳優

　天地会の会員には俳優がいた。乾隆52年（1787）の檔案，「両広総督孫士毅奏，続獲天地会林功裕等情析」に次のように記す。

　　林功裕の供述によると，かつて福建省の平和県，漳浦県の各地で芝居を演じていた。平和県の林辺郷の人，林三長と同族と認められる。昨年6月，林三長は，林功裕を誘って入会させた。剣の下にはいつくばって誓いを立てさせ，3本指でアヘンをにぎらせ，お茶を飲ませた。（中略）さらに歌を伝授した。「洪水漂流」，「桃李紅」，「木立斗世」など。

　咸豊6年（1856）6月に太平軍の別派，三合会の首領の陳開が仏山鎮で蜂起した時，仏山に拠点を置く粵劇本地班の俳優，李文茂がこれに参加し，各地を転戦して武功をあげたことが，よく知られている。広州では，清代中期以来，江蘇，浙江，安徽，江西，湖南方面から流入する崑曲班，京班が劇界の上位を占め，会館（外江梨園会館）を広州城内に建て，城内の官僚大商の宴会演劇や周辺郷鎮の大宗族の祭祀演劇の場を抑えていた。これに対し，広東本地の土腔班は，劇界の下流に甘んじ，もっぱら戯船に乗って僻遠の小郷村を巡回し，それらの小規模な祭祀演劇に出演して糊口をしのいでいた。その会館（瓊花会館）も，広州城内でなく，仏山鎮に置いていた。李文茂など，三合会の蜂起に参加したのは，仏山鎮の粵劇本地班所属の下層俳優であった。したがって，太平天

国終息の後に清朝の弾圧を受けたのも広州外江班でなく，仏山本地班である。瓊花会館は，焼毀された。天地会は，もっぱら，この粤劇本地班の下層俳優と組織上の交流があった。以下，これについて述べる。

I　李文茂（李雲茂）

　粤劇俳優，李文茂が，仏山の天地会（三合会）の首領，陳開の蜂起に参加し，粤劇俳優を率いて各地を転戦し，武功を挙げたことについては，麦嘯霞の「広東戯劇史略」（『広東文物』巻8，1940）に詳しい。李は咸豊4年6月に仏山で蜂起軍に参加したのち，広州，恵州の属邑14州県，および肇慶府を攻め，陥落させたが，広州を包囲して克たず，咸豊5年8月に陳開，梁培友とともに，広西潯陽府に入った。先の天地会文献の出た貴県もその行動圏内に入っていたから，この文献も李文茂斗と関係あるものと見たい。以下，「広東戯劇史略」の李文茂関係の記事を摘記する。

　　　粤伶李雲茂なる者あり，また，文茂と名づく。鶴山県の人。世代，倶に名優なり。雲茂は，体は雄にして力は健なり。声は洪鐘の若し。父業を紹ぎて二花面となり，善く「蘆花蕩」の張飛，および「王彦章撐渡」を演ずるを以て，時に声あり。而して財を軽んじ義を尚び，頗る江湖の侠気あり。また，武技に精しく，ついに班中の打武家の領袖と為る。……李文茂は，初め洪氏の起義を聞き，すでに躍躍として動かんと欲す。密使に唔うにおよび，時機すでに至れりと認め，乃ち班中の同志を率い，反清軍を組む。仏山の陳開と会合し，兵を起こして太平天国に響応す。陳開は，夙に好く江湖の豪傑を結納し，これに至って，屠狗狸椎の輩，雲と湧き風に従う。各郡邑の土匪，および不逞の徒の附する者，10万人に達す。声勢甚だ盛んなり[1]。

　　　李文茂，班中の健児を編みて三軍と為す。小武，武生等を文虎軍

　1）　有粤伶李雲茂者，又，名文茂。鶴山県人。世代，倶為名優。雲茂体雄力健，声若洪鐘。紹父業為二花面，以善演「蘆花蕩」張飛，及「王彦章撐渡」，有声於時。而軽財尚義，頗有江湖侠気。又精武技，遂為班中打武家領袖。……李文茂，初聞洪氏起義，已欲躍躍動。及唔密使，認為時機已至，乃率班中同志，組反清軍。会合仏山陳開，起兵響応太平天国。陳開は，夙好結納江湖豪客，至是，屠狗埋椎之輩，雲湧風従。各郡邑土匪，及不逞之徒，附者，達十万人。声勢甚盛。

第4章　天地会会党と演劇　　　217

となし，二花面，六分等を猛虎軍となし，五軍虎，打武家等を飛虎軍となす。文茂は，班中の蟒袍，甲冑を穿きて三軍の主帥と称す。梨園の子弟は，衣冠戯服にてこれに従う。済々蹌々，居然として文官武将たり。花旦女角は，すなわち七星の額を戴き，女蟒袍を着して女官となる。蓋し，反清復明は，当にまず明の衣冠を復すべきを謂えるなり[2]。

李文茂，勇敢にして戦いを善くす。梨園の子弟の兵を領して前鋒となし，城を争い地を掠し，至る所，功あり。班中の跟斗跳躍の技を利用し，城垣を翻登す。守卒，猝かに飛将軍の天より降れるを覩て，咸な驚惶して措を失い，兵を棄てて逃ぐ。ここを以て，向かう所，披靡す。勢いは破竹のごとく，広恵の属，14州県，および肇慶府，倶に占する所と為る。徒党すでに衆く，戯服敷からず，乃ち令を士卒に下し，一律に紅巾もて首を約し，以て冠盔に代えしむ。世に「紅頭の賊乱」と称する所の者，これなり。

時に広西の会党の首領，梁培友（粤の鶴山の人），適々，新たに右江道，張敬修（また粤人，籍は東莞）に敗れ，衆を率いて江東に沿いて，肇慶府に走り，乃ち陳開，李雲茂と聯合す。張敬修，踵を接して追撃す。ついに肇慶府を棄て，梧州を過ぎりて，藤県に入る。大黄江に拠り，仍お衆数万を擁す。時に咸豊5年4月の間の事なり[3]。

以上が広東における活躍の時期で，これより後は，広西での活動に移る。広東での活動は，比較的短く，広西の方が長い。以下，麦嘯霞の文を続ける。

---

2) 李文茂，編班中健児為三軍。小武，武生等為文虎軍，二花面，六分等為猛虎軍，五軍虎，打武家等為飛虎軍。……文茂，穿班中蟒袍甲冑，称三軍主帥。梨園子弟衣冠戯服従之。済々蹌々，居然文官武将。花旦女角，則戴七星額，着女蟒袍為女官。蓋謂，反清復明，当先復明衣冠也。

3) 李文茂，勇敢善戦。領梨園子弟兵為前鋒，争城掠地，所至有功。利用班中跟斗超躍之技，翻登城垣。守卒，猝覩飛将軍従天而降，咸驚惶失措，棄兵而逃。以是，所向披靡。勢如破竹，広恵属，十四州県，肇慶府，倶為所占。徒党既衆，戯服不敷，乃下令士卒，一律紅巾約首，以代冠盔。世所称「紅頭賊乱」者，是也。
　時広西会党首領，梁培友（粤鶴山人），適々，新敗于右江道，張敬修（亦粤人，籍東莞），率衆沿江東，走肇慶府，乃与陳開，李雲茂聯合。張敬修，接踵追撃。遂棄肇慶府，過梧州入藤県。拠大黄江，仍擁衆数万。時則咸豊五年四月間事也。

下篇　紅幇と劇界

李雲茂，陳・梁と桂に入れる後，力を合わせて潯州を攻む（すなわち今の桂平県なり）。城を囲むこと，90余日，8月において之を破る。陳開，潯に拠りて鎮南王と称し，建てて「大成」と号す。梁培友は，平南県に拠り，平南王と称す。李雲茂は，部を率いて西進し，附近の州県を連破し，また広西の匪と連合し，勢また盛んなり。9月，象州（すなわち今の象県）より攻めて柳州を占む。10月，自立して平靖王となる。官を設け職に封じ，政制を建置し，儼然として府を開きて独立し，南面して尊を称せり。ついでまた軍を遣して攻めて城邑を占む，融県を改めて玉融州と為し，遠きは慶遠府に至る。ことごとく掌握に帰す。8年に至り，清の按察使蒋益澧，湘軍を統べ，大挙してこれを攻む。4月，雲茂敗績し，また遏せらる。陳開の軍と会合すること克わず（時に梁培友はすでに死し，陳開は兼ねてその衆を領す）。雲茂はまた，傷を受けて，乃ち退く。柳州，融県の諸根拠地は，相継ぎてことごとく失わる。雲茂は一部の余衆を率いて，貴州の黎平に奔り，苗山に入らんと欲す。また，黔兵に撃敗せらる。時に懐慶府もまた守られず。頗る狼狽を形わす。10月，柳城の融県に回り，再挙を謀るも果さず，竟に恨を賚ちて懐遠山中に卒せり[4]。

李雲茂，すでに死し，紅船子弟の兵，10余衆を収め，陳開に投ず。陳開慷慨として，師もて雲茂のために復仇せんと誓う。しばしば，清兵と鏖戦す。11年（1861）7月に至り，蒋益澧，広東碣石総兵，李楊隆の舟師を率いて助戦するを得て，水陸より夾撃す。開，支えず。平南県の丹竹墟，および烏江口に敗る。ついで潯州を失う。時に太平天国の翼王，石達開は，西征して，軍は，大墟に次す。開は，これに投ぜんと欲す。残部を率いて囲を突きて逸出す。

---

4)　李雲茂，与陳・梁入桂後，合力攻潯州（即今桂平県）。囲城九十余日，於八月間破之。陳開拠潯称鎮南王とし，建号「大成」。梁培友，拠平南県，称平南王。李雲茂，率部西進，連破附近州県，復聯合広西股匪，勢復盛。九月，由象州（即今象県）攻占柳州。十月，自立為平靖王。設官封職，建置政制，儼然開府独立，南面称尊矣。旋復遣軍攻占城邑，改融県為玉融州，遠至慶遠府。悉帰掌握。至八年，清按察使蒋益澧統湘軍，大挙攻之。四月，雲茂敗績，復被遏。不克与陳開軍会合（時梁培友已死，陳開兼領其衆）。雲茂又受傷，乃退。柳州，融県諸根拠地相継尽失，雲茂率一部余衆，奔貴州黎平，欲入苗山，又為黔兵撃敗，時懐慶府亦不守。頗形狼狽。十月回柳城融県，謀再挙未果，竟賚恨卒懐遠山中。

第 4 章　天地会会党と演劇　　　　219

　詎んぞ料らん，翼王，湘軍の将に至らんとすと聞き，急ぎて軍を引
　き，退きて思恩の境に入る。開，ついに進退に拠を失う。転じて貴
　県に赴き，後図を為さんと欲す。軍，大灘に至るや，貴県の令，お
　よび団練に擒を計られ，ついに殺さる。残部および梨園子弟の余
　衆，あるいは，輾転して投じて翼王の軍に入り，あるいは，開の建
　（根拠地）に投じて陳金剛の党に帰し，雲と流れ星と散じて，終わ
　る所を知らず[5]。
　これを見ても，前述の貴県出現の天地会文献が，李文茂，陳開らの三
合会の会党と関係が深いことが推定し得る。内容的にも粤劇俳優の資料
と重なる面が少なくないが，これらについては後述に譲る。

II　瓊花会館

　次に瓊花会館について述べる。瓊花会館は，仏山の本館の他に，広州
城内にも支所があったという。これについては，香港八和会館関係者の
伝承がある。『星島日報』1978 年 10 月 23 日号，同館会長，関徳与，梁
醒波，何非凡，麦炳栄の 4 人の長老の話として，次のごとき記事が載
せられている。

　　粤劇瓊花会館は，明万暦年間に始まる。一つは，粤の東南，仏山大
　鎮の大基尾に設けられ，一つは，広州沙基広埠に設けられた。目的
　は，芸人の団結を謀り，芸術を研究することであった。太平天国の
　洪秀全が仏山に起義するに迫び，当時，粤劇に「小武」李文茂，呉
　鷹揚，肥仔存などがおり，清廷の専横を恨み，ついに梨園の子弟を
　招集し，洪師に響応し，身を太平軍中に投じた。粉墨登壇の機会を
　借りて現身もて法を説き，鼓吹によって革命を宣伝するなどの仕事
　をした。また戯班の流動を利用し，革命志士に連絡し，消息を伝
　達するなどの任務を果たした。ついで洪秀全が失敗したため，清
　廷は，粤劇俳優を仇恨し，見つけると必ず殺した。その上，令を下

---

　5)　李雲茂既死，紅船子弟兵収十余衆，投陳開，陳開慷慨，誓師為雲茂復仇。屢与清兵
鏖戦。至十一年（1861），七月，蒋益澧得広東碣石総兵李楊陞率舟師助戦，水陸夾撃，開不
支，敗于平南県之丹竹墟，及烏江口，旋失潯州，時太平天国翼王石達開西征軍次大墟。開欲
投之，率残部突囲逸出。詎料，翼王開湘将至，急引軍退入思恩境。開遂進退失拠。欲転赴
貴県，為後図。軍至大灘，為貴県令及団練計擒。遂被殺。残部及梨園子弟余衆，或輾転投入
翼王軍，或投開建，帰陳金剛党，雲流星散，不知所終。

し，仏山の瓊花会館を焚焼し，広州の瓊花会館もまた拆毀に遭い，その土地は没収されて公産にされた。（すなわち広州の 623 路直街である）

これによると，仏山起義に参加したのは，小武生の李文茂，呉鷹揚，肥仔存など，仏山瓊花会館傘下の俳優で，彼らは，日頃，紅船と称する戯船に乗って移動生活をしていたから，珠江デルタ一帯の地理に明るく，戯船の機動力と情報網を利用して宣伝と連絡に当たった，という。会党間の連絡は，会員でなければできないはずであり，粤班が平素から天地会と深い関係があったことを物語る。粤班子弟の反清起義軍参加については，伝説，口碑の類が多く伝存しているが，そのうち，比較的詳しい内容を持つ特摩「仏山古戯台」（『良友週刊』239 号，1981 年 4 月 11 日，香港）の記事をあげる。

　仏山は，粤劇の発祥地である。早く明代において，粤劇戯班は，すでに仏山鎮に在って，逐次，形成され，頗る群衆の人気を博した。従来，戯班は，但に仏山で演出しただけでなく，また，四郷にも行って上演した。仏山は，珠江三角洲水網地帯に位置し，戯班が郷に下るには，すべて船に乗る必要があった。識別の便のため，戯班の船はすべて紅色に塗った。粤劇芸人もまた，「紅船子弟」と称された。明嘉靖年間（1512–66），粤戯班は，「戯行」を成立させ，一間の会館を建てて，「瓊花宮」と名付けた。後に「瓊花会館」と称した[6]。

　清王朝に反き，北方から南下した革命志士と長江以南の各省人民は，「天地会」を組織し，地下闘争を展開する。広東は「天地会」の中心であった。許多の革命志士は，すべて戯班の中に隠伏した。当時，戯班の社会的地位は，低かったため，戯班の中にいれば，掩護に便利であり，また群衆に接近することができた。仏山の「瓊花宮」は，「天地会」の地下司令部となった[7]。

　6）　仏山是，粤劇的発祥地也。早在明代，粤劇戯班已在仏山鎮，逐歩形成，很受群衆的喜愛。従来，戯班，不但在仏山演出，還到四郷。仏山，処於珠江三角洲水網地帯，戯班下郷，都要坐船。為了便於識別，戯班船都髹上紅色。被人称為紅船。粤劇芸人也被誉称為「紅船子弟」。明嘉靖年間（1512）粤戯班，成立了「戯行」，建一間会館，名叫「瓊花宮」。後称「瓊花会館」。

　7）　反清王朝的，北方南下的革命志士和長江以南各省人民，組織了「天地会」，展開地下

第 4 章　天地会会党と演劇　　　　　　　　　　221

　　清初，北京に一人の名伶，張五がいた。別に「攤手五」とも呼ばれた。清廷の専制に不満だったため，台に登って戯を演じる時，しばしば，戯文の中に，議論を挿入し，それによって抑塞不平の気を発散させた。清廷に見つかり，逮捕されて刑罰を科せられそうになった。張五は，服を易え装を化し，仏山に逃亡し，瓊花宮に身を寄せた。彼は，京戯の技芸と崑曲の唱腔を紅船子弟に教授し，また，漢劇の組織に倣って粤劇戯班を改革し，粤劇を戯班組織から芸術水準に至るまで，すべてレベルを引き上げさせ，一種のやや完善なる劇種に上昇させた。別に一方面では，また，反清の勢力を組織した。当時，一団の反清の勢力があった。それは，河南嵩山の少林寺から来た和尚である。少林寺の和尚も反清に失敗し，南に逃げて仏山に流落した。彼らは，少林拳術を紅船子弟に教授した[8]。

　　1854 年，仏山天地会の領袖，陳開（別号，老馬）は，彼の副手，李文茂とともに衆を率いて起義した。仏山でこの起義に参加した手工業工人は，4 万人余りに達した。紅船子弟の大部分は，天地会に加入して，また，数千人を数えた。また，その中には，90 余隻の船の漁民と水上運輸の工人がいた。起義の大軍は，すばやく仏山を占領し，また経堂寺に都督府を建起した。ただ，この起義は，すぐに清廷に鎮圧された。瓊花会館は，焚かれ，紅船子弟は，大勢，殺害され，粤劇も取り締まられた。清の軍隊は，重ねて仏山を占領した後，48 条の街を焼き，瓊花会館の廃堆と附近の醤園工場を刑場として，数万人を虐殺した。粤劇は，取り締まられ，そのまま清同治 7 年に至って，やっと解禁を得た[9]。

闘争。広東是「天地会」重心。許多革命志士，都隠伏在戯班中。因当時戯班的社会地位低微，在戯班中，便於掩護，又可接近群衆，仏山「瓊花宮」，一度為「天地会」的地下司令部。
　8）　清初，北京有一位名伶，張五。別号「攤手五」。因不満清廷専制，登台演戯時，常常，在戯文中，加進一些議論，以抒発抑塞不平之気。被清廷発覚，要緝拿治罪。張五，易服化装，逃亡仏山，落脚瓊花宮。他，把京戯之技芸和崑曲之唱腔教給紅船子弟，又，倣効漢劇之組織改革粤劇戯班，使粤劇従戯班組織到芸術水平，都得提高，成為一種較完善的劇種。另一方面，又組織反清力量。而当時，有一股反清力量，是来自河南嵩山少林寺的和尚。少林寺和尚失敗反清，南逃流落仏山，他們把少林拳術教給紅船子弟。
　9）　一八五四年，仏山天地会領袖，陳開（別号老馬），和他的副手，李文茂率衆起義。仏山参加這次起義的手工業工人，達四万多人。紅船子弟大部分，加入了天地会，也有数千人。還有九十多条和船的漁民水運輸的工人。起義大軍，很快佔領了仏山，還在経堂寺，建起都督府。但，這次起義，很快被清廷鎮圧。瓊花会館，被焚，紅船子弟，大批被殺害，粤劇也被

この記事のうち，清初の張五に関する記述は，麦嘯霞の『広東戯劇史略』に拠っているが，咸豊4-6年の陳開起義の記述は，独自のものである。ここで，粤劇の子弟数千人が参加したと言っているのは，誇張があると思われるが，天地会と粤劇俳優が早くから深い関係にあったことは，推測できる。粤劇俳優は，紅船に乗って生活していただけに，漁民や水上運輸労働者とも関係があったことは，想像に難くない。貧民を基礎とした天地会会党ともつながりやすかったと言えよう。

Ⅲ　戯船［紅船］

次に粤劇俳優の生活を支えた戯船について，検討する。当時の紅船の絵図，図面などは残っていないが，古老の聞き書きによって，復元された図面が数種，存在して参考になる。

それによると，この戯船にも天地会との関係が認められる点があり，注目に値する。

まず，紅船について香港の老粤劇俳優からの情報を集めて研究された故 Barbara Ward 博士の論文 "The Red Boats of the Canton Delta: A Historical Chapter in the Sociology of the Chinese Regional Drama" によると，粤班の紅船は，2隻1組で行動し，一方を「天艇」，他方を「地艇」と称したという。次のごとし。

> 劇団は，通常，それぞれの天艇，および地艇と称される2隻1組の船に乗って遊行した。後になって舞台背景が用いられ始め，富裕な俳優が自前の衣装を用いるに至って（女性俳優が，劇団に加わったためもある），第三の艇，すなわち「画艇」が加えられた。天艇と地艇は，全長80尺，幅10尺であった。画艇はこれより小さく，当時の川船と特に異なった特徴はなく，また，通常，紅船とは，称されなかった[10]。

取締。清軍隊，重佔仏山後，焼四十八条街，把瓊花会館廃堆和附近的醤園工場作刑場，屠殺数万人。粤劇被取締，一直到清同治七年，才得解禁。

10)　An opera troupe normally travelled in a pair of Red Boats, known as 天艇 (Heaven Boat) and 地艇 (Earth Boat), respectively. Later, when scenery began to be used and the wealthier players began to use their own private costumes (and also when women began to join the troupes), a third boat was commonly added: the *waak-teng* 画艇 (picure boat or scenery boat). The 天艇 and 地艇 are said to have been 80 Chinese feet（尺）, in overall length, and 10 Chinese feet wide. The *waak-teng*

第 4 章　天地会会党と演劇　　　　　　　　　　　　　　　223

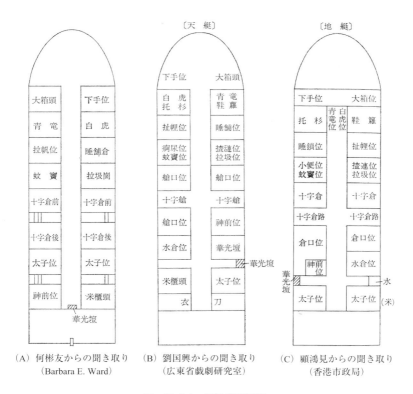

(A) 何彬友からの聞き取り　　(B) 劉国興からの聞き取り　　(C) 顧鴻見からの聞き取り
　　（Barbara E. Ward）　　　　（広東省戯劇研究室）　　　　　（香港市政局）

図・下 4-1　紅船平面図①
（田仲一成「粤東天地会の組織と演劇」，『東京大学東洋文化研究所
紀要』第 111 冊，1990 年 2 月．(A)(B) は 104 頁．(C) は 105 頁）

　以下，まず，復元図を 3 例，示す（図・下 4-1 (A)(B)(C)）。
　(A) は，Barbara Ward 教授が 1980 年に香港在住の古老，何彬友氏からの聞き取り調査によって復元した紅船の平面図である。(B) は，天艇の図で，広東省の粤劇研究室が広州在住の古老，劉国興氏からの聞き取りによって作成した平面図である。(C) は，地艇の図で，香港市政局が顧鴻見氏からの聞き取りによって作成した図である。3 図ともに構造が類似しているから，実態として，ほぼ誤りなきものと推定する。

---

was small, seemed to have had no special features to distinguish it from most of the other medium-sized river boats of its days; it was not usually called a "Red Boat".

3図いずれも船尾には，華光大帝を祀る。また，華光大帝の傍に「太子位」を配置する，これは，太子，すなわち戯神，田元帥と竇元帥の2人を祀る場所である。（A）と（C）が，太子位を2部屋，設けているのは，それぞれ独立の部屋を当てたものであろう。（B）は，太子位が一つなので，2名並べて祀ったものと思われる。船首には，青龍，白虎を祀る。これは，3図に共通している。天艇（B）と地艇（C）は，神々の位置が左右逆になっているが，組み合わせれば対称関係になっている。

　3図とも，部屋数は10部屋程度であるから，各部屋2名が住むとして，各船，20名程度，2隻1組として40名になる。これが当時の粤劇の規模である。

　これに対して，より詳しい平面図が，香港三棟屋博物館により作成された（図・下4-2）。この図は，神位（華光大帝，右）と太子位（田竇二元帥，2階各1室，右），青龍位（右），白虎位（左）などの位置関係から見て，天艇（B）にあたる。頭船とあるのは，天地両般の先導船を意味するものであろう。

　別に広東戯劇研究室が作成した地艇と記された図もある（図・下4-3）。

　神位の表示はないが，（C）に照らせば，太子位高舗の隣に配置されたものであろう。青龍と白虎は，天艇と逆になっている点も（C）と同じである。

　Barbara博士の図（A）は，華光の位置が（B），（C）と異なり，通路の奥にあるが，太子位が2室あり，地艇に属するものであろう。

　天艇，地艇ともに構造は同じである。居住可能の部屋数は片側6，両側で12，おおむね2階建てで，上2名，下1名であるから，36名が住める。2隻で72名，俳優以外に，舵手，水手，炊事係など，各船6名を擁するとすれば，俳優は30名。合計60名。現在の粤劇戯班の大型班に近い規模となる。船体を紅色に塗ってあるのが戯船の特徴である。

　次に天地会の戦艦については，貴県天地会文献に，次のような問答がある。

　　　問：爾の船には，幾室の艙があるか。幾条の釘があるか。幾多の篙があるか。幾多の桅があるか。そのうち幾条が大きくて，高い

第 4 章　天地会会党と演劇

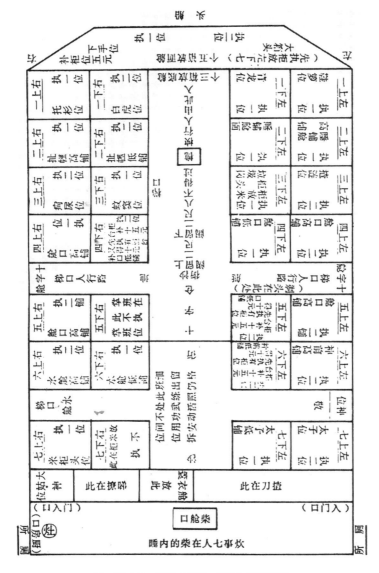

図・下 4-2　紅船〔頭船：天艇〕平面図②
（香港三棟屋博物館展観図録『粤劇服飾』1989 年，64 頁）

地艇

金錢角　龍眼　龍牙　龍眼　金錢角

龍口倉

雞篷　　　　　　　　　　　雞篷

下手位　　　　大箱頭

托衫　　青龍位　白虎位　　鞋籮

睡舖高低舖　　槍杆口　　理位高舖　圍甲低舖

植運位高舖　垃圾位低舖　　小便位高舖　蚊帳低舖

十字倉背行便高舖　十字倉低舖　　街　　當行便十字倉低舖　當行便十字倉高舖

倉口背行便高舖　倉口背行便低舖　　沙　　倉口位當行便高舖　倉口位當行便低舖

神前高舖　神前低舖　　木倉高舖　木倉低舖　木倉

一字棚

太子位高舖　　　　太子位低舖

伙食部

図・下 4-3　紅船〔地艇〕平面図③
（同前『粤劇服飾』64 頁）

第4章　天地会会党と演劇　　　　227

か。左はいかなる有様か。右はいかなる有様か。幾多の桅があるか。幾の高さがあるか。幾の広さがあるか。幾人が扶持（操船）するのか。誰が協力するのか。（船主は）何省何州に住むのか。いかなる姓，いかなる名か。何日何時に生まれたか。どこから起岸したのか。誰が船の面倒を看るのか。何を証拠とするのか。

　答：頭艙には，紅米がある。第二艙には，紅柴がある。第三艙には，軍器がある。第四艙には，華光大帝を祀る。第五艙には，五祖を祀る。第六艙には，関帝を祀る。その左に関平を，右辺には周倉を祀る。第七艙には，21名を祀る。第八艙には，108名を祀る。三塊の板に20条の釘，5張の篷，3堂の櫓，3塊の底，4条の篙，3条の桅がある。中心は義気を大とし，左辺には，「仁義礼智信」の標語があり，右辺には，「共同和合，万を結ぶ」の標語がある。吉（七）12張の桅は，二丈一の闊さ，一丈の高さがある。十八羅漢が扶持し，水公水母が伴を務める。船を操る水公は，広東恵州大中堂に住む。姓は櫓，名は漿，正月15日子時の生まれである。その妻の水母は，福建福州府海童寺，厦門の人士，姓は柳，名は徳である。8月15日午時の生まれ，子午沖して結びて夫婦となる。長沙湾口の渡頭，烏龍口を経過し，三方より起岸し，太平墟の観音老母に付して船を看守させる[11]。

　以上のごとく，問に対して，逐一，答えている，関帝，五祖，観音を祀り，義気を中心とする他，21名は，天地会の三八二十一の暗号（洪字の析解），一百零八人は水滸の好漢の数，など，天地会にちなんだ言葉を並べる。今，この問答に拠り，この船の構造と船艙の配置を描いてみると，図のごとくである（図・下4-4）。船尾に華光を祀るのは，紅船子弟の天艇，地艇と同じ。

　11）　問：你船来有幾隻艙？　有幾条釘？　有幾多条篙？　幾多条桅？　那条為大為高？　左有乜様？　右有乜様？　幾多張桅？　幾高幾闊？　幾人扶持？　乜人作伴？　住在某省某州？　某姓某名？　某日某時生？　某処起岸？　某人看船？　有乜為証？
　答：頭艙紅米。二艙紅柴。三艙軍器。四艙華光。五艙五祖。六艙関帝。左辺関平，右辺周倉。七艙二十一人。八艙壱百零八人。三塊板二百条釘。五張篷，三堂櫓，六架奬　三塊底，四条篙，三条桅。中心義為大，左辺有仁義礼智信，右辺共同和合結萬。吉（七）十二張桅，二丈一闊，一丈高，十八羅漢，扶持，水公水母，作伴。水公住在広東恵州大中堂。姓櫓，名漿。正月十五子時生。水母住在福建福州府海童寺，厦門人士，姓柳，名徳。八月十五午時生，子午沖結為夫婦。長沙湾口渡頭，烏龍口経過。三方起岸，付太平墟観音老母看船看。

この問答は，貴県から出ている点を見ると，李文茂，陳開などの残した広東天地会の伝承と思われる。三八二十一の暗号，関帝や観音など，広東客家の伝統と同じである。

Ⅳ　八和会館

　太平軍の敗退，瓊花会館の焼毀のあと，同治6-7年（1867-68）の会館再興までの間，紅船子弟の苦闘時代が続く。香港八和会館慎和堂編『我們的八和史略』（1949年）は，この時期の苦難を次のごとく記す。

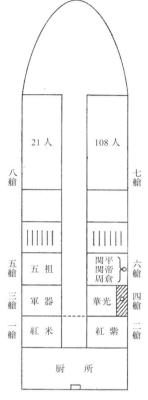

図・下4-4　天地会戦艇平面図
（田仲前掲論文106頁）

　　その時にあたり，幸いに一部の接戯の人員が頼りになった。たとえば，施公正，馬東林，徐汝江，何標，謝北などである。彼らは，我が粤劇界の同人がこのような不幸に遭遇したのを目睹し，粤劇の前途がこれに因って消滅するのを深く恐れた。そこで秘密に対応策，および救済の方法を相談した。施・馬の諸君は，迫られて仏山から遷って広州黄沙同徳大街に至り，臨時に一灯色店舗の中座を租賃し，ここを弁事処とした。事前の協議で決めた計画により，粤劇を「京劇」と改名し，当時の（外江）梨園京班の名義に因って，清廷の注意から身を隠し偽装したのである。結果がうまくいったので，こっそり方々に手紙を出して粤劇同人に通知し，秘密に広州に来させて集合させ，「京班」を組織し，これによって生計を謀った。これに因って，幸いに営業を恢復することができた。ただし，清廷の淫威を懍れ，敢えて公然とは上演しなかった。ゆえに当時，極力，京腔を研究した。所謂，京腔を唱い，官話を用いて台詞を操

第 4 章　天地会会党と演劇　　　　229

ることは，この時から始まったのである。ひとえに清廷の耳目をく
らますための計なのであった。あらゆる各郷の顧客を招接して，商
売をすることに関しては，すべて慎和堂に由った。老前輩の接戯員
は，苦心惨憺して経営し，同時にさらに永久経営の計を謀り，ま
た，接戯条約の中に，規定を増加し，公款を訂収した。毎日の登記
銀5銭を現収し，点心銀5銭，毎枱現収の登殿銀4銭4分，紅鶏
銀1銭8分を現収した。上に列せる各款規定の収費は，すべて戯
を予約した主会方面より数のごとく交付させ，別に戯班の経営者か
らは，毎本，班東・班号銀三毫を加収した。蓋し，この款は，実に
粤劇恢復に備えるための基本金なのである。
　当時，班業が日にようやく発達し，営業が興旺したことによっ
て，所収の各款は，これに因って日々に増加した。演劇を予約する
主会に明示して信用させる目的のために，すでに同人により決議し
て，吉慶公所を成立し，「大小京戯を承接する」という招牌を高く
懸け，顧客を拡大した。日に積み月に累ね，獲得した公款はさらに
鉅額となった。ついに当時の接戯員各老前輩に由り会商し，粤劇を
復興する方法を考案した。それに当時の清廷の梨園子弟を仇視する
心理も，ようやく弛緩してきた。経済方面に在っては，公款積存の
数も，土地を購い房屋・産業を建置して，今後粤劇同人に足場とな
る営業謀生の基地を提供するに十分な額に到達した。当時の各接戯
員は，また諸多の籌款の弁法を提出し，腋を集めて裘を成し，収入
は，ますます膨らんだ。そこで満清の同治6年，先後にすべての公
積金および調達した銀両を投入して，広州黄沙承祥坊において，空
地を購置した。合計380余両である。さらに吉慶公所の名義を用
いて同人を号召した。各郷の顧客に対して，信用は上昇し，商売は
順調に進み，班業は，日に興盛を見た。しかも劇界の同人は，日を
逐って増加し，収入はさらに多くなった。ついで全体同人の発起に
より，吉慶公所を建築し，産業（公産）を設置した。工程は浩大で
あったが，各前輩の接戯員，および粤劇同人の苦心，孤詣，毅力，
籌募のおかげで，1年足らずで，吉慶公所は終に完成し，粤劇は復
興することができたのである[12]。
以上によると，清朝弾圧下の粤劇俳優は，仏山と広州の2つの拠点

230　　　　　　　　下篇　紅幇と劇界

を失い，営業を禁止されて，路頭に迷う危機にさらされながら，京戯を
看板として生き延びたという。苦心経営の中心を担ったのは，戯班を各
郷の主会に売り込む接戯員であり，彼らを中心に，所謂「八和」の組織
が形成された。これについて，麦嘯霞の『史略』は，次のように記す。

　　測るに，吉慶公所の落成は，光緒10年である。慎和堂の接戯員は，
　さらに落成慶典の日，粤劇人全体が一堂に聚首する時に，また八和
　会館，並びに各堂宿舎，および墳落を建築することを倡議した。八
　和会館建築のための資金調達にあたっては，当時，吉慶公所に集
　まった粤劇界同人全体に由り，酈殿卿（すなわち武生，新華），楊倫
　（すなわち小生，倫），張啓（すなわち，小武，崩牙啓），古秋田（す
　なわち武生，大福），易品山（すなわち正旦，金）らを公推して籌備員
　とし，建築の事宜を担当させた。……同時に同人大会の議決に依拠
　し，入行基金2元を徴収するのを除く他，並びに同善堂の名義を
　以て，千益会を設立し，毎分の会金を3元とした。……籌備する
　こと数載，光緒15年に至って，ここに一座の美奐美輪，規模偉大
　なる八和会館を完成した[13]。

―――――――――――

12）　当其時也，幸頼有一部分之接戯人員。如，施公正，馬東林，徐汝江，何標，謝北
等，我粤劇界同人，目睹遭遇如此不幸，深恐粤劇前途，因此消滅，乃秘密磋商応付，及挽救
方法。……施・馬諸君，迫得由仏山遷至広州黄沙同徳大街，臨時租賃一灯色店舗之中座，作
為弁事処。依照商得之計劃，将粤劇改名為京劇，因当時借用梨園京班之名義以掩飾清廷之注
意也。結果，暗中分函通知粤劇界同人，秘密来広州集合，組織「京班」，以謀生活。因此，幸
得恢復営業。但，乃懐於清廷之淫威，不敢公然表演。故当時，極力，研究京腔。所謂唱京腔，
用官話道白者，始自其時。殆純為掩飾清廷耳目之計也。至所有招接各郷抬脚生意，統由慎和
堂。各老前輩之接戯員，惨淡経営，同時更謀永久経営計，乃復，在接戯条約中，増加規定，
訂収公款。毎天，現収登記銀五銭，現収点心銀五銭，毎枱現収登搬銀四銭四分，紅鶏銀一銭
八分。上列各款規定収費，統由定戯主会方面如数邀交，另毎本，加収班東・班号銀三毫。蓋，
此款，実為預備恢復粤劇之基本金。

因当日，班業日漸発達，営業興旺，所収各款，因之日多。為昭示定戯之主会信用起見，已
由同人決議，成立吉慶公所，高懸「承接大小京戯」招牌，以広招徠。日積月累，所収公款更
鉅。遂由当時之接戯員各老前輩会商，図謀復興粤劇辨法。因当時清廷仇視梨園子弟心理，乃
漸為鬆弛，在経済方面，公款積存之数亦足以購地建築房屋産業，以為今後粤劇同人有立足営
業謀生之基地，当時各接戯員，復提出諸多籌款辨法，集腋成裘，所得益夥。乃於満清同治六
年，先後将所有公積金及所籌得之銀款，尽量，在広州黄沙承祥坊，購置空地。共三百八十余
井。並用吉慶公所名義，号召。対各郷之抬脚，信用提高，生意順利，班業見日興盛，而劇界
同人，逐日増加，収入更多。旋由全体同人発起，建築吉慶公所，以奠基業。雖工程浩大，但
在各前輩接戯員，及粤劇同人苦心，孤詣，毅力，籌募之下，不期年而吉慶公所終完成，粤劇
得以復興。

13）　測吉慶公所之落成，乃在光緒十年。慎和堂之接戯員，更於落成慶典之日，於全体

第 4 章　天地会会党と演劇　　　231

　ここでいう八和会館とは，八和各堂の連合体で，八和は，おそらく先
の天地会文献③「洪門詩篇および拝会互答」「祭五祖」の条に見える次
の文句からとったものであろう。

　　一に天を拝して父と為し，二に地を拝して母と為す。

　　三に日を拝して兄と為し，四に月を拝して嫂と為す。

　　五に五祖を拝し，六に万雲龍大哥を拝す。

　　七に陳近南先生を拝し，<u>八に兄弟を拝して和順ならしむ</u>[14]。

　したがって，八和の 2 字がそれ自体として天地会会党の組織である
ことを暗示している。この八和会は，民国に入って，「八和劇員総工
会」，1927 年に「八和粤劇共進会」，さらに 1949 年以降，「八和粤劇職
業工会」とたびたび改名している。共進会が，前述の青幇の共進会に
倣った命名であるのを除き，職工，職業工人を名乗っているのは，この
団体が，経営者団体ではなくて労働者団体であることを暗示している。
1949 年以降は，香港は大陸と切り離され，香港の粤劇俳優も独自の組
織を作らざるを得なくなった。当初，九龍の亜皆老街に八和会館を設
置し，その後，九龍油麻地彌敦道 495 号，麗星大厦 6 楼に新会址を建
置して，現在に至っている。香港，九龍，新界における粤劇上演の権限
は，香港八和会館が独占しており，その統制力は，往時の天地会の遺風
をなお存していると言えよう。この八和会館は，先に引いた天地会の八
拝兄弟に倣って，次の 8 個の堂から成る。

　　①普侣堂（音楽）

　　②慎和堂（事務）

　　③合和堂（小道具）

　　④鑾輿堂（武術）

　　⑤兆和堂（文武生）

粤劇同人一堂聚首之時，復倡議建築八和会館，並各堂宿舎，以及先人墳落。八和会館之籌備
建築，係由吉慶公所当時招集全体粤劇界同人，公推鄺殿卿（即武生，新華），楊倫（即小生，
倫），張啓（即，小武，崩牙啓），古秋田（即武生，大福），易品山（即正旦，金）等，為籌備
員，主持建築事宜……同時依拠同人大会議決，除徴収入行金二元外，並以同善堂名義，設立
千益会，毎分会金三元。……籌備数載，至光緒十五年，乃完成一美奐美輪，規模偉大之八和
会館。

　14）　一拝天為父，二拝地為母，三拝日為兄，四拝月為嫂，五拝五祖，六拝万雲龍大哥，
七拝陳近南先生，八拝兄弟和順。

⑥慶和堂（花旦）

⑦福和堂（丑脚）

⑧新和堂（端役）

　これらの記述を通してうかがえることがある。それは，青幇が宗族に倣って，メンバーを輩行字によって，上下に階層区分し，上意下達の閉鎖的体制を敷いているのに対し，紅幇（天地会）は，メンバーを同輩行の兄弟関係とし，先に入ったものを兄（大哥），嫂と敬う他は，すべて平等の兄弟関係としていることである。八拝兄弟，八和兄弟という関係で，開放的で拡大しやすい組織であった。とりわけ，下層民にとっては，加入しやすい組織であったと言える。広東，広西，江西，福建，台湾など，南方各地において，嘉慶道光の短い期間に広く勢力を拡大し，青幇以上に，革命に大きな影響を与えた。その勢力は，南洋にまで及んでいる。

第2節　天地会入会式における演劇上演

　前述の通り，紅幇は，天地会の系統に属する。香港にも多くの天地会の痕跡が残る。そしてこの天地会においては，入会式に演劇が行われた。民国10年序『東莞県志』巻34「前事略六」に次のように見える。
　　三合会は，すなわち天地会の変種である。嘉慶間に現れ，道光初に至って次第に盛んになった。……始め拝会は香山県で行われたが，やがて広州に拡大した。東莞各地の諸郷に多い。咸豊甲寅の変（太平天国）は，ここから始まった。初め起こった時，妖書を撰し隠語を造った。教を伝える者は，亜媽と呼ぶ。引見する者は，舅父と呼ぶ。または先生と呼ぶ。また升上と呼ぶ。文字を主る者は，白紙扇と呼ぶ。奔走する者は，草鞋と呼ぶ。各頭目は，紅棍と呼ぶ。拝会は，登壇演戯と呼ぶ。入会は，出世と呼ぶ。拝会するごとに，亜媽は，頭を紅幘で包み，白衣を着る。五色の旗を設け，上に「彪寿合和同文字」と書き，五方に分けて張る。某方より来た者は，某旗に隷属させる。三重の門を設け，各門に，2人が刀を持ち，八の字の形を作る，拝会する者は，匍匐して入る。自ら「仔」と称する。裸

になり髪をばらし，跪いて伏して斗を拝する。三十六呪を念じ，指を切って血を出して盟約し，隠語を受ける。三角符のうちに，「参天宏化」の4字が書いてある。髪辮は，両線の辮を繋ぎ，一圏に結ぶ。頭目が「天牌は正額に圏せり」と言う。司事が「地牌は脳後に圏せり」と言う。先に入会する者が「人牌は左耳に圏せり」という。後に入会する者が「人和牌は右耳に圏せり」と言う。ともに身に短襖をはおる。綵帯，藍襪，鋭靴，露刃などをもらう。互いに相遇すれば，姓名を問い，洪と答える。あるいは称「三八二十一」と称する。そうすれば会中の人とわかる。入教しようとしない者は，皇仔と呼ぶ。その教を騙る者は，野仔と呼び瘋仔と呼ぶ。入会するごとに，銀1，銅銭360を科す。祝寿銭と呼ぶ。その隠語暗号を知らないものは，すぐに連行される[15]。

　ここで，入会したがらない者を「皇仔」と呼ぶのは，皇帝の子，つまり清に隷属する人間という意味である。非常に反清の意識が強い集団であることがわかる。

　また，ここに見るように，三合会では，拝会，すなわち結拝を「登壇演戯」と言っている。儀式に演劇を行っていたことがわかる。

　例えば，雍正13年（1735），江南，潁州霍邱県（安徽省中部）の天地会系結社，鉄尺会では，拝会にあたり，演劇を行ったという。宮中檔案第75箱，379包，10610号，雍正13年6月21日，趙弘恩奏摺（荘吉発『清代天地会源流考』21頁引）に次のごとく記す。

　　署潁州知州李元祥の稟称に拠る。訪ね得たところ，州属の霍邱県葉家集地方に愚かで頑迷な多くの人がいて，衆を聚めて結盟し，鉄尺会と名づけた。主謀は高二，王三洒，宋大漢，郭長腿ら，数十余人

───────────────

15）　三合会即天地会之変相，嘉慶間，有之。至道光初而漸盛……始拝会在香山。旋蔓延広州。東莞各地，諸郷多有之。咸豊甲寅之変，則肇於此。初起時，撰妖書，造隠語，伝教者，曰亜媽。引見者，曰舅父。又曰先生。曰升上。主文字者，曰白紙扇。奔走者，曰草鞋。各頭目曰紅棍。拝会曰登壇演戯。入会曰出世。毎拝会，亜媽裏紅幘，服白衣，設五色旗，上書彪寿合和同文字。分布五方。従某方来者，隷某旗，設三重門，毎門，二人持刀，作八字形，拝会者，匍匐入。自称曰仔。赤身披髪，跪伏拝斗，念三十六呪，割指血盟。受隠語，三角符内，写「参天宏化」四字。髪辮，繋両線辮，結一圏。頭目曰天牌圏正額，司事曰「地牌圏脳後。先入会者曰人牌圏左耳。後入会者曰人和牌圏右耳。俱身披短襖。綵帯，藍襪，鋭靴，露刃，彼此相遇，問姓各以洪対。或称三八二十一。便知是会中人。不肯入教者，曰皇仔。冒其教者，曰野仔，曰瘋仔。毎入会，科銀一，銅銭三百六十。曰祝寿銭。不識其隠語暗号者，即被掠。

234 　　　　　　　　　下篇　紅幇と劇界

である。閏4月22日において，丁届遠の家で，拝盟して会酒し，
戯を演じた。前に布篷十座を搭し，各々，鉄尺一根を執る。高二，
王三洒が中に居り，扁担（天秤棒）二条を擺列し，刑杖とした。お
よそ指揮を聴かない者は，扁担を以て之を責めた。5月12，13等
の日，また，菜園内で，戯3本を演じた。王三洒の家で聚会した。
合計で20余席あった[16]。

　ここでは，会党が4月に結拝した時に，演劇を行い，神前に誓いを
立てた後，さらに5月12，13まで3日間にわたり（5月11日の前夜
祭も含む），毎日，1本，合計3本の演劇を行い，会飲している。5月13
日は，関羽の誕生日とされているから，彼らは，先の天地会文献に見
える対聯や設営と同じく，関帝信仰を結盟の核としていたものと思われ
る。

　孫文も，その『建国方略，有志竟成』の中で，次のように述べてい
る。

　　洪門の拝会は，演戯によって行われる。おそらく，演劇は，最も群
　　衆の心を動かしやすいからであろう。その思想を伝布する場面で
　　は，不平の心，復仇の事によってこれを導く。これが最も常人の感
　　情を動かしやすい。そのスローガンや隠語は，俚俗の言を用いて表
　　す。これは，最も士大夫が聞いて厭を生じ，遠ざかって之を避けた
　　いと思うものである。固く団結を結べば，博愛を以て之に施し，彼
　　此をして手足相顧み，患難相扶させることができる。これは最も
　　あの江湖旅客，家を持たない渡世人の需要に合致する。そして，最
　　後には，民族主義を伝え，以てその反清復明の目的を達することを
　　期待できよう[17]。

　　16）　拠署潁州知州李元祥稟称。訪得，州属霍邱県葉家集地方有愚頑多人。聚衆結盟，名
為鉄尺会。有高二，王三洒，宋大漢，郭長腿等，数十余人。於閏四月二十二日，在丁届遠家，
拝盟会酒，演戯。前搭布篷十座，各々執鉄尺一根。高二，王三洒，居中，擺列扁担二条，以
作刑杖。凡不聴指揮者，以扁担以責之。五月十二，十三等日，又，在菜園内，演戯三本。在
王三洒家聚会。共有二十余席。
　　17）　洪門之拝会，則以演戯為之。蓋此最易動群衆之視聴也。其伝布思想，則以不平之
心，復仇之事導之。此最易発常人之感情也。其口号暗語者，則以鄙俚粗俗之言以表之。此最
易使士大夫聞而生厭，遠而避之者也。其固結団体，則以博愛施，使彼此手足相顧，患難相扶。
此最合夫江湖旅客，無家遊子之需要也。而最終，乃伝以民族主義，以期達其反清復明之目的

第4章　天地会会党と演劇　　235

　天地会文献③「洪門詩篇および拝会互答」に，この拝会の時の演劇に
関して，次のような問答が記されている。
　（盤問看戯）
　　問：汝，かつて戯を看たことがあるか。
　　答：看たことがある。
　　問：いかなる名の戯班であるか。
　　答：新好彩班である。
　　問：幾幕の戯を看たか。
　　答：5幕を看た。
　　　第1幕は，『洪門，大いに会す』である。文武生がことごとく登
　　　　場した。
　　　第2幕は，『中堂にて子を教う』である。春娥と老官が，登場し
　　　　た。
　　　第3幕は，『橋辺飲水』である。散公脚（はやく）が，出演した。
　　　第4幕は，『定国，関〔奸〕を斬る』である。
　　　第5幕は，和合団円で，『鉄龍陣の蘇羅を打道〔倒〕す』で締め
　　　　くくった。
　　　まことに面白く，いずれの幕も目新しかった[18]。
　まず，劇団名を見ると，新好彩とある。これは，「好彩（大当たり！）」
という掛け声を示しているが，新天彩など，潮州劇の劇団名を踏まえて
いると見られれる，
　以下，これらの演目を検討してみる。

Ⅰ　洪門大会
　これは，劇団の俳優総出の顔見世狂言である。文武生（立ち役）とい
う用語は，粤劇の慣用語であるから，粤劇と見てよいが，演目として
は，粤劇の冒頭で演じる「六国封相」を連想させる。ここでは，秦に対

───────────
焉。
　　18）　（問）：爾看過戯無前。（答）：看過了。（問）：是也班名。（答）：新好彩班。（問）：爾
　看過幾多齣戯。（答）：看五齣。頭齣，『洪門大会』。文武生，尽登場。二齣，『中堂教子』。春
　娥老官，出台。三齣，『橋辺飲水』。散公脚，出台。四齣，『定国斬関〔奸〕』。五齣，和合団円，
　『打道鉄龍陣蘇羅』掃尾。看了十分好看，齣々新。

抗する六国〔楚斉燕趙魏韓〕の宰相，元帥が勢ぞろいする。六国が連帯して，専制政治に反抗する意気込みを示す。

秘密結社の団結を暗示する演目である。

Ⅱ　中堂教子
これは，潮劇の「三娘教子」を指す。梗概は次の通り。

　難民の女に，王春娥という者がいた。父に随って河南に親戚を訪ねに行ったが，訪ね当てられなかった。父は年老いていて，飢えと寒さに耐えられず，旅籠で病死する。春嫦は貧しくて葬式を出すことができなかった。どうにもしようがなく，旅籠の主人に頼んで，街中へ連れて行ってもらい，身を売って父の葬儀費用に充てたいと願った。この時，工部侍郎の薛子羅という人が，老僕の薛保を連れて微服して友人を訪ねるところだった。路すがら，春娥が啼哭しているのを見かけ，その境遇に同情し，その孝行を称賛して，慨然として金を贈り父の葬式をするように計らった。さらに薛保に春娥の身の振り方についても善処するように命じた。春娥は，彷徨して助けてくれる人のいない中で，この親切に感激して流啼するばかりだった。子羅の家には，一妻一妾があった。妻〔大娘〕は，賢であったが体が弱く子供がいなかった。妾〔二娘〕は，一男を生み，名を義郎と言った。年は，やっと2歳になったばかりだった。妾は，子を産んだことで驕っていた。正妻は，家計を握っていたが，事ごとに耐え忍んで妾に譲歩していた。子羅は，家に帰り，妻妾に，父親の葬儀代に困っていた春娥に金を贈与したことを話した。正妻は，春娥が温和で風格のある美しさを備えており，貧賤の家の女には見えないので，調べてみて知識人の後裔であることを知り，子羅のために第2の妾〔三娘〕にしたいという思いを懐いた。春娥は，正妻の要求に対して，当然，反対はしなかった。妾は内心気にくわなかったが，みんなの意見には逆らい難かった。しかし，春娥が衣服を晴れ着に着替えて茶を捧げて入室の俗礼を行った時に，妾は，いろいろと難癖をつけた。

　この時，不意に聖旨が下ったという知らせが入った。黄河が汎濫したので，子羅に工部の夫役を連れて現場に行って堤防修理を監督

するようにとのことである。事が急を要するため，子羅は，ぐずぐずせず，すぐに妻妾に別れの挨拶をすると，薛保を連れて赴任した。子羅と薛保は，暗い気持ちで家を去った。子羅が家を離れて後，三娘は正妻の家政を助けて，孜々として倦まず，正妻に大変気に入られた。妾の二娘は，元来，乱暴で淫乱な性格で，結局，悪僕の薛強と私通し，義郎を放置して顧みなくなった。三娘は，嬰児が世話をする母親がいないのを見て，いろいろと面倒をみていた。ある日，急に薛保が麻衣を着て現れ，家に入ってきて報せを伝えた。「子羅が黄河で工事を監督し，みずから夫卒に混じって率先して働いていた時，不幸にも巨浪にさらわれた」というのである。みな，知らせを聞いて大へん驚いた。二娘は，子羅の訃報を聞くと，すぐに正妻に財産分与を迫った。正妻は，禍変が次々に起こってくるのに耐えられず，その場で気絶して亡くなった。二娘は，正妻が死んだのを理由に，厳然とした態度で，家主を自任し，家産分割を指揮した。わずかに桑田数畝，茅屋一椽を三娘に与えただけだった。三娘は，二娘に「義郎を大事にして，貞節を苦守すべき」と忠告したが，二娘は，再婚したい気持ちにはやり，ついに義郎を三娘に与えて撫養を委ねた。三娘は，如何ともするなく，義郎を連れて家を離れた。

　春光は再ならず，歳月は流れるごとく，10余年の後，義郎は三娘，薛保の苦心教養の下で，すでに束髪の身に達した。しかし二娘は，全財産をさらって，薛強に随って遠くへ去り，高飛びしてしまった。

　義郎は，塾に通って勉学に励んだ。ある友達が「お前の生みの母は，産んだ子を育てずに，節に背いて再婚したそうだな」といって誚った。義郎は，嘲弄に堪えられず，憤然として家に帰り，薛保に尋ねようとした。薛保は，本当のことを話そうと思ったが，また，義郎の心理に影響することを心配し，三娘に孝養を尽くすように勧めただけだった。義郎はますます疑い，三娘に会いに行き，包み隠さず同学が誚った言葉を三娘に告げた。三娘は，無難な言葉で慰め，市井の妄言などに耳を貸さぬように忠告した。義郎は，わけがわからず，憤然として書物を地面に放り投げた上，三娘をそしり，

ひどく心を傷つけた。薛保は，門外で三娘の哭き声を聞きつけて入室して様子を見た。三娘が滅入っているのを知り，義郎を引っ張って三娘の面前に一緒に跪き，許しを乞うた。三娘は，一語一語に涙を流しながら，昔の苦労を哭いて義郎に訴えた。義郎は，ここで初めて真相を悟った。深く自らの愚かな行為を悔やんだが，母を慰めるすべがなく，謝るだけだった。三娘は，これに心を動かされ，勉学に励むように諭し，他日の成功を期待した。義郎は，教を体し，灯を挑げて苦読した。皇天は，苦心の人に負かず，薛義郎は，秋闈に入って受験し，果せるかな，名は上位に列せられた。殿試を経た後，状元及第を果たした。

　この時，薛子羅は，堤防修理の監督に成功し，宮廷に帰還した。義郎の相貌が自分に似ているのを見て，屋敷に来て懇談するように求めた。父子は，再会し，あたかも隔世のごとき感慨を覚えた。実は，子羅は，工事を監督していた時，巨浪にさらわれたが，後に郷民の協力によって救い上げられたのだった。その後，継続して堤防を修理し，悠然として16年が経過したが，全く家中の変事を知らなかった。ここで初めてわけを知り，子とともに上殿して皇帝にわけを奏上した。その結果，子羅父子は故郷への栄帰を許された。三娘と薛保は，知らせを聞いて，望外の喜びにひたり，ちょうど衣装を整えて父子を廊下に出迎えようとしていた時，ふと一人の乱れ髪で汚れた顔の女乞食が進み出て呼びかけてきた。よく見ると，実は二娘だった。二娘と薛強は，家から出た後，金銀を騙し取られ，流落して乞食になったのだった。夫と子が栄貴の身になったことを知ったが，会わせる顔がないというので，三娘に頼んで釈明してもらうつもりだった。三娘は，心根が慈悲深く，その申し入れを許した。子羅父子が茅屋に戻り，夫妻重ねて相会するに及んで，恍として隔世のごときであった。二娘は，進み出て義郎と面会して名乗ろうとしたが，子羅は，怒ってその非を責めた。さらに覆水盆に返らずの故を以て，これを追い出して退出させた。この時，差役たちが三娘に鳳冠霞佩（状元の夫人や母が着用）を献上した。三娘は苦尽

きて甘来たり，一家ともにここに団円を慶賀した[19]。

この話が天地会の儀式に取り入れられた理由は，希薄な夫婦の縁にも
かかわらず，受けた恩義を忘れず，その子を育てて大成させた春娥の善
行が会党に評価されたためであろう。

Ⅲ　橋辺飲水

椅子に白布を掛けて作った橋の下を新会員にくぐらせる「鑽橋」とい
う儀式である。

この時，次のような呪文を発する。

---

19) 有難女，王春娥者，随父往河南尋親不遇，父年邁，不堪飢寒，病逝客邸。貧難為
殮，春娥迫于無奈，請店主帯往街中，自願売身葬父。有工部侍郎，薛子羅者，偶偕老僕薛保
微服訪友，路見春娥啼哭，憐其遇而嘉其孝，慨然贈金為娥父葬殮。娥，並着薛保代其善後，
娥在彷徨無援中，為之感激涕泣。子羅家有一妻一妾。妻賢而体弱無所出，妾誕一男，名曰義
郎，年方二歳。二娘以此而驕，大娘雖主中饋，事事忍譲。子羅返家，告妻妾以贈金為春娥葬
父事。大娘見春娥温文壮麗，不類蓬門之女，因而詳詢之下，知係書香後裔，有意替子羅為第
三妾。春娥心対大娘所求，自無反対。二娘心雖不願，惟難違衆議，当春娥更衣易服奉茶入宮俗
礼時，二娘諸多指摘。

斯時，忽伝聖旨到，因黄河泛濫，着子羅帯工部夫役前往督修，事関緊急，子羅不敢稽延。
即辞妻妾帯薛保上任。子羅与薛保黯然而去。子羅離家後，三娘助大娘持家，孜々不倦，甚得
大娘歓心。二娘既流而淫，竟与悪僕薛強私通，且置義郎于不顧，三娘見嬰児無母照顧。于是
諸多照払。一日，忽見薛保麻衣入報，謂：子羅在黄河督工，身先夫卒，不幸為巨浪巻去。衆
人聞報大驚，二娘聞子羅死訊，立迫大娘分家。大娘不堪禍変迭来，当即気絶身亡。二娘以大
娘既死儼然以家主自居，主持分家。僅以桑田数畝，茅屋一椽予三娘。三娘勧其以義郎為重，
貞節苦守。二娘改嫁心切。竟以義郎予三娘撫養。三娘無奈，携義郎離家。

春光不再，歳月如流，十余年後，義郎在三娘，薛保苦心教養之下，已届束髪之身。而二娘
則席巻所有，随薛強遠去高飛矣。

義郎在塾中苦読。有同学譏其有娘生，無娘養。並諷其母失節改嫁。義郎不堪受人嘲弄。憤
然返家，欲詢薛保，薛保想講出真相。又担心影響義郎心理。勉以孝順三娘。義郎益疑。入見
三娘。坦然以同学相譏之言告三娘。三娘好言撫慰。勧其勿聴市井讕言。義郎以不得要領，憤
然擲書于地，且語侵三娘。大傷伊芳心。薛保在門外聞哭声入視，知三娘心砕。乃拖義郎同跪
三娘面前求恕。三娘一字一泪，将前情哭訴義郎，義郎至此大悟。深悔孟浪，無以慰母。三娘
果為之所動，教以苦読，待他日成名。義郎唯唯受教，自此挑灯苦読。皇天不負苦心人，薛義
郎秋闈入試，果然名列前茅。経殿試後，欽点状元及第。時薛子羅督堤成功回朝。見義郎相貌
肖己，因請過府坐談。父子重逢，彷如隔世。原来子羅督工時，為巨浪巻去，後為郷民協力救
起，継続修堤，悠然十六年，殊不知家中変故。至是得知縁由，乃偕子上殿陳奏，子羅父子栄
耀回郷，三娘聞薛保訴訊，喜出望外，正欲整衣出廊迎迓，忽有一蓬頭垢面之丐婦上前相呼，
細視之，竟是二娘，原来二娘与薛強出走後，金銀被騙，流落為丐，今知夫栄子貴，無顔相見，
欲請三娘代為説項，三娘心態允其致意。及子羅父子回至茅屋，夫妻重相会，恍如隔世，二娘
上前欲与義郎相認，子羅怒斥其非。以覆水難収。斥之使退。時衆差役呈上鳳冠霞佩，三娘苦
尽甘来，合家共慶団円焉。

義兄は，汝に霊神を拝させる

三八，二十一人，一人も狂わない

橋頭で三合の水を飲みおえれば

斉しくこれ洪を姓とする人である

三河は，水を合して万年に流れ

二十一人は，ともに舟を一つにする

凡心を洗浄して五祖にまみえ

反骨，姦心があれば，かならず生かしてはおかぬ

　この儀式については，多くの公文書に記載がある。例えば，道光9年「江西巡撫呉光悦の上奏文」には，天地会，すなわち三点会について，次のように記す。

　　毛元奇が香燭を買いそろえ，卓上に従前からの会首，万提喜，すなわち洪二和尚の牌位を立てる。布で橋を架け，呉潮文などにくぐらせた。毛元奇は，「忠あり義あれば橋下を過ぎり，忠なく義なければ剣下に亡ぜん」と唱える。それから鶏を割いて血を取り，酒にたらして一緒に飲む。次いで，「口を開くに本を離れず，手を出すに三を離れず」，および「三八二十一に洪の字を隠す」という暗号を唱える。

　「三八二十一」とは，［氵(3) ＋八(8) ＋廿(21)］で「洪」の字になるからである。天地会会党は皆，洪姓を名乗る。洪は紅に通じ，紅幇と呼ばれた。太平天国の洪秀全も同じである。

Ⅳ　定国斬関〔奸〕

　第4幕，「定国斬関」（あるいは「斬奸」）以下，「蘇羅」までは，「定国」と「蘇羅」の2つの固有名詞から見て，唐末，懿宗，昭宗時代の故事として語られる弾詞《安邦誌》（道光己酉29年序刊本）およびその続編《定国誌》（同前）を劇として演じたものと見られる。『安邦定国全誌』という題名で両書を合刻した本も存在する。譚正璧編著『弾詞叙録』（上海古籍出版社，1981年）には，その梗概が記されている。その要点は，次の通りである。

　　涿郡の人，趙少卿と臨安の人，馮仙珠の2人は，元来，指腹婚の関係にあったが，妨害が多く，結婚できないまま，それぞれ別の途を

歩く。趙少卿は，応試して状元となり，欽安王の乱を平定して，兵部尚書に昇進する。馮仙珠は，男装して武功を立て，挙人を賜り，さらに治水の功，治病の功によって，忠顕侯から武俊公に封ぜられる。やがて趙少卿は，丞相に昇進する。馮仙珠は，一時，官を辞したが，趙少卿の病を治しに呼び出され，酒に酔って女身なることが露見する。趙少卿は，この旨を帝に上奏し，帝は，2人の成婚を命じる。馮仙珠を安邦夫人とする。趙少卿は，若年より多数の女性と情交を持ち，この時，すでに8人の妻を得ていた。ここに正配の馮仙珠を迎えて，一妻八妾となる。趙少卿は，定国公に封ぜられ，文華閣に在って政務を執ること10年に及ぶ。安邦夫人以下，一妻八妾に七子八女が生まれた。男は，洪英，洪明，洪文，洪声，洪宏，洪章，洪人の7人である。馮仙珠が病没し，趙少卿が吐蕃に出征している間に，胡妃の兄，胡雲豹が文華閣の権を握り，国政を専断し，政を誤る。懿宗は，太監，張永に殺され，胡妃は，皇后と太子を排除し，自分の子の恵王を帝位につける（僖宗）。趙少卿の長子，洪英は，太子を救い出して貴州に脱出，趙少卿は，貴州に在って計を立て，太子を奉じて出兵し，抄関を破って京師を衝く。僖宗を退位させ，太子を帝位につける（昭宗）。胡氏一族を反逆罪で処断する。趙少卿はさらに4人の妻を迎え，併せて12人を得る。

　以上のごとく，定国公の出世栄達，艶福の物語で，天地会とのつながりがどこにあるのか，明らかではない。ただ，その子，7人の輩行字が「洪」であることは，天地会が洪門兄弟を標榜することと関係する可能性がある。会党は，この物語のこの「洪」の文字に自らの組織とのつながりを認めたのかもしれない。

　また，「斬奸」にあたるのは，何かもはっきりしないが，叛臣の胡雲豹一族を斬刑に処したことを演じたと見ることもできる。

V　打道〔倒〕鉄龍陣蘇羅

　次に「蘇羅」とあるのは，『定国誌』巻5-6に見える物語であることを特定できる。ここでは，巻5，事件の発端を示す。

　【説】海洋の東首に蘇羅国があった。国王は，奸相，賀抜金に殺された。賀は，自立して王となった。蘇羅国には太子がいて，逃げ

て海洋を渡り，親ら上国に投じた。立ちどころに長安に至り，天朝
に支援を懇求した。先に文華（閣）に至り，首相，趙安（少卿）に
謁見しようとしたが，趙は越に在って，その妻室（馮仙珠）を安葬
しに行き，未だ帰っていなかった。太子は，代印の相事官たる史必
達，馮雲顕に会い，泣いて禍難を訴え，衷情を備述した。天朝に斧
もて伐ち，奸を除き，佞を斬ることを要請した。……天子は，その
言を聞いて奏上を准し，一方で，蘇羅の太子に伝えて，崇訓殿でそ
の情を訴えるのを聴取し，一方では，人を派遣して，越に行って首
相，定国公を召し，飛馬にて朝に回り，政事を主議させるように計
らった[20]。

　ここでは，趙少卿は，正妻の馮仙珠を故郷の臨安に葬るために越の国
に出張している。諱が，安であることがわかる。

　次に，巻6では，胡雲豹の提議による蘇虎の派遣と失敗，趙少卿の
親征と平定の顛末を語る。以下の通り。

【説】趙相は，詔を奉じて胡元を匡さんとしたが，これは簡単なこ
とではなかった。どうして報告を受けて功を成す機会が来たのに，
労を惜しんで灰を吹く力さえも使わなかったのか。と言えば，ただ
賀抜金が，主を殺して自立したことで，番太子が，救いを天朝に
求めたからである。咸通皇帝は，胡雲豹の言を聴き，蘇虎を派遣し
て，辺関に至らせた。蘇虎は，能力がなく，賀抜金に殺された。賀
はまた勢いに乗り，国境を越えて山海関を寇した。道すじの漢土
は，ともに侵掠を被った。賀が溧陽城に住って油断している間に，
趙丞相の兵がやってきて，一戦で，これを打ち破った。もし帝が漢
土を拒ぎ，みずから番邦を守らなければ，たとえ趙丞相がいかに智
謀にたけていたとしても，功を成すことはできなかったであろう。
趙丞相は，賀抜金を破り，番太子を送って国に回し，王を称させ
た。王は，趙丞相を留め，表を備え，官を派遣し，天朝に至って入

20）【説】海洋之東首有一蘇羅国。国王被害奸相賀抜金殺了。自立王。有蘇羅国太子，
逃赴海洋，親投上国。立時到長安，懇求天朝相救。先到文華（閣）。謁見首相，趙安，在越安
葬相妻室，未回。見了代印相事官，史必達，馮雲顕，哭訴禍難，備述衷情。要請天朝斧伐，
除奸斬佞。……天子聞言准奏，一面伝宣蘇羅太子，親見与崇訓殿訴其情，一面差人去，召首
相，定国公飛馬回朝主議政事。

貢した。趙相は，番邦に約半月滞在して，ついに番王に別れて，山
海関に回った[21]。

　この趙少卿の遠征，戦艦300隻によったもので，「打道（倒）鉄龍陣」
（鉄龍の陣を張る）の語は，この時の賀抜発との戦いでの賀抜金の布陣を
指すものかもしれない。

　この趙少卿の話が天地会の拝会で演じられた理由は，7人の子の輩行
字が「洪」だったからではないかと思われる。

第3節　天地会の戯曲

　以下では，現在，香港やシンガポールなどで上演されている演目の中
で，天地会の形跡を宿すものを挙げて，分析する。

Ⅰ　六国封相

　先に引いた『我們的八和史略』に，太平天国敗退後の粤劇同人が「京
劇」を演じて糊口をしのいだ時期に，吉慶公所の準備金のために，主会
に登殿銀を課していたことが述べられていた。登殿銀とは，上演開始
の冒頭に演じた皇帝礼賛の吉慶戯の劇目を指す。この時期は，粤劇俳優
も，清廷の嫌疑を招かないように，皇帝礼賛の演目である《登殿》を演
じたのであろう。今，録画で見ると，文武生が1人ずつ，左右から登
場し，最後に玉帝が登場する。皇帝政治を礼賛するために書かれたもの
であることは一目瞭然であり，これも粤劇俳優が清朝の嫌疑を避けるた
めに行った偽装の一種と思われる。

　しかるに，現在，粤劇上演において，冒頭に演じられるのは，《登殿》
ではなく，《六国封相》である。これは，戦国時代の話で，秦が強大に
なり，他の六国（楚，斉，燕，趙，魏，韓）を併呑する勢いを示している

21）【説】趙相，奉詔匡胡元，非易事。為何馬到成功，不費吹灰之力。只因賀抜金，殺
主自立，番太子，求救天朝。咸通皇帝，聴了胡雲豹之言，差蘇虎到辺関。蘇虎無能，被賀抜
金殺敗。復乗勢，入寇山海関。一路漢土，俱被侵掠。住溧陽城不防，趙丞相兵来，所以一戦
便破。若不拒漢土，身守番邦，趙丞相，雖智足多謀多，安能成功。趙丞相，破了賀抜金，送
番太子回国，称王。暫留趙丞相，備表，差官，到天朝入貢。趙相，在番邦約有半月，遂別番
王，回山海関。

中で，遊説の士，蘇秦が六国を説得して連合させ，秦に対抗させる話である。この演目は，粤劇が同治6年に解禁されてから，従来の《登殿》に代わって開演冒頭の《開台戯》として書かれたものである。梁沛錦氏の『粤劇劇目通検』では，民国以前の作品とされている。秦は清に通じる。《登殿》が清朝賛美であるのに対して，明らかに反清連合の賛美になっている。六国が平等の立場で連合し，専制に対抗する構造は，天地会との関係が深かった粤劇の伝統を暗黙の裡に継承していると思われる。

　劇は，次のように進行する。
　　1　六国の王が次々に登場して整列する
　　2　六国の元帥が次々に登場して整列する
　　3　旦角の扮した馬（旦馬）が登場（図・下4-5）
　　4　第二〔幇〕花旦が舞踏する（図・下4-6）
　　5　舞い終わって，傘を持って控える（図・下4-7）
　　6　正印花旦が操る車に乗って，老生が各種の所作を演じる（図・下4-8）
　　7　老生，車を降り，小生の蘇秦が登場する
　　8　老生は，聖旨を読み上げ，蘇秦を六国連合の宰相に封じる（図・下4-9）
　　9　旦角が扮した馬が1頭ずつ龍套に引かれて出る
　　10　最後に龍套が1人ずつ，トンボを切る
　　11　全員退場（図・下4-10）
劇団員63名全員が登場し，最後は，馬を牽く武生たちが舞台いっぱいにトンボを切る激しい動作が続く。敵軍と激戦を演じる軍隊のような感じになる。天地会の戦闘態勢を示したとも言える[22]。

　元来，この物語は，南戯の《金印記》からきており，主役は，蘇秦であった。それが，粤劇では，公孫衍が勅使の身分で登場し，聖旨を読んだ後，様々な派手な所作を演じて観客の耳目を引きつけ，結果として，蘇秦を押しのけて主役の座を奪うに至ったらしい。これを裏返せば，美

---

　22)　田仲一成『中国祭祀演劇研究』（東京大学出版会，1981）554-555頁に63名の配役表を載せる。ほとんどの役が武技を演じている。

第 4 章　天地会会党と演劇　　　245

人女優（正印花旦）の引く車に乗って登場する白髪の老人は，天界から
車に乗って降りてきた神霊の降臨を思わせる。六国の王と元帥が居並ぶ
前で行われる車上での派手な演技は，神の超能力を髣髴させ，王と元帥
が，六国連盟を神の前で誓っている趣きがある。天地会の戦闘態勢が神
の前で展開され，専制権力（清廷）に反対する盟約が神前において誓約
されている，と解釈できる。天地会の拝会式で冒頭に演じられた「洪門
大会」とは，このようなものではなかったかと想像される。この劇は，
梁沛錦教授の『粤劇劇目通検』では，民国以前の成立とされる[23]。天地
会の強い影響を受けたと思われる粤劇には，この《六国封相》の他に，
開幕の吉慶劇目として，《（玉皇）登殿》という劇目がある。陳非儂氏の
説明では，仙人たちが玉皇の即位を祝福する神話劇で，昼公演第 1 日の
冒頭では，《登殿》を演じ，夜公演第 1 日では，《封相》を演じたとい
う[24]。この《登殿》は，前述のように，皇帝礼賛の劇で，粤劇が禁止さ
れて京劇を演じていた時代に戯班は「登殿銀」を公所に納付したという
から，咸豊時代から，演じられていたはずである。しかし，粤劇が解禁
になった同治時代以降は，皇帝礼賛の必要がなくなり，代わって自主独

---

23)　梁沛錦『粤劇劇目通検』（香港三聯書店，1985 年 2 月）『六国封相』（No.919）は，
民国以前に置かれる（277 頁）。
24)　陳非儂「粤劇的例戯」，『粤劇六十年』（『大成』77 期，1980 年）に《登殿》につい
て次のように述べる：多くの《玉皇登殿》は，日中に上演する粤劇の例戯（儀礼演目）の一
つであり，有名な粤劇の例戯である。その内容は非常に豊富で，多くの伝統芸術を有する。
例えば，「跳天将」，「跳日月」，「跳桃花」，「跳韋陀」，「観音十八変」など。《玉皇登殿》は，
玉皇が登殿し，群仙が慶賀する故事である。《玉皇登殿》を演じる時は，まず，女丑が総白髪
の太監に扮して出て，各種の所作を演じる，その時，笛で「春到来」の曲を伴奏する。太監
は，ここで高声で「天門を開き，諸臣天に朝せよ」と唱える。老太監の演技は美しく，風格
があるが，おそらく現在，これを完全に知る人はいないであろう。玉皇登殿が始まると，す
ぐに「跳天将」が端役によって演じられる。天将は両側から出て，「拉山」「過位」をしてか
ら退場する。それから正印武生が扮する玉皇が登殿する。玉皇の両脇には，天蓬の神が守衛
する。天蓬元帥は，第二，および第三武生が扮する。「登殿」のあとは，「跳日月」（第二花旦
と第二小武の担当），「跳桃花」（第三花旦の担当），「跳韋駄」（正印小武の担当），これらはい
ずれも粤劇の専門所作である。中でも「跳日月」には最も厳しい規範が課せられている。ゆ
えに「生桃花，死日月」という諺がある。韋陀も大変難しい。現在，これを演じられる人は
多くない。麦炳栄ぐらいだろうか。この他，伝統的所作としては，大花面の演じる「跳降龍」，
二花面が演じる「跳伏虎」，正印花旦の担当する「観音十八変」がある。十八変と言っても実
際は八変である。龍，虎，将，相，漁，樵，読，耕は八種の役が，観音の払子の指図で，舞
台に出てきて退場する。残念なことは，この有名な粤劇の儀礼演目が今や完全には上演でき
ないことである。所作や音楽を演じることができる人がますます減ってきて，いずれ近い将
来消滅するであろう。

図・下 4-5　元帥と旦馬

図・下 4-6　帮花旦の舞踏

図・下 4-7　帮花，傘を持して所作

第 4 章　天地会会党と演劇　　　247

図・下 4-8　正印花旦と老生の演技

図・下 4-9　蘇秦に宰相の印綬を与える公孫衍

図・下 4-10　退場する正印花旦，元帥，旦馬

立を賛美する《封相》にとって代わられ，《登殿》の方は次第に衰えて，結局，現在では，上演されなくなった。その成立は，梁沛錦教授の通検では，民国以降となっているが[25]，《封相》が民国以前とすれば，《登殿》は，それより早い時期に成立していたはずである。梁氏は，劇本で時代を判断しているので，上演時期としては，《封相》との前後関係を誤ったものと思われる。現在，開幕劇目としては，《登殿》は消滅し，《封相》だけが盛行している。満州皇帝の礼賛劇を否定し，民族独立を目指した天地会の伝統が強く働いた結果と言えよう。

Ⅱ　趙少卿

先に天地会の拝会式で行われた演劇に，〈定国斬奸〉，〈蘇羅〉と題する演目があり，《安邦定国誌》の趙少卿を主人公とする物語であることを述べたが，この弾詞『安邦定国志』に基づいて書かれた章回小説に『安邦志』，『定国志』，『鳳凰山』と題する作品がある。その第 1 作，王彩雲・江皓民『安邦志』（黒龍江人民出版社，1988 年）第 37 回に，趙少卿の妻，安国夫人，馮仙珠が妊娠して，分娩の直前に悪夢を見て，生まれてくる子が悪人であることを予感し，産み落とした後，殺そうとするが，果たさず，結局，育てる結果となる，というくだりがある。その結末を述べた第 2 作を見ていないが（未入手，刊行された否か，不明），成人したその子の悪事を主題とした潮劇が《趙少卿》の題名でシンガポールで上演されている。林淳鈞・陳歴明『潮劇劇目匯考』によると，1967 年の作で，大陸の潮州や，香港では，上演されたことはなく，シンガポールでだけ上演されている。天地会の影響が残るシンガポールでは，先の天地会拝会式で上演されたという「定国斬奸」物語の影響で，趙少卿（定国公），馮仙珠（安国夫人）の人気があり，悪事を働いた子を斬刑に処する夫妻の明断を称えるこの戯曲が作られ，流行してきたものと思われる。まず，章回小説『安邦志』第 37 回，安国夫人の夢兆のくだりを記す。

　　安国夫人は，夫の少卿がどうしても傍に付き添うというので，こ

---

25)　梁沛錦教授の『通検』では，《玉皇登殿》（No.1456）は，民国元年から五四以前に置かれている（287 頁）。

第4章　天地会会党と演劇

う言った。「あなた，不思議に思いませんか。昨夜，私は，夢を一
つ見ました。吉なのか，凶なのか，計りかねていますが」。少卿は
答えた。「言ってご覧なさい。私が占ってあげるから」。安国夫人は
言う。「昨夜，朦朧として眠りにつきましたが，ぼんやりしている
うちに，鰲山（山車）までやってきて，花灯を見物していた時，天
上から万丈の紅光がきらめき，瞬く間に，彩雲が五色に染まり，一
匹の長さ十丈もある金龍がわたくしのおなかに飛び込んできまし
た。私は驚いてアッと一声叫んだところで目が覚めたのです。実は
一場の夢でした」。少卿が言う。「金龍が夢に入ってくるというの
は，ただならぬことです。諺に，龍は君，虎は臣と言います，夫人
の生む子は，きっと凡人ではないでしょう」。ちょうど話している
最中，夫人が突然手でおなかを抑え痛みを訴え続けた。侍女は慌て
て産婆を呼びに行った。少卿は，夫人のお産が迫っているのを見
て，「昨夜の夢兆がきっと今夜，証明されるであろう。ただ朝廷に
は観星の官がいる。もし我が文華府に異変が現れたなら，必ずや災
難が起こってくるであろう」と思った。そこですぐに1人の家僕
にかくかく，しかじかにせよと言いつけた。家僕は，身をひるがえ
して去った。それから時間があまりたたぬうちに，産婆がやってき
た。あわただしくお産に備える準備をした。この時，1人の侍女が
入ってきて，「丞相さま，後院から火が出ました」と報告した。夫
人はびっくりしたが，少卿は慌てて制止し，「夫人，驚くに及びま
せん。大したことではありませんから」と言って部屋から出て行
き，後院を目指して走り去った。ふと見ると一片の光がまるで火の
雲のように輝いて家中を照らし，一つの白鳳のような星が5つの
星に囲まれて表門に降りてきた。丞相は，心中大いに喜び，暗かに
「これはまさしく夫人が昨夜に見た夢兆がその通りに現れたものだ。
これは天子の天象だ。幸いにも夫人が先刻口にした夢兆が当たった
のだ」と思った。そこで人を派遣して鰲山に火を放って燃え上がら
せ，天象がよく見えないように人々の目をくらませた。その上，朝
廷の星官は，趙家の心腹であったから，きっと皇帝の面前では真相
を覆い隠し，文華府に禍が及ばないようにしてくれるものと推測し
た。この内情は，ただ少卿1人だけが知っているものだった。太師

が後院が火事だと聞いて，驚き慌ててやってきた。この時，侍女が
やってきて来報し，「夫人が男の子を生みました」と知らせた。丞
相と太師は，慌てて安国夫人の部屋に見に行った。

　安国夫人は，男を生み，屋敷中，お祝いの喜びに溢れていた。た
だ一人，安国夫人は，昨夜の夢兆が不吉で，この子が父母に面倒な
禍をもたらすこと恐れ，それゆえにひどく不機嫌だった。もし太師
がこの子を目にしていなかったとすれば，夫人はほんとうは，この
子を盆につけて溺れ死にさせたかったのである。しかし，今やこの
子の周りには侍奉の人が絶え間なくおとずれ，自分で手を下そうと
しても，機会がなかった[26]。

　この話を伏線として，作られた潮劇《趙少卿》では，ここで生まれた
子が成人して，夫人の心配した通り，悪人となり，多くの事件を引き起
こし，最後は，朝廷の高官を殺すに至り，趙少卿，馮仙珠夫妻もやむな
くこれを斬罪に処するという風に展開する。

　林淳鈞・陳明泰『潮劇劇目匯考』は，その梗概を次のごとく記す。

　唐末，昭宗の時代，安邦王の趙少卿と定国夫人馮仙珠は，ともに邦
国を保ち，京都に留まったが，児女は，江南三呉の地に住んでい
た。その子の俊強は，父の権勢を笠に着て，あらゆる悪業を行って
いた。娘の賽英は，端荘にして賢淑であった。この時，林素月と

　26）　安国夫人見少卿執意住在這，便道，相公，爾道奇也不奇？　昨夜我得一夢。不知
是吉是凶。少卿道：爾且説来，我与爾円一円。安国道：昨夜朦朧睡去，恍惚間，来到鰲山上
観花灯。這時天上紅光万丈，転眼之間，彩雲生成五色，見一条丈長的金龍直奔我腹中飛来，
我吓得驚叫了一声。醒来，原是一夢。少卿道：金龍入夢，非同小可。常言道，龍是君，虎是
臣，夫人所生之子，定非凡人。正説着，夫人突然手捂肚子連声叫疼。侍女慌去叫穏婆。少卿
見夫人要臨盆，又想昨夜之夢兆定会応在今夜。朝廷有観星之官，若是発現我文華府有些景象，
必然帯来禍殃。于是立即吩咐一箇小厮，如此如此，這般這般。小厮転身而去。工夫不大，穏
婆来了。慌着預備接生。這時一個丫鬟進来，報道：丞相，後院失火了。夫人一驚，少卿慌勧
道，夫人，不必心驚，不会有事的。説罷出了房。望後院走去。只見一片祥光似火雲一般，当
戸一顆星星如同白鳳。由五星捧着降于儀門。丞相心中大喜，暗道：這正是応了夫人昨夜的夢兆。
此事是天子之象。多虧夫人方才説出夢兆之事。派人到鰲山放一把火，以乱視聴。況朝廷星官
又是趙家的心腹，諒其必能在皇上面前遮掩，以免文華府之禍。此中内情，只少卿一人知暁。
太師聞聴後院起火，驚慌来到鳳儀門。這時，侍女来報，説夫人産下一子，丞相与太師慌到安
国房中来看。
　安国夫人生下一個男孩，満府同慶弄璋之喜，唯有安国夫人因昨夜夢兆，恐此子帯累父母，
故爾十分不悦，若不是太師不見到此子，她真想把此子溺殺。現如今此子周囲終不断侍奉之人，
自己想下手，也没機会。

いう民女がいたが，父がなくなり，叔父や叔母は，かの女を趙府に
売って奴婢にした。俊強は，彼女の容貌の美しさを見て，あらゆる
手段を使って誘惑しようとした。ある日，俊強は，遊覧のために外
出し，柳含嬌にめぐり会った。いかんせん，含嬌は，ずっと昔から
陳広才と婚約していた。含嬌は，虚栄を好み，俊強が仲秋佳節の前
に家に迎えに来て結婚することを望んだ。適々，陳広才もまた柳府
に彼女を嫁に迎えに来ていた。含嬌は，彼の家がひどく貧しいのを
見て，婚約したことを後悔した。広才は，胸に溢れるほどの恨みを
懐いたが，俊強は，悪僕に命じて彼を捕らえて家に連行し，石牢に
監禁した。俊強と素月は，暗かに倉で逢引きし，素月は，子を宿し
た。俊強は，含嬌を迎えるために手のひらを返したように冷たくな
り，素月を屋敷から追い出した。賽英はこれを聞き，出向いて俊強
を諌めたが効き目はなかった。賽英が紫娟を連れて気晴らしに裏庭
の花園を散策していた時，ふと嘆息の声が聞こえた。近づいて詳し
い事情を聴いてみると，その人が陳広才であることがわかった。同
情の気持ちが起って，広才を釈放した。俊強は，賽英が広才を釈放
したと聞いて，すぐに悪僕に命じて含嬌とともに追跡させた。賽英
主従はこれを知り，また後を追って江辺に到着し，兄に最後の土壇
場で思い直すように勧めた。俊強は，刀を持って広才を追いかけ殺
そうとしたが，誤って含嬌を殺してしまった。それでもなお手を緩
めず，さらに賽英主従を殺そうとして追いかけた。賽英は追い詰め
られてやむを得ず，兄と闘ったが，昏倒し，紫娟は殺された。俊強
は，悪僕に命じて，賽英主従を江中に投げ込ませた。幸いに船で
通り合わせた巡按，郭佳に救いあげられて，事情を訴えた。郭巡按
は，話を聞いたあと，人相見に変装し，趙俊強の屋敷に入って探
りを入れたが，不幸にも身分が漏れて，その毒手にかかり殺され
た。賽英は，久しく郭巡按を待ったが，帰ってこなかったため，異
変が起こったことを知った。そこで，名を李志英と改め，女の身
で男装し，京城に至って両親に拝謁した。適々，大比の年にあたっ
たので，試験を受けた。志英は，武芸抜群で，武状元に選ばれた。
適々，陳広才もまた，功名を求めて上京していた。陳も才学人に勝
り，鰲頭を独占した。陳李両人は朝廷に参内し，その場で皇帝に上

奏して，安邦王の子，趙俊強が，父の権勢を笠に着て，多くの悪事を働いていることを説明した。この時，兵部侍郎，呂桐は，賊寇が国境を侵犯している旨を上奏した。昭宗は，奏を聞くと，その場で李志英を平寇兵馬大元帥に任命し，陳広才を江南巡按とした。少卿は，子の不軌の行為を知ると，すぐにその場で勅旨を請願し，夫人とともに屋敷に帰り，新任巡按陳広才と協同して，郭佳巡按失踪事件を調査した。広才は，兵馬を率いて，趙府に至って捜査し，前任郭巡按の金印1個を捜し出した。さらに趙王府を借りて，公堂の替わりとし，この事件を審理した。しかし，俊強は，言葉巧みに弁舌を弄し，どうしても罪を認めようとしなかった。幸いに素月と志英が趙府に駆けつけて証言し，俊強は初めて追及に伏し，罪を認めた。安邦王趙少卿は，法に照らして厳しく処断することを決定し，犯人たちは，法網を逃れることはできなかった。趙賽英は，大義のために，私情を捨て，深く万民の欽敬を獲得した[27]。

　これを見ると，事件解決のカギを握ったのは，趙俊強の悪事を知り尽くしている妹の趙賽英であり，趙少卿の存在感は薄い。先に天地会での拝会式に演じた〈定国斬奸〉にこの潮劇《趙少卿》を擬定することもで

27）唐末昭宗時代，安邦王趙少卿与定国夫人馮仙珠同保邦国，居留京都，児女居於江南三呉之地，其子俊強，依仗父勢，無悪不做。女児賽英，端荘賢淑，時有民女林素月，因父身亡，叔嬸将她売与趙府為婢，俊強見她貌美，千方百計，相誘。一日俊強外出遊賞，邂逅柳含嬌，奈，含嬌早已許配陳広才，含嬌貪慕虚栄，約俊強在仲秋佳節前来她家迎娶。適逢陳広才亦到柳府迎親。含嬌観他家貧如洗。反悔前約，広才含恨満胸，俊強命悪僕将他拿回府中。囚禁石牢。俊強与素月，暗渡陳倉，身懐六甲。俊強反目無情，将素月逐出府門，賽英開知此事，前往相勧無効。賽英徳紫娟同到後花園解悶。忽聞嘆息之声。前往詢問詳情，方悉其人為陳広才。即動惻隠之心，将広才釈放。俊強聞知賽英釈放広才，即命悪僕偕含嬌追趕。賽英主婢聞知也随後趕至江辺。相勧兄長懸崖勒馬。俊強持刀追殺広才。而錯殺含嬌。尚不肯罷休。再而追殺賽英主婢。賽英迫不得已，与兄扭闘而打昏。紫娟被殺。俊強命悪僕賽英主婢抛下江中。幸遇郭佳巡按相救。訴明委曲。郭巡按聞悉之下，喬装為相士，至趙府暗訪，不幸行蔵漏露，惨遭毒手。賽英久待郭巡按未帰。心知有異。故改名李志英，女扮男装，到京城拝謁双親，適逢大比之年，投身赴試。志英武芸出衆。

　被中選為武状元。適逢陳広才，也到京求功名，才学過人，鰲頭独占，陳李双朝駕当殿奏明聖上，奏説安邦王之子趙俊強，依仗父勢，為非作歹，時兵部侍郎呂桐進奏賊寇進犯，昭宗聞奏，当殿欽命李志英為平寇兵馬大元帥，陳広才為江南巡按，少卿聞悉其子不軌行為，当殿請旨，偕夫人回府，協同新任巡按陳広才，查察郭佳巡按失踪一事，広才帯同兵馬，至趙府捜査，捜出前任郭巡按金印一個，並商借趙王府，為公堂之用，審明此案，而俊強巧言善弁，死不認罪，幸有素月与志英到趙府証証，俊強才俯首。安邦王趙少卿決定依法厳辨，一干人犯，難逃法網，趙賽英大義滅親，深獲万民欽敬。

第4章　天地会会党と演劇　　　253

きるが，この劇では，趙少卿の存在感が希薄すぎる。これに比べて前述
した簒奪者胡雲豹の処断の弾詞の物語の方が趙の存在感が大きく，拝会
式の〈定国斬奸〉により相応しいと考える。ただ，シンガポールにおい
て，この劇が作られ流行している点に南洋における天地会の影響を認め
ることができよう。

　以下，1982年農暦8月初3日，シンガポール東郊。寅吉 Yankit 村で
の神誕祭祀におけるこの劇の上演状況を示しておく。

　　第1場

　　　安邦王，趙少卿の子，趙俊強（浄），官将の扮装で，侍僕，趙福
　　　を連れて登場。すぐに退場。

　　第2場（花園）

　　　柳仕忠の娘，柳含嬌（二旦），侍婢を連れて登場。侍婢，退く。
　　　趙俊強，登場，柳含嬌と邂逅。互いに意を投じる。含嬌，俊強に
　　　金釵を与える。

　　第3場（野外）

　　　陳広才（小生），布衣の扮装で登場，趙俊強，僕を率いて出る。
　　　両者，ぶつかる。退場。

　　第4場（中堂）

　　　柳仕忠，および夫人，徐氏，出る。侍婢，伺候する。徐氏，娘含
　　　嬌の婚約者，陳広才の貧窮を嫌い，夫に婚約の解消を提案する。
　　　仕忠は，聴き入れず，妻を叱る。陳広才，趙俊強の2人，とも
　　　に出て，柳夫妻に拝謁する。陳，趙，ともに含嬌を妻に迎えたい
　　　と請う。仕忠，すでに陳広才に娘を嫁がせることを約束してある
　　　のに，趙俊強の唐突な求婚に驚く。趙，ここにおいて，先に含嬌
　　　から贈られた金釵を示す。仕忠，訝るところへ，含嬌，出て，陳
　　　広才を厭い，趙俊強に意を嘱する。母，徐氏は喜ぶが，父は，喜
　　　ばない。趙俊強は，王府の威を笠に着て，含嬌を花轎に乗せ，陳
　　　広才を捉えて去る。徐氏は喜ぶが，仕忠は怒り，2人，争う。

　　第5場

　　　趙俊強，出る。先より偸かに情を通じていた侍婢，林素月と歓会
　　　する。素月は，俊強が近頃，柳含嬌を容れたことを聞き，その不
　　　実をなじる。両人，争う。趙，素月を押し倒して却け，僕に命じ

て，幽閉させる。
第6場
　柳含嬌，侍婢を連れて登場，侍婢は退場。趙俊強，出て，両人は，閨帳に入る（図・下4-11）。
　しばらくして，趙俊強の妹，趙賽英（正旦），侍婢，紫娟を連れて登場。
　房門を叩く。入室し，閨帳が動くのに気が付く（図・下4-12）。
　怪しんで，これを調べたところ，帳の下に鞋を見つける。紫娟に命じて，棒で閨帳を衝かせたところ，含嬌が転がり出る。次いで，俊強も出て，昼間の情事が露見する（図・下4-13）。
　賽英，兄の不行跡を強く責める（図・下4-14）。
　特に林素月を追い出した子細を糾問する。最後に怒って去る。含嬌，俊強に賽英を殺すように唆す。
第7場
　陳広才，捕らわれて私牢に押し込められている。賽英，武装して，紫娟とともに出る（図・下4-15）。
　牢を訪ねて，広才を釈放する。紫娟を通じて，好意を伝える。両人，意，自ずから相投ずる。広才の鎖を解く（図・下4-16）
　趙俊強，柳含嬌，出る。賽英，怒って，含嬌を打つ。俊強は，含嬌をかばい，剣を抜いて賽英を殺そうとする。
　賽英も剣を抜き，争う。俊強，誤って含嬌を刺す。含嬌，倒れる。
第8場
　陳広才，脱出して逃げる（図・下4-17）。俊強，これを追って登場，多数の従僕を率いて，追跡する。
第9場
　陳広才，逃げて水辺に至る。追手の喊声を聞き，衣を脱いで岸に捨て，岩陰に隠れる。趙俊強，僕を率いて出る。賽英，広才を救おうとして出る。俊強の剣に傷つき，水に落ちる。紫娟も殺される。
第10場
　江南巡按，郭佳，官船に乗って，航行する。

第 4 章 　天地会会党と演劇　　　　　　　　　　　255

図・下 4-11　趙俊強と柳含嬌

図・下 4-12　趙賽英と侍婢紫娟

図・下 4-13　趙賽英，俊強と含嬌の情事を暴く

図・下 4-14　趙賽英, 二人の不義を責める

図・下 4-15　趙賽英, 侍婢紫娟, 花園に出る

図・下 4-16　趙賽英, 陳広才を救出する

第4章　天地会会党と演劇　　　　　　　　　　257

図・下4-17　陳広才，水辺に逃げる

図・下4-18　趙少卿と馮仙珠

図・下4-19　陳広才（文状元）と趙賽英（武状元）

第 11 場

郭佳，水上に漂流する賽英を発見，救い上げる。賽英，身の上と，これまでの経過を語る。

第 12 場

趙俊強の僕人，趙福，出る。主人の命を受け，敵の探索に赴く旨を，滾白で述べる。江南巡按，郭佳は，趙俊強の悪事を探るため，占い師に変装して趙家に入ろうと図る。趙福に遇う。趙福，主人のために卜占を依頼する。郭佳，趙福に随って，趙俊強の屋敷に入る。

第 13 場

趙俊強，出る。郭佳，占い師の姿で出る。中堂で俊強の人相を占う。趙は，姓名を李と詐称し，郭に見破られる。趙は，郭の身分を暴き，家僕に命じて，打ち殺させる。

第 14 場

宮廷の公堂の場。右丞相の劉世光，兵部尚書の呂桐，諌議大夫の毛松，登場。皇帝，昭宗，出る。陳広才，文状元に合格して，登場。趙賽英は，李志と変名し，武状元に合格して登場する。2人は，そろって皇帝の謁見を受ける。安邦王の趙少卿，定国夫人の馮仙珠，登場（図・下 4-18）。男装して李志を名乗る娘の賽英には気が付かない。呂桐は，梁山の方正天の起義事件を奏上し，毛松は，江南巡按，郭佳の失踪事件を奏上する。皇帝は，趙少卿の推薦に随い，新文状元の陳広才に郭佳の失踪事件を，また新武状元，李志（趙賽英）に方天正事件の処理をゆだねる（図・下 4-19, 4-20, 4-21）。

第 15 場

陳広才，夜，中堂で書見して倦み，まどろむ最中に，郭佳の亡霊が現れる（図・下 4-22）。

陳，これにより，郭佳の死を知る。

第 16 場

陳広才，兵を率いて，趙氏の府邸を囲み，中堂に入る。府内を捜索し，郭佳の所持していた金印を捜し出す。趙俊強を逮捕しようとしたが，俊強は，王府の権威を盾にこれを拒む。趙少卿，夫人

第 4 章　天地会会党と演劇　　　　　　　　　　　　259

図・下 4-20　趙少卿, 趙賽英, 陳広才を皇帝に推薦する

図・下 4-21　趙少卿, 文武状元を激励する

図・下 4-22　郭佳の幽霊, 陳広才の夢枕に立つ

図・下 4-23　趙少卿, 俊強を殴打する

の仙珠とともに登場。陳広才は, 聖旨を示し, 2 人の家僕, 趙福, 薛虎を逮捕する。趙少卿は, 初めて俊強の悪事を知り, これを殴打する（図・下 4-23）

第 17 場

　陳広才, 趙府の中堂を法廷とし, 趙俊強, および, 趙福, 薛虎を裁く。母, 仙珠が懇願したが, 趙少卿は, 動じない。俊強は, 陳広才が妹の賽英と私通していたと言い立てる。この時, 武状元, 賽英が林素月を連れて登場, 素月は俊強の子を抱いていた。

　俊強は, 証人に囲まれて, 申し開きができず, 陳広才は, 斬刑を主張する。趙少卿, 仙珠夫妻は, 俊強の死による家門の断絶を恐れたが, 林素月の出現により, その子を嗣子として, 断絶を免れることができることから, 俊強の斬刑に同意する。陳は, これを受けて俊強を斬刑に処する。

　この話は, 先の『安邦定国誌』には見えない上,〈定国斬奸〉と言えるか否か, 疑わしい。

　まず, 趙少卿には洪字を輩行字とする 7 人の子がいたという。章回小説では, 馮仙珠が生んだ子は, 輩行が五であるという。とすると, 洪宏がこれに当たる。最初から悪人になると予言されていた。家門の断絶を恐れたというが, 外に 6 人の男子がいるから, 趙門自体には断絶の

恐れはない。ここでは，俊強の系統が絶えることを恐れたということに過ぎないであろう。

　この裁判で，核心は，賽英が兄に悪事をあばく証言，趙少卿が，夫人の懇願を退けて俊強を斬刑に処する判決の2つである。いずれも「大義，親を滅す」に帰着する。しかしこの事件は趙少卿の家庭内の問題であって，国家の大事ではない。俊強は巡按を殺害したが，謀反の意図は見られない。したがって国家の大事としての〈定国斬奸〉の実態を備えていない。天地会の拝会式で演じられたという〈定国斬奸〉は，前述の胡雲豹の斬刑の方が相応しいことは明らかである。ただ，シンガポールでは，趙少卿が天地会会党に尊敬され，ひいては民衆にも広く親しまれていたことをこの劇から確認できる。

Ⅲ　九環刀濺情仇血

　○明朝の末年，李自成の兵が北京を破り，明の思宗（崇禎）は煤山で自縊した。呉三桂は，清兵を関内にひき入れ，李自成は，敗れて死んだが，死ぬ時に宝を隠した地図を武当山の大侠，血掌神剣，凌梓雲に渡して囲を突破して脱出させた。梓雲は，八大門派の少林，武当，峨眉，崆峒，天仙，崑崙，青城，終南，および天下の緑林豪傑に連絡を付け，盟約を結び，福王（明永暦帝）と響応して蜂起して清に抵抗した。江湖に奔走するのに，宝図は，携帯に不便なので，南嶽双侠の一人，奔命無常，苗金覇に渡して代わりに保存させた。時を隔てること3年，群雄は，日を択んで兵を起こした。梓雲は，愛弟子の閃電金刀，雷経緯に命じて苗家に赴かせ，図を取り戻して宝を掘り出し，軍餉の用に当てようとした。○経緯は，師父の命を奉じ，昼夜兼行で南嶽の苗家に地図を取りに道を急いだ。途中，呉三桂の侍衛長で，「南嶽双侠の二」の催魂使者，雷万嗔と遇って激闘を起こした。万嗔は，技に遜り敗れて逃げたが，経緯もまた万嗔の7日で断魂する毒針を受けて負傷した。幸いに奔命無常の子，千里追風，苗継業に遇い，療治してもらった。2人は八拝の交を行い，義兄弟の契りを結び，ともに南嶽に赴いた。○奔命無常，苗金覇は，心に大慾を抱いていて，宝図を自分のものにしようとして，経緯がやってきたのを聞くと，妻の南嶽飛蛍，陸彩虹の義

女，凌波仙子，苗秀嫻に壮丁を率いて三重の大門を拒守させ，経緯
の武芸を試した。経緯は，芸高く胆が大きく，手に金刀を掌り，勇
敢に三門に闖入した。金覇は，あからさまに大門派を敵に回す気は
なかったが，しかしまた，坐して宝図を失うことにも甘んじなかっ
た。一瞬，霊感がひらめき，うまく美人の妙計を使い，義女の秀嫻
を経緯と結婚させ，緯を長く温柔の郷に閉じ込め，翁婿の情に藉り
て，緯に逼って図を献じ宝を譲らせようと考えた。そこで惜しげも
なく20年も温存してきた九環宝刀を，嫻に贈り嫁入り道具にさせ
た。継業は，暗かに秀嫻を恋してすでに久しかったので，この知ら
せを聞いて落ち込み，大いに新房を騒がせて，経緯の義を欠く行為
を責めようとした。○洞房春暖かく，経緯は，心に自分が背負った
仕事のことを思い，心の中は憂いに満ち，坐るも臥すも落ち着かな
かった。秀嫻は，夫を悦ばせようとして，思い切って嫁入り道具の
九環宝刀を英雄に贈った。経緯は一目，宝刀を見るなり，その場で
大声を発し，房中で昏絶してしまった。嫻は急いで救い醒まさせ理
由を問うた。経緯はまるで瘋虎のようになり，秀嫻を殺そうとして
追いまわした。嫻は涙を含んで尋ねた。緯もまた女を殺すことは逡
巡し，凄然として詳しく往事を語った。実は，緯の生母は，20年
前の一代の侠女，金鈎嫦娥，趙芷明であった。一夕，仇家と悪闘し
て，身に重傷を負い，武当山下に逃げて，たまたま血掌神剣，凌梓
雲に遇った。この時，経緯は，幼い嬰児に過ぎず，まだ母の懐の中
で熟睡していた。芷明は，梓雲に会って，一代の大侠とわかり，経
緯を託し，わずかに「仇人―九環刀―児―姓雷」などの8字を口
に出しただけで，すぐに息が絶えて絶命した。その後，経緯は成長
し，自分の生い立ちを知り，苦心して母を殺した仇を探してきた
が，見つかっていなかった。九環刀を見て，嬌妻が仇人の娘，岳丈
が実は母を殺した凶徒とわかって驚いたというのである。嫻はこれ
を知り，肝腸は寸断し，血の涙を流して，苦渋のうちに緯に向かっ
て「もう敵討ちを辞めてほしい」と勧め，冤冤相報ずれば，血債は
いつまでも終わらない，と訴えた。2人が話をしている時，新房を
騒がせにきた継業が窓外で，窃み聴き，金覇を引き出して経緯と対
決させた。金覇は，自分が経緯の母を殺した仇人である自白した

第 4 章　天地会会党と演劇　　　　　263

が，しかし自分は，元凶ではなく，主謀者は別にいると言い，明日
の晩，寿誕の宴席で，主謀者を名指しし，この業の深い事件を終わ
らせる，と約束した。○寿酌の宴が開かれ，群雄が雲集した。経緯
は，刀一振りを持っただけで会に赴き，昂然として懼れなかった。
金覇は，元凶を引き出した。それは，明らかに催魂使者，雷万嗔
だった。経緯は仇人と顔を合わせると，近づいて戦を挑んだ。する
と意外にも，万嗔は，悲しみを込めた声で「我が児」と叫んでやま
なかった。緯は，わけがわからず困惑するばかりだった。金覇がつ
いに笑いながらそのわけを話した。実は，20 数年前，金覇と万嗔
とは，ともに江湖の巨盗で，2 人は協力すること，20 年，形影の
ごとく離れず，ゆえに南嶽双凶の名が起こった。後に万嗔は，呉三
桂に奔り，呉は，彼を重用した。後に三桂は，清兵を引いて関に入
らせたが，この話は，事前に万嗔の妻，金鉤嬋娥の耳に入り，彼女
は，万嗔に紂を助けて虐を為さしめないよう何度も忠告したが，万
嗔は聴かなかった。金鉤嬋娥は，憤って嬰児を抱いて家出した。嗔
は，事が洩れるのを恐れ，伝令を江湖に飛ばして命令し，金覇に金
鉤嬋娥を捕らえて殺し，口を封じさせた。経緯は，これを聞いて，
呆然とし，晴天に霹靂を聞くがごとく，木鶏のように口をきけな
かった。万嗔は，さらに三桂がこの図をほしがっていると付言し，
緯に提出を逼った。提出すれば，金覇と父子の 3 人は，蔵宝の半
数を得ることができ，さらに功名にも望みがあると言う。もし緯が
従わなければ，父子翁婿の情は，一刀に斬り断つ，とも言った。三
鼓の時分，灯は滅し人はいなくなった。緯は，生父が禽獣に類する
人物であるの見て，悲憤いう方なく，房中に奔り回り，門を閉じて
痛哭した。金覇は，緯が父子の情を重んじ，私かに宝図を嗔に献上
するのを恐れた。そこで，いっそ根こそぎ緯を葬り去って快感を味
わうのを望み，秀嫻に図を奪い夫を殺すように逼った。秀嫻は，強
い威圧に押され，無理に負義の人となり，暗かに匕首を隠し，機を
待って緯を殺し，金覇 20 年の養育の恩に酬いることに同意した。
○玉漏が人をせかすように滴り，三鼓の一瞬が目前に迫った。緯
は，悲痛な決意をもって，父の刀の下で死ぬ覚悟を固め，決して図
を献じて私欲に供することはしないと決めた。身支度をして戦に備

え，手紙を秀嫻に残して別れを告げようとして，手紙を書いている時，秀嫻が潜かに至り，その状を見て深く感動し，緯を殺すに忍びず，反って緯に向かい板挟みを避けるために自分を殺すように頼んだ。緯は，大義を以て説得し，嫻も終に醒悟し，夫妻手を携え，三重の壮門を突破して，瓦となって生きながらえるよりは，寧ろ玉となって砕けることを期した。○金覇は，秀嫻が己に叛いたことを知り，赫然として震怒し，経緯と万嗔を殺して恨を晴らすことを誓った。経緯と秀嫻は，継業と彩虹が一方の網を開けてくれたにもかかわらず，いかんせん，金覇が堂前に鎮坐しているため，門を飛び渡ることができず，苦戦に陥った。嫻と緯は，ともに相手にかなわなくなり，あわてた隙に，緯は跌いて宝図を落とした。金覇と万嗔はともに先を争って図を奪い取ろうとした。万嗔は，急に悪念をきざし，金覇の背後から，はげしく毒手を下した。金覇は驚いたが，よけきれず，怒って万嗔を刺した。一組の古い仲間は，互にもつれ合って死に至り，ともに絶命する結果となった。死ぬ時，なおにらみ合い，獰笑して止まず，互いに宝図の片方を握り，恨を含んで死んでいった。幸いに彩虹は，深く大義を理解し，過去の仇を捨て去り，経緯と秀嫻を釈放しただけでなく，息子の継業とともに，南嶺の群雄を率い，抗清の義挙に参加し，ともに明室の江山を保全した[28]。

---

　28)　赤柱街坊会『慶祝天后宝誕祭祀特刊』，1979 年農暦 3 月 22 日，【九環刀濺情仇血】戯単。
　○明朝末年，李自強兵破北京，明思宗（崇禎）煤山自縊，呉三桂引兵入関，李闖敗亡。将蔵宝地図交武当大侠血掌神剣凌梓雲突囲而出，梓雲声絡八大門派，少林，武当，峨眉，崆峒，天仙，崑崙，青城，終南，及天下緑林豪傑声盟響応福王（明永暦帝）起程抵清。奔走江湖，宝図未便携帯，遂交南嶽双侠之一，奔命無常苗覇代為保存，時隔三年，群雄択日起兵，梓雲命愛徒閃電金刀雷経緯前赴苗家，索図掘地，以作軍餉之用。○経緯奉師父命後，兼程趕赴南嶽苗家取図。途次，遇呉三桂侍衛長，南嶽双侠之二催魂使者雷万嗔発生激闘，万嗔技遜敗逃，経緯亦遭万嗔七日断魂毒針所傷，幸遇奔命無常之子，千里追風，苗継業代為療治，二人竟成八拝之交，結為兄弟，同赴南嶽而去。○奪命無常苗金覇心存大慾，欲拠宝図為己有，聞経緯至，遂使妻南嶽飛蛍陸彩虹義女凌波仙子苗秀嫻率壮丁拒守三重大門，以試経緯武芸，経緯芸高胆大，手掌金刀，勇闖三門，金覇不敢明与大門派為敵，又不甘坐失宝図，霊機一触，巧施美人妙計，使義女秀嫻与経緯婚，欲使経緯困温柔郷内，籍翁婿婚之情，逼緯献図譲宝，不惜将封存廿年之九環宝刀，贈嫻作為嫁粧，継業暗恋秀嫻已久，聞訊気結，準備大闖新房，責経緯無義焉。○洞房春暖，経緯心想正事，満懐愁緒，坐臥不寧，秀嫻為取悦楼個郎，慨将粧嫁之九環宝刀贈英雄，経緯一見宝刀，当堂大叫一声，昏絶房中，嫻急救醒問故，経緯猶鈎似瘋虎，

第4章　天地会会党と演劇　　　265

　この劇は，梁沛錦教授の『粤劇劇目通検』（香港三聯書店，1985年）に
よると，五四運動（1919）以後，抗日戦開始（1936年）以前の作品とさ
れている。また，上演劇団は【春秋劇団第一班】と記録されている。民
族主義が高揚した1920年代に広州で初演され，以来，1980年代まで，
60年間，人気作品の地位を保持し続けた。新中国成立後の広州では，
旧劇改良の方針の下で，上演を中断したかもしれないが，香港では原作
のまま，上演が続けられた。60年代以降は，羽佳の雷経緯，南紅の苗
秀嫻の配役で佳紅劇団による上演が続いている。劇の構成としては，心
理描写の多い近代劇風の演出であるが，内容は，反清復明の会党の話で
ある。天地会の影響が社会風気の上に残存している香港には，この劇を
流行させる基盤があるものと思われる。

追殺秀嫻，嫻含涙相詢，緯亦未慣摧花，凄然詳訴往事，原来緯生母竟是廿年前一代侠女，名
喚金鈎嬌娥趙芷明，一夕，仇家悪闘，身負重傷，逃至武当山下，巧遇血掌神剣凌梓雲，時経
緯僅是嬰孩，尚在母懐中熟睡，芷明見梓雲危，知是一代大侠，遂将経緯負託，僅能説出仇人
一九環刀一児一姓雷等八字，即気絶身死，及後，経緯長成，知悉身世，苦尋殺母仇人，未獲。
及睹九環刀後，驚覚嬌妻竟是仇人之女，岳丈原是殺母凶徒，嫻獲悉後，肝腸寸断，泣血陳詞，
苦勧緯勿再生仇殺，冤冤相報，血債何期始了。二人言語，竟遭来闖新房之継業在窓外，窃聴，
更引出金覇与経緯対質，金覇坦承是殺経緯母仇人，但非元凶，主使者另有其人。相約明夜寿
誕宴中，指出主謀之人。已了此冤業。○寿酌宴開，群雄雲集，経緯単刀赴会，昂然不懼，金
覇引出元凶，赫然是催魂使者雷万嗔，経緯与仇人見面，上前搦戦，詎知万嗔悲呼我児不已，
緯莫名其妙，金覇遂笑言其故，原来廿多年前，覇与万同是江湖巨盗，二人合伙廿載，形影不
離，故有南嶽双凶之名，後万嗔奔呉三桂，桂以重用，後桂引清兵入関。事前為万嗔妻金鈎嬌
娥所聞，苦勧万嗔勿助紂為虐，万嗔不聴，金鈎嬌娥憤而抱児女出走。嗔恐事洩，飛伝江湖急
令，使金覇獲金鈎嬌娥，殺之滅口。経緯聞説之下，恍如晴天霹靂，呆若木鶏，万嗔更付言，
三桂欲得此図，逼緯献出，則金覇与父子三人，可得蔵宝之半数，且功名在望，如緯不従，則
父子翁婿之情，一刀斬断，三鼓時分，灯滅人亡，緯見生父如同禽獣，悲慎莫名，奔回房中，
掩門痛哭，金覇恐緯念父子之情，私将宝図献嗔，更欲斬草除根，務去緯而後快，逼秀嫻取図
殺夫，秀嫻在淫威之下，強付負義之人，暗蔵匕首，俟機殺緯，以酬金覇廿載養育之恩。○玉
漏催人，三鼓瞬時即将至，緯痛下決心，拚死父刀下，決不献図殉私，束装待戦，留書与秀嫻
別賦，書写間，秀嫻潜至，見状深為感動，不忍殺緯，反諭緯殺己，免難為左右，緯暁以大義，
嫻終醒悟，夫妻携手，殺出三重壮門，寧為玉砕，不作瓦存。○金覇知悉秀嫻叛己，赫然震怒，
誓殺緯嗔洩恨，経緯秀嫻雖継業彩虹一面網開，奈何金覇坐鎮堂前，無能飛渡，一場悪戦，嫻
与緯，倶不敵，急急間，緯趕下宝図，金覇万嗔同撲前搶奪，万嗔悪念頓生。竟在金覇背後，
猛施毒手，金覇驚覚無及，怒刺万嗔，一双老野伴，互纏至死，同帰於尽。死時猶相視，獰笑
不止。合握一半宝図，含恨而終。幸彩虹深明大義，捐棄前仇，不但釈経緯秀嫻，且与児継業，
率領南嶙群雄，参加抗清義挙，共保明室江山焉。

総　　結

中国の秘密結社と皇帝権力

　　上下両篇の論述を終えるにあたり，主題としてきた中国の秘密結社の政治的性格について一言し，総結とする。

　　南宋の『東京夢華録』巻5には，北宋の都，汴京の繁華街の盛り場で行われていた説話人の「説話」（講釈）の中に「講史」，「説経」，「合生」，「説諢話」と並んで「小説」というジャンルがある。また，南宋の『都城紀勝』不分巻，「瓦舎衆伎」の条には，説話の芸態を「小説」，「公案」，「鉄騎児」，「説経」，「説参請」，「講史書」に分け，「小説」について，烟粉，霊怪，伝奇の3類，「公案」は，「朴刀桿棒，及発跡変態之事」とする。これは「朴刀桿棒」，すなわち，武術武勇の物語，および「発跡変態」，すなわち，立身出世物語の2類を指すものと読めるが，この2つが同類として並ぶのは，違和感を免れない。むしろ「朴刀桿棒より発跡変態に及ぶの事」と読むべきではないか。つまり，民間武装の首領が成りあがって政権を取る話を指すのではないか。それも講史ではないから，時事問題に近い話題ということになる。当時，秘密結社の指導者から成りあがって天下を取った英雄と言えば，五代後漢の劉知遠の出世物語の『白兎記』，あるいは，宋の太祖，趙匡胤の出世を語る『飛龍伝』，などが，その例として想起される。劉知遠も趙匡胤も朴刀桿棒の徒であり，それが発跡変態して王となり，帝となった。政権の側としては，朴刀桿棒の徒が作る秘密結社は，現政権を脅かすライバルであり，これを警戒し，逆匪，逆犯などと口汚く罵り，その組織に「偽」を冠して，その存在を否定した。しかし，秘密結社の多くは，一地域を基盤に政権と対等の「王」として支配することを目指した。蜂起の首領は，ほ

総　結　中国の秘密結社と皇帝権力　　267

とんどが「王」を称している。日本の侠客集団とは次元を異にしている。日本の侠客は，民間の武装勢力であり，劇場や遊郭の経営を生業としていた。その組織も役人には秘匿されていたから，秘密結社と言ってよい。しかし，中国の秘密結社のように，権力の転覆を狙うようなことはなく，むしろ，犯罪の捜査などで，役人の下請け的な地位に甘んじている[1]。北宋末，『宣和遺事』に見える水滸伝の英雄たちは，「公案」の「朴刀桿棒，及発跡変態之事」の題材になった可能性が高いが，宋江が王や帝となることをやめて「招安受職」の途を選んだことで，発跡変態には至っていない。それによって「忠義」の名を得たが，民衆は，飽き足らなかったはずである。青幇の三大亨，黄金栄，張嘯林，杜月笙は，政権の支配の及ばない上海租界において，「無冠の帝王」として発跡変態したと言えるであろうか。

　中国の秘密結社が愛好した戯曲は，仲間の結束を固め，肉親の兄弟以上にそのつながりを維持する目的で演じられたもので，「義が情を超える」という思想を鼓吹している。天地会の拝会式で演じられた「三娘教子」では，夫の不在の間，三娘は，なさぬ仲の子を養育して状元に合格させた。戻ってきた夫は，訪れてきた実母を追い返している。親（夫婦や母子の情）よりも義を重んじたと言える。また，『九環刀濺情仇血』でも，英雄，雷経緯は，呉三桂に随う父に宝物の在処を示した地図を渡さず，反清の大義を貫いている。

　元来，祭祀演劇は，神恩に報いると同時に神の前で仲間の盟約を誓う機能を担っていた。中国の秘密結社の演劇は，まさしく，祭祀演劇における，この神前盟約の伝統を継承していると見てよいであろう。「六国封相」においても，女優の引く車に坐して妙技を演じる白髪の老人，公孫衍は，天界から降臨した神であり，六国の王，元帥は，神の前で同盟を誓う形になっている。日本で言えば，「翁」の降臨に該当する。

---

　　1)　近世の市場地における侠客集団の実態については，神田由築氏の研究，『近世の芸能興行と地域社会』（東京大学出版会，1999 年 6 月）に四国の金毘羅，豊後の浜の市などについて，詳細な研究がある。それによると，侠客集団は，いずれも市場を主宰する役人の委託を受けて，遊郭や劇場の警備，あるいは経営にあたっており，反権力の傾向は見られない。瀧澤馬琴の『南総里見八犬伝』も，水滸伝を踏まえているが，里見家に仕える武士の物語で，政権と張り合う秘密結社とは，異なる。気宇，スケールの点で，水滸など，中国の秘密結社には，遠く及ばない。

青幇も紅幇も政治目的として「滅満復明」を目指した。彼らが演劇を
愛好したのは，清代の俳優が舞台の上では，一貫して「明代の衣冠」を
保持したこともその一因であろう。演劇は，明代の衣冠を通して，漢民
族の復興を鼓吹したと言えよう。

附　　録

附録 I

青幇主要人物伝記資料

---

① 黄金栄伝

黄金栄（1868 年 12 月 14 日–1953 年 6 月 20 日），又名錦鏞，祖籍浙江省余姚市，出生于江蘇省蘇州市。上海青幇頭目。

黄金栄与張嘯林，杜月笙并称"上海三大亨"，早年在上海城隍廟萃華堂裱画店当学徒，1892 年在上海法租界巡捕房做巡捕，直至升為警務処唯一的華人督察長。后勾結帝国主義，官僚，政客発展封建幇会勢力，成為上海青幇最大的頭目，門徒達 1000 余人，操縦賭博等罪悪勾当。

1927 年 4 月組織中華共進会，参与"四一二反革命政变"，后屠殺共産党人和革命群衆。同年辞去法租界巡捕房督察長職務。1928 年被蔣介石任命為国民政府少将参議，行政院参議。抗日戦争時期，在上海拒絶日本侵略当局要他当維持会会長，称病隠居。1945 年抗日戦勝利后，成立"栄社"，勢力遍及全国工商，農礦，文化各界。

建国后，曾向人民政府坦白罪行。最終在 1953 年 6 月 20 日死于上海黄公館。

〔人物生平〕

発迹巡捕房

這是殖民地，半殖民地的旧上海灘里的特有産物。那些出身低微，家道貧寒，但又不学無術的流氓，利用幇会勢力，網羅門徒，成為地方一霸。在旧上海的三百六十行中権勢相加，左右逢源，一路而為上海聞人。

对于這些人，老百姓給他們一個綽綽号，叫做"流氓大亨"。而旧上海的大亨里，排行第一的頭号大亨，当推黃金栄。進巡捕房当差的黃金栄，清光緒十八年〔1892〕任法租界巡捕房包探，後升探目，督察員，直至警務処唯一的華人督察長。倚仗帝国主義勢力，在上海広收門徒，欺圧民衆。1927年与杜月笙，張嘯林等積極支持并参与蒋介石発動的"四・一二"政変。南京国民党政府成立后，曾任少将参議・行政院参議

黃金栄自幼不愛読書，擅長与地痞流氓交往。為了加強租界内的治安，法国駐滬総領事白早脱和公董局総董白爾研就決定招募120名華人巡捕。黃金栄当過裱画匠，後又在上海県衙門里做過一陳子捕快。這時黃金栄聴説進了巡捕房当巡捕能吃香喝辣，前途無量，他不甘寂寞，便決定去碰碰運気。他来到設在公館馬路的法租界総巡捕房報名応試。也許是他那強壮的身体占了便宜，他居然給録用了。進了巡捕房後，黃金栄就跟着法国巡捕的屁股後面，挨家挨戸去徴収"地皮捐"，"房屋捐"，還要到越界築路区為新建的房屋引租界的門牌号碼。在這些工作中，他表現得格外売力，還与鎮圧那些不願意動遷的農戸，墳主和抗議加捐的小束主活動。由此，他就被警務総監看中，一下就由華捕提升為便衣，也就是包打聴。

提抜後的黃金栄被派差到十六舗一帯活動。這時候的他，一身便装，成天地泡在茶館店里，喝喝茶，吹吹牛，従中収集情報，聯絡眼線，也算是一項工作。莫看黃金栄人長得五大三粗，但脳子蛮活絡。他用"黑吃黑"，"一碼克一碼"的手法，網羅了一批"三光碼子"，即那些慣偷，慣盗給他提供各類情報，破了一些案子。另外，他還製造仮象，用賊捉賊的弁法提高自己的威信。有一天，法国巡捕房的街対面有一家咸貨行的一塊金字招牌突然不翼而飛。老板急得六神無主。這時，"有人"就対那個老板説，対面的黃金栄破案子"交関霊光"。老板進了巡捕房就直接点名找黃栄破案。誰知，不等黃金栄跑出巡捕房，一班小瘪三就敲鑼打鼓地将那塊招牌給送了回来。

由此，黃金栄名声大噪。其実，這全是黃金栄在幕後一手策劃，導演出的一出醜局。

任刑事領班

不久黃金栄又被提升兼任刑事出外勤股和強盗班二個部門的領班。不過，黃金栄在任期間還真的破過幾件大案子。有一次，法国総領事的書記

官凡爾蒂偕同夫人去太湖游览。不想到竟遭到了那里土匪的綁架。法租界聞訊後，就派黃金榮前往营救。黃金榮找来了手下的小喽囉找到了太湖土匪的頭領"太保阿四"，"猪玀阿美"，便軽而易挙地将這一对"法国肉票"保释了出来。

還有一次，福建省督理周蔭人的参謀長楊知候带了六箱古玩·字画到上海来。不料，一出碼頭就被人盗走。為此，松滬護軍使何豊林特請黃金榮協助追查。結果，不到半天黃金榮就将原物如数追回。在当包打聽的生涯里，最令黃金榮得意的還是侦破法国天主教神父被綁架案。為此，法国東正全権大臣授予黃金榮一枚頭等金質宝星。法国巡捕房提升他為唯一的一個華人探目督察長，另派八名安南巡捕給他当保鏢。従此以後，黃金榮更是飛揚跋扈，胆大妄為，成為地方一霸。

自称"天字輩"

尽管他従未拝過老頭子，開過香堂，是個"空子"，他却憑借着勢大力大而自称為"天字輩"青帮老大。当時，上海灘青帮最高輩分為"大"字輩。

在那個黑白顛倒的年代里，黃金榮利用手里的権力，販売鸦片，開設賭場，合伙開跑狗場等，不到幾年就成為上海灘里的頭号大亨。黃金榮担任法巡捕房華人探目督察長長達20多年，直到他60歲生日後才辞職，即使如此，法巡捕房警務処還継続聘請他担任顧問。

1949年前夕，黃金榮的儿媳李志清席卷了黃金榮的金銀珠宝離開上海往香港，後又到了台湾。有人勧黃金榮到香港去，82歲的黃金榮面临人生的最後一次抉択——或去台湾，或留上海。最終，黃金榮留了下来。"以不変应万変"是他的处世信条，反正来日無多，聽天由命吧。但黃金榮心里明白，自己已是80多歲的人，死在香港倒不要紧，只怕在半路上生急病，死在途中，那就糟糕了。他对人说："我已経是快進棺材的人了，我一生在上海，尸骨不想抛在外郷，死在外地。"

黃金榮蟄居在家，深居簡出，不問外事。不少人以為黃金榮早已逃往台湾或香港地区，或被人民政府逮捕入獄。因此，当黃金榮的自白書（悔過書）刊登出来後，人民群衆的反響極其強烈，都说没有想到這個大亨還活着，受到共産党的如此寛待，一時之間殺黃呼声響徹雲天。

在厳峻的形勢面前，連黃金榮的一些門徒也起而揭発，要求靠攏共産

党，与黄金栄劃清界線。

解放初期百廃待挙，人民政府要处理的事千頭万緒。黄金栄也過了一段安逸日子。以抽大烟来説，政府雖有明令禁止，但黄装糊塗，照吸不誤，而且家中蔵了大量上好的大烟土，拠報"足够他後半世之吸食"。

黄金栄毎日吸大烟，搓麻将，他能留在上海不走，這"幾件套"也有一半功労。

当時黄家上上下下二十多口人，都住在龍門路均培里一号。這是黄金栄発跡後造的一幢三層洋房，有幾十個房間。黄的居室在二楼東端，附近房屋大多由他的門徒租住，可以互通声気，方便走動。除夏天避暑去漕河涇黄家花園住一段時間，黄金栄一直居住于此。

人民政府這時還允許黄金栄照常経営他的産業，如大世界，黄金大戲院，栄金大戲院等，毎月都有一筆不菲的収入。

鎮圧反革命

1951 年初，鎮圧反革命運動開始後，黄金栄的日子開始難過起来，市民甚至自発涌到黄宅門口，要求他接受批斗。一封封控訴信，検挙信，如雪片般飛進市政府和公安機関，懇請政府作主，為民報仇雪恨。

人生末路

実際上，对于上海的帮会人物，如何做好其工作，為我所用，党中央在上海解放前夕，已有明確的方針，即只要他們不出来搞乱，不干擾上海解放後的社会治安，老実接受改造，就不動他們。特別是对于黄金栄，杜月笙這様的帮会頭面人物，"観察一個時期再説"（劉少奇語），其目的是"努力使上海不乱"（周恩来語），這様对全国大局有利，对恢復上海経済発展有利。

根拠這一方針，上海市人民政府出面召見黄金栄，向他説明既往政策不変，但希望他能写"悔過書"公開登報，進一歩向人民交代，老実認罪，以求得人民群衆在某種程度上的諒解。

1951 年 5 月 20 日，上海《新聞報》，《文滙報》刊出了《黄金栄自白書》，結果非但没有平息群衆的憤怒，反而引出更大的風波，已如前面所述，"黄金栄可殺不可留。"的口号響徹上海灘。

黄金栄在"自白書"中，自称"自首改過"，"将功贖罪"，"請求政府和

人民饒恕" 云云。上海灘第一大亨的 "懺悔"，在当時轟動一時。

随後，黄金栄響応政府的改造号召，開始掃大街。"黄金栄掃大街" 的新聞不脛而走，伝遍世界各地。旧上海另一大亨杜月笙在香港得知這一消息，暗自慶幸自己没有留在上海，躲過一劫。

考慮到国内外的反響，対黄金栄的這項 "改造" 措施只是象徴性的，并没有持続下去。

畢竟他已是風燭残年的老人。

両年後，這個曾在上海灘顕赫一時的人物，因発熱病倒，昏迷了幾天後去世，時年 86 歳。

②　張仁奎伝

民国時期，説到青帮的三大人物，必須是杜月笙，黄金栄栄和張嘯林。但是，論起青帮中影響更甚，弟子更多，格局更大的人，那就不得不説張仁奎了。

仁奎小時候出生于一個不富裕的家庭，父親是地主家的長工，母親身体不好，常年卧病在床，而自小懂事的張仁奎帮地主家放牛為生。但是那時候的世道，只会放牛，只能受人欺負，是不会有好日子過得，所以張仁奎就跟着会武芸的表叔学習武術，并且在和其他地痞流氓的混戦中，練出一身好本事。不久之後，張仁奎就去参加了科考的武試，并且力敗衆人得了頭籌，成為了張秀才。成為了秀才之後，張仁奎開武館教学生，十里八郷都有他的学生，以此積攢了一批好口碑。

当時的世道混乱，洋人不断地羞辱朝廷及百姓，排外的情緒空前的高漲。張仁奎一腔熱血想要報国，就聯系上了山東藤県的馬風山，加入了其麾下的義和団。張仁奎凭借着自己的高強武芸，有勇有謀，得到了馬風的青眼，不久就拝 "礼" 字輩的馬風山為老頭子，成為了 "大" 字輩的青帮弟子。

在慈禧号召義和団与洋人宣戦，但是戦敗之後倉皇携着光緒帝出逃。馬風山追随并保護慈禧等人一路西行。只是世事難料，慈禧為了撫平洋人的努力給他們一個交代，下令殺掉了義和団衆人。張仁奎又因為自己的機敏，在義和団其他成員都成為了替罪羊之時，順利的脱身了。大約也是這

次経歴，讓張仁奎看清了封建帝制下的掌権人是怎様的嘴臉，之後的他就開始了脱離朝廷，傾向革命道路。

張仁奎跟随同是"大"字輩的徐宝山一起販売私塩，在徐宝山因為与其他販売私塩的頭目有利益衝突，并且有生命危険之時，帯着自己的鎌刀，以一敵十，救徐宝山于刀下。此後，徐宝山就将張仁奎作為過命交情的兄弟，并且讓張仁奎担任二把手。

徐宝山被両江総督劉坤一招安之后，張仁奎跟着他一同帰順于朝廷，帯兵駐守于鎮江。但由于之前的経歴，对清政府的不信任，張仁奎雖然表面上帰順于朝廷，聴候朝廷的調遣，但是暗地里却是在接触并且加入了同盟会。辛亥革命的炮声響起，燃起了各地愛国人士的熱血。徐宝山・張仁奎等人也加入了反正的隊伍当中，成功的攻下了張勲駐守的南京。而張仁奎在這場戦役中一戦成名，和張勲手下的"瘟神"韓虎面対面硬拼，糸毫没有示弱，最終以鎌刀斬下了韓虎的脳袋，将士們士気大増。

南京順利収復，張仁奎自動請纓去迎接孫中山進入南京地区，并且在那時結識了一衆同盟会之中的高層人物。因為張仁奎的驍勇善戦和英勇戦績，被提抜為了七十七旅旅長。在孫中山和袁世凱分道揚鑣之後，張仁奎手下的隊伍雖然還是属于北洋軍，但是他同時也是在暗地里聯系革命的人員，帮助革命党進行活動。

袁世凱逝世之後，北洋軍閥分裂成幾大派系。直系軍閥的頭子馮国璋覚得張仁奎是個可造之才，便提抜他為七十六旅旅長兼省軍区司令員。

従此之後，張仁奎算是坐穏了軍界和帮派。他広結善縁，凭本事和見識等收門徒，不看出身，对各界人士都是一様的友好，善名顔広。軍界，政界，商界，帮派中，他的弟子衆多，人脈顔広，以至于后来的蒋介石都向他逓出了拝師帖。還在其六十大寿時，専程派人送上了寿聯："軍界宿星，帮会元魁"。

大権在握的張仁奎也是好好利用了自己的権力，凭着自己的愛国之本心，為救国家于危難做出了自己的貢献。在名声和権力都達到最頂峰時，張仁奎的大智慧又体現了出来，他懂得月盈則虧的道理，并没有進一歩站在高位上，而是選択了上乞骸骨。雖然最終因為日本人而气急攻心而亡，但是張仁奎的葬礼上，名流雲集，大家都对他表示賛許和欽佩。而作為他徒孫的杜月笙，更是用了一輩子的時間，学習張仁奎張老太爺的為人和格局，向張老太爺致敬。

③　張之江伝

張之江（1882-1969），字紫珉，号子茳，別号天行，教名保羅，河北塩山人，西北軍著名将領，中国国術主要倡導人和奠基人。為人重徳守義，弁事雷励風行，剛決果断，是西北軍五虎将之首，軍中尊称大主教。曾任察哈爾都統西北辺防督弁，代理国民軍総司令，国民政府禁烟委員会主席。他在禁烟時的決心和作風譲群衆賛為 "第二個林則徐"。後任中央国術館館長。1936 年選抜武術隊参加第十届奥運会，奥運会執行主席，特命為表演隊摂製記録片。後，全国政協委員，1969 年病逝。

④　樊瑾成

有銭以后的張嘯林偶然想到了他父親的好友-頗有生意頭脳的唐観経住在上海，于是来唐観経宴飲，席間還招来幾名美艶的歌妓招待唐観経，唐観経很高興，就告訴林，要在上海灘混出名堂，一定要靠帮会，唐観経是上海青帮頭目黄金栄的弟子，于是給張嘯林介紹青帮老前輩樊瑾成，樊瑾成在上海青帮輩分高，名広气大，関鍵是没銭，張嘯林劲敬了樊瑾成一筆銭，樊瑾成收張嘯林為徒。

⑤　張嘯林伝

清光緒三年（1877），張嘯林出生浙江慈渓県。清光緒一十三年（1887），張嘯林移居杭州。清光緒一十六年（1890），張父過世后，13 歳的張不再上私塾，而是找工作開始混社会。可是一辺工作，一辺依旧是偸賭悪習不改。当時張家所在的杭州拱宸橋一帯工商業発達，是張嘯林拐騙外地商客的 "風水宝地"。清光緒二十九年（1903），26 歳的張嘯林心機一転，決定報考在杭州的浙江武備学堂。他還真被録取了，并与同在学堂学習的張載陽等人成為好朋友。然而对張嘯林而言，武備学堂的諸多規矩簡直就是

如来給孫悟空的緊箍咒，実在他受不了。単戒賭戒色這両条，就叫他活不下去。張嘯林熬了両年不到，不得不自動請辞。

離開学堂后，張嘯林找到杭州府衙門領班，也是慈渓人的李休堂，希望在他那里混日子。李休堂很楽意就接受了他，因為張嘯林這個混沌在当地已経很有名気了，対衙門維持社会秩序及弁案很有帮助。衙門領班在官制上属于吏，并非国家干部，而是由地方官自己聘用。吏這個職業，就是政府政策在下面的執行者，直接与人民打交道，秦瓊・秦叔宝的捕快是吏，宋江及時雨的押司也是吏，雖然是個両難的職業，却也是了解黒白両道内幕的最好途径。張嘯林在這個職位上自然如魚得水，除去吃喝嫖賭，不幾年還賺下了一点家私。清光緒三十二年（1906），李休堂要去安徽，張嘯林以孝養老母為名留在杭州，用積攢下的銭開了一家茶館。他還娶了李休堂的一個親戚為老婆。不久他成為杭州拱宸橋一霸。

1912 年，張嘯林結識了上海大流氓季雲卿，両人臭味相投，一見如故，張嘯林決定到上海去闖世界。到了大上海，発現自己在杭州那種小地方呼風喚雨的能力完全失去，若不是得到季雲卿的提携，他就得餓死在上海灘。他不得不先混迹在妓院賭場做做小角色，不久，他結識了商人黄楚九，并得到黄楚九的賞識。按張嘯林的意願，他是想跟着黄楚九做正当生意，但是黄楚九経過考慮，還是覚得這個張嘯林最好是混黒道，于是介紹張嘯林拝上海青帮"大"字輩流氓樊瑾成為老頭子，成為青帮"通"字輩一員。成為青帮成員的張嘯林有了立足点，立刻発揮比他人高馬大的優勢，不久就成為一方小頭目，接着認了也是小頭目的杜月笙。杜月笙是青帮"悟"字輩輩，比張嘯林晚了一輩，但両人還是湊在一塊想法占地盤。不久杜月笙与另一派黒帮火拼，被打個半死，躺在街上。張嘯林独自背杜月笙回家，為杜月笙療傷把家底全部給花光了。這種兄弟之情把性格内斂的杜月笙感動得五体投地，誓言旦旦永生不忘恩情。

失去地盤的杜月笙，之后投靠了当時大名鼎鼎的法租界巡捕房探長黄金栄，并逐漸露出頭角。不久張嘯林与英租界華人頭領合作得罪了黄金栄，杜月笙巧為設計，不但讓張嘯林投靠到黄金栄這辺来，還壮大了張嘯林的力量。杜月笙的謹慎加張嘯林的胆大，他們在"黄，賭，毒"上的生意越来越好。其后黄金栄又在不知情的情況下把上海督軍盧永祥的公子給打了，盧永祥一怒之下把黄金栄抓了起来。杜月笙与張嘯林通過曾経的浙江武備学堂的朋友，已経成為浙江省長的張載陽的関係，打通盧永祥的関

係，不但救出黄金栄，還結識了上海及周辺的一批軍閥官僚，結果大家一起合伙做鴉片生意，鴉片生意做得更加火紅火燎。由此，黄金栄也与杜月笙，張嘯林二人拝為把兄弟。上海"三大亨"就這麼走到了一起。

1920年，三人合股開設三鑫公司，販売鴉片，逼良為娼，横行霸道。張嘯林因此被人称做"三色大亨"，所謂"三色"指的是黄色：開妓院，黒色：販毒，白色：殺人与渉賭，這些都是張嘯的拿手好戯，可以説在二十世紀二三十年代的上海，張嘯林絶対是個心狠手辣，尽人皆知的人物。

1926年，蒋介石率領国民革命軍向北挺進，勢如破竹。三位江湖人物不得不面臨選辺站的窘境。一方面，他們与軍閥勾結，販売鴉片牟利，另一方面，蒋介石当初在上海与青帮也有接触。三人決定両辺都暗中聯系，観望風吹響哪辺再説。

1927年，共産党在上海発動工人起義，接収上海市。此時蒋介石已決定清党，派人進城聯系黄金栄，杜月笙，張嘯林三人，要他們一起攻撃共産党。4月12日，蒋介石発発動清党，三大亨也在上海組織"中華共進会"，与蒋介石軍隊一起鎮圧上海的共産党及工人運動領袖。這就是有名的四・一二大屠殺事件。三大亨就此由江湖人士転生成為政府人士，還被授予国民革命軍総司令部少将参議職銜。不久，他們又参与到銀行等金融産業中，儼然成為金融家，実業家。張小林就是在那段時間，把名字改為張嘯林。

1932年，張嘯林出任上海華商紗布交易所監事。抗戦爆発后，指使徒衆組織"新亜和平促進会"，収購軍需物資，大発国難財。

1933年元旦前後，張嘯林和上海黒白道上名流，在上海"新世界"挙弁了"救済東北難民游芸会"，其重頭戯就是"競選花国舞台"。游芸会在《申報》上打出巨幅広告，"請各界激励名花愛国，予名花以報国的機会"。如此説来，舞女"愛国不敢后人"，却是報国無門，只能以伴舞所得救済東北難民或義勇軍；而舞客"通宵開舞"，也就是愛国的表現了。

1937年，日軍発動八・一三事変。1937年10月下旬，戦局悪化，蒋介石準備放棄上海。為了防止"青帮三大亨"被日偽利用，蒋介石邀請黄金栄，杜月笙，張嘯林一起去香港。"三大亨"地位的排列，原本是黄，張，杜，上世紀30年代中変成了杜，黄，張。張嘯林出道時間比杜月笙早，輩分也比杜月笙高一輩，対杜月笙当老大，心中一直不服。

蒋介石部署撤退時，張嘯林暗想："上海華洋雑処，各種勢力盤根錯節，日本人攻占容易統治難，必然要拉攏利用帮会頭目。而三大亨中，黄金栄已表明不会出頭為日本人做事，杜月笙去了香港，這正是他独霸上海灘的好機会。"

1937年11月上旬，上海淪陷。日本上海派遣軍司令官松井石根很快便与張嘯林達成了協議。之后，張嘯林布置門徒，脅迫各行各業与日本人"共存共栄"，大肆鎮圧抗日救亡活動，捕殺愛国志士。又以"新亜和平促進会"会長的名義，派人去外地為日軍収購糧食，棉花，煤炭，薬品，強行圧価，甚至武装劫奪。還趁機招兵買馬，広収門徒。

蒋介石指示軍統局長戴笠对張嘯林予以制裁。戴笠向潜伏在液滬上的軍統上海区区長陳恭澍发出了針对張嘯林的鋤奸令。他們還制定了鋤奸計劃和建立了行動組。行動組長陳黙接到任務后，摸清了張嘯林的生活起居規律，甚至对他外出時在車上的慣坐位置都清楚。

1938年，行動組獲知張嘯林毎天晚上都去大新公司五楼倶楽部賭錢，完事后与十余名保鏢分乗両輌車回家。張嘯林的車隊回家要経過一個十字路口，如果碰上紅灯，車一定会停。軍統上海区行動股長杜月笙的門徒丁松喬決定在此下手。為了保険他們对灯線做了手脚，張嘯林的車一到，就可拉開紅灯。一切按進行着，車隊経過時紅灯亮了。丁松喬帯領幾個特工对車輌一陣猛射。張嘯林的司機見状，猛踩油門，闖過紅灯，疾駛而去。張嘯林的車身護有鋼板，汽車窓玻璃也是打不破的防弾玻璃，雖中弾并無大碍。

1940年，1月13日，行動組又獲悉張嘯林的親家兪葉封邀請張嘯林，第二天去更新舞台包廂看京劇名角新艶秋的演出。于是行動組開始計劃再一次暗殺。

陳黙率領若干便衣特務，到更新舞台楼上第一排就座，傍辺就是兪葉封。戯快完了張嘯林也未到，陳黙只好下令先除掉兪葉封，打一打張嘯林的威風。張嘯林獲悉此事，又恨又怕，整天待在家中，還向日本人要来了一個憲兵班，并在大門口安排内外双崗。人来訪未経他同意一律不得入内。

張嘯林不出家門，行動組只好動用内線，由張嘯林的保鏢林懐部執行。第一次暗殺張嘯林未成后，陳黙就開始設法策反林懐部。林懐部是在張嘯林的司機阿四的介紹下進的張宅。起初只当了個門衛。張嘯林遭到幾

次暗殺后，就希望能找到幾個身手和槍法都超群的保鏢。在阿四的帮助下，林懐部連発三槍，槍槍従紅心穿過，又一槍把飛過的一隻麻雀射下。就這様，他取得了張嘯林的信任，被聘為保鏢。

陳黙以 5 万塊銀元和除漢奸的民族大義，争取到林懐部作内線，聴候指令執行任務。1940 年 8 月 11 日，張嘯林在衆保鏢的護衛下，至愚園路広家，与周仏海，陳公博及日本人会面，接受汪偽政府浙江省省長的委任状。

1940 年 8 月上旬，陳黙約見林懐部，讓他在近日内下手，得手后，軍統総部設法并会将他安排為法租界巡捕房捕弁。

1940 年 8 月 14 日，張嘯林正和偽杭州錫箔局局長呉静観在家中会面，林懐部決定待張嘯林送客下楼時，動手除掉張嘯嘯林。但不一会引客的管家下来去翠芳楼找妓女前来侍酒陪賭，賭局飯局交替，能到深夜。如果這様就無法下手。林懐部見阿四在院中擦車，便湊過去説："有些私事，請師傅去楼上向張先生講一声，准我五天仮。"阿四揺揺頭説："張先生有規矩，会客時不許下人打擾，爾又不是不知道。"林懐部故意刺激他：爾平時常説張先生如何如何地看得起爾，看来和我没什么両様，吹牛。阿四一聴火了，両人吵了起来。楼上的張嘯林聴到声音，忍不住跨到窓前励厲声喝問："吵什么？"張嘯林怒罵林懐部："爾這亀孫子，吃飽了不干事還吵架，老子多叫一個東洋兵来，用不着爾了。"林懐部也毫不示弱地還嘴，張嘯林于是探身窓外怒吼："阿四，把這亀孫子的槍卸下来，讓他滾蛋。"林懐部随即説道："用不着赶，老子自己走。"説着，林懐部伸手去腰間拔槍。所有人都以為林懐部真要交槍走人，不料，他对着張嘯林抬手一槍，子弾正中張嘯林面門，張嘯林当場斃命。

⑥　杜月笙（鏞）伝

杜月笙（1888 年-1951 年 8 月 16 日），原名杜月生，后因章太炎建議而改名鏞，号月笙，江蘇川沙（今上海市浦東区）人，近代上海青帮中的一員。14 歳初到上海十六鋪水果行的学徒。后進入当時的青帮上海龍頭"黄金栄公館"。1925 年 7 月，杜月笙成立"三鑫公司"，壟断法租界鴉片提運。1927 年 4 月，杜月笙与黄金栄，張嘯林組織中華共進会。1929 年，

杜月笙任公董局華董，這是華人在法租界最高的位置。1929 年，杜月笙創弁中滙銀行，涉足上海金融業。1949 年 4 月，杜月笙前往香港度過晚年。1951 年 8 月 16 日，杜月笙于香港病逝，終年 63 歲。

清光緒十四年（1888 年 8 月 22 日）七月十五，杜月笙出生于江蘇省川沙厅（今上海市浦東新区）高橋鎮南的杜家宅，取名杜月生。其四歲喪母，六歲時，父親也去世了。留下他依靠外祖母撫養，舅父是個木匠，生活也很艱難。所以，他只上過半年私塾就輟学了。他伸手討過飯，舅父朱揚声曾給他錢去販売大餅油条，但"寡人好賭"的他不僅常常把本利輸光，而且有時摸舅父的錢，結果被赶出了大門，到处流浪。他従高橋流浪到了上海灘，那時，他已有十三四歲了。

他先投靠在十六鋪一家水果行当賬房的伯父杜阿慶处，由伯父介紹進另一家水果行当学徒：做不上半年，不得老板的歡心，被轟出了門。回到高橋，在一家肉鋪里当下手，又因為賭博，被停了生意。這樣，再度到了上海。杜月生在這群人里，先是向他被赶出的宝大水果行討些爛水果，再到碼頭停泊的水果船上撈些新鮮的，在小街巷及烟館等处叫売。生活很凄苦，偶然剩幾文錢，還要和朋友一起賭博。在這一時期，他得了両個諢名："水果月生"和"蠟光月生"。這樣混了一段時間后，他結識了不少人，還參加了碼頭上的小帮派，和他們一起欺騙敲詐初到上海的農民，偸盗碼頭上的行李。

当時，十六鋪碼頭有個青帮"大亨"陳世昌，他看杜月笙年紀輕，又很機霊，就将他收在門下。杜月笙拜他為老頭子（干爹），杜月笙這樣算正式"在帮"了。依仗帮会勢力，他与流氓們合伙在輪船碼頭干些敲詐勒索，走私販毒的行当。同時，以其在上海灘上黑社会内歴練時久，為法租界巡捕房雇為包探。民国 7 年（1918），杜月笙経陳世昌的同輩輩弟兄黄振億的介紹，到当時上海灘大流氓頭子，時任法租界警務处督察長的黄金栄里做雑務。依靠他的頭脳霊活，八面玲瓏，很快討得黄金栄的老婆林桂生賞識。当時淞滬護軍都督使何豊林等人私下集資開弁了一家包運販売鴉片的公司，杜月生認為這個公司有軍閥為后台，肯定能够賺錢，遂鼓動林桂生以黄金栄的名義入股，不出両年，即為黄金栄賺得 200 万元。由此，黄金栄对杜月生的"才干"始加注意，并賞其 5 万元為酬謝。此后，黄金栄又推挙其在法租界内運銷鴉片，并将法租界三大賭場之一的"公興倶楽部"的経営權交給了杜月笙。

⑥ 杜月笙（鏞）伝　　　283

当時，上海的烟土走私由以英租界探目沈杏山為首的"大八股党"操控。他們先從搶劫烟土開始，漸与土商達成協議，由土商支付数額巨大的"保護費"，由大八股党負責烟土運送安全。杜月笙欲与大八股党争奪烟土之利，于是找来顧嘉棠，葉焯山，高鑫宝，芮慶栄，楊啓堂，黄家豊，姚志生，侯泉根等八人，組織"小八股党"，建成一支流氓武装。在与大八股党的争奪中，他們或明搶，或暗劫，至民国 8 年（1919）初，"小八股党"最終取代"大八股党"，執上海烟土行業之牛耳，杜月笙由此名声大振。

民国 14 年（1925）7 月，杜月笙与黄金栄，張嘯林等聯合潮州帮烟土商，弁了專営鴉片的"三鑫公司"，由該公司派遣保鏢人員，包弁法租界的烟土経商運銷。当因黄金栄身為法租界的督察長，不宜公開出面弁這個公司，便由杜月笙担任公司的総経理，張嘯林与杜月笙的青帮弟兄范回春担任副総経理。一次，黄金栄因在看戯時与浙江督軍盧永祥的児子盧小嘉争風吃醋，開罪了這位公子，被淞滬護軍使何豊林遣衆便衣痛打一頓。之后，又将其綁架至龍華護軍使署看守所里。杜月笙与張嘯林居間設法営救。杜月笙向法租界各大土商索取巨款，由張嘯林出面向何豊林，盧小嘉賠礼求情，再由杜月笙往請青帮"大"字輩的老頭子張鏡湖出面疏通，終于平息了盧小嘉的怒気，把黄金栄放了出来。黄金栄為感謝杜月笙，張嘯林之"救命之恩"，乃与二人結拝成兄弟。由此，黄金栄，杜月笙与張嘯林這三位上海灘頭的大流氓頭子聯合一体，成為当時上海黒社会中最具影響的勢力。杜月笙也従此開始独当一面自立門戸了。同年，出任法租界商会総聯合会主席，兼納税華人会監察。民国 15 年（1926），在章太炎的建議下，杜月生改名為杜月笙。

民国 16 年（1927）4 月，杜月笙与黄金栄，張嘯林組織中華共進会，為蒋介石鎮圧革命運動充当打手。4 月 11 日，設計活埋了上海工人運動領袖汪寿華，随后指使流氓襲撃工人糾察隊，大肆屠殺共産党人和工人群衆，従而獲得了蒋介石的支持。南京政府成立后，杜月笙任海空総司令部顧問，軍事委員会少将参議和行政院参議等職，雖然都是没有軍權的虚銜，但其社会地位却因此極大提高。9 月，杜月笙担法租界公董局臨時華董顧問。

民国 18 年（1929），杜月笙升任法租界公董局華董，這是華人在法租界最高的位置。同年，創弁中滙銀行，渉足上海金融業。通過結交金融界人

士徐新六，陳光甫，唐寿民等，使得他的銀行業務頗為興旺。民国 19 年
（1930），杜月笙在家郷浦東高橋鎮高南陸家堰買地五十畝，委托高創新営
造廠廠主謝秉衡建造杜氏家祠。

民国 20 年（1931）6 月 8 日至 10 日，杜月笙挙行家祠落成典礼和 "奉
主入祠" 典礼。儀仗隊有五干人之衆，自法租界杜公館出発，長達数里，
巡捕開道，鼓楽震天。開酒席三日，毎日千桌。包括蒋介石，淞滬警備司
令熊式輝，上海市長張群等在内的，国民党要人都送了匾額，排場之大，
靡費之巨，極一時之盛。

民国 21 年（1932），杜月笙開始組織恒社。民国 22 年（1933）2 月，挙
行恒社開幕典礼。杜月笙自任名誉理事長。社名取 "如月之恒" 的典故，
名義上是民間社団，以 "進徳修業，崇道尚義，互信互助，服務社会，効
忠国家" 為宗旨。実際上是帮会組織，借此広収門徒，向社会各方面伸展
勢力。恒社初成立時，有一百三十余人，到 1937 年達 520 余人，国民党
上海市党部，上海市社会局，新聞界，電影界等許多方面的人士都参加進
来。

民国 23 年（1934），杜月笙担任上海市地方協会会長。同時，他還当上
了 "中国紅十字会" 副会長。民国 24 年（1935）4 月，杜月笙当上了中
国通商銀行的董事長。

民国 26 年（1937）初，日本海軍軍令部長永野修身従欧州帰国途中，
特至上海与杜月笙会面，向他提出誘人的条件，進行経済誘降，杜月笙对
此予以拒絶。盧溝橋事変爆発后，中国進入全面抗戦。7 月 22 日，由国
民党上海市党部出面，杜月笙参与成立上海各界抗敵后援会，并担任該会
主席団成員及籌募委員会主任委員。11 月，上海淪陥，日本侵華者考慮
到杜月笙在上海的顕赫地位和影響，对其多方進行拉攏。面对日本人的威
逼利誘，杜月笙再度拒絶，離開上海，只身前往香港避難。12 月初，他
又専程赶赴武漢面見蒋介石，被蒋委任為中央賑済委員会常務委員，分管
第九賑済区事務。領命之后，杜月笙回到香港，成立了賑済委員会第九区
賑済事務所，自任主任。同時還在香港挂出了中国紅十字総会弁事処的牌
子，以此為掩護，従事動員，組織，安排一些有一定社会影響的人遷居香
港，并負責溝通国民政府与上海等淪陥区的聯系。此外，他還与戴笠合伙
成立了 "港記公司"，負責運銷国民政府在川，康，滇一帯以禁烟為名掠
奪的鴉片烟土。

⑥　杜月笙（鏞）伝　　　　285

　民国 28 年（1939）夏，呉開先奉命至上海整頓国民党地下組織，成立
了"上海党政統一委員会"，呉自任書記長，杜月笙則以其在上海的金融
工商，党政，特務系統及黒帮勢力中的特殊影響，被蒋介石任命為該委員
会的主任委員。

　民国 29 年（1940），杜月笙組織人民行動委員会，這是在国民党支持下
的中国各帮会的聯合機構，杜月笙為主要負責人，由此実際上成為中国帮
会之総龍頭。

　民国 30 年（1941）12 月，香港淪陥，杜月笙遷居重慶，他在重慶重建
恒社総社，并在西南各区重要城市建立分社。

　民国 31 年（1942）3 月，杜月笙在重慶設立"中華実業信託公司"，自
任董事長，由華中各地搶購物資内運経銷。同時他還将中国通商銀行遷到
重慶自任総経理。同年秋，他又親至内江，成都，宝鶏，西安，洛陽等
地，設立通商銀行分行，各分行設恒社分社。

　民国 32 年（1943），杜月笙又与戴笠商議，并経蒋介石認可成立通済公
司，以国統区的戦略物資換取淪陥区的棉紗，被人們指責為趁機大発"国
難財"，同時這種行為還大大緩解了日本侵略軍戦略物資的匱乏。

　民国 34 年（1945）8 月，抗日戦争勝利之初，杜月笙対国民党軍政勢
力未抵達上海前的重大問題，"均周密策劃"，積極協助蒋介石争奪勝利果
実。9 月，杜月笙回到上海。10 月開始，即着手整頓"恒社"。整頓后的
"恒社"，在全国二十多個城市発展分支組織，人数亦大大増加，社員上至
中央部長，司長，下至董事長，報社社長，律師，特務，遍布全国。這一
時期，杜月笙勢力進一歩膨脹，獲得的各種各様的職銜計 70 個左右。除
"国大"代表，上海市参議員等公職外，所任職銜，渉及文化教育，金融
工商，交通電気等各行各業。

　民国 35 年（1946）4 月，蒋介石為体現"民主政治"，下令"民選"上
海市参議会議員。在選挙前夕，杜月笙発動其徒衆，四処収買拉攏，威脅
利誘，当選為議長。但恰在此時，他的心腹万墨林因囤積居奇，被上海
警備司令宣鉄吾逮捕。并伝来蒋介石的口信：議長一席，希望由潘公展担
任。杜月笙迫于蒋介石的圧力，無奈議出已到手的議長職位。這使得杜月
笙大発牢騒，"淪陥時上海無正義，勝利后上海無公道"。10 月，杜月笙
又与軍統負責人鄭介民勾結，将所謂的"人民行動委員会"改組為"中国
新社会事業建設協会"，任常務理事，積極指揮帮会組織，配合国民党特

務，打撃共産党和進歩力量。

民国 37 年（1948）春，杜月笙参加国民政府召開的"行憲国大"，力捧蒋介石当選総統。同年夏，蒋介石為了挽救厳重的財政危機，派蒋経国到上海実行市値改革，発行金円券，要求民間将所持法市外幣及金銀一律兌換成金円券。9 月初，杜月笙的三児子杜維屏没有完全照弁，被蒋経国以"投機倒把"罪逮捕，此外，蒋経国還将万墨林伝去訓話。杜月笙凄涼地感到"該是他們（蒋介石集団）要我下台的時時候了"。后来，杜月笙指使其門下四処収羅証拠，証明孔祥熙長子孔令侃所擁有的揚子公司也従事同様勾当，逼蒋経国就范。蒋経国無法，只得将杜維屏判処 6 個月徒刑，此事草草収場。

1949 年，杜月笙曾経与黄炎培，銭新之，章士釗，盛丕華，沙千里，史良，張瀾等人頻繁接触，商討時局与個人前途。杜月笙曾考慮過留在上海，但沈重的歴史包袱使他難以完全相信共産党能不究前嫌。4 月 10 日，蒋介石召見杜月笙，要他去台湾。5 月 11 日，杜月笙決定既不留在上海，也不投奔台湾，而選択留在香港。

1951 年 8 月 7 日，杜月笙昏迷，醒后即叫家人請来秘書胡叙五口述遺嘱。杜月笙脳子十分清醒，遺嘱并未渉及政治，全是遺産継承等家庭瑣事。杜月笙拿出多年来別人写給他的各種欠条，全部予以焼毀，并告戒后人不得追討余債。只留下了十万現金，毎個老婆各拿一万，児子一万，未嫁的女児六千，已経出嫁的四千。拠其女杜美如説，杜月笙去世前説的最后一句話是："我没希望了，爾們還有希望，中国還有希望。"杜月笙口述一陣后，叫秘書重読一遍，然后挣扎着簽上自己的名字：杜鏞。8 月 16 日下午 4 時 50 分，杜月笙于香港病逝，終年 63 歳。

⑦　顧竹軒伝

顧竹軒（1886-1956），字如茂，江蘇建湖人。少年時期因家境貧寒，適逢災荒，16 歳到上海謀生。在公共租界協記公司拉黄包車，一度入租界巡捕房充当巡捕。20 多歳時，躋身上海帮会上層。徒弟達数百人，有"江北大亨"之称。20 年代初，与人合伙在閘北開弁同慶舞台，不久又開設徳勝茶楼，天蟾舞台。1923 年起，独資経営天蟾舞台，聯絡京劇名角，

推進京劇演出場所改良。1932 年一・二八事変和 1937 年八・一三事変，参加傷兵和難民救済，派保衛団支援抗戦。抗日戦争期間，掩護，護送和営救中共地下党員。国共内戦時期，掩護和協助中共中央上海局下属的帮会工作委員会的工作，又多次掩護発電廠地下党負責人的活動，并為運送物資和医薬用品去蘇北根拠地提供方便。1947 年，任上海市参議会参議員。1949 年，作為特邀代表出席上海市第一次各界人民代表会議。1956 年 7 月 6 日，在上海去世。

幼年潦倒，上海発迹

若提起旧上海的青帮大亨，大家最熟悉的莫過于黄金栄，杜月笙，張嘯林這"三大亨"了。但在蘇北人当中，号称"江北大亨"的顧竹軒的勢力才是最大的，因此有人贈他"江北皇帝"這個称号。

顧竹軒，字如茂，他的先祖為塩城西北郷（今建湖）人，与国民党高級将領顧祝同是同宗：清代咸，同年間，顧家挙家乗破船流落至塩城梁垜団（今建湖県鐘庄郷唐湾村），為人傭耕。

顧竹軒生于光緒十二年農暦三月十四日，因在家中排行第四，郷人習慣称他為"顧四"顧家因人多地少，顧竹軒的童年是在貧困中度過的。少年時，他力気大，食量過人，十四，五歳時就能背起犁辮拉田。当時蘇北飢荒頻繁，光緒二十八年（1902）初，16 歳的顧竹軒跟着母親，兄長顧松茂等人駕小船逃荒到上海謀生。到上海之后，顧竹軒先落脚在閘北天宝里附近号称"一百間"的地方，靠做馬路工，拉"野鶏車"糊口。其間公共租界招収華籍巡捕，条件是体強力壮身高，文化程度不計。顧報考后即獲録，但后因私放了一名同郷逃犯而被開除。不久，顧与其兄一起受雇于位于閘北国慶路上的德商"飛星黄包車公司"，随后他又拉德国老板的私人自備黄包車，深得老板器重，代管該公司的出租業務。第一次世界大戦爆発后，德国老板回国，顧竹軒乗此機会，利用手中的積蓄，廉値盤下該公司。顧竹軒的発迹之路就是従這里開始的。

趨炎附勢，野心蓬勃

1916 年左右，顧竹軒通過同郷関係拝了寧籍的青帮大亨劉登階為"老頭子"。劉系青帮"大"字輩，按照青帮"大通悟学"的輩分排名，顧竹軒成了"通"字輩。這時顧已有一定経済基礎，又是青帮的"二十二炉

香"，加上他原来做過公共租界的巡捕，這三者相結合使得顧竹軒大開香堂，広収門徒，很快便成了青帮在閘北的"大頭香"（指輩分高，勢力大）。顧竹軒到上海謀生，拉過多年人力車。他為人豁達爽朗，很講江湖義気，経常帮助一起拉車的窮郷親，無論有錢没錢総是尽力帮助。他曾説，"只要瞧得起我顧四，脱褲子当当也来。"非但如此，因顧軽財疏義，好為塩阜同郷掙臉面，在閘北下層塩阜籍地痞流氓中很有地位，他們説"顧四癩子"够朋友。因此顧的門徒中尽管有低級的文職官吏，小軍官，一般警察，各種商販等，但人数最多的還是人力車行的行主及衆多的人力車夫。在法租界巡捕房供職 20 多年并熟悉帮派内幕的薛耕莘在《近代上海的流氓》中，称顧為"旧上海最大的人力車霸主"。而従勢力範囲来看，除閘北是他的大本営外，其勢力也滲入了公共租界，門徒多達 1 万余人。

除了出租人力車，顧竹軒還涉足了很多行業。因顧在閘北黒社会的地位很高，黒社会中很多上茶館吃"講茶"的事情都由他出面。因此顧認為自己開茶館応該更有利図，不久便在閘北大統路靠近新閘橋的地方開設了德勝茶楼，又招来流落上海的塩阜淮劇芸人在茶楼上演草台戲（茶桌拼湊為舞台），吸引了大量蘇北人。此外，他還開設了泰祥南貨店，大生輪船公司，同慶舞台（与左士臣合伙），三星舞台，大江南飯店，天蟾璃廠等多個工商企業。

旧上海帮派競争異常激烈，顧竹軒為了便于自己拡張勢力，在人際関係上着実下了一番工夫。在青帮中，顧深知自己勢力遠不及"三大亨"，因此他竭力与他們搞好関係，尤与黄金栄私交甚篤。黄本人雖然在上海青帮中勢力頗大，但却很長時間内没有正式拝過"老頭子"，而只是一個帮外的"空子"。他甚至自嘲説，"我是天字輩，比大字輩多上一劃"。后黄拝"大"字輩的張仁奎為"老頭子"，也僅是"通"字輩。但顧竹軒為了借助黄的勢力涉足法租界向黄遞了門生帖子。顧這些做法事実上也収到了良好的効果，与他后来成為莫逆之交的寧波大亨虞治卿，即是這時与顧相熟識的。由于虞本人工商界的顕赫地位，使得顧竹軒在従事企業活動時，獲益匪浅。如顧蘇里下河地区経営的大生輪船公司，其船多是虞洽卿的三北輪船公司里的旧船，購値十分低廉。而在大公司与張孝若，杜月笙合営的大達輪船公司競争処于劣勢之際，正是有了虞的帮助才得以支撑下去。顧還曾指示門徒阜寧人劉玉貴暗殺京劇名角常春恒，也是在虞的帮忙料理下才能够化解此事。

⑦　顧竹軒伝　　　　　　　　　289

　　令顧竹軒在青幇中声名顕赫的“天蟾舞台”事件中，則離不開杜月笙
対他的鼎力支持。現位于福州路（旧称四馬路）的天蟾舞台，原本位于公
共租界的二馬路（今九江路）上。与天蟾玻璃廠的名称一様，天蟾舞台中
“天蟾”来源頗具伝奇色彩。顧曾夢見一個三足的青蛙，口吐金銭。他找
人解夢，解夢者告訴説：這是天賜蟾蛤，乃吉祥発達之物。他信以為真，
便将玻璃廠，戯台用“天蟾”二字冠名。天蟾舞台設立后，得到了虞洽卿
的好友，戯劇界“白相人”，青幇“通”字輩季雲卿（季是曹幼珊的門徒）
的帮助，生意很好。加之有黄金栄在背后撑腰，顧很快成了評劇院同業中
的佼佼者，進而又当選為評劇院聯誼会的主席。上個世紀二十年代的中后
期，大馬路（今南京東路）的永安公司（天蟾舞台恰好位于永安公司的後身）
為拡展南部，与工部局相勾結，勒令天蟾舞台拆遷。顧竹軒雖然四処奔走
交渉，依旧無効。最后，他得到了杜月笙的帮助，用重金聘請了両位外籍
律師，将官司一直打到英聯邦最高法院，経最高法院裁定工部局敗訴，并
賠償天蟾舞台的拆遷損失費十万銀元。這件事対顧而言是名利双収。十万
銀元的賠償費使顧不但没有蝕本，反而大賺了一筆。另一方面，顧状告工
部局獲得成功，使很多視租界勢力為太上皇的人也対他刮目相看，不得不
称他真有“牛皮”。而“顧四牛皮”這一綽号也就這様被叫開了。

　　与“三大亨”一様，顧竹軒在渉足工商界有了一定的社会地位和勢力之
后，也極力地与官紳階層拉近距離，将自己擠進其中。1924 年秋，斉盧
交戦正酣之際，閘北豪紳王彦斌組織成立滬北区保衛団，因顧在閘北勢力
大，遂請他出任団附。従此顧成了堂堂正正的地方武装官員，社会地位与
日俱増。之后，他又陸続担任上海市人力車同行業公会主席，閘北商団会
董，塩阜同郷会主席，蘇北旅滬同郷聯合会副主任，蘇北難民救済委員会
副主任，中国紅十字会理事，以及一些慈善機構的董事等社会公職。与此
同時，顧与上層社会人士接触也日益増多。這些人中著名的有同為塩阜同
郷的清末進士，法部主事，国会議員季龍図，与蒋介石有師徒名分的胡敬
安，《前線日報》館長馬樹礼，中国仏教会副主席静波法師，及江蘇保安
司令李長江等。這里値得一提的是，顧与同宗遠房，国民党高級将領顧祝
同的交往，也在一定程度上築固和提高了他在上海的社会地位。

　　1930 年代初，顧祝同任江蘇省主席，顧竹軒則以為其祝寿的名義，在
揚州買了一所旧園，整理一新后，取名“祝同花園”，送給了顧祝同的一
位族弟。顧祝同也投桃報李，在顧竹軒 40 歳歳生日之際，他親派代表登

門祝寿。抗戦勝利不久，当時已任国民党陸軍司令的顧祝同利用到上海公干的機会，順道中拝会了顧竹軒。消息一経，報紙伝出，原本因勢力衰退門庭冷落的顧氏門前立刻又"車如流水馬如龍"了。旋而顧又被上海市政当局聘為市議会議員。不但如此，顧還利用機会与最高層接近，他曾跟蒋介石合過影，之后便将這張照片一直懸挂在天蟾舞台的四楼房間内，借以抬高自己的身份。

軽財尚義，賑済同郷

顧竹軒幼年家境貧寒，無力読書，因此目不識丁。但当有了一定社会地位之后，他則請人教自己識字，逐漸地可以看信，読報紙了。之后在与上流社会的交往接触中，他又漸々養成了一種上層人士"典雅持重"的風度。随着身份地位的日益提高，顧開始潔身自愛。社会事務能敷衍的就敷衍，不能敷衍的就以自己年老多病為由加以推脱。但有両件事是他一直較為熱心弁理的，一是為賑済同郷，二是為帮助中国共産党做了一些事情。

顧竹軒 1956 年 7 月 6 日因患水膨脹病在上海去世，従 16 歳離家到上海，他在長達 55 年的歳月里再也没有回塩城居住，但其対故土的思念十分強烈，為塩阜郷親也出了一些力。早在顧初露頭角的時候，他就以軽財尚義，済急恤貧，為塩阜旅滬的窮郷親称道。

1911 年，蘇北大旱，一些災民逃荒至上海，以行乞為生。顧見状后，与同慶舞台的合伙人左士臣等人出面，在塩阜旅滬同郷与自己的徒子徒孫中籌集善款，救済逃荒而来的郷親。此外，他又以塩阜両県的救災問題向華洋義販会告急。顧従事有関郷親的善挙，向来都是躬親其事，尽力解決，不挂虚銜。如在閘北創弁江淮小学時，他不僅献出了自己在大統路的宅地，還贈了很大一筆銭作為創弁基金。有関顧対郷親販災済艱難的義挙，建湖県文史資料弁公室特地遴選了有代表性的幾則事例。

民国十八年（1929）冬，顧氏返里葬母。事先聞知家郷是年大旱失収，特地籌措了一大筆銀元乗専輪還郷。喪事既畢，宣布放飯。凡登門求済的，孩童銀元一枚（価格可抵 50 斤稲），青壮男女両枚，老人五枚，鰥寡孤独者七，八枚不等，最多的十枚。外地飢民聞訊而集，飢民船隻塞満了唐湾河，直至帯回銀元放完為止。隣村有孕婦登門乞済被擠得把孩子生在褲子里，顧派専人送去銀元，大米，衣被等物。

民国二十年（1931）秋，運河決堤数十丈，内下河地区西水横流，一片

汪洋，経冬未退。災民流離失所，啼飢号寒。顧竹軒竭力奔走呼号于華洋義賑会和紅十字会之間。在他和塩城的美籍伝教士白秀生的努力下，終于為塩，阜，東（東台）三県求得了大批糧食，衣被和薬品。

這次賑災中，顧竹軒為了多籌集善款，還将自己位于閘北太陽廟路附近的天蟾玻璃廠売掉，共集資了五，六万銀元。這件事在塩阜郷親父老中有口皆碑，当時郷親們很親切地称他為"顧四爹爹"。不僅如此，1935年編写的《続修塩城県志》中也特地為其救災"奔走甚力"書了一筆。此外，在国難当頭之際，他的慷慨仗義也獲得了很多人的好評。

"一二・八"淞滬戦争爆発，他将天蟾舞台停業，作為涌入租界避難的塩阜同郷栖身之所。楼上楼下人満為患，還要籌集供応其衣食所需。時有要求回蘇北老家避難的，顧氏向三北輪船公司董事長虞洽卿協商租得長江客輪将難民分批運送至泰県口岸，再乗顧的大生輪船公司的内河客輪運往塩阜各地，前后歴時両個月，共約収容，運送了上万人。顧竹軒将舞台停業不算，還解了私囊。1937年"八・一三"事変発生，難民紛紛涌入租界避難，時値顧氏保釈出獄（因趙広福，張亭桂告顧竹軒教唆殺害大世界経理唐嘉鵬一案，令其身陥囹圄）不久，他慨然再将天蟾停業改作難民収容所，直到3個月后，戦争西移，難民開始陸続離去。

狡兎三窟，同情革命

顧竹軒熱心塩阜郷親的事情，無論是旅居上海的同郷，還塩阜当地人均感其恩徳，対他評価很高。如果説他熱心塩阜郷親的事情是因其本人很講究同郷情節，有江湖義気，軽財仗義的性格，那么不可否認的是，他支持身為共産党員的侄児従事革命活動，多次掩護和営救中国共産党地下工作者，譲自己的幼子加入新四軍等事則多少也与青帮行事中向来的"狡兎三窟"風格有所関聯。

"四・一二"反革命事変后不久，時任工運大隊長的姜維新在送発罷工工人安置費時，被租界巡捕房逮捕，巡捕房后将其遞解至龍華的淞滬警備司令部。姜的兄長姜維山当時在天蟾舞台工作，姜維山請顧竹軒出面営救。顧首先仮認姜維新系天蟾舞台職工，并利用招待前来査核情況的警員吃飯的機会，避開英籍警員，疏通華籍警員将査弁時間延后，贏得了営救時間，后由天蟾舞台作保将姜維新保釈出獄。拠姜維新事后回憶，当時被抓的有二，三十人，只有二，三人最后獲救。事后姜向周恩来做滙報時，周

恩来還表示"顧竹軒為人還是可靠的。"

顧叔平畢業于聖約翰大学，顧竹軒的嫡親侄児。他早年投身革命，曾多次利用顧竹軒的関係在最危険的環境下出色地完成了任務。1943 年春，時任中国共産党塩阜区委組織部長的喩屏（建国后曾任中華民共和国最高人民検察副総検察長）与妻子李楓（時任中国共産党淮安県委書記）奉命去延安参加整風。組織上将掩護喩，李二人経上海去延安的任務交給了顧叔平。

従根拠地到上海，一路上遇到幾次危険，都是顧叔平抬出顧竹軒的名頭后才化険為夷的。到上海之后，顧叔平也没有隠瞞二人身份，向顧竹軒将実情和盤托出，請顧帮忙。顧竹軒出于安全考慮譲二人寄居在地蔵寺中，花了大約 20 石米的銭打通関節，取得了去太原的通行証。為了謹慎起見，顧又吩咐干児子李少春写了封致其父——京劇名角李桂春（芸名小達子，与顧竹軒私交甚篤）的信交喩，李二人随身携帯，以便出現困難時可以一用。顧叔平則在獲知喩屏夫婦已経安全抵達延安的消息后，才動身回根拠地。事后　屏曾賛揚顧竹軒"為人很好，有政治頭脳，有正義感，肯帮助人。"但因為這件事，顧竹軒却差点身陥囹圄，然而他对于侄児的革命工作依旧熱心相助。

1945 年 3 月，中共射陽県委書記馬賓的妻子林立患上甲状腺腫大症，必須開刀切除。組織要求顧叔平利用与顧竹軒的関係，与林立仮扮夫妻，赴上海治療。顧竹軒通過関係譲林立住進了紅十字会医院（現華山医院）。出院后，林立又在顧宅休養了十多天。他們臨走時，顧竹軒将自己的幼子顧乃錦（瑾）交給顧叔平，譲他参加新四軍，投身革命。顧乃錦后加入中国共産党，解放后任上海黄浦区文化局副局長。

迎接解放，終得善終

解放戦争時期，組織顧叔平到上海工作，顧叔平在顧竹軒的大力協助下当選楡林区副区長，還利用天蟾舞台的経理室作為地下党開会的地方，這様大大地方便了他們

従事革命活動。解放前后，顧竹軒又利用自己的特殊身份帮助地下党和解放軍做好接収工作，有効地維持了社会治安。

無論顧竹軒出于何種目的協助党的革命工作，客観上都对革命事業作出了貢献。上海解放后不久，陳毅市長赴天蟾舞台看望顧。

⑨　李如春伝　　　　　　　　　　293

　1949 年 8 月，上海市召開第一次各界人民代表会議，顧還作為特邀代
表参加了会議，時任上海市市長的陳毅還親自接見了他，給予其很大鼓
舞，這些都是对他為革命所作貢献的一種肯定及褒奨。

　解放后，顧竹軒留在上海，督促青帮徒弟和朋友，不与共産党為敵。顧
竹軒還到香港去訪問；后来因病較少露面。1956 年 7 月，顧竹軒患鼓脹
病而逝世，時年 71 歳。

⑧　李桂春伝

　9 月 18 日，19 日晩，折子戯専場《小放牛》《杜十娘》《蜈蚣岭》以及
伝統大戯《蝴蝶杯》后部在河北梆子劇場如期上演，場内文武兼備，精
彩不断。在劇場外，由河北省河北梆子劇院与霸州李少春紀念館聯合挙
弁的紀念李桂春先生誕辰 135 周年，暨李少春京劇芸術巡回展覧正式展
出。観衆在河北梆子劇場，不僅能欣賞経典的伝統河北梆子劇目，還可以
領略京劇表演芸術術家李少春先生与其父親李桂春的芸術人生。劇場外的
展覧分為両大板塊，第一板塊主要介紹了李少春的父親李桂春先生的従芸
経歴，李桂春在李少春学芸，成名過程中起到了非常重要的作用，曾任河
北省河北梆子劇院副院長。第二板塊分為 "坐科津門"，"亮相津門"，"進
京赶考"，"馳騁南北"，"大好年華"，"李氏家族"，"清風万里" 等方面，
以李少春先生伝奇的芸術人生為主線，真実，生動地再現了李少春投身梨
園，逐漸成為一代京劇大師的歴程。

⑨　李如春伝

　李如春，1911 年出生于上海。其父李長勝為銅錘花臉演員，常与汪桂
芬等同台。李如春 7 歳従父学芸，次年就去天津，北京演出。1920 年入
上海伶界聯合会所弁的榛苓小学読書，辺学文化，辺学劇芸，得到楊寿
長，王玉芳等人的教誨。后拝師周永泉，学花臉，并正式登台，取芸名為
"筱李長勝"，打炮戯為《草橋》《牧虎関関》《打龍袍》。

　李如春転益多師，曾私淑王鴻寿，観学了《古城会》《水淹七軍》《灞橋

挑袍》等紅生戯；還向謝月泉，劉長林，趙如泉等名家問芸。20 世紀 20
年代中期，李如春在上海演出《慈雲太子出世》《火焼紅蓮寺》《狸猫換
太子》等連台本戯。1935 年又拝麒麟童為師，学演《臨江駅》《追韓信》
《明末遺恨》等麒派戯。20 世紀 40 年代在上海天蟾舞台演出《鍘美案》
《探陰山》等包公戯，連満半年，風靡一時。他的包公戯基本按照李桂春
的路子，塑造的包公形象威厳清廉，正気凛然，当時有"江南活包公"之
誉。他向応宝蓮学的《目蓮救母》，除唱做之外，兼有跌，撲，滾，翻，
摔，因其功夫瓷実硬扎，被称為"狼派老生"。

　新中国成立后 1951 年至 1954 年在天蟾舞台重演《包公》，并排演了
《太平天国》，三本《狸猫換太子》等，連演連満。1954 年，李如春在上
海参加組建新中国京劇団。后該団支援江西，改名為江西省廬山京劇団，
李如春任団長。1959 年率団赴北京演出，之后在江西省文藝学校任教。
退休后寓居上海。20 世紀 80 年代曾為上海麒派芸術進修班教授麒派芸術。

　1958 年初，李如春領銜主演的《狸猫換太子》在天蟾舞台連満九個月。

　1958 年底，随団支援江西，改名為江西省廬山京劇団，李如春任団長。
1959 年率団赴北京演出，獲得好評。1963 年 4 月，廬山京劇団赴滬演出
于中国大戯院，劇目有《蕭何月下追韓信》《四進士》《包公》及現代戯
《劉介梅》等劇，主要演員有李如春，李君華，新素秋，李君玉，韓金奎
等。之后，李如春在江西省文芸学校任教。退休后寓居上海。1979 年 3
月 6 至 3 月 14 日，上海京劇三団在延安劇場挙行"麒派芸術展覧演出"。
劇目有《四進士》《鴻門宴》《追韓信》等，主要演員有周少麟，李如春，
李桐森，呂君樵，孫鵬志等。

　80 年代，李如春曾為上海麒派芸術進修班教授麒派芸術。1984 年 12
月 30 日，上海人民広播電台星期戯曲広播会在中国大戯院挙辦麒派演唱
会現場場直播。麒派芸術進修班学員均上台演唱，老一輩的麒派演員李如
春，孫鵬志，呂君樵分別演唱《路遥知馬力》《打厳嵩》《鹿台恨》。出生
1911 年，宣統三年（辛亥）逝世 1998 年，農暦戊寅年。

⑩　王鴻寿伝

　王鴻寿，京劇老生名家，是京劇紅生行当的創始人，生于 1850 年，卒

于 1925 年，芸名三麻子，祖籍江蘇如東。幼在自家昆，徽班習昆曲武丑和徽戲靠把老生。青年時在太平軍徽班度過，后投師朱湘其。同治十年前后，在上海慶楽，天仙，天楽，丹桂等茶園搭班。王鴻寿還根拠演義小説，歴史故事，伝説等提供的内容，変演新戲，大量的豊富了関羽戲的劇目，及自《斬熊虎》関羽出世起，直至関羽成神止，包括《三結義》，《斬華雄》，《虎牢関》，《斬車冑》，《屯土山》，《斬顔良》，《灞橋挑袍》，《過五関》，《古城会》，《漢津口》，《臨江会》，《華容道》，《戦長沙》，《単刀会》，《水淹七軍》一至四本《走麦城》等共 36 出。他対関羽戲的豊富創造成為后来関羽戲的楷模。王鴻寿的戲路極為寛博，関羽戲之外，靠把戲，短打戲，尤其衰派和做工老生戲也都有很深的造詣，如《徐策跑城》，《掃松下書》，《斬経堂》，《醉軒撈月》等均甚精彩。他還善于運用髯口，紗帽翅，翎子和耍眼等特技以増加戲的気氛。他親伝的弟子有周信芳，李洪春，林樹森，趙如泉，劉奎官等人。夏月潤，李吉来，唐韵笙等人扮演関羽，無不宗法王鴻寿。

　王鴻寿（1850–1925）如東人，一説安徽懐寧（今安慶）人。近代徽，京劇表演芸術家。俗名三麻子。父為清水道糧運官員，任所南通州，家有昆，徽両副戲班。王鴻寿自幼学得昆，徽武生和靠把老生戲。約咸豊十年（1860），父因遭誣而獲滅門門之罪。王鴻寿独身逃出，寄身伶界。14歳拝徽班名伶朱湘其（一作象棋）為師，不久即以武生戲（兼工老生）享名于里下河，南京，鎮江一帯。至遅于光緒元年（1875），王鴻寿進入上海（拠是年九月二十九日《申報》広告），于小東門外升平軒戲園以武生戲《武擋（当）山》，《白水灘》，老生戲《九更天》出演。拠宣統二年（1910）《図画日報》325 号載：王鴻寿"幼年隷一洞天，久楽，中年隷天仙，暮年自開玉仙，以虧拆甚鉅，乃赴漢口搭班。其所工之劇，幼年為《白水灘》，《翠屏山》，《悪虎村》，《八蝋廟》等。中年為《游龍戲鳳》，《烏龍烏院》，《観画跑城》等。而暮年則専工関羽戲，如《過五関》，《古城会》，《斬華雄》，《屯土山》，《封金挂印》，《贈袍賜馬》，《戦長沙》，《白馬坡》，《江東宴》，《水淹七軍》等。"又拠同年《図画日報》252 号載，王鴻寿受徽班名伶景元福之影響，《観画跑城》，《掃青松》，《告御状》，《揮監三拉》，《度白鑑（倹）》，《奇双会》，《雪擁藍関》等劇，"庶幾得其神髄"。王鴻寿腹笥淵博，能戲極多，"尤奇者文武老生之外，有時亦串花臉，亦串小丑，亦唱開口跳。……幾乎無戲不工，更為難得"（《図画日報》325 号）。他還

擅長編排新戲，在天仙茶園時曾編排連台本戲《鉄公鶏》，《双珠球》，《文武香球》等劇，無不膾炙人口。在玉仙茶園時編演《三門街》，四十余本，每演必満座。由漢口回上海后搭新劇場演出，又編排《漢皋宦海》。王鴻寿暮年所擅演的関羽戲，亦非出出皆有旧本，半為王精心結撰之作。他還改革了関羽的服装，臉譜，吸収種々関羽的図像和塑像，創造了関羽荘厳，威武的造型和亮相。在表演方面，兼収并蓄花雅諸腔的吐字発声技巧，為京劇的関羽創造了独特的唱念形式；又融靠把老生，武生，架子花臉，做工老生于一炉，創造了関羽的独特身段（名曰"四不像"）；特別設計了関羽的"趟馬"，"春秋刀法"，并加入馬僮一角，前有八名"月華旗"手，后有"関"字大旗，使関羽的出場或出征場面，動静相宜，気勢磅礴，構成了関羽戲表演芸術的完整体系，為很多南北方京劇紅生演員所宗法。王鴻寿経多年積累和創造，其所演関羽，"英気勃勃自眉宇間出，令人在数千載下尤得想見武繆当日之威風，不覚為之粛然起敬"（《海上梨園新歴史》卷一）。班中人奉以"活関公"，"戲祖師"之誉。王鴻寿在滬期間，仍常来南京，鎮江，揚州及里下河一帯演出。辛亥革命后不久，曾前往南通演出并祭祖。民国十三年（1924）年，他応邀前往北京演出。是年秋回滬，不久身染疾病，黄金大戲院老板執意請他為久別的上海観衆演出《走麦城》，王鴻寿応允帯病登台，由蓋蓋叫天配演関平。因為観衆熱情所鼓舞，演出比往常更火熾，伝神。散戲后回家便臥床不起。翌年，農暦正月初一，逝于上海法租界紅蓮里寓所，享年75歳。王鴻寿的及門弟子有李洪春，林樹森，周信芳，劉奎官，張桂軒，高慶奎，沈華軒，楊洪春等。他曾将里下河徽班的大量劇目帯到上海，為后来海派京劇的形成作出了貢献。其関羽戲的影響還及于秦腔，晋劇，湘劇，漢劇，豫劇，粵劇等。

　王鴻寿（1850-1925）鴻寿亦作洪寿，因面有微麻，排行第三，故取芸名三麻子。江蘇南通人，一説安徽安慶人。幼年曾在太平軍徽班小科班学芸，演武生。清同治初年太平天国起義失敗后，流動演出于南京，揚州，鎮江一帯，曾拝徽班武生朱相其為師。清同治末年到上海，先在久楽茶園徽班小科班学芸和演出，与小金生，周来全，小桂寿同班，以演《白水灘》，《花蝴蝶》，《悪虎村》等武戲為主。清光緒元年（1875）転入新建的天仙茶園，当時天仙為京，徽合班，徽班名伶景元福，劉双林，四麻子等均薈集于此。王得到這些名家伝授，又在演出余暇広泛観摩各京班戲園

演出，后拠自身条件，改演文武老生，并在表演風格上逐漸京劇化。這一時期常演劇目有《游龍戯鳳》，《烏龍院》，《節義廉明》等，他演的《観画跑城》，《掃青松》，《斬経堂》，《雪擁藍関》，雖仍唱徽調，但在唱法上較老徽調已有発展和変化，表演亦別創一格。中年后以演紅生戯著称，其紅生戯継承徽班前輩景元福，四麻子的表演，又吸取上海京班最早的紅生景四宝的絶技，特別注重做工和身段造型，唱則多系【吹腔】和【高抜子】，且用生腔浄韵。光緒十四年他应邀到南昌為江西巡撫徳馨祝寿演出，得関羽画像十八幅，朝夕揣摩，設計出多種舞台造型。他生平最崇奉関羽，毎演必焚香礼拝，然后化妝，登台則荘厳威武，令人粛然起敬，故有"活関公"之称。除老生，紅生外，亦演花臉，小丑，老旦等，如在《割髪代首》中能扮演張繡，曹操，典章，胡車四個角色，另如灘黄小戯《来唱》之来富，《打斎飯》之和尚等，演来也無不精巧，有時還能唱梆子戯，因而晩年在戯班中被称為"戯祖師"。王還擅長編劇，他所演的30幾出紅生戯除《古城会》，《水淹七軍》，《過五関》之外，拠《三国演義》等小説為藍本重新編撰。他在天仙茶園時，還根拠坊間旧小説編排了《野叟曝言》，《双珠球》，《文武香球》等新戯。12本《鉄公鶏》最初亦出自他和打鼓佬趙嵩綏手筆。其編劇能因人而施，在天福茶園時，班中僅一花旦演員叫座，乃排全本《万里尋夫》，一時営業頗盛。開玉仙茶園時，同孫菊仙，朱素云先后組班，僅趙如泉等出色人材，遂排《三門街》，由趙飾主角李広，王飾配角厳秀，此劇連排至40余本，為当時最長之連台本戯。后因玉仙虧損北上天津，亦被尊為編排新戯之首領。他還能根拠社会新聞編演"時事新戯"。光緒十三年五月丹桂茶園所排《火焼第一楼》即是他拠閶苑第一楼茶館被焚事増編而成。為此曾涉訟訟公堂而遭禁演。辛亥革命前后，還編排了《漢皋宦海》，《広州血》，《民軍起義得武昌》等新戯。在時事新戯中他擅長扮演清朝官吏，如《鉄公鶏》之向栄，《清廉訪案》之県官等。王曾数度経営戯院，除開弁玉仙茶園，還先后担任春桂茶園，南洋第一舞台和歌舞台的総管或経理之職。民国10年（1921）在天津復開大新舞台。王是海派京劇奠基人之一，対京劇紅生行当的形成和発展有重大貢献，小孟七，夏月潤，趙如泉等皆多倣効。而林樹森，李吉来，李洪春則最得其親伝。其他如周信芳，唐韵笙等所演関無不受其影響。民国13年秋，王在共舞台演《斬経堂》后得病，翌年初卒于法租界仁蓮里寓所。

⑪　周信芳

　　周信芳（1895 年 1 月 14 日-1975 年 3 月 8 日），名士楚，字信芳，藝名麒麟童，籍貫浙江慈城（今浙江省寧波市江北区），1895 年 1 月 14 日生于江蘇清江。京劇表演芸術家，京劇 "麒派" 芸術創始人。出身芸人家庭。六歳随父旅居浙江杭州，従陳長興練功学戯，七歳以 "七齡童" 芸名登台演出。后流動演出于漢口，蕪湖及滬寧線一帯，改芸名 "七霊童"。1907 年至上海演出，始用 "麒麟童" 芸名。次年至北京，進喜連成科班，与梅蘭芳等同台演出，輾転烟台，天津，海参崴等地演出。1912 年返滬，在新新舞台等劇場与譚鑫培等同台演出，演技漸趨成熟。1915 年進上海丹桂第一台。后両度赴北平，1924 年回滬，先后于丹桂第一台，更新舞台，大新舞台，天蟾舞台演出，嘗試改革京劇芸術。与王鴻寿，汪笑儂，潘月樵等協作，編演，移植諸多劇目。芸術上勇于創造，継承発展民族戯曲現実主義表現方法，塑造具有鮮明性格的典型人物，形成独特的 "麒派" 表演芸術風格。中華人民共和国成立后，当選為第一,二,三届全国人民代表大会代表，歴任中国戯曲研究院長。

⑫　袁克文伝

　　説到民国四大公子，林林総総有很多個版本，但是説来説去無外乎這麼幾個人：一是東北王張作霖的児子張学良，二是大総統袁世凱的児子袁克文，三是前清皇族溥侗，四是督軍盧永祥的児子盧小嘉，五是孫中山的児子孫科，六是張鎮芳的児子張伯駒，七是段祺瑞的児児段宏業，八是農商総長的児子張孝若。但是無論哪個版本，都少不了一個人，那就是袁世凱的二児子袁克文！

　　袁克文出生于朝鮮，他自幼便非常聡穎，琴棋書画様々精通，尤其是書法堪称一絶，在袁氏一族中無人能及。他写字時，紙張不需要放在桌子上，由両辺的人拉着譲紙懸空，他在上面写字，字不但写得蒼勁有力，薄薄的紙張還不会被劃破。后来随着袁世凱凱的地位越来越高，袁克文作為

他的二公子在北京城也是風光無限。但是袁克文却与袁世凱相處的并不融洽，由于受到新思潮的影響，袁克文強烈地反對自己的父親称帝。拠説当時一個叫陶寒翠的人写了一本含有很多罵袁世凱内容的書，他找到袁克文想譲他為這本書的封面題字，袁克文想都没想就答応了，袁世凱知道此事后，气的摔杯子大罵袁克文。

袁克文和他父親関係的疏遠与其幼年的遭遇有很大関係，袁克文的生母金氏是朝鮮的一個貴族小姐，雖説生的膚白貌美，但是袁世凱却根本不喜歡她。在金氏生下袁克文之后就硬生生地将其母子分離，将袁克文交由不能生育的大姨太沈氏撫養。沈氏出身青楼，她除了不会教育孩子并對袁克文極為放縦外，還对金氏非常苛刻，経常对其非打即罵。従導致金氏年紀軽々的就因遭受虐待得病而死，而幼小的袁克文除了在内心深處心痛自己的母痛恨自己的父親之外，根本無力改変什么。

于是在這種環境下長大的袁克文逐漸産生了厭世情緒，並越来越放縦自我。后来他来到上海，不但拝了張善亭為師加入了青帮，還把大把的時間用在了周旋于各個女人之間，雖説他已経有了一妻五妾，但是他的身辺依然囲繞着很多女人。再后来袁克文過膩了這種吃喝嫖賭抽的生活，又把興趣転向了収蔵和唱戯上。別人唱戯賺銭而袁克文僅在上海大戯台唱了両場戯就花費了幾千銀元。但是袁克文確実有才，干啥啥精通，在戯曲造詣上他的昆曲唱得非常好，小生，丑角也扮演的十分到位。

但是当時戯子的地位是非常低下的，他的大哥袁克定知道此事后異常生气，認為袁克文的行為有辱自家的門風，就通知上海警察局查封戯院。但是上海警察局忌袁克文在青帮的地位，没敢有所動作，此事最后也就不了了之了！但是袁世凱死后，没有了財力支持的袁克文過的可謂是非常凄惨的，只能靠変売字画，維持生活。并在飢寒交迫下于 1931 年病逝于天津。方地山為其撰写碑文：才華横溢君薄命，一世英明是鬼雄。

⑬　趙如泉

趙如泉（1881-1961 年），京劇演員。河北保定人。7 歳学演京劇。初習老生，后改武生。12 歳時作練習演出。后因演出致傷，改為文武老生，紅生，并能兼演武浄，武丑，芸術上頗受南方著名老生演員潘月樵影響，

紅生即師承有"活関公"之称的王鴻寿，趙如泉畢生在上海演出，以連台本戲為主。

　　清光緒二十年和二十六年（1894年和1900年）先后両次来滬，在境内戲院演出。光緒二十九年第三次来滬，在玉仙茶園（原址在今湖北路）演出由王鴻寿根拠同名小説改編的12本連台本戲《三門街》，引起轟動，声誉大起。従此，趙如泉駐足上海，長期編演連台本戲。20世紀30年代以后，演出大量機関布景的連台本戲，有神話，公案，侠義等類。還根拠社会新聞，編演時事新戲，博采衆長，聘請編劇，導演，特邀文明戲演員加入同台演出，唱腔除皮黄之外，還摻入蘇州小調。趙如泉畢生在上海演出，以連台本戲為主，在表演，音楽，布景等多方面進行革新，在伶界有一定影響。民国17年以来，曾任上海伶界聯合会副会長，会長。為迎合部分観衆的低級趣味，表演有時離開劇情，所編演的劇目中也夾有不少糟粕。解放后因年老体衰，極少演出。1956年被聘為上海文史館館員。

附録 II

潮州歌冊『呉忠恕全歌』8 巻 (無名氏撰)

総　説

本歌冊について筆者が入手したテキストは次の 2 種である。

① 『新造呉忠恕全歌』8 巻，潮城府前街瑞文堂木活字印本，2 冊。
20.5 × 11.5
② 『新造呉忠恕全歌』8 巻，蕭少宋『潮汕本土題材潮州歌冊整理与研究』(深圳報業集団出版社，2017) 所収

　対照してみると，本文は合致しているが，①は巻 8 の末尾数葉を欠いている。このため本附録においては，②を採録したが (ただし，呉真博士の校訂を経た)，7 字 4 句の韻文形式は，①に拠った。別に中山大学に6 巻本があることが報告されているが未見 (蕭少宋「中山大学 "風俗物品陳列室" 旧蔵潮州歌冊的現状与価値」・『文化遺産』2009 年 4 期)。8 巻本の場合，第 1 巻から第 7 巻までは，各巻の分量は，160-220 行前後でそろっているが，主犯に対する刑罰を記した第 8 巻だけは，380 行もあり，異常に長い。刊行年は記していないが，「清朝」，「道光君」などの語があり，清朝に対する忌避が見られない点から見て，民国初期の刊行と見られる。官員の尊大な態度，これに対する民衆の屈従，呉忠恕軍に対する「賊」という蔑称，および民衆を威嚇する過酷な刑罰の詳細な描写など，支配者としての清朝の立場で書かれている。したがって原作は，清

末（同治―光緒）の成立と見てよいと思われる。全巻にわたる詳細な描写は，事件直後の伝聞，目撃に基づいた可能性が高い。

　なお，原文は潮州方言で書かれており，難解な語句は，中国人民大学文学院教授，呉真博士（潮州籍）の教示に拠った。また，薛汕『潮州語言注釈』（『潮州歌冊選冊』下冊第325頁，1992年）も参照した。

潮州方言主要語彙

○刣―殺，砍　○呾―説　○障―這様　○心頭双―心中爽快　○袂―不会　○賴―我們　○值―甚麼　○乜―甚麼　○阮―我　○広（動詞語尾）―斉　○行広―行斉　○浮（動詞語尾）―起　○做年―做甚広　○心青―心中不安　○此干―此間　○富豚―富極了　○嘲房―強房　○草頭人―髪妻　○茹―乱　○爛崽―流氓　○青龍―流氓　○厳厳鳥―黒圧圧　○市脚―市辺　○目汁―涙　○東司―厠所　○赤―雇　○分―贈　○乞―給　○兌―跟

巻　1

梗　概

○潮州の首県，海陽県の彩塘郡に呉忠恕という人物が出た。これは天下の禍の種である。父は，陳姓であるが，母が離婚して呉安と再婚し，忠恕は母の連れ子として彩塘に移り住んだ。その時，4歳の小児だった。後に，母は，呉安の子を産んだが，呉安は，忠恕を実の子同然に可愛がった。成長して成人となったが，極めて怜悧聡明で，世情に通じていた。妻は，金郊の鄭姓の出で，名は月英と言った。結婚して20数年の間に2男1女をもうけた。長男阿暁は，18歳，次男阿欺は，15歳，娘は，13歳でまだ婚約はしていなかった。忠恕は，市場で賭場を開き，10回賭けて9回勝つほどの腕だった。彼は族内でも有力な房支に属して，分配を受けた田は多く，賭ける金には困らず，一家の衣食は富裕戸のようだった。

○ところが，深浦山頂の波雲庵の和尚，亮なる人物から禍が起こる。ある晩，凶悪な鬼の群れがこの和尚の夢枕に立ち，自ら仏祖，天尊と称

し，観音菩薩と称した。そして次のように言う。「清朝の天下は，もう終わり，真の天子は南京におり，金陵で帝を称している。まもなく北京に攻め上る。汝は，まず潮州を破り，次いで北京を攻めよ」と。さらに言う。「この企てを助ける人がいる。呉忠恕という人物で，彩塘で賭場を開いている。寄付をもらいに行くふりをして彼の処へ行き，このことを話せ。彼が拝会して旗を立てれば，皆彼に随うだろう。富裕の家は，兵糧を寄付するはず。まず潮州を破り，これを取れば，州属9県は，混乱もなく征圧できる。それから広東省城（広州）を攻め，逐次，全省を支配してから，太平王を助けにゆけば，天下を取ること，掌を反すごときもの。3月3日まで待って，これを試みよ」と。○果たして，この日に，刈柴の監生，李逢春老人が波雲庵を訪ねにきた。亮和尚は，夢のことを李逢春に話し，公侯に出世できる好機だと言って，蜂起をけしかける。李老人は，これを聴き，思うに洪秀全が広西で起義して2年になる。南京を打倒して自ら帝と称している。天が彼を助けているのではないか。彼を助けて天下を取らせれば，自分も封爵を得られるだろう。こう思った老人は，すぐに亮和尚の提案に賛成し，呉忠恕を訪ねに行くように勧め，自ら軍費を寄付し，子弟を拝会に参加させると約束した。○亮和尚は，すぐに彩塘に行き，呉忠恕を訪ね，仏祖の夢のお告げのこと，李逢春が軍資金を寄付してくれることを話し，決起をうながす。呉忠恕は，これを聴いて亮和尚に決起の具体策を問う。亮和尚は，答えて言う。「今の世の中は万事にうまくいっていない。堤防が崩れて，耕す田もなくなり，飢え死にする人が満ち満ちている。もし拝会の招待状を各郷里に配布すれば，1日100人の人が集まるであろう。この草庵に白旗を立てて，参加を呼びかければ，1000万の人馬が集まるだろう。そこで真の天子を盛り立てて天下を取らせれば，封爵を受けることができよう」と。呉忠恕は，これを聴いて喜び，亮師の命に随って実行することを約束した。○亮師が帰ったあと，呉忠恕は，妻の鄭月英にこの話を打ち明けた。妻は，驚き，「反逆が失敗すれば，罪は一族全体に及ぶ。謀叛が勢いを誇るのも蛍火のような一時的なものに過ぎず，やがては官軍に討伐される。やめた方がよい」と言って夫を諫める。忠恕は，「女の料簡は狭い」と言って，これを聞き流す。○呉忠恕は，亮師の指示で，4月初1日に，波雲庵に行く。李逢春も来る。3人は神を祭って

誓いを立て，4月半ばを拝会の日と決め，それまでに各郷に招待状を配布することにする。ただし官側に探知されないよう，市埠を避けて郷村にしぼることにした。○4月15日，各郷の人が波雲寺に拝会に向かう。郷紳の老人もこれを阻止できず，怒るだけで策に窮する。しかし，横隴では，作足爺なる郷紳がいて，言う。「呉忠恕は，一介の野人に過ぎない，起義が失敗すれば，官がこの地を破壊し，生きていけなくなる。士農工商の正業に帰れ」と。郷民の多くがこれに随い，横隴の許姓・李姓・陳姓の3姓では，拝会の招待状を受け取る人はいなかった。○官塘に陳十なる人物がいた。その父親の裂爺は，極悪人で，他人の田地を奪うなどの悪事を働き，巡按が監査に来ると逃げ出して身を隠すなど，悪行を極めたが，幸運にも10人の男子に恵まれた。村人は，天に公道なし，と言って嘆いた。その末子に十爺がいた。生まれながらにして大富豪だったが，冤鬼が夢枕に立って言う。「陳十皇帝よ，これから後，そなたは，北京を鎮圧し，皇帝の地位に就くであろう。そなたを助ける人物がいる。彩塘市の呉忠恕である。こっそり彼を訪ね，4月15日に挙兵した時に，まず銀を送って彼を助けよ。将来そなたが京城に討ち入り，帝位に着くのを助けてくれるであろう」。言い終わると，冤鬼は，部屋を出て行った。○十爺は夢から覚めて，族内の有能な家叔，陳振綱に命じて，銀3千両を僕人2人に担がせて呉忠恕のところに届けさせた。忠恕は，今まで特に交際のなかった陳十からの軍資金の差し入れの手紙を読んで感激し，陳振綱を厚くもてなして伝言を託して返した。妻の鄭氏は，忠恕から大金の保管を託されて喜ぶ。○呉忠恕の一族の中に忠恕の堂叔にあたる老鼠太公なる有名な人物がおり，忠恕が山中で拝会するという噂を聴くと，謀叛大逆は一族の破滅を招くと言って，忠恕を捕らえて官に突き出そうとする。族内の子弟を集めて意見を聴くと，みなが「郷里の博徒連中はみな忠恕を「大兄」とあがめている。彼を捕らえようとすれば，その連中が忠恕を助けて反撃し，窮鼠猫をかむ結果になりかねない。よくよく道理を説いて思いとどまらせる方がよい」と進言した。○鼠太は，子弟の意見を聴いてもっともと思い，忠恕を呼び出す。忠恕は，呼び出しに応じてやってくる。鼠太は，忠恕に向かい，「そなたは，深浦山で拝会し，州城を攻める計画と聞いたが，本当か」と問いただす。忠恕は，包み隠さず答える。「拝会は本当です。しかし，

官に反逆して朝廷を奪おうとするわけではありません。今の世の中が物騒なので，賊を防ぎ保身を図るためです。賭博で四方を駆け回っている身で，拝会しなければ，ひどい目に遭う。拝会して子分を多く作れば，自由に行動しても恐れずにすむ」と。○鼠太が言う。「理屈は別として，拝会は好いことではない。かなり前に黄悟空も拝会して威風を逞くし，皇帝になろうとしたが，李道と呉公が兵を率いて掲陽を平定した。賊の拠点が壊滅すると，賊は逃げようとするが，会首たる悟空は，八千銀の懸賞を掛けられ，逃げ場を失い，官に突き出されて身体はずたずたに斬り刻まれた。昔の荘阿清も皇帝になろうとして拝会し，山頂に白旗を立てて挙兵したが，官兵に剿滅された。拝会にはろくな結末はない。潮陽城では鄭梅花の乱が有名で，官兵を殺したが，剿滅されて郷里は根こそぎ破壊され，首領の遺骸は，むき出しのまま山腹にさらされた。そなたは大富豪ではないが，交際が広く，賭場の大親分。新鮮な魚や肉を食し，絹の着物を纏い，なんでも望みが叶う身分，拝会などする必要がどこにあろう」。○忠恕は聴いて呵々と笑い，答えて言う。「私は身なりはとにかく，別に裕福なわけではないし，家には，銀のかけらもない。今年は不景気で賭場も開けない。これほどの苦境に遭わなければ，拝会など，考えるはずもない」。鼠太は，言う。「お金に困っていたとは意外，なぜ早く言ってくれなかったのか。銀一千両を贈呈しよう」。○鼠太は，質屋に行って銀1千両を計らせたが，惜しくなって思い直し，忠恕は，金を贈っても結局は拝会をやめないであろう。もし忠恕を援助すれば，一味として巻き添えを食う恐れがある。この銀は，家に持ちかえり，薬を買って蓄える方がよい，と考えて，忠恕への贈与を取りやめた。忠恕は，鼠太の変心を知らず，銀1千両の到着を待ったが，いくら待っても届かない。騙されたと知り，口だけの人物と思い切り，彼の言を聴く義理がなくなったと考え直す。○忠恕の志は，変わらず，たちまち数日が過ぎ，4月15日になった。各郷の人が旗を拝しにやってくる。みな一斉に深浦山に集まった。亮師は，迎接して心から歓喜した。各郷それぞれに頭目がいて，山頂に集合し，全員で行動を起こす。大哥が拝会に来るのを待つところへ，忠恕が一族の子弟，数百人を引き連れて山頂に到着する。皆そろって彼を出迎える。

補　説

　ここでは，忠恕の身分が博徒の親分であることが示されている。文献に地方祭祀の担い手としてしばしば登場する「遊手閑民」「無頼」などの語が意味するのは，この種の博徒であり，呉忠恕は，「大哥」と呼ばれる大親分であった。四方に賭場を開いてその間を駆け回っていたというから，広い人脈と情報網を持っていたと思われる。また，この蜂起の首謀者は，呉忠恕でなく，軍師格の仏僧，深浦山の波雲庵の和尚，亮であることが示されている。その夢に観音が現れ，謀叛を勧める。潮州城を落とし，太平天国洪秀全と合流し北京を攻め落として天下を取り，首領が皇帝となることを目指す。観音信仰は，白蓮教から天地会につらなるものであり，この呉忠恕集団が太平天国に連なる天地会の系統に属することがわかる。蜂起の目的が貧民の救済よりは，首謀者が皇帝になり，頭目が官位を得ることにあったことがわかる。いわゆる「人民性」という実態はあまりないことが明らかである。また，拝会への勧誘が郷村の個々の農民ではなく郷村を支配する同族に対して行われている。したがって同族単位で勧誘に応じたり，応じなかったりしている。同族の長老や，郷紳の主導で，蜂起に対する同族の態度が分かれてくることが示されている。さらに蜂起軍にとって，軍資金の調達が重要で，大勢の英雄を食べさせるためには，富裕戸に強制的な寄付を要求していたこともわかる。

原文（巻1）

　道光傳位咸豐君，天下世界亂紛紛，古歌多端不必唱，偶然戲筆做新文／　潮州首縣是海陽，海陽管落彩塘鄉，彩塘出個呉忠恕，此乃天生害人殃／忠恕出身是塘東，伊個生父是姓陳，隨母來嫁彩塘市，後父姓呉名阿安／忠恕隨母到伊家，還是四歲小兒儕，呉安後無親生子，愛惜忠恕如親生／四歲養到伊成人，伶俐乖巧曉世情，共個伊妻金郊鄭，鄭國之女名月英／今以過門廿外年，產下二男一女兒，長子阿曉年十八，次子十五名阿欺／女子是小名玉蘭，年方十歲未配人，長子阿曉以學猷，妻子乃是沙隴曾／彩塘呉姓算大鄉，忠恕在市開賭場。去年亦識開花會，十賭都有九場強／伊在族內又強房，斷分田來斷分檻，賭有錢銀充足用，一家食用如富人／叫做人心不足高，有錢

想要做賊頭，誤定易易及過手，豈知惹個禍滔滔／那知起禍何等人，桑浦山頂波雲庵，當家就是和尚亮，被伊行惡做不堪／亦是人口該起殃，天年走數天生然，城池註定要災厄，富戶破銀要顛憐／貧人受餓要奔波，富人破錢無奈何，太觥微族并小姓，追來從賊後禍多／　且說深山無主墳，傳說惡鬼成大群，許夜托夢和尚亮，自言仏祖共天尊／爾想佛祖慈悲心，救苦救難觀世音，豈有傷生共害命，亂世出有惡鬼神／自說菩薩下凡間，夜深進入亮師房，偶過庵中佛不在，鬼怪正敢進入庵／看見亮師上床眠，繳起羅帳佛自稱，叫聲弟子聽吾吅，吾乃本庵佛顯靈／清朝江山要改移，天命以定對爾提，真主出在南京內，金陵稱帝人知機／不日定欲打北京，能征慣戰潮州兵，頭先來奪潮州府，然後正可打京城／自爾來此波雲庵，早晚誦經用苦工，莫道誠心佛不佑，教爾去尋扶國人／姓吳忠恕是伊名，彩塘開賭吅爾聽，假做題緣伊家去，共伊告量這事情／教伊拜會來豎旗，人心看看降伏伊，自有富人助糧草，先打潮州個城池／若是得了潮州城，九縣着降免用驚，然後正打廣東省，路着一站一站行／得了廣東功能全，就好去扶太平王，奪了江山如反掌，醒來謹記不可忘／勿說夢中事不真，乃是真實個事情。三月初三人過紙，有個富戶李監生／姓李逢春是伊名，家鄉割柴吅爾聽，見面將情對伊說，伊定無拖喜心情／後共忠恕伊告量，正好放帖眾大鄉，甘心之人來拜會，不可逼虎將人傷／托夢明白走出庵，亮師醒來天勝朗，暗想夢中真奇巧，現二菩薩到吾房／前來托夢分吾聽，教吾如此如此行。候待三月初三到，可來試看便知情／真有逢春老爺來，就好將情吅伊知，後再來尋吳忠恕，立定主意有安排／忽然過了數日期，就是三月初三天。且說刘柴逢春老，上山祭掃到庵邊／祭祖食飯欲回家，踏入庵中来飲茶。亮師一見逢春老，夢中全無錯些些／快快迎接稱老爺，貴駕乜風到只行？貧僧不知有失迎，入內飲茶到後廳／逢春隨伊進後堂，亮師命徒茶烹湯，香茶奉敬逢春老，茶罷就要回鄉村／辭別亮師要返員，亮師一言留定伊，叫聲老爹且未返，吾有一椿好事機／袂得老爺貴駕來，可來斟酌吅爾知，日後自有公侯位，未知尊意乜安排／逢春聽了笑一聲，有乜好事吅吾聽。亮師就將佛托夢，這般這般個事情／尊意喜歡不喜歡，豈肯聽吾只因端。逢春聽了想一想，果然真主太平王／看來真實無差遲，廣西起義到二年，打到南京自稱帝，豈不天命扶助伊／反來助伊定有功，

得了天下受加封。回答亮師又一句，爾個言語吾聽從／爾可去覓忠恕兄，事得機密勿揚聲，未曾起義先出破，剿家滅族之事情／亮師回答吾知端，只事老爺勿驚煩，佛祖顯靈托吾夢，自袂洩漏這機關／老爹若有相好人，請伊協力來相幫，全打天下福全享，只要眾人心相全／逢春聞言笑呵呵，欲吾覓人驚畏無，等吾寄書到官額，是吾叔孫人多多／有一如珠青龍頭，擺兵佈陣百般賢，叫伊帶人來拜會，他定無推只一遭／亮師聽說喜心機，逢春作別歸返圓。回家寫書官額去，去請叔孫話勿提／且唱亮師人知端，假作落鄉去題緣，密密去到彩塘市，打探忠恕個機關／先到賭場覓伊人，覓無來到伊家中，對對忠恕來在厝，合着伊好細詳言／亮師見面喜心情，聞言叫句忠恕爹，請爾題緣粧佛祖，佛祖保佑爾賭贏／忠恕看見阿亮師，歡喜回答說言詞，爾來題緣吾聽爾，欲題多少言勿慮／亮師行厷身邊來，低聲呾乞阿爹知，吾來題緣事是假，知爾富貴在眼前／貧僧尚來覓貴人，有話在此不便言，此非言談個所在，事要機密勿漏針／若有靜處好告量，忠恕聽着伊言章，就請亮師進入內，貴步來到吾敝鄉／又是有故非無因，恕吾失禮緩相迎，亮師聲聲應豈敢。二人進入後廳庭／敍禮對坐相言談。亮師就將實事言，佛祖托夢一一呾，吾故尋爾到此間／逢春老爹富有錢，願出糧草免驚疑。只事要成如反掌，未知尊意是怎呢／忠恕一聞亮師言，喜氣沖天心頭雙，開言叫聲亮師父，果有這等個行藏／爾庵佛祖極顯靈，既有托夢事定真。爾說割柴逢春老，此人巨富吾知因／伊願一力來相幫，料事必成不艱難。今問師父乜主意，可來指教吾一人／日後佈陣共排兵，全靠爾做軍師爺。要請各鄉來拜會，恐畏各鄉不肯聽／亮師又呾忠爹知，只事穩重勿疑猜，當今世俗都不好，十鄉九鄉會相剉／浮洋市腳又崩堤，田園氾濫變做溪。人無耕作着餓死，有人無事可生涯／郲亦放帖去請伊，自然歡喜無推辭。甘心之人來拜會，每日每人一百錢／四鄉六里一探知，亦免放帖自進來。吾比古人爾知道，劉邦起義當初個／聚黨正到百餘人，白蛇攔伊去路中，怯被劉邦漢高祖，斬爲兩段歸陰間／斬死白蛇服人心，知伊正主是真龍，千千萬萬來歸順，劉邦興漢天下平／爾吾起義來學伊，到吾草庵豎白旗，定有人馬千萬到，佛祖顯靈無差遲／聽吾一言對爾陳，第一着欲服人心，人人共郲來拜會，即如仝胞手足親／忠厚待人人喜歡，同打天下相叫和，若扶真主得天下，論功升賞加封官／忠恕聽着喜揚眉，

呵囉亮師孔明才。不才愚笨無中用，這事全憑爾安排／亮師辭別要回庵，臨時對那忠爹言，某日到吾庵去歇，就好行事勿漏針／忠恕領命一一聽，就送亮師伊回程。後對鄭氏妻子說，鄭氏對君問一聲／亮師共爾細言談，是乜緣故呾知端。忠恕就將拜會事，從頭一一說到全／鄭氏聽着暗驚疑，就叫官人勿聽伊，拜會聚黨非好事，謀事不成禍淋漓／若要會黨來拒官，錢銀不是塗米沙，人千人萬要食爾，糧草覓個深浦山／人人誤叫赦有錢，其實空虛無分厘。糧草耐人無半頓，不可妄想共心癡／忠恕罵妻話囉唆，婦人之想見識無，乜事亦要好頭采，阻吾興頭罪多多／早知亦不對爾言，對門直出氣昂昂。鄭氏看見兒夫氣，暗罵夫君氣丟工／爾妻介話句句真，倒來罵吾不通情，聽介禿驢和尚亮，出家之人橫惡心／却不教人好心機，教人謀逆不看天，受封官職事在後，頭先要去打城池／勝負個事夭未知，萬萬生靈刀下刣，聲聲句句罵阿亮，罪孽大大是爾個　再唱忠恕到賭場，無心想賭自思量，一心想要打天下，信於亮師個言章／約吾四月初一天，庵中聚會議豎旗，行帖請人來拜會，一日過了一日時／　四月初一日到來，忠恕事情無人知，一直去到波雲寺，見了亮師喜滿腮／亮師迎接忠恕爹，雙雙攜手到後廳，會見刘柴逢春老，兩人見面喜心情／各各坐下來言談，所說亦無別話言，句句全談打天下，談得投機心相全／忠恕出身做會頭，亮師參謀見識高，好做軍師來主會，逢春老爹大富豪／頭先出糧做軍需，三人起義先做飽。日看豎旗四月半，子備宰殺豬羊牛／就欲放帖政鄉村，亮師做事會想長，埠頭城市帖勿放，官府覺知禍難當／頭先起義着瞞官，事亦做成穩如山，專欲共官見勝負。二人聞說心喜歡／呵囉亮師好奇才，萬事任憑爾主裁，可行則行止則止，有事免問阮二個／亮師當時喜非常，寫帖去放眾大鄉，郭隴刘隴樟河隴，橫隴砂隴共下橋／上吳下吳共園頭，上張下張共金郊，新橋塘東下尾沈，前隴塔下共山兜／李洋橫路共西洋，橫砂共那謝渡鄉，市頭市中彩塘尾，大孫大寨山曆楊／又放陳里沙溪頭，郊下石古共古樓，刘柴闊州龍湖市，薛隴潘隴彭厝郊／蔥隍沙州上下莊，元巷亭頭達樹黃，郊埕東巷林麻許，潘樓陳桃山呈方／再放一帖庵後黃，洪巷隴尾共歐村，風地半洋方鄉洞，銀湖大吳西林孫／放到官額共楊旗，桃山照塘共池邊，錢崗塔崗共埔尾，石牌新寨共西旗／帖中亦曾寫分明，四月十五好日辰，齊到山中來拜會，願者就來在恁心／帖各放齊滿鄉

中，浮洋市腳一方人，田無浸水無耕作，十家九家米甕空／一聞拜會
欲開旗，人人歡喜無推辭。鄉紳老大來出阻，無食值人肯聽伊／連年
崩堤田園無，各鄉貧窮小人多，鄉紳老大阻不得，只是怒氣無奈何／
橫隴有個作足爺，一下聞知只事情，出頭叫人勿收貼，忠恕之言不可
聽／恁亦聽伊是欲衰，日後乞官起層皮。忠恕不過個野仔，有碗好食
要想飛／大家叔孫憑看伊，待伊日後去開旗，反了亦會做皇帝，吾亦
情願跳東司／潮州值人反會浮，個個都看被官誅，叔孫可以聽吾勸，
此事不可就去緒／作田之人去耕田，作工之人去用工，士農工商只四
者，俱是正業不誤人／吾今障生呾恁聽，各自歸正來去邪，有敢不遵
吾約束，定捆送官治罪名／橫隴三姓許李陳，是個興鄉聽成人，無人
敢收忠恕帖，各遵約來回心中／園頭隴湖共閣州，頭先放帖亦無收，
後來會賊唱未到，回文且表別緣由／　且說官塘陳十爺，伊父裂爺有
名聲，欺負前後鄉里子，佔人田地僥橫行／每逢總督來出巡，來告裂
爺人紛紛，如告杜封一般樣，裂爺覺知走逃奔／出差來掠又掠無，命
未該死免過刀，好命又生十個子，人人俱罵天理無／事不說明恁不
知，前生行德今世還，今生行德報后世，近報子孫在眼前／十爺生居
大富豪，豈肯想來做賊頭，亦是伊父惡追到，方知報應無漏交／冤鬼
交纏陳十爺，崇來托夢呾伊聽，開言叫伊十皇帝，日後爾會鎮北京／
位居九五天下君，爾父葬着皇帝墳，正能生爾一真命，神欽鬼服將爾
遵／爾值保駕個大臣，在只起義對爾陳，彩塘市吳名忠恕，爾去暗訪
伊一身／四月十五初豎旗，爾先出銀去助伊，日後打入京城去，扶爾
做主登帝基／言罷冤鬼就出房，十爺回醒在床中，夢見日後做皇帝，
神仙崇來對吾言／說吾保駕個大臣，姓吳忠恕是伊身，呾伊今日初起
義，未知此事假共真／本月十五欲豎旗，今日正是初八天，待吾命人
去打探，果真亦有此事機／該當信其夢中言，可解銀兩助伊人，叫伊
反來幫助吾，要得江山有何難／打算已定天已明，且食鴉片上枝燈，
煙癮食過來洗面，盆水照見頭條龍／彼時歡喜笑呵呵，頭上又戴沖天
帽，果然夢中真無假，叫人打探忠恕哥／亦着覓個能幹人，命人去叫
阿振綱，振綱來見阿十叔，喚吾小姪有何言／十爺就呾振綱聽，爾都
才干吾知情，欲爾打聽一椿事，彩塘市吳忠恕兄／正欲拜會豎白旗，
探聽亦有此事機，速速回歸來報告，阿叔重重賞爾錢／荷包拿出二個
銀，乞爾路上買點心，此事勿乞他人曉，振綱應叔姪知因／叫聲振賢

姪兒，畏爾肚困去充饑，命囝捧出好酒菜，振綱去飲無推辭／十爺就來寫封書，親手降筆有三思，銀助軍需寫在內，寫得詳細言無慮／書拜上，老兄台，念吾不才；陳阿十，聞兄長，名揚四海／兄貴處，各鄉村，俱遵兄台；欲拜會，兄爲首，愚弟覓知／願助銀，兄費用，白金三千；本愚弟，要親往，有事不閑／命族姪，名振綱，帶銀前來；兄收起，勿嫌棄，弟與兄台／自有日，相聚首，面許形骸；定合兵，做一處，立志在先／弟本鄉，欲起義，難隔東西；反得起，奪潮州，另作安排／書今寫好就封함，振綱飲酒明白時，又再來見阿十叔，十爺將銀交分伊／又再交伊書一封，見面交乞忠恕觀，勿交錯人不可耍，事要機密和持防／斟酌雇人來挑銀，正好兌伊仝起身。振綱領命就去叫，叫有二人到書齋／銀做三擔挑起行，振綱隨後兌起程，一直來到彩塘市，欲來交乞忠恕兄／來到忠恕個賭場，進內共伊說言章，官塘十爺吾家叔，有事要共爾告量／命吾共爾呾到仝，家叔寄來書一封，書中詳細寫明白，兄台細看便知端／言罷將書拿出來，交上忠恕老兄台，忠恕將書接來看，彼時看完喜揚眉／一言叫聲振綱兄，多蒙爾的令叔爺，到障厚意當不起，不才自當領人情／本欲回書爾叔知，愚雖識字寫不來，若欲來乞別人寫，洩漏機關就不該／又再收此三千銀，打發挑夫返回程，開席來將振綱請，二人對飲喜滿胸／席罷振綱欲返圓，忠恕將言叮嚀伊，多多拜上爾令叔，照書行事對他提／振綱聲聲應知端，辭別忠恕返回還。忠恕送伊去返後，想着心中暗喜歡／吾想人生不能賢，在個八字做對頭，想吾忠恕障快富，十爺平素不識交／就來贈吾三千銀，看來豈不命生成，有命欲好真正易，銀兩拿回到家庭／來見鄭氏笑嘻嘻，看爾真正不賢妻，吾要拜會爾阻吾，天送富貴做好辭／今日官塘陳十爺，伊人探知只事情。挑銀三千來贈赧，一場富貴呾爾聽／銀今白白分爾收。鄭氏聽着只緣由，婦人值個不貪利，收銀喜樂忘其憂／忠恕候日欲豎旗，老鼠太公聞知機，伊是忠恕堂叔父，鄉里算伊上有錢／一聞鄰近人呾言，忠恕拜會深山中，謀反大逆事非小，吾家不日遭伊崩／不但累吾破大家，連鄉亦着官勦平。看來鄉里欲衰敗，正出忠恕這畜生／待吾掠伊捆送官，就叫叔孫行近広，忠恕欲拜雙刀會，恐赧鄉里保不安／趕伊今日來開旗，赧着頭先理落伊，將伊捆送潮州府，叔孫出力吾出錢／若是除丟只鄉蟲，鄉里無事保平安，問恁叔孫乜主意，豈肯聽吾只話言／眾人就呾鼠叔知，

此事不可障生行，鄉里青龍全伊黨，拜會稱伊做大兄／爾欲執正将伊除，青龍扶伊定大茄，着來想計放軟索，好言勸伊着三思／勿去拜會累叔孫，好言勸伊伊得遵，亦欲送伊硬馬勢，逼虎傷人禍十分／鼠太聽着叔孫言，咀得有理句句通，吾今着來縛軟索，不可一決硬崩崩／命人去叫忠恕來，可將好言咀伊知。忠恕一聞叔父喚，來見鼠太問東西／叔父叫吾乜事機，鼠太叫聲賢姪兒，爾可隨吾書房坐，吾有句話對爾提／忠恕一聞叔父言，定爲拜會大行藏，試看伊人做年咀，就隨叔父到書房／鼠太叫姪坐下來，忠恕此時坐一邊，鼠太就對賢姪咀，外頭有人咀吾知／爾欲拜會深浦山，預欲打城去剖官，問爾只事是不是，共叔咀明勿相瞞／忠恕聽聞明白知，叔父畏吾眾禍來，今日瞞伊亦不得，回言答聲老叔台／小姪拜會情是真，非欲拒官奪朝廷，當今世俗卻不好，會來防賊保守身／吾欲四方去賭錢，若不拜會被人欺，拜有班會做脚手，橫行直走免驚疑，亦蔭叔父有些些，不是欲害爾破家，叔父可以勿致意，何必憂愁心頭青／鼠太聽着應姪兒，爾咀雖然有理議，但是拜會非好事，會久自然生事機／素年之前黃悟空，亦是拜會逞威風，會久想欲做皇帝，怯被李道共吳公／帶兵揭陽去會勦。一旦殺散伊賊巢，賊子走散免用死，悟空會首做賊頭／官示賞格掠伊身，及後出到八千銀，上天落地無路走，被人獻官碎屍形／早年有個莊阿清，自恃有法會閃身，癡心想欲做皇帝，招人拜會起因藤／缺尖山頂豎白旗，卻被官府聞知機，帶兵勦散伊賊黨，可見拜會無了時／比到現今潮陽城，梅花鄭姓有名聲，那因拜會做會首，起義聚黨殺官兵／官府帶兵勦梅花，鄉里燒丟起地皮，百姓會官人敬多，扶賊是個死人皮／無妠無狗不想長，勿父勿母勿鄉村，乞人剖死白白歇，無棺收貯卒卒光／連領草席亦都無，赤身裏丟在山坡，姪爾看今共看古，想叔之言是如何／值個做賊有尾終，不過一時暫威風，賊星一墜死了了，死落不敢見祖公／爾亦雖非大富豪，值人敢比爾廣交，來往儘是大富戶，共賭大錢青龍頭／所食魚肉三頓鮮，所穿儘是綢共絲。人有障生就可以，何必拜會生事機／忠恕聽了笑呵呵，叔台何必將吾波，吾是好看不好食，家內錢銀半個無／吾亦親像老叔台，就無想東共想西，今年賭輸無事做，豈有想到此事情／鼠太又叫賢姪兒，原來爲着家無錢，何不早早對吾咀，吾出一千個花邊／乞爾好去覓生涯，就免想東共想西，亦好再去開花會，問爾意中乜安排／忠恕聽勸就回心，

叔父既肯贈吾銀，小姪定不去拜會，叔爾可勿掛心胸／鼠太聞伊肯聽
言，此時歡喜心頭雙。忠恕辭叔歸回返，鼠太予銀分伊人／當鋪去秤
銀一千，一封一封好好來，想定未好且未好，吾只白金一千個／勿乞
忠恕去相添，正好起義去豎旗，只罪豈不歸返吾，不可將銀去分伊／
畜生執意都欲行，吾欲阻伊伊不聽，不如將銀買珠藥，來赤傢伙愈更
營／擺伊值日去豎旗，就好到許去掠伊，初來拜會人必少，吾赤牌銃
一千支／趕伊會黨逃走空，除丟忠恕伊一身，百禍全消免費氣，不除
日後吾艱難／自己主意定安排。忠恕此時還未知，欲候鼠叔贈銀兩，
一待二待銀無來／此是騙吾情是真，口是心非可知因。伊銀勿來愈更
好，吾亦無心聽伊身／志在拜會無改移。忽然過了有數天，四月十五
日子到，各鄉有人來拜旗／一齊來到深浦山，亮師迎接心喜歡。鄉鄉
都有個頭目，山頂聚會盡行広／欲候大哥來拜會。忠恕亦來到山邊，
帶伊叔孫人數百，眾人齊齊迎接伊／

巻 2

梗 概

○金郊の頭目は，鄭阿亮，子弟 300 人を連れてくる。渓頭の頭目は，
陳阿元，郊下の頭目は蔡阿全，如珠は，乃ち官額の李氏，楊氏は，一人
楊阿光。達樹に黄宝曹，身分は，大富翁，全員が拝会に来る。閻州に
は許阿眉，読書子の身，高貴の中にも拝会者がいる。挙げきれないほ
どの多数の郷から藤牌鳥銃を持った約 3000 の人馬が集った。○旌旗は
艶々，二列に並ぶ。各大哥は，将台に登る。忠恕は，すぐに将台に上が
り，跪いて天地に祈り報告して言う。「吾が起義は，別の義あるにあら
ず。四郷六里互いに傷つく。官は治めず，民は真に身が立たず，百姓
の死者は，数知れず，官は手を打たず知らぬ顔。天地もまた吾れ忠恕を
容認せん。真命の天子は，南京に在り。謀叛して南京に行き彼を助け
ん。忠恕の旗上げを認めよ。吾が兄弟たちみんなを守り給え」。それか
ら聖筶を用いて前途を占う。甌公を高々と投げ，落下した甌公は，全く
破れず，吉兆が出る。衆人は，見て喜ぶ。忠恕自らも心に喜ぶ。○大哥
は，将台に上り，雄鶏 1 隻に酒 1 罎，鶏を殺し血を酒罎の中にたらし，

各々この酒を1杯ずつ飲む。次いで牛羊を殺して青天を拝する。また山神と土地神を拝する。○天地に対する祭拝が終わると，屠殺した牛羊を鼎灶で煮て配膳する。白米の飯を炊くこと百数箱，卓も椅子もなく山浦に並べる。毎卓には十二菜，道に座って囲む。○大哥の一席は台に並べる。みな大哥を中央に坐らせる。逢春老爺は，銀両を出す。名簿の初めに忠恕と亮師の名を書く。亮師も大哥の傍に坐る。同じ卓にさらに6頭目を加えて，大哥を中心に坐る。○各々酒を飲み，腹いっぱい食べてから，みな軍師にいかなる計略なのかを問う。亮師は，そこで計画を話す。「潮州を攻めるには糧草が足りない。まず澄海県の付近を占拠する。富裕な澄海県を奪ったら，その後さらに潮州城を攻める」。○亮師は，続ける。「ただ大哥が仁政を行うことを望む。第一に人の妻を汚すことを禁ずる。第二に物を取ることを禁じる。人を連れ去れば，人はみな逃げてしまう。百姓服せざれば，たとえ万の軍があっても，謀叛は，成功し難い。もし城池を手に入れたら，真っ先に榜を出して民を安心させる。富戸の家は，寄付を申し出て来るであろう。寄付は，強制せず，願い出る寄付だけを受ける。銀を寄付した者は，官に任ずる。賞罰が公明なら，人は服する。後に潮州を奪うも放埓な行動は禁ずる」。忠恕は，聴いて喜び，言う。「此れ吾が心に合致す。人々倶に違背すべからず」と。○忠恕は，さらに軍師に問う。「いずれの日に兵を起こすのか」。亮師は，また答える。「澄海の路門を攻めるには，まず外沙を引き入れるべきだ。外沙の統領は，名族の謝王陳，また外に一姓がある。味方につければ城を破るのは容易になる。大哥に親しき人ありとか」。忠恕は喜んで言う。「外沙の王姓興順老，正月の賭場で知り合い親交を結ぶ，彼は郷内の強房，これから手紙を書いて拝会を促せば，躊躇なくやってこよう」と。○亮師は，聴いて心に喜び，急いで大哥に代わって手紙を書き，人に命じてこっそり手紙を届けさせる。○鼠太老は，人に様子を探らせ，忠恕が旗揚げに行ったことを探知し，家僕に1千丁の銃を持たせて，山を囲み捕らえに行かせる。牌銃がちょうど道の半ばに差し掛かる。鼠太にも知り合いがいて，忠恕がどんな行動をとるか探知し，鼠太に知らせた。忠恕軍が3千の大兵力であることを知った鼠太は，衆寡敵せずとみて引き返す。興順老は，これを知って，深浦山に行き，呉忠恕に会って，鼠太老の動きを知らせ，故郷に帰っても鼠太を警戒するよう

警告した。忠恕は，怒り，後日に備える。○忠恕は，仲間をいったん帰宅させ，紅布で頭を包むように指示した。さらに蔡阿旺に命じて，外沙郷の興順老に手紙を届けさせ，澄海県の攻略に手を貸してくれるように頼んだ。手紙を受け取った興順老は，これに同意し，兵を合して澄城を攻撃することと，兵糧を寄付することを約した。○忠恕は，返事を聴いて喜び，すぐに波雲庵に赴き，亮師にいつ行動を起こすかを問う。軍師は，5月29日を攻撃の日と決め，28八夜に灯を点じ，兄弟を招集して出発，四更に澄海に到達，五更のころに門を破り，不意を突いて城内になだれ込む作戦を立てた。忠恕は，一切を亮師に委ねた。亮師は，各郷村に召集を掛けた。しかし，各郷里はこれに応じなかった。ただ一人，下陳郷の野人，陳明智が，招集状を盗み，数名の博徒に同意させ，招集状を各自の郷里に持ち帰らせた。彼は，このことを亮師に告げた。各郷が招集状の受け取りを拒否する中で，下陳郷は，これを受け取った。明智は，自ら進んで頭目となった。亮師は，このことを聴くと，その晩，自ら下陳に行き，百数十名の兄弟を連れて下陳の老人を探し，拝会するかどうか打診した。老人は，知らないふりをして話は進まず，亮師は滞在し続けた。そこへ明智が郷里から出て到着し，亮師に提案した。「大人が動かないのは当然のこと，戦う気がないからだ。私には子弟百数十人がいて，刀剣と藤牌で武装し，戦闘に習熟している。それに澄海城の門路は，よく知っている。西門には蔡阿がいる。澄海の人物については，賭博でよく知っているが，城攻めに対する防御をしていない。戦闘もせずに門内になだれ込める。官兵を一兵残らず殺してしまおう」と。これを聴いて亮師は，喜び，全員の入会を求めた。拝会は，毎日進展し，1か月余りで，総勢は，4-5万人に達した。○5月29日，兄弟が集結するという情報が外沙郷に伝わる。澄海県の守護神，玄天上帝は，神明広大，県城攻撃の10日前に童乩に降り，郷紳たちは廟に勢ぞろいした。城に大難がおそうというお告げにみな恐懼した。見張り役は，鄭福爺に伝え，衙役は，知県に報告し，知県は，泰知府に報告し，一斉に上帝に救済を求め，どのような災害か，教えを乞うた。童乩の陳が答えて言う。「謀叛人が城を攻めに来る。賊の統領は，呉忠恕，無名の草寇なる故，恐れるには及ばないが，防備を固めよ。五門からよく見張れ。今月29日に賊が襲来する」。言い終わると，沈黙した。十人中九人は，

これを信用した。○泰知府が寄付をして公局に托した。団練を訓練して有事に備える。城門は，老将に守らせ，夜明けを待って開く。城門の頂上に見張りを立て四方を見張らせ，賊の有無を確かめてから開く。日ごろ暗くなって灯火がともるときに閉めていた城門は，早めに閉める。布袋に砂を詰めて遅滞なく城門を塞がせる。大銃は，使わなくても一対用意する。城壁の隙間から矢を放たせる。火薬は，浄めて装填し，賊が来たら，それに向けて発砲させる。○富豪や商店には寄付をさせ公局に登録して郷紳に管理させ，団練と義勇に使う。しかし，亜必天なる人物がこの情報の真偽を疑い，周囲を疑心暗鬼に陥らせる。童乩の陳は，間違いないと主張し，呉忠恕が深浦山で白旗を竪てて拝会を行っているという噂を伝える。○城内の人の多くは，日ごろ仲の良くない外沙の人間を疑いはじめる。特に王興順がひそかに賊と通じ官に背こうとしている気配があると言い，みな興順を罵る。そこで浄老が興順を呼び出して訊問する。「呉忠恕がお前に手引きをさせて城を攻めるという噂があるが，本当か。もしそうなら一族誅滅の日に遭う。俺は，巻き添えを食わないため，手始めにお前を殺すぞ。」興順は，この一言を聴いて，心中ひそかに驚く。真実を浄老に知らせず，言い逃れして言う。「そのような事実はなく，噂は，自分とは関係ない。城攻めの手引きなどするはずもない」。浄老は，その言葉を信じ，訊問を打ち切る。興老は，思い直して考える。「忠恕の反乱が成功すれば問題ないが，失敗すればどうなるか。もし手を貸していれば，禍がふりかかる。手を貸していなければ，禍は，起こらない。優勢になったときに手を貸せばよい」。○５月28日になり，冠隴の三部爺が明日の賊襲に備えて，牌銃400名を率いて城内の公局を支援に来る。城の物見は，族が来たと思い，門を閉めるが，三部爺とわかり門を開け，郷紳たちが出迎える。三部爺は，賊は，園頭を経由して攻めて来るという情報があり，明日の賊の襲撃は，確実と伝える。○この時，東門城内に住む，彩塘西畔の人，姚禹爺は，賊の襲来が確実と知り，牌銃兵50人を故郷から呼び寄せた。しかし，城門を守る老将は，賊と同郷の者は，敵と内応する危険があると見て，姚禹爺に問いただす。姚禹爺は，判断の間違いを認め，50人を帰郷させることにした。日が暮れてきたが，50人を城内に入れず，門外の教場（練兵場）で一夜を過ごさせた。米，肉，酒などを振まったが，みな姚禹爺

を恨んだ。○賊軍は蜂のような大軍，夜が更けて灯火がともるころに出陣，澄海城の攻撃に向かう。忠恕と亮師は，轎に同乗し，呉（忠恕）と陳（十）の姓を記す一対の燈籠で前を照らす。三更ごろ園頭に到着，渡船を奪い，船を並べて江を渡る。7千余人が澄海を攻める。軍は，龍田，南門橋，東湖郷，風崗里に向かって進んだが，兵糧の用意を欠いていた。外沙の王興順からの提供を予期してきたが，あにはからん，外沙の支援は，なかった。賊が城に到達したころには夜が明けていた。戦鼓が鳴り響き，戦いが始まると，北楼の玄天上帝が陰兵を指揮して城を守ってくれた。大銃が城壁の隙間に架設された。田寮の奇襲部隊がまず城兵と応戦し，北門を破ろうとして竹梯子を城楼の頂に掛ける。賊は梯子を伝わって進む。上帝の陰兵は，人に変身する。賊は頂上の兵が多いのに驚き，竹梯子を城中に掛けられない。義勇兵は，門を開けて大銃を撃ちかける。賊は吹き飛び死骸も見えず，竹梯子の賊は上帝の神兵に追われて四散した。○賊は下窖から南橋を攻撃したが，柵門は，固く閉じて手を下せず，一人が大胆にもよじ登る。西門外の蔡添喜がこれを見て，一太刀浴びせると，賊の片脚を切断，鶏翁は，その脚を持って恩賞を狙う。柵内から銃が発射され，銃声が響く。賊は西門に殺到する。西門の蔡姓は，外沙の王姓と和睦し，幾千丁の牌銃で官を助け，門を開いて賊を追う。賊軍一敗して気勢がそがれ，連敗して逃げ返る。風崗里でも銃声が響く。外沙からは兵糧は来ない。みな憤り，皆を欺いて兵を飢餓に陥れた興順を罵る。賊兵は，飢えに苦しみ足を引きずりながら本営にもどる。○潮陽県の双忠廟〔唐将張巡・許遠を祀る〕の神，〔武按〕聖王〔許遠〕が，澄海県に賊軍撃退を祝って上帝廟を訪れる。城内の百姓，郷紳はじめ，知県，鄭提台，荘爺参府も上帝廟に出迎え，神案の下に整列して跪坐する。聖王は，賊が再度襲来することを予告し，防備を固めることを指示する。これを聴いた外沙の浄老は，郷勇400名を澄海県に献上した。各県の知県は，みな潮州城に文書を送って賊軍襲来への支援を求めた。潮州知府は，蒋老爺，道老爺，海陽知県は，汪老爺，皆文書で今回の事件を通知し合い，警戒を強める。各郷には，1千の鎗刀と大旗を配備し，1人の勇壮の頭目を置き，使者が命を受けて各郷に連絡に行く。汪知県の下に勇壮5千名，鎮台にはさらに1千の兵，合計6千名の兵力を備える。○千総の守備の官員たち，把総の遊撃と都司は，

それぞれ整然たる隊伍を率い，先頭に立って教場から令旗を発進させる。開元大銃を10人で扛ぎ，火薬を整備させて，彩塘市まで運ぶ計画。炮を鳴らし馬を進ませ寸分の隙もなく，轟々烈々として征途に就く。三門の大銃は，車輛に引かせて進み，かくて太爺の彩塘市掃討の勢威は，四郷六里に尽く伝わる。〇忠恕は，この事情をわきまえていた。自ら敗北して彩塘に帰ってきたが，怒り恨むは，興順の狗奴才，七頭八彩，約束を破った。看よ，吾が忠恕の棄て身の姿，今後，我れ，この蜂起を成し遂げれば，必ず興順の一郷を誅殺する。また海陽知県が兵を率いて攻めてくると聞く。すぐに，いかにすべきか，亮師を呼んで協議する。敵にこの郷の掃討を許してはならない。途中で先手を取って戦う。軍師にはきっと主意・主張があるはず。忠恕は，人を集めて官兵を防ぐ。龍湖の周辺で勝敗を決めよう。鋒を交えての勝負やいかに。

　補　説
　ここでは，呉忠恕は，3月3日から4月15日まで，1か月半余りをかけて起義の参加者を募り，4–5万の大兵力を集めるのに成功している。拝会の形は，黄悟空の双刀会に倣っており，天地会の伝統を踏まえている。勧誘は，一郷または一姓の単位で参加不参加が決まっていく。同族の長老や富戸が反対するケースが少なくなかったことがわかる。蜂起に必要な兵糧は，刈柴郷の李逢春だけに頼り，不足しているため，賭博仲間の外沙郷の王興順を仲間に引き入れる。そこへ官塘郷の陳十が白銀3千両を送ってくる。陳十は，後に起義して呉忠恕と兵を合するから，この反乱は，事実上，呉陳2人によるものと言える。最初に兵7千を以て澄海県を攻めるが，情報が事前に漏れ，城隍神の玄天上帝が攻撃の日を予言し，官側は，十分な防衛体制を敷く。起義軍は，奇襲に失敗して城門を破れなかった上，現地調達を予定していた王興順からの兵糧が王の裏切りで届かず，敗退する。官側は，澄海県，海陽県，潮陽県の官兵，郷勇，千総，鎮台などの武官兵力を動員して，呉忠恕の根拠地，彩塘に向かう。呉忠恕は，途中の龍湖市での迎撃を準備し，勝負に出る。起義には多数の兵馬を養う糧草の補給が必要であり，富裕戸の寄付を確保できるか否かが，成否のカギを握る。官側も同じである。この巻ではこの点がよく描かれている。

原文（巻 2）

上山坐下未言談，說到眾鄉個頭人，金郊頭人鄭阿亮，帶來叔孫三百人／溪頭頭人陳阿元，郊下頭人蔡阿全，如珠乃是官額李，楊旗一人楊阿光／達樹有個黃寶曹，身居一個大富翁，兌人做賊來拜會，死了做敢見祖公／閣州有個許阿眉，瞞伊鄉里無人知，況伊是個讀書人，耑來做賊不堪該／　全數之中個罪人，鄕多亦難盡表明，約有三千人馬到，藤牌鳥銃不離身／旌旗豔豔擺兩畔，各請大哥登將台，忠恕就上將台去，跪下禱祝天地知／　祝禱天地共神明，過往神明都聞知，日月三光做證見，吾來起義無別因／四鄉六里會相剖，官不治民真不該，百姓死者不計算，官不究辦假不知／民之失德由官邪，江山變易可知情。天地亦容吾忠恕，真命天子在南京／反到南京扶助伊，容吾忠恕來開旗，保吾大家眾兄弟，馬到成功得城池／賜個聖筶分吾身，畀吾手照人知因。二個甌公跋袂破，只遭定定反得成／祝了甌公丟上天，丟到高高人知機，落下甌公全袂破，做個聖筶無差遲／　眾人看見喜心情，天地助俺眾弟兄，大哥之言慟天地，定定奪佔府州城／忠恕自己亦喜心，就共兄弟呾知因，先來升旗拜天地，人人俱聽大哥身／拜天拜地共拜旗，後拜大哥將台邊，雄雞一隻酒一鏍，將雞殺血人知機／將血滴在酒鏍中，忠恕共眾兄弟言，各各來飲一杯酒，對鏍血酒飲到無／生雞血酒飲好時，宰殺牛羊拜青天，又拜山神共土地，鄰近之人盡知機／祭拜天地明白完，破散牛羊無放寬，鼎灶頭先預好好，桌席如今擺完全／白米煮飲百外角，無床無椅擺山浦，每桌都是十二菜，隻桌人人坐在塗／大哥一席擺在床，各請大哥坐中央，逢春老爹出銀兩，落簿二名理該當／亦伴大哥坐一旁。桌一惟有只二人，又再擇加六頭目，來伴大哥一席中／各各飲酒有一時，席中閒話難盡提。食飽來議打天下，齊問軍師乜計施／亮師就呾眾人聽，吾之主意來施行，欲打潮州欠糧草，頭先佔奪澄海城／澄海富縣吾亦知，人有軟弱袂相剖，料破此縣如反掌，若奪此縣過手來／然後再打潮州城。聞赧旗號心着驚，只欲大哥仁政好，又欲兄弟話相聽／着遵大哥個令旗，第一要禁淫人妻，第二要禁亂搶物，亂搶人物人驚疑／淫人妻子罪愈深，二者俱難服人心，百姓不服來死戰，任爾萬軍反難成／若奪城池過手來，出榜安民事在先，一草一木不好動，萬民百姓免驚駭／就無扶官無禍機，富戶之家來題錢，君子收入之所願，願者來題勿迫

伊／取人所願人喜歡，銀亦題加賞伊官，賞罰分明人遵服，後奪潮州
勿放寬／潮州一聞大哥名，仁政服人自開城，免動干戈城自得，這話
豈合眾人聽／忠恕聽着喜沖天，此言正合吾心機。人人俱各咀無錯，
賽過蘇秦共張儀／大哥今日用爾身，可比劉備得孔明，值日欲來起兵
馬，着先預備來條陳／亮師又再應大家，欲打澄海路門青，先通外沙
個鄉里，外沙相刣尚名家／鄉里不論謝王陳，亦有一姓來相幫，許時
破城愈更易，大哥豈有相好人／就好去通外沙鄉。忠恕聽着喜言章，
外沙王姓興順老，正月鬧熱開賭場／亦識請吾去賭錢，吾在伊家住數
天，與吾言談共議論，議來句句平投機／況伊在鄉又強房，咀得人聽
吾知端，待吾寫書伊知道，請伊拜會到此間／料伊必定無推辭。亮師
聽着喜心機，忙代大哥寫一信，寫好一封就封會／命人密密帶起程，
吩咐帶書着謹心，到鄉借問興順老，勿交錯人惹禍根／帶書之人就起
行，路上不敢洩風聲，一路閑文不必議。鼠太命人打探聽／探知忠恕
去拜旗，靠來傢伙一千枝，欲到山中去圍掠，牌銃正到半路邊／鼠太
亦有相好人，探知忠恕值行藏，暗信來討老鼠太，吾到深浦個山中／
忠恕起義人三千，槍刀鳥銃共藤牌。一千牌銃欲去掠，只去穩心着相
刣／若亦刣營禍縱無，刣伊不過禍必多，畫虎不成反類狗。鼠太聽議
自吟哦／只話是是吾當聽，寡欲敵眾亦無營，掠鳥必須擒虎力，打發
傢伙返回程／眾人發做一半錢，一千牌銃發返圓，有人全兵有全賊。
鄉里有個吳阿枝／聞知鼠太亦千人，欲掠忠恕到山中，探知山頂人物
多，不敢去掠徹空空／快快走到深浦山，去共忠恕議千般，爾叔靠人
欲掠爾，知爾人多不敢㤄／故將牌銃徹完完，爾欲回鄉知提防。忠恕
聽議心大怒，就待日後總知端／就咀大家兄弟聽，恁且各各返回程，
個人分恁塊紅布，可爲記號勿揚聲／下回見報兄弟班，几句暗語咀相
全，獻出紅布爲證據，就知兄弟交己人／眾人就將大哥聽，亦就各各
且回程，日後有事亦去叫，各自遵命聽大哥／就有聚會齊到邊，日食
個人一百錢，咀了眾人俱歡喜，遵從大哥個令旗／忠恕亦欲返回程，
將今交乞亮師身，有人入會來到只，任爾主意去條陳／亮師從命執令
旗，各自回歸且勿提。再唱帶出蔡阿旺，來到外沙鄉里邊／問到興順
家中來，見面投書分伊知，咀是彩塘吳忠恕，有來傳書乞老台／老爹
細看便知情。興順聞是忠恕兄，此人共吾是至愛，拆書觀看乜所行／
一書多拜上，問候王老爹，愚弟吳忠恕，現年在新正。來到兄貴處／

看人贏老爹，老台留定吾，愚自知人情。爾吾至愛，套語勿議聲／愚有一椿事，欲來懇打兄。拜會波雲寺，欲奪澄海城，聞兄貴鄉里／相剖極有名。助弟一臂力，兩處全合兵，破得澄海縣，再奪潮州城／若得成大事，功勞該是兄，是否望回信，免愚懸望掛心情／興順看書明白完，想來想去有一番，吾想天下反一半，清朝江山在只亡／吾亦出力來助伊，欲奪澄海個城池，又如反掌之至易，乘伊無預不知機／只用牌銃幾千人，在只五更時候間，殺入城內剖官去，對那文武剖空空／只功豈不是吾個？就呾來人旺兄知，代吾回言書免寫，傳達忠恕老兄台／值日欲來打城池，暗寄一信吾知機。叫吾叔孫來幫助，多少糧草吾贈伊／蔡旺領命返回程，彩塘報知吳大哥，把將外沙興順老，回言一一呾兄知／忠恕聽明心頭雙，那日又到波雲庵，見了亮師對伊議，興順無推聽報言／天師如何主意行，擇在何日來開兵？亮師就對大哥議，五月廿九打澄海／廿八夜昏人上燈，點齊兄弟好起程，限定四更到澄海，五更時候天將明／出其不意湧入城，路門從對下窖行。恐伊欲柵報掃尾，請伊拜會安心情／上窖冠隴渡頭曾，斗門山邊共下陳，隴田風下共下布，肯來拜會盡報人／橫行直走無阻當，用兵着先留生門。忠恕盡聽亮師言，亮師放帖眾鄉村／鄉鄉不肯聽伊言，惟有下陳鄉里中，出個野仔陳明智，偷收伊帖瞞成人／幾個青龍全心機，告量收帖順從伊。分帖之人歸回返，將情對那亮師提／鄉鄉見帖不肯收，下陳無推帖收留，明智出來做頭老。亮師聽知只緣由／許夜親身到下陳，帶有兄弟百外人，要見下陳個老頭，商議拜會個話言／直到下陳鄉里來，問到老大推不知，值人欲共恁拜會，勿來在只議東西／亮師無意歸返圓，明智兌出鄉里邊，叫聲大師聽吾議，吾收爾帖對爾提／成人不聽免驚駭，縱無成人會相剖。吾有叔孫人百外，提刀執劍用藤牌／能征慣戰呾爾知，況吾貫熟澄海城，路門出入吾知情。西門有個蔡阿著／在開花會呾爾聽，請吾門字去吊牌，昨日吾正在許來。看見證海個人物／憑在花會吾真知，定無提防人打城，報亦到許免交兵。早早湧入城門去／殺到官兵無半名。亮師聞言心頭雙，兄台呾話會中人，爾來入會吾喜歡／將爾名姓落簿。爾貴叔孫若多人，一人一人呾吾聽，吾將名字記下簿／一齊拜會在今夜。拜會明白各返圓，亮師回庵有張遲。忠恕自此在庵內／數百餘人在身邊，拜會一日日加人，起義到今一月零，會堂就有四五萬／愈驚威風人驚煩，打城日子

將到來，密傳四鄉六里知，五月廿九眾兄弟／齊來聚會理當該。又再
傳信外沙鄉，亮師之計定主張，豈知破城是天意／忠恕不過害人眏，
那里奪得府州城？且議澄海上帝爺，神通廣大甚靈赫／潮州九縣都聞
名，澄城內外個子民，誰不誠敬此福神，男婦老幼來朝拜／香煙不斷
神顯靈，人未行事神先知，未來打城十日前，上帝降乩叫弟子／去叫
鄉紳齊齊來，城有大難呾恁聽，不是小可個事情。眾人聞說齊驚恐／
有人去報鄭福爺，衙役回報縣太爺。老爺去報叅府聽，通澄鄉紳一齊
到／跪在神前禱祝聲。齊齊叫聲老爺公，有乜災厄來相逢，弟子全靠
爾保佑／可共弟子說得通。陳乩就呾弟子聽，反賊欲來打棚城，賊頭
姓吳名忠恕／無名草寇恁不驚，雖然免驚着提防，五個城門着知觀，
本月廿九賊就到／實呾弟子恁知端，自然保佑恁平安。呾了退神無再
言，十人九人都信聖／叅府知縣回衙中，鄉紳百姓亦返圓。知縣出身
來題錢，題錢題銀落公局／好靠團練守城池，叮嚀老將守城門，開城
着待天光光。行外城頂去望看／無賊然后才開門。往時關城人上燈，
今着早關聽叮嚀，叫人挑沙落布袋／抵塞城門勿延停。大銃無用已生
銹，叫人扛放箭眼空，洗了珠藥落便便／賊到開銃打伊人，富豪舖戶
各題銀，題落公局交鄉紳，顧有團練共義勇／將城守緊便安心。亦有
一起亞必天，高聲大說笑人癡，青定白定看見鬼／呾賊欲來打城池，
不知賊從哪里來，有人信神呾人知，恁是不可亂亂呾／神明豈有茹亂
個，別事正敢假降神，此乃大大個事情，陳乩袂是頭欲斷／吾看此事
十足真。有人又再呾東西，是真是假未可知，廿九許日恁來看／有賊
無賊免疑猜。有人頗知只事情，將情呾乞大家聽，吾聞彩塘吳忠恕／
前月拜會人風聲，雙刀會頭就是伊，深浦山頂豎白旗，棚只近鄉無討
鬼／未必敢來打城池。十人九人恨外沙，聽知只話就行庅，只恐興順
斬頭子／暗去通賊來剖官。眾人應說無差遲，斬頭興順不看天，男人
罵伊斬頭子／婦人罵伊狗拖屍。四處之人風到洋，傳到王姓外沙鄉，
淨老聽知這緣故／去叫興順來告量。興順當時來見伊，就問淨老乜事
機，淨老叫聲阿興順／彩塘忠恕豎白旗，呾爾通伊來打城，此事真假
呾吾聽，爾亦如果有此事／剿家滅族之事情，吾亦被爾連累來，爾吾
頭先來相剖。興順一聽一言語／心內亦就暗驚駭，不敢實呾淨老聽，
拖說並無這事情，棚都自己真正嘲／何用通人來打城，只事叔台爾勿
疑。淨老聞言亦信伊，興順回返三思想／忠恕又有信到邊，斷定日子

來打城，如今做敢將伊聽，若反得成又則可／只恐伊人反不成。吾去扶伊禍纏身，勿去助伊無禍根，待伊反來勢頭好／正來助伊看世情。興順之話且勿提，光陰迅速過幾天，五月廿八日已到／巡城防備緊如弦。許日冠隴三部爺，知賊明天來打城，欲來城內討公局／帶有牌銃四百名，伊共下窖做冤家，故此提防有些些。行對龍田灰路過／城頂四方搭望柵，望見牌銃嚷人知，賊打城池將到來，城就關倉銃就響／一聲號喊喊來刣。三部轎底一知機，先叫二人到城邊，就是三部不是賊／恁來開城勿驚疑。眾人一聞三部爺，銃就不響再開城。三部轎已入城內／來到公局下轎行，鄉紳眾人迎接伊，入內坐下言話機。三部就對眾人說／賊真欲來打城池，明天十有九分來，園頭有人呾吾知，放帖園頭去借路／只事是實勿疑猜。眾人就呾三部聽，吾只北樓大老爺，十日之前都先呾／以預好好免相驚。東門城內姚禹爺，知賊定定來打城，命人快去靠牌銃／好來守厝預賊兵。牌銃赤齊到城中，乃是彩塘西邊人，錯靠賊鄉來守厝／五十牌銃到此間，在只日色將暗時，欲入東門個城池，守城老將就看見／無伊進城攔阻爾。爾只牌銃那里來，值人雇爾呾吾知。眾人答是禹爺雇／到許彩塘靠阮來。老將一聽這話機，夭有個事到向奇，去靠賊鄉來守厝／外攻內應大禍來。阻伊且未進入城，待阮來去問禹爺，問有此事猶則可／若亦無影來籍名，爾亦不過五十人，一個一個掠入監，四兩四兩寬寬割／眾人聽着氣昂昂，恁今不用就多知，去問禹爺便知機，問若不是住在恁／問是乜阮進城池。老將走到公局中，問着禹爺伊一人，果真有去靠伊到／禹爺就對眾人言，一時無想錯赤伊，理該打發伊返圓，但是如今日已暗／不如勿伊入城池，叫伊教場去歇夜，明日發錢伊回家，眾人聽議應可以／禹爺當時有打坪，白米二斗零五升，鮮魚豬肉有十斤，十斤青菜十筒酒／教場作灶去調烹，擺錢一半發乞伊，叫伊明日歸返圓。命人出城將情說／列位好朋聽吾提，本欲請恁進城中，莫內公局許眾人，說恁貴鄉有拜會／雖然恁無入會班，虎不咬人人甚驚，恁雖好人心無邪，好人多被怯人累／不可怨及禹老爺，勞恁今夜教場中，可去暫屈一夜間。二斗半米十斤肉／青菜十斤酒一筒，發有一半個擺錢，勞恁明天歸返圓。眾人無奈應說好／暗罵禹爺無把持，不敢耽承敢赤人，一齊去到教場中，開灶煮食且勿說／再唱會賊人如蜂，上燈時候就起行，欲來攻打澄海城，忠恕亮師全坐轎／燈籠火把照路程，面前一對

大燈籠，一畔寫吳一畔陳，一枝燈籠寫二姓／真正好笑笑死人。三更
未到園頭中，就掠渡船排過江，七千餘賊打澄海／有個往對許龍田，
有個往對南門轎，有個從對東湖鄉，有個從對鳳崗里／打城全無預米
糧，誤定外沙來相幫，必助糧草穩心中，誰知外沙不敢扶／賊到城邊
天撈朗，蛄螺戰鼓叮咚聲，誰料北樓大老爺，神通廣大法力大／保佑
萬民使陰兵。驚動城內一眾人，傢伙牌銃預好好，大銃架在箭眼空／
田寮機兵先広城，來欲攻打北門子，竹梯架上城樓頂，賊就上梯埋埋
行／上帝陰兵化做人，賊匪一見心膽寒，城頂人物做向多，竹梯不敢
上城中／義勇看見賊到邊，開門大銃去打伊，大銃一開兵一叫，吾父
個賊無身尸／竹梯乞人槍上城，却被帝爺個神兵，一趕賊兵就走散。
有個傷銃腳袂行／義勇出城將賊追，見賊着銃頭就維，罕得相刣人無
膽，不敢追遠就回歸／賊從下窖打南轎，柵門關緊無樣張，一個大膽
盤過柵，好開柵門拼入鄉／西門外蔡添喜兄，見有盤柵拋憐捉，広邊
一刀就破去，砍斷隻腳叱一聲／叫父叫母吾無醫，跋在塗下口開開。
添喜此時心歡喜，就對會黨頭來維／雞翁見伊維個頭，拿伊隻脚走一
遭，來去勝功定有賞，一人拿脚一拳頭／柵內開銃亂響聲，賊難広邊
費心情，就又殺入西門蔡，蔡姓那裏會着驚／外沙相刣會正和，牌銃
幾千願扶官，看見賊匪一下到，亦不開聲放伊広／看伊広到鄉里邊，
開門百只去打伊，那賊成群走不得，打着人人命歸天／賊勢一敗塊塊
衰，連敗二塊走返回。鳳崗里內銃亦響，鉛只紛紛如沙飛／東湖鄉里
預外沙，銃如雨粒賊難広，那賊捉來共撞去。澄海之人真正知／鄉鄉
預報來打城，那里共伊刣有贏。外沙無人來扶報，無食肚困真野祭／
眾賊返回氣沖沖，盡罵興順個阿公，騙阮眾人來只餓，做事有頭無尾
終／散走半路去合班。有個走到隴田中，餓得無肚又無腸，見人挑飯
欲落田／人呾夭雞不畏乘，夭雞不惜母面皮，到只肚困不顧臉，見人
落田飯共粥／搶來就食就充饑。有個巨到目晋晋，頭先之人食到飽，
後個無食氣沖天／罵人搶食假正經，其實交己烏暗眩。食飽之人真說
好，障久運衰食碗興／一個傷着脚腿中，到只發火欲行難，就在轎舖
叫頂轎，到處無錢扛丟工／賊敗回歸且勿提，城內之人喜心機，誤叫
反賊若利害，騙人驚到魂飛天／張得擔梯欲盤城，正開門銃就向驚，
不敢交鋒走了了，好漢就來見輸贏／料伊日後不敢來。人人正在說東
西，上帝降乩叫弟子，雙忠聖王駕到來／欲來保報澄海城，着待迎接

呾恁聽。眾人齊聲應說好，叫人去請縣太爺／又再去請鄭提台，莊爺
參府亦到來，來聽帝爺伊吩咐。叫擺香案勿放閑／爐下弟子俱信神，
擺好香案跪接迎，雙忠聖駕以將到，就打阿鵝做陳申／凶凶走到香案
前，眾人跪接鬧猜猜。雙忠聖王叫弟子，吾在潮陽事先知／早爾本處
大老爺，貴駕到吾潮陽城，扶吾退賊保弟子，今日吾正到此行／保爾
澄城無禍災。賊今敗去還欲來，某日某日着知預，縱來亦敗免驚駭／
言以說罷就退神，兩旁百姓共鄉紳，就來置壇城隍廟，早晚焚香心至
誠／知賊還來欲打城，再赤勇壯又添兵，謹守城池防賊到，外沙淨爺
聞知情／托人去見縣太爺，願贈鄉勇四百名，好保城池扶殺賊，太爺
不信勿入城／創營住那教場中，有人來對太爺言，張爺不敢有主意，
着問公局許眾人／公局鄉紳應太爺，此事切切不好聽，外沙興順通賊
到，人人俱知只事情／若欲伊來扶賊身，就是惹鬼入魂宮。張爺順聽
眾人說，辭伊勿來不耽承／速速詳文潮州城，去見府道討救兵。吳府
今在潮陽縣，亦着詳文伊知情／參府行文乞鎮台，文出飛報府城來。
蔣府新署潮州府，督撫知伊好奇才／委伊來到潮州城，道台就是曹老
爺。接着澄海文書到，拆開觀看吃了驚／潮陽如今反未平，又反澄海
禍非輕。賊首乃是吳忠恕，彩塘市吳海陽民／干係乃是海陽個，眾官
會議見道台。海陽汪爺有主意，呾與列位大人知／忠恕去打澄海城，
以被殺敗返回程。滅了威風黨自散，卑職來帶一枝兵／先將彩塘剿平
平，蔓草除根袂再生，儆戒別鄉不敢亂，逆賊自散禍免加／府道聽着
只話機，貴縣之言不差遲，速速命差赤勇壯，訪勿賊鄉好赤伊／聞知
古巷共楓洋，後隴下塘楓溪鄉，長尾埔東共北經。赤江中埔共北廂／
就無會賊免驚疑。欲赤儌伙五千支，一千藤牌三千銃，二千槍刀共大
旗／每鄉一個勇壯頭，人齊立即欲去剿。差人領命各鄉去，牌銃雇齊
返回程／將情稟知縣太爺，赤來勇壯五千名。江爺聽知即欲行，鎮台
再點一千兵／共湊亦有六千人，單留道台守城中。鎮台知府共知縣，
千總守備眾官員／把總遊擊共都司，各帶隊伍不敢亂，頭先教場發令
旗，大銃無用已久時／開元大銃十人扛，叫人修好火藥門，正好扛在
彩塘市，對伊鄉里霧光光／教場祭旗明日完，放炮起馬無延寬，轟轟
烈烈上路去，旌旗豔豔分人觀／三門大銃輾伊行，四鄉六里盡風聲。
太爺欲剿彩塘市，忠恕當時亦知情／自伊敗返彩塘來，怒恨興順狗奴
才，七頭八彩失吾約，看吾忠恕向哀骸／日後吾亦反得浮，定將興順

一郷誅。又聞海陽帶兵到，使吾今日是何如／着叫亮師來告量，不可乞伊來剿郷，先到半路共伊戰，一定主意有主張／忠恕召人拒官兵，龍湖市邊見輸贏，欲知交鋒勝負事／

巻　3

梗　概

○呉忠恕は，意外に評判が悪かった。彼の野心のため，富裕戸は，金をとられ，貧民も餓えて娘を嫁に出し子供を売る現況を呉のせいにし，10郷のうち9郷までが忠恕を恨んでいた。○呉忠恕は，陳如珠，李逢春，鄭亮，林栄などの兄弟を集め，官兵の攻撃を防ぐ算段を協議する。亮師が言う：先の澄海攻撃は，敵方に先に情報が洩れて，防備を固められて失敗した。夜間の攻撃で兵を動かしにくかったし，王興順の裏切りもあった。しかし，勝敗は，兵家の常，兄弟，再び結束して再起しよう。民衆は，皆，形勢の良い方に就く，ゆえにこちらがまず官を破れば，各郷から寄付が集まる。そうすれば，兵糧が増え兵馬も増えて，城を攻めることができる。今，海陽県の官員が兵を率いて彩塘に向かっている。急いで斥候を出して彼らの進路をさぐり，伏兵を置いて遮り，敵を一人残らず殲滅する。思うに敵には良将は，いない，勝利は，簡単である。当方の地盤に誘い込み，退路を断てば動けなくなる。七埠の渡船も封鎖すれば，澄海は，孤立して支えきれず，投降する。こうなれば，南北東西，四郷六里みな投降する。まず人の利と地の利を得れば，潮州を落とすことも難事ではない。潮州城の七隅四廂には数か月分の食料もない。人馬を整えて包囲すれば，刀鎗を用いずとも陥落する。忠恕は，これを聴いて喜び，全ての軍務を亮師に委ねた。さらに言う：先日，官塘第一の富豪，陳十が銀三千両を送ってきた。伝令を派遣して彼に挙兵を促し，兵を合すれば，成功しやすくなる。四郷六里に呼びかければ，各地の博徒は，みな集まるだろう。○海陽の官員は，官兵を率いて，道沿いに進み，龍湖市に到達した。ここは，大族の許姓の郷里で，学爺という市内の郷紳が海陽知県を許氏宗祠の五房祠に出迎えた。文武官が郷内に呉忠恕に加担する者の有無を問い糾す。学爺は答えて，「この郷里

には1人もいないが，周囲の郷里は十中八九，忠恕に降り，その数は数十万とか。真偽のほどは不明だが，うっかり彼らの地盤に入れば，かえって包囲される」と述べた。文武官は，これを聴き，兵を進めずに龍湖に陣を張って駐留する。○忠恕は，斥候を出してこれを探知し，軍師亮に計を問う。軍師は言う。「まず先手を打つことが大事。明日，大兵力を以て官兵と戦う」と。忠恕は，これを聴き，兄弟たちに「明日，夜明けに攻撃を仕掛ける」と伝える。翌朝，命令一下，山が崩れるような戦鼓が響き，蜂のような人馬が押し寄せる。刈柴の父老が止めようとしたが長い間，貧窮に堪えてきた民衆を抑えきれず，博徒の若者は，梯子を掛けて突入する。○郷紳は，この様を見て，肝をつぶし，「礼儀の郷が賊に変わった。将来，官に根こそぎ破壊される」と嘆くだけ。各房の子弟は，騒ぎ立て，富裕戸から銀銭を取り立て兵糧を送り，猪羊を屠って接待する。ただ何人かの文秀才は，眉を顰めて思うよう，「小郷ならとにかく，大郷となれば，後の禍が怖い。賊にもつかず官にもつかない二面策をとるのが安全だ。憎いのはかの逢春老，一族の名を傷つける畜生め，いずれは官に送って誅殺せん」。○呉忠恕の威儀は，堂々たるものだった。1丁の玻璃の轎に乗り，両側で4人がかつぐ。品もなく職もないのに8人がかつぐ。金爪と鉞斧に虎頭牌をもつ護衛が付く。馬鑼を打つこと13回，前後を勇士が固める。威風凛々，人を驚かす。鵲巣郷に到着するや，逢春が家に出迎える。左右には一族の親丁数百人，みな強壮の博徒たちで，飛ぶ鳥を落とす勢い，郷紳も居並び官府のごとし。銭も銀も思うまま。○刈柴は，有名な郷里で族内だけで数万の兵を養える。宮廟祠堂はみな兵を収容して宿舎になり，入れないものは，野外で陣営を結ぶ。今夜は，休息して明日，頭目が来たら命に従って朝飯を取る。忠恕は，大堂に坐し，五虎将が前後に居並び，命令を待つ。忠恕は，弾薬を分配し，鵲巣を出る。五色の旗を翻し，5路に分かれて先を急ぐ。龍湖の市人は，救いを求めてすすり泣く。○知県の率いる官兵は，敵勢の多さを見て，戦わずに怖気づき，3分ほどで退却した。賊は，蜂蝗のごとく紛々として攻めてきて正面から太刀打ちはできない。寨を出て接戦する者もいるが，鳥銃が足りない。軽傷，重傷が幾人も出て，見る者は，皆おじけづく。みな退いて柵を守り，柵から銃を放って郷里を守る。ちょうどよい具合に龍湖の西には長い池があった。出入りは細

い道があるだけ。これを守れば，千軍万馬といえども飛び越えられない。敵がここまで追撃してきても，池に隔てられて進めない。囲門を固めて，緊張しながら，道を守る。○手柄を立てようとして向かってゆく者があるが，銃に当たって死ぬものもあり，重軽傷を負う者は数知れない。賊は，衝撃を受けて退去し，柵内の人々も一息つく。○6月炎天の真っ盛り，ここまで戦ってきてみな疲れ，やむなく銅鑼を鳴らして兵を引く。緒戦に勝って忠恕は，喜び，五虎大将も笑顔一面。忠恕は牛馬を屠って三軍を賞する。みな喜ぶこと一方ならず。この晩，みな気が緩んで大騒ぎ。遅くまで飲み，酒席は乱れて，ひと眠り。○翌朝，忠恕は，大庁に坐す。頭目は，両側に居並ぶ。大哥は，言う。「昨日勝利を得て官軍は龍湖郷に逃げ込み，出てこない。道が狭くて追撃も不可能。東の端は大江に臨む。西側は池が両側を挟む。2本の道は，攻めにくい。軍師の意見やいかに」。亮師答えて言う。「官軍は，龍湖に鎮座するも，南堤の陸路は，崩れて糧草の搬入は不能。内側に小江があり，江東都頭の鯉魚臍と呼ぶ。水に割れて水面が拡大したが，深さは数十丈もあり，船でなくては進めない。1隊の軍を派遣して入り口を抑え，戦艦で上流を切断すれば，海陽からの柴炭糧米は，龍湖までは下れない。喉を抑えた形になる。たとえ龍湖に数千の兵があっても，上下を抑えられて行くに道もない。1か月もたたぬうちに軍中に糧食尽きて立ち行かなくなろう。官軍は，窮すれば打って出てきよう。人心は乱れてともに逃げ出すはず。1人1人，捕らえて殺す。その後，潮州城を奪えば，人心はこれを見て驚き，男婦老幼は，おじけづき，勝負に来る者は，1人もなく手を束ねて降伏する」。○忠恕は，これを聴いて喜び，各郷里にも伝令を発する。江東一帯各郷の博徒や子弟が忠恕に応じ，郷紳が止めてもきかない。この晩，精兵1隊を選び，まず独樹を占領させ，糧道を断つ策に出る。○官側の新会の謝栄輝は，文秀士だったが，有為の才があり，雄図を抱いていた。知県の劉太爺は，200の郷民の兵を率いて，鯉魚臍郷を鎮守していたが，自らを恃んで賊側に注意を払わず，終日，紙牌の賭けに耽り，子供のように遊び惚け，刀斧の危険が迫っているのに気が付かなかった。この日，賊軍の1隊は，数十名に過ぎなかったが，五色の旗を掲げ，郷兵がだれも気が付かぬうちに，こっそりと鯉魚臍に到達した。ここで官側は一見して大いに驚き，誰も向かって行くものはな

く，争って渓水に下りたところ，水が深く勢いは激しかったため向こう岸に渡れずに一度に数十人が溺死した。多くは，少年兵だった。郷兵が逃げたのを見ると，江の対岸にいた賊兵は，官兵は，何も防備していないと見て，紛々として水辺にやってきた。これから船は，下流に行けなくなり，龍湖の喉元は，抑えられた。〇海陽県知県は，このとき龍湖に居た。賊が江東都を封鎖し，河路の往来を遮断して柴米が各埠頭に通じなくなったと聞き，びっくり仰天した。龍湖は，16の市で糧米は1か月しか蓄えがない。夜逃げして潮州府に文を届ける他はない。〇潮州にいた道台曹氏は，文官だが，憂国の人物だった。一方，武官の総鎮寿氏は，臆病者だった。文書は，恵潮道の曹氏に渡された。曹氏は，この事態は，寿鎮台の役と考え，すぐに兵馬をそろえ，潮州城を離れて龍湖に駆け付けるように命じた。寿氏は，やむなく兵を率いて出発したが，民情を探査して形勢がよくないと見るや，すぐに兵を引いて潮州に帰還してしまった。〇龍湖は，賊に囲まれ，軍中に糧食が尽きて大混乱に陥った。先に救援の兵を要請して1か月もたつのに，兵も郷勇も来ない。府や道の高官を怨む。〇呉忠恕に提案する者がいた。彼が言うに，「龍湖は大族の許氏が支配する土地で，特に許大弟という豪傑がいる。もし彼を仲間に入れることができれば，会は，安定する」。忠恕はこれを聴くと，心を動かし，その人物に耳打ちして，接触を計らせた。大弟は，考えるに，龍湖は，一小地に過ぎず，呉忠恕の大軍がその気になれば，いつでも踏みにじられる。ここは暫時，呉忠恕の言うことを聴く方がよいが，金を出して知県を助けておく方が得策。いわば，官軍が潮州城に帰る道を金で買って，官にも恩を売り，双方に通じておくのが安全だ，と思った大弟は，使者に命じて手紙を書いて旧知の刈柴の李逢春に届けさせ，李から呉忠恕に届けてもらった。手紙は，知県を殺すことの不利を説き，銀3千両を出すから，知県と官員を返してやってほしいと書いてあった。忠恕は，手紙を見て，兄弟たちと相談し，大弟の申し出を受け入れることを決定して，使いを派遣した。大弟は，喜び，知県と官員は，潮州，海陽に返る方策を練る。人馬が多いので小舟で渡ると，時間がかかる。渡船を使って遠路の帰還となれば，潮州の兵に接応してもらう必要がある。そこで道台と鎮台に頼み。兵を率いて迎えに来てもらい，崩れた堤の隙間から渡船に乗って帰ることを要求した。総鎮は，こ

れを聴いて忠恕軍から攻撃される危険を感じて震えおののいた。しかし断れば身に責任が及ぶので，やむを得ず応諾した。このとき百姓が群れを成し，その間を壮士が徘徊する。総鎮は怖くてたまらず，また部下をせき立てて引き返す。気の毒な龍湖の官軍は，総鎮が渡し船で迎えに来ると思っていたのに，頭を抱えて逃げ帰ったと聞き，みな先を争って逃げ出した。○海陽知県は，龍湖に居て，潮州に帰ろうとして心は晴れなかった。民衆は，すでに賊に変り，潮州は持たないであろう。国朝もすでに傾き，山を抜く力でも，挽回は，不可能，事ここに至れば，命がけで頑張るしかない。部下の官軍に命令する。路上，群れを離れるな。旗を巻いて一散に走って帰れ。路上，声を上げてはならぬ。敵に襲われれば，帰るのは不可能。文武官は，約束のとおり，各自，部下に命令し，心に刻んで出発する。戦々恐々，道を行く。一歩一歩，恐れを懐きつつ進む。○大弟老爺は，自らの考えで，一族の子弟を召集する。「爾ら，各々刀鎗棒を執り，官軍の後に随って送って行け」。みなこれを聴き，すぐに数百人を集め，各々武器を取って護衛の意気込み，路上での護送を準備する。敗軍の将は臆病になる。後ろからの追撃を畏れ，皆先を争って走ろうとする。紛々として西畔の堤に上る。果たして吉なり凶なりや，第4本にて詳述しよう。

補　説

　ここは，先に澄海県攻撃に失敗した呉忠恕が，討伐に来た海陽県知県劉氏の兵を途中で待ち伏せし，これを破って龍湖鎮に追い込み封鎖する最初の勝利を描く。海陽からの水路を遮断し龍湖の官軍を孤立させる。忠恕軍の兵の数が多いことが官軍を圧倒できた要因である。龍湖では，富裕戸の許大弟が忠恕に献金して，官軍が脱出する道を確保する。海陽県の官軍は，船で脱出させようとして2度にわたって鎮台軍を派遣するが，進路に賊が多いのを見て，引き返す。龍湖の官軍はやむなく土手を伝わって陸地を走って逃げる。知県以下の文武官員は，船で救われるが，惨敗であった。官側が忠恕の勢力を過小評価して，不用意な行動をとったことが惨敗の原因である。救援軍の臆病と無能もこれに拍車をかけた。これを転機にして忠恕の声望は上がり，同調者が増えて，数万の勢力となる。忠恕は，潮州攻撃の準備をすすめる。

原文（卷3）

堪笑忠恕想癡心，桑圃拜旗起綠林，意望反成做皇帝，誰知惹禍來相侵／致夷九族害鄉邦，罪及服內眾親堂，幾多男婦共老幼，法場誅戮歸陰間／上本起兵打澄城，城打不破敗回程，另整殘兵打潮府，勒索鄉民慘十情／十鄉九鄉怨罵伊，富戶被他擄勒錢，窮人有腳行無路，餓到嫁妷共賣兒／再唱忠恕在舘中，請眾兄弟相議言，如珠陳元逢春老，學勝寶豐一眾人／亮師鄭亮林榮兄，前來相議拒官兵，同問軍師七主意，欲用何策來舉行／亮師回答眾頭人，大哥在上聽吾言，前日去打澄海縣，却被城內先知端／已先有預來守城，致到大事舉不成，亦是那城未該破，非是貧僧錯主行／再者路門又青疏，黑夜難以動干戈，又被興順之所誤，正致不能破城隅／嘗聞古人個言章，兵家勝敗者常常，縱欲兄弟仝心腹，願學漢朝劉關張／當今之人看勢頭，賊敗扶官將賊剿，官敗鄉鄉來扶救，繳銀來落賊荷包，許時糧足兵馬多，就可攻城動干戈。今劉海陽帶兵馬，欲到彩塘一定無／速速令人去探聽，看他來到底路行，就可伏兵去截住，殺他片甲無回程／料伊來亦無甚人，約他欲勝亦是難，放伊入到賊地界，截住路途不能通／七埠渡船無往來，澄海孤城難主裁。困久自着歸降賊，那時南北與東西／四鄉六里來投降，一并儘是賊個人，先得人和共地利，欲破潮州事不難／郡城七隅四關廂，耐無數月之口糧，點齊人馬去圍住，用困不用動刀槍／圍到城內糧一完，自來歸降免耽煩，依我貧道來主見，是只一計無別端／忠恕聽了喜滔滔，眾人皆讚亮師賢，咀將起來言有禮，全盤軍務是爾包／前日十爺有書來，頭先送來銀三千，此人官塘第一富，禮當去信乞伊知／約伊起了一枝兵，一同協力正易成。先命人去探消息，看他豈有賊心情／後正寄書分伊知，召了四鄉六里來，各處青龍皆齊集，這且按下做一畔／再唱海陽帶官兵，浩浩蕩蕩在路程，不覺來到龍湖市，市內鄉紳聞知情／許姓大族安鄉邦，有一學爺個成人，引了一眾之耆老，接了縣主出轎中／當時來到五房祠，一齊坐落談言詞，咀及忠恕個情景。文武就問許老師／可敬貴鄉好家規，按肅子弟無妄爲，訪聞賊首吳忠恕，餘外之人者是誰／的鄉入會的鄉無，住集人馬有若多，望爾共吾本縣說，方知防預動干戈／學爺聞問回答言，我這敝鄉一派人，俱是遵我之約束，無敢去入伊會班／前後之鄉不須持，十有九鄉去降伊。風聲會有數十萬，真假之事尚未知／

吾聞忠恕數日間，召有各處之頭人，父師台速命人去，探看其中乜形骸／知其虛實來舉行，未可苟且而進兵。左近四鄉共六里，俱是聽伊個為聲／不可錯入伊穴巢，擒賊不着反被遭。文武官員聞此語，一齊會意來點頭／自此未敢亂進兵，且在龍湖來紮營。忠恕命人來打探，訪知這段個事情／連時飛報忠恕知，忠恕聞報笑嘮咳，叩問軍師和尚亮，如今乜計來安排／軍師回答說言章，先起手者算為強，明日起了大兵馬，去與官兵戰一場／況粿糧足共兵精，一眾兄弟有才能，旗開之時定獲勝，馬到之日大功成／忠恕聞呾笑嘮唏，兄弟告量全心機。一宵晚景容易過，不覺次早天光時／忠恕坐帳喜非常，傳下將令說言章，大小三軍齊起馬，速速前往鶴巢鄉／將令一下如山崩，人馬紛紛似黃蜂，鳴鑼擊鼓如雷震，來到割柴個鄉中／成人到此亦無力，甜吞苦忍得受虧，欲阻亦是阻不得，任憑青龍跳頭梯／　鄉紳一見魂魄飛，搖頭拌耳叫哀哀，禮義之鄉變做賊，將來總着起地皮／各房青龍鬧淒淒，勒索富戶之銀錢，一齊前來贈糧草，刣豬倒羊來敬伊／惟有幾位文秀才，無奈他何靠皺眉，鄉衰出有這妖孽，無端通賊惹禍災／若做小鄉人無幾，不會只恐禍淋漓，無奈從賊還有說，身居大族頗有錢／有錢有人一下和，亦勿扶會勿扶官，坐觀勝敗勿沾染，勝敗二路可平安／無端前來若冤家，都是逢春這畜生，敗害家聲是此賊，將來鄉着被勦平／　秀才歎氣且未提，再唱忠恕好威儀，坐是一頂玻璃轎，四人扶插在二邊／無品無職坐八抬，金瓜鉞斧虎頭牌，馬鑼來打三十下，前呼後勇鬧猜猜／威風凜凜驚殺人，來到鶴巢個鄉中。逢春接伊入厝內，左右親丁數百人／俱是強壯個青龍，會飛會遁生野形，鄉紳敬伊如官府，欲錢就錢銀就銀／忠恕兵馬如黃蜂，好似曹操下江南，任爾英雄共豪傑，一見亦着心膽寒／割柴大鄉實有名，族內可容數萬兵，宮廟祠堂歇到透，餘者外面去紮營／各各安頓明白時，頭人前來聽令旗，吩咐埋鍋去造飯，若欲打仗着明天／大小三軍聽令言，一齊分頭去飽飧。一宵晚景容易過，不覺次早天勝朗／忠恕高坐於大堂，上下五虎列二行。候聽大哥個將令，忠恕對眾說知全／現值兩軍來椇頭，先起手者算為高，爾等各去分鉛藥，然後起隊出鶴巢／五虎一齊頒令旗，各自歸隊去主施，分派明白起隊伍，三聲炮響鬧淒淒／五色旌旗甚整齊，分作五路來爭先。龍湖市人一看見，喊神喊救聲嚎嘶／縣主所帶個官軍，點火不到伊食煙，見他烏合之人眾，未戰先嚇

退三分／看見賊徒如蜂蝗，紛紛而來不可當。有起出寨去接戰，耐伊鳥銃無數門／輕傷重傷有幾人，見者無不心膽寒，各自退來守柵，圍內開銃保鄉邦／好得龍湖許西邊，一派俱是大長池，惟有條路好出入，那個路門一把會／任爾萬馬共千軍，插翅難飛入柵門。迫虎傷人從古語，賊人意欲拼尋吞／匆匆趕來到池墘，池水阻隔無路移，風圍內銃掛緊緊，見開見着人驚疑／有起向前欲爭功，俱在銃尾命歸終，輕重傷損者無數，令人一見魂飛空／人心一轟無敢広，但見傷者哩哩拖，賊人看見俱向膽，一齊退去人心安／一連戰到日中天，任拼不能広鄉邊，怎奈路門十分好，不能打入伊門周／　時值六月炎火天，戰到此時人亦疲，無奈鳴鑼收欽返，五虎上帳繳令旗／頭陣打仗得勝贏，忠恕聞咁喜心情，又道此遭打勝仗，皆仗我等眾弟兄／五虎大將笑嗛唏，非是我等之威儀，一來皇天相扶助，亦係大哥福齊天／忠恕聽了笑吧哎，宰牛殺馬賞三軍，大粒各自歸隊伍，一齊歡喜有十分／是晚賊營一眾人，歡喜得勝心頭松，受了大哥之所賜，酩酊大醉來飽湌／言來語去亂紛紛，席上各自展乾坤，儘是青龍爛崽輩，呼三呲六如打拳／酒一落肚高聲鳴，俱是誇伊有才情，爾又會飛我會遁，兄說兄情弟說能／一齊醉到更漏遲，杯盤狼籍各依棲。一夜五更容易過，不覺次早天光時／忠恕清早坐大廳，一眾頭人列兩行。大哥笑問眾兄弟，且喜昨日得勝贏／官軍敗入龍湖鄉，不敢出來上戰場，我等兄弟欲追進，路門窄狹無樣張／東畔一節臨大江，西面深水護兩旁，惟有二條路出入，欲打此鄉實是難／叩問軍師有一巡，有何妙策可進軍，亮師聞問回言答，依我貧僧來主分／官軍踞鎮龍湖中，南堤陸路今已崩，郡城欲運糧草至，得由內畔個小江／江東都頭鯉魚臍，被水刈去一大畔，溪深約有數十丈，無船不能可進前／命一枝軍鎮水頭，戰船截住於上流，柴炭糧米不能下，許一鎮斷於咽喉／那怕龍湖數千兵，上下圍緊無路行，至多不出一個月，軍中無糧事難成／一眾官軍一難捱，內股就着打出來，人心一亂并逃走，一個一個掠來刣／刣了正奪潮州城，令人一見心大驚，男婦老幼腳心軟，誰人敢來見輸贏／束手就着來歸降，遂時可得免艱難。忠恕聽了哈哈笑，不錯軍師妙心藏／　隨即寫書有數封，命人各鄉先通傳，封好交乞差人接，一鄉一鄉咁知端／頭到就是沙洲黃，獨樹黃共上下莊，村頭亭頭與文巷，上去水頭共柚園／差人領令即起程，悄悄在路無揚聲，一鄉一鄉去投下，各

鄉紳耆不知情／交代俱是青龍班，成人縱會知形藏，欲阻亦是阻不
得，惟有敢怒不敢言／現今世界紛紛茄，俱是蹺子叱言詞，指日各鄉
個爛崽，許一接着忠恕書／一齊無不喜心機，一旁暗自來張遞，前去
引他入鄉內，正好籍勢來勒錢／江東一派之青龍，當時一聞只事情，
紛紛上門去薦事，忠恕無不喜心胸／是晚傳下將令旗，點了雄心有一
枝，先去獨樹來踞鎮，截他糧道無路移／兄弟領了大哥言，悄悄直來
到江東。正是天地欲反變，各處不約而相同／賊人簇擁來入鄉，無敢
向前說言章，公館修在祠堂內，蹺仔各處去數程／再唱新會謝榮輝，
身居大姓兼有爲，乃是一名文秀士，雖是文人極雄威／就在縣主劉太
爺，帶領二百鄉民兵，鎮在鯉魚臍鄉內，自恃離遠免用驚／終日俱在
賭紙牌，不管二八共東西，好似小兒在戲耍，刀斧臨頭還不知／那日
獨樹個賊軍，食飽無事四處巡，一隊不過數十卒，五色旌旗上路奔／
勇壯並無一人知，悄悄來到鯉魚臍，古道少人賊覺大，許一看見大驚
駭／全無一個敢進前，相爭併走來下溪，爾想溪深水又猛，併死不能
過向畔／一概沉死數十人，個個俱是少年班。父來哭子兄哭弟，後生
姿娘來哭翁／縱袂死者逃回鄉，令人一見淚悲傷。賊徒一見勇壯散，
隔江料官無樣張／紛紛已來到水頭，萬物價錢日日高。從此船隻不能
下，鎖斷龍湖之咽喉／海陽彼時在龍湖，聞賊來鎮江東都，截斷河路
無來往，柴米不能通各埠／連時魂魄飛上天，龍湖乃是一大市，糧米
不過一個月，軍中無糧難主施／兩眼不住淚紛紛，教我如何來處分，
只得令人夜逃出，直上郡城來投文／曹道雖然是文官，盡忠扶國保江
山，憂國憂民共憂己，夜日寢食而不安／第一好是顧分司，職居客官
保民黎，貪生怕死壽總鎮，終日不敢出城池／指日緊急個文書，前來
求救訴言詞，文書交在惠潮道，曹道接着細三思／自古征戰是武官，
着請總鎮來保安，打算已定在心內，即令侍人提紅單／請壽大人來衙
中，相議救扶個話言。鎮台聞請親身到，提及賊徒鎮江東／海陽被困
在龍湖，柴米不能到墟埠，急在燃眉不可緩，度日如年之憂愁／大人
爲國保黎民，禮當領兵去出身。潘劉堤崩水截斷，着去擺渡可回程／
渡一排好有路程，堤通大道可進行，就可點齊眾兵勇，即日離了潮州
城／鎮台無奈領兵權，出春城樓看一番，只見東西共南北，人心俱變
大驚惶／一步一步進前程，打探左近個民情，因爲已任不得往，三日
行到聖者亭／看到城外個子民，君子大半爲小人，愈想愈竟事不好，

便對左右呾言陳／快快回返潮州城，切切不可向前行。軍士領命歸回返，且按這段個事情／再唱海陽在龍湖，被圍困得心憂愁，軍中無糧着大亂，想到就如魚着酥／前日曾去討救兵，至今將近一月程，並無兵勇來解厄，埋怨府道噁心情／不念吾身來被困，急在燃眉旦刻危，古道救兵如救火，遲緩只恐命着歸／縣主歎氣且未言，再唱忠恕與眾人，提及龍湖是大族，欲破伊寨亦是難／不若來共伊講和，招伊入會同拒官，他若肯入頼會內，相依相倚同相安／現今龍湖個市中，有一上嘲大粒人，姓許名叫大弟老，族內欲算伊強房／是數十鄉個會頭，算伊第一大英豪。各處嘵子俱遵服，心胸寬闊又廣交／若欲斟酌個話言，除非着去覓此人，他如主意個事務，斷無人敢談西東／再者現值來拜旗，大半是伊個蔗籬，雖然食頼個糧米，真心還是向在伊／欲收伊鄉入會中，除非得有這一人。忠恕聽着只言語，呾來句句禮亦通／遂即令一夭老成，附耳對伊細說明，須用如此如此說，那人聞說已知情／悄悄來到龍湖中，見大弟老一個人，招他入會個言語，同頭一一訴形藏／大弟老聞此話機，事已明白免多持，看到此際個世景，亦是大變個天年／況吾這個小龍湖，非是州府共京都，不過彈丸一小地，許一無米欲食塗／現今被困無路行，欲與伊戰亦無贏，事着見機而後作，方才保得無事情／況他會勢正當凶，聚集許多大英雄，鳥合之眾人如蟻，匆匆而來勢不容／倘若不如伊言因，登時禍患來相尋，只恐乞伊一動眾，那時連鄉着踏沉／不若依他之話言，來保縣主身平安，令他來助軍需費，買了道路回城中／能保官軍歸返圓，兩全其美個事機。太爺不敢怨及吾，亦是爲着這天年／況且一縣之鄉民，那有一鄉無縉紳。事到如今難解直，欲好欲怯由小人／若欲扶官來拒伊，勿乞伊人來勒錢，爾有多大的本事，乞伊一來族着夷／罷罷便叫那來人，吾有片草在此間，煩爾帶到割柴李，去見大哥訴形藏／來人領命不敢遲，拜別之後歸返圓，將書來交吳忠恕，忠恕拆開看做年／其書曰：吾不才，聞來使，交書一封：拆開觀，其中事，頗略知端／欲敝鄉，去入會，殺眾官員：愚自思，海陽縣，父母高堂／吾黎民，如赤子，不詳事端：若殺他，是違逆，實被人言／恐不能，打天下，來伏眾人：怕降災，累百姓，吾故心煩／懇大哥，開宏量，放眾官員：願助銀，三千兩，買路回還／望依他，歸回返，其功難堪；余領情，銘五內，耿耿不忘／忠恕看罷笑嗃哂，呾將起來有禮儀，便做海陽被吾

殺，到底亦難濟事機／再者潮州個城中，還有文武眾官員，必須起兵
來雪恨，事情亦算不週全／將來吾軍欲起程，他必預先保安寧，一則
相近個地界，定有一場大戰征／我今放他回城都，賣個人情乞龍湖，
得銀三千助軍費，兩家俱免心憂愁／事若可行則來行，眼視左右眾弟
兄，海陽被困事着急，欲來買路返回程／吾念自古奪江山，先得地利
與人和，杜猴不食空口草，起義不殺父母官／父母官一來遭殃，皇天
一定伐不祥，那時恐難成大事，吾故與恁來參詳／不若放他回郡城，
龍湖受賴個人情，自然真心來入會，江東一派之路程／皆是龍湖會中
人，一齊皆來入賴班，截住下河個水道，欲破潮州事不難／大家兄弟
在大廳，紛紛一併應說聲，大哥咀來話有理，主意好行則來行／忠恕
見眾已同心，那時歡喜不盡陳，遂即寫了一書信，去回龍湖個言因／
差人帶書便起行，悄悄獨自向前程，入市來見大弟老。持及這段個事
情／大弟老一聞此言，那時無限喜心鬆。令了侍人去內面，持些銅錢
賞來人／差人領賞拜別歸，大弟老亦笑微微，忠恕事情肯依允，連時
將書來拆開／其書曰：
聞兄台，在貴族，忠厚伏人；心清廉，又秉正，保扶鄉邦／會合從，
與東鳳，戰數年間；皆仗兄，之妙舉，屢得平安／數十鄉，皆聽爾，
號令之言；老兄台，之屬下，大半江東／貴會中，之人等，入我其
間；現我軍，踞鎮在，水頭鄉中／截上河，之水路，往來艱難；今海
陽，在貴族，不能回還／接玉函，欲懇吾，放眾官員；回潮城，助軍
費，此段形藏／愚如今，豈念着，錢銀一椿；敬兄台，之美舉，事屬
兩全／約明天，放他返，望代通傳；後待愚，傳令箭，與兄弟班／開
路門，乞他返，兄免耽煩；到將來，爾與我，同心執權／破潮州，之
日後，扶太平王；奪江山，得天下，其功難堪／有封王，共賜爵，侍
立金鑾；望兄台，同心腹，一共保全／大弟老爹一看完，那時無限喜
心歡，忠恕如今肯依允，放回文武眾官員／遂與來人咀知機，回去代
共大哥持，兩家今日肯如約，懇他傳下軍令旗／既已許他返回歸，囑
眾兄弟不可違，大丈夫言欲有信，不可口是而心非／來人領了囑言
因，大弟老爹喜歡心。封了三千兩銀子，又賞來人一錠金／命一妾當
個人員，帶了一同返回還。一直來到割柴李，見了忠恕告知端／大弟
老爹蒙相依，備了白金三千員，奉送大哥請收起，然後傳下軍令旗／
囑咐大家眾弟兄，提及龍湖領人情，嘗聞古人一句話，凡事先禮而後

兵／既然許他返回歸，萬一不可再去追，一言既出如金石，襲人之敗
切莫爲／忠恕聽了拍床中，吾爲當世英雄人，早已許他拖鎗返，豈有
昧心而食言／回去囑託大弟哥，做伊放心免防虞。來人領命歸回返，
與大弟老細吟哦／提及繳銀個事機，忠恕十在來允依，叫爾安心免驚
恐，待他各處傳令旗／江東一帶個連營，吩咐一眾之弟兄，提及大哥
情已允，赦放官軍返回程／不可前去將伊追，軍令一下不可違，各各
分頭去通報。且按下這段個是非／再唱來人歸返員，提及忠恕情肯
依，收赦銀兩傳將令，去通各鄉得知機／大弟老一聞這言，那時無限
喜心松，文武官員平安返，我亦可來保鄉邦／遂即來到五房祠，見了
縣主喜盈餘，叫聲師台免煩惱，提及懇和個言詞／多蒙忠恕肯相依，
收吾白金三千員，肯許大家回潮郡，各處傳下軍令旗／如今即速來安
排，文通府尊共道台，懇他起兵來接應，可保路上無禍災／潘劉崩
堤水橫流，行人欲渡着小舟，無船不能過此厄，小人想着十分憂／若
欲萬全保無虞，得來排渡過橫河，狀與梭船個模樣，況且人馬十分多
／小船渡過恐緩行，所以想着罣心情。若能排渡可長往，欲緊亦着接
應兵／海陽與那武營官，一聞忠恕肯相和，會銜行文回潮府，告及回
返事一般／懇了道台共鎮台，即速傳令起兵來，崩堤隙口來排渡，方
免路上有禍災／縣主行文回潮城，懇求火速發救兵，文武官員聞知
道，一齊來到道衙廳／相議接應個事情，這是武營個責成。曹道遂令
壽總鎮，爾可帶兵上路程／前去接應劉海陽，只恐賊匪動刀鎗，崩堤
嚣口去排渡，好乞官軍返回鄉／總鎮一聞只話機，三魂七魄飛上天，
若欲不許恐礙已，不得不已着暫依／約定日期帶軍兵，心驚脈戰來出
城。那日行到春城內，想着十分罣心情／但見南北與東西，人心俱變
無往來，萬一賊匪來埋伏，那時難免有禍災／頭行一頭驚心胸，由堤
緩行有一程，行到日色已將午，方才行到聖者亭／看到世界亂紛紛，
百姓三五來成群，交頭接耳機言議，路上人馬行如雲／皆是壯士在閒
遊，總鎮看見魂就收，連忙吩咐眾左右，即速打道且退縮／軍士頭行
心驚營，一聞欲且返回程，不出一個時辰久，匆匆已到東門城／可憐
龍湖眾官軍，只道總鎮來排船，抱頭鼠竄歸回返，俱是爭先拼逃奔／
再唱海陽在龍湖，想欲回返心憂愁，但見黎民眾百姓，三五成群嚴嚴
烏／自知人心已變翻，東西南北列團團，良民已變做賊匪，看來潮州
難保全／自此國朝已傾頹，帶山之力難挽回，事到如今不得已，生死

亦着硬頭皮／吩咐一衆之官軍，路上不可來離群，馬欲摘鈴旗着卷，匆匆一直奔回程／路上不可來揚聲，只恐賊匪聞知情。那時路上來截殺，爾吾不能進前程／文武官員如約言，各自囑咐部下人，大小三軍領將令。一齊謹記在心中／吩咐明白即起程，心驚脈戰路上行，大小三軍亦驚恐，頭行一頭掛心情／大弟老爹自主分，召集雜姓共叔孫，爾等各執刀鎗棒，隨後扶送那官軍／大家一聞只話言，連時聚集數百人，各執器械來護衛，預備路上來相幫／敗軍之將人心驚，十分之膽存三成，頭行一頭望前後，只恐後面有追兵／人人俱欲併爭先，紛紛直上南畔堤，欲知此事凶共吉，第四本中訴從前／

巻 4

梗 概

〇官員たちは，土手を伝わって進み，堤防の崩れた隙間に到達したが，大横渓の水面が広がり，船がなければ渡れない。岸辺に居た数隻の小舟に先を争って乗る間に追手の兵が現れる。水勢が強くて船を出せない間に，水に溺れて死ぬ者数知れず。海陽知県の劉太爺は，幸い救いが現れて命拾いし，先を急ぐうちに一隻の小舟が現れて一命をつなぎとめる。大小の官員も命を失わず，渓東畔に到着，最後は腹まで水につかって河を渡り，潮州城に入った。賊は人を殺しに追ってきたわけではなく物取りが目当てだったが，そのために多くの郷兵が命を失った。〇海陽知県の劉氏は，衙門に着くと，すぐに曹道台に何故，援軍を出さなかったのか，詰問した。曹氏は，鎮台が臆病で2度も救援に赴きながら，賊の多いのを恐れて2度とも途中で引き返した経緯を説明した。劉知県は，憤り，辞表を出す。曹氏は，自分の落ち度になるのをおそれ，ちょうど任期が来ていた潮陽知県の汪氏の後任として劉氏を新知県に任命する。劉氏もこれを受け入れて，賊の満ち溢れる路上を冒して潮陽に赴任する。〇潮州では，省城の広州の総督に救援を求める使者を出したが，途中，賊軍が充満していて進めず，到着に1か月を要した。その間，援軍を待つ潮州は，富裕戸は，金を出し，郷勇を雇用して自衛を計る。鳳塘の勇壮は，西門を守り，西湖の山頂は，孫姓が守り，桃山

隊は，南門外に布陣，教場には頭目黄姓が布陣した。春城楼内は，頭人
の孫英爺が百戦錬磨の掲陽の勇壮500名の1隊を率いる。この時，誰
彼の差別なく食料と俸給を支給した。無頼の小人も職にありつき，「忠
恕さまさま」と感謝する。○忠恕が海陽で官軍を破ってから，各郷から
人が集まった。各姓ごとに旗色を決め，陣中ではすぐにわかるようにし
た。忠恕は，すぐに潮州城を攻めようとしたが，亮師は，これを制し，
まず富裕な庵埠郷を取って兵力を増強してから潮州を攻める策を提示す
る。忠恕もこれに随う。○官塘の陳十が拝会して挙兵する。兄弟たちが
これを聴いてびっくり，4番目の兄，陳阿四が堂兄の武宣爺と共に十爺
の書斎にやってくる。四兄は罵って言う。「お前は三妻四妾を持って，
皇帝も及ばぬほどの暮らしをしているのに，何が不足で拝会して，自ら
枷をはめに行くのか。潮陽の陳鄭鎮の二賊は，野人に過ぎない。人の金
銭をかすめるのはともかく，害は全郷に及ぶ。ならず者どもは各郷の銀
銭を強奪しているが，威勢の良いのも一時に過ぎず長続きはしない。彼
らの真似をしてどうするのだ。結局は，官に掃蕩され，家も破滅して，
兄弟も巻き添えになる」。武宣爺も口添えして諫めた。○陳十は，聞こ
えないふりをして答えなかったが，やがて口を開いて言う。「今や，天
下13省のうち，7-8省は背いている。官府も手を打てず，天下は，転
覆に瀕し，国朝は，大半が傾いている。四方から蜂起の煙が上がり，新
王への交代が待望されている。驚かないでほしい。私は，謀叛して都に
攻め上り，皇帝になる。兄者2人も王に封じよう」。2人の兄はこれを
聴いて怒り心頭，「墓場の番人め，命知らずの畜生め」と怒鳴る。○十
爺は，従来，兄たちを尊敬していたが，狗党と狐群がはびこる世の中，
兄など畏れるに足らず，口を開いて激しく論難する。「私は，今や兄弟
の縁を切る」。刀を振るって兄を追い返す。○陳十の幼馴染の妻，李氏
は，夫の謀叛の噂を聴いて，陳十を諫める。婢女に命じて夫を自室に呼
ぶ。陳十は，妻の部屋に行く。李氏は言う。「4番目の兄が言うように，
謀叛は，好いことではありません。昔から父がいなければ兄は父の代わ
りと言います。兄の言に随うのが道理です」。陳十は，聴いて笑って言
う。「そなたの言は，誠に愚か，天下を奪う大事に，嘴を入れるべから
ず。神仙夢に現れ，口々に我を皇帝と呼ぶ。洗面の器には龍の影あり，
頭上には衝天帽，我れ皇帝とならば，そなたは，正宮皇后となる」。李

氏は聴いて天に唾して言う。「皇后など畏れ多い。皇帝になる瑞兆あり
や。人の噂は怖いもの。家が傾くとき，不吉な兆あり。謀叛を為せば官
の掃討を受ける。財は破れ身は滅ぶ。富貴の快楽を受けて，子孫に産を
残すがよきこと」。陳十は，怒って口も利かず，李氏は，さらに続けて
言う。「どうしても謀叛にこだわるなら，妻の私は，悪名を残さぬため
死んだほうがまし，裁判に引き出されては遅すぎる」。十爺は，ここで
嫌悪の情が胸を突き上げ，夫妻の情も顧みず，罵った挙句，片足上げて
妻の脇腹を蹴る。妻はあえなく落命して天に帰る。○李氏は息が絶え身
体は冷たくなる。十爺は，それを聴いて心に喜ぶ。賢ならざる妻が早く
死ねば，それだけ早く自分の芽が出る。涙も漏らさず，呵々と笑う。李
氏には1人の娘あり，母を失い泣きの涙，十爺は，大声で叱りつける。
娘は，父が悪人と知り，泣くにも泣けず密かに母を悼むのみ。十爺は，
棺を買いに行かせ，粗末な着物を着せて榔に収め，山のふもとに葬らせ
る。実家にも知らせず，葬式もせず，法事もせず，冥界への贈り物もせ
ず，死んだ犬を穴に放り込んだも同然の仕打ち。○妾の許氏は，李氏の
死去したのを見て喜々として主人にへつらって言う。「姉さんには福が
なく，私には福禄が備わっています。蟒袍を着て鳳冠を戴く夢を見ま
した」。十爺は，聴いて笑って答える。「我れ皇帝となれば，そなたは皇
后。冥土の旅も一緒に行く」。許氏は，聞いて気が滅入り，罵って言う。
「まだ黄袍を着ぬうちに，縁起の悪いことを言わないでください。江山
を得た時は，文武官が丹墀に並び，天下の民衆を治める身になります」。
十爺は，聞いて喜んで言う，「まことにそなたは，賢良の妻，我れ皇帝
たりて金殿に坐し，そなたは，正宮たりて，昭陽にあり」。○夫妻の談
笑の間に，次妻の芝蘭が現れ，大娘の不明の死を悲しみ，主人の悪意を
罵る。「大娘は，糟糠の妻。夫を諫めて言葉は，みな賢良，愚夫は，賢
妻の言を聴かず。兄にも従わず，五倫三綱を失う。大娘は，諫めたのに
蹴り殺された。皇帝になるなど愚かな望み，真っ先に刑罰を受けるのが
落ち，彼に随っていてもよきことはない。先に死ぬがまし。謀叛が失敗
すれば，私も裁判に掛けられ恥辱を受けた上で，身体は切り刻まれる」。
こう述べて，芝蘭は，梁に帯を懸けて自縊する。十爺は，これを聴いて
怒り，大娘と同様に，遺骸を粗末な衣服に包んで棺に納め，山麓の穴
に放り込んで捨て去る。○陳十は，吉日を選んで拝会式を行い，旗を開

く。東西南北の英雄の士が拝会に集まり紅門をくぐる。往来の賑わい
は，蜂や蝗のよう。十爺は，威儀を正し，一団の壮士が身辺を固める。
全堂に絨毯を敷き装飾を吊るす。朝廷の文武班のごとく，大堂は，小型
の金鑾殿に似る，内に刀鎗斧を並べ，外には五色の旗。出入り口には三
門の大銃，前には金爪鉞斧が並び，銅鑼を打つこと13回。陳十は，白
日に昇天の神仙，自ら皇帝と称し，威風凛凛丹墀に坐す。兄弟に命じて
入会しない郷里に行き，軍糧用に銀銭を略奪させる。すべての郷里は，
略奪に遭って泣きの涙。みな陳十を罵る。「この天を畏れぬ命知らずめ，
いずれ刑を受けて身体はずたずたにされよう」。○隆都には許阿梅がい
て，陳十，呉忠恕を見習い，近隣の小郷を略奪する。官府も放置して顧
みず，略奪の猛威，勝手放題。阿梅，心に思うよう，まだ江山は，奪っ
ていないが，身分は，さながら七省の巡按官，誰も遮るものはなく，富
貴栄華は，思うまま。職位は，微細な六品官ながら，盛名は，四海に揚
がり，東西南北みな降伏。ひたすら帝疆を奪わんと欲する。今や清朝已
に衰え，烽烟は，四方に起り，城池は，攻められる。我れ樟樹下の生ま
れながら，一族各房みな銭あり，子孫の若者幾千人，皆我れをあがめて
頭目とする。十爺と呉忠恕を助け，共に城池を攻めよう。

補　説

　ここは，忠恕軍の組織と陳十の蜂起について述べる。忠恕軍が官軍を
龍湖に破ってから，各地からの入会者が増え，軍は，勢いを増す。ただ
その部隊組織は，各同族を単位に編成され，各姓ごとに異なった色の
軍旗を掲げる。これでは実態は同族連合軍であって，兵は，同族に帰属
し，中央への帰属意識が弱く，軍令が下まで貫徹しない。長期戦になる
と，統制がとれなくなり，破綻する危険をはらむ。この時期，各地で蜂
起が頻発し，官塘の富豪，陳十も忠恕に呼応して蜂起軍に加わる。ひた
すら皇帝になることを夢見て，同族内の長老や兄弟の諫言を聴かず，妻
妾の諫止も聴かない。諫める妻を蹴り殺して，遺骸を犬のように墳墓に
抛り捨てる。悲観した妾が自縊しても，悲しむでもなく，遺骸を粗末に
して墓穴に投げ捨てる。万事に慎重な忠恕に比べて，感情の起伏が大き
く，これに依存した忠恕の失敗を予感させる。

原文（卷4）

再唱官軍在路行，一齊默默無揚聲，匆匆由那南堤上，各自打緊返回程／行過沙蚨一路遙，下寮行上客仔寮，下馬紛紛如飛跑，不敢開聲靜寂寥／個個畏死拼頭前，前隊來到潘劉堤，只見那個崩堤隙，依舊一條大橫溪／並無排渡難進行，看了無不心驚營，岸邊數隻小船仔，頭前落了撐起程／大家正在拼急先，忽聞後面聲嚎嘶，原來獨樹追兵到，人人看了盡忙溪／爾想水勢半天高，會兪亦難拼得開，一溪死者不計數，好似釜底浮油槌／海陽縣主劉太爺，幸有救星救起行，正在着急個時際，就有貴人到前程／一隻小舟渡過河，才免一命喪南柯，大小官員袂疏失，亦是神天保無虞／路熟下對溪東畔，走從割外鄉里前，向畔不過肚臍水，下了過去免爭先／賊匪並無欲剖人，惟欲搶物共奪銅，可憐壯勇人數百，屢在水底喪陰間／有個流到無身屍，有個掛在溪坎堨，雄雄壯壯去當勇，誰知一去無返圓／文武官員渡過江，且喜無事得平安，匆匆來到潮州府，海陽來到道衙中／撞頭撞額尋道台，文書求救返回來，不發一兵共一卒，未卜爾身何主裁／平平是做朝廷官，各各為主保江山，食君之祿當圖報，愛民如子保民安／我被賊困難回還，爾忍袖手來旁觀。頭說一頭拍床椅，與爾烹命在此番／曹道見他命願烹，那時亦都不安寧，叫了一聲劉縣令，爾今亦免氣騰騰／吾亦嘗令壽總兵，帶軍去到半路程，崩提隙口去排渡，接應爾等免驚營／誰知伊人好身家，原來怕死共貪生，去到半路走回返。亦嘗請伊到道衙／問他何故不進前，他道一帶許南畔，鄉鄉皆已入賊黨，三五成群滿南堤／所以不敢去接兵，無扣死就走回程。失約非是吾本道，原是鎮台不肯行／且喜神天保平安，無災無難回城中。今且回衙去理事，再免在此呾多言／海陽聞說淚如泉，千聲萬句欲辭官，曹道看到這情景，亦都無奈他的何／惟有托那地下人，好口勸他回衙中，劉爺拼到無結宿，只得回返無話言／曹道見伊命願離，這個官職切欲辭，亦就彈鬢想一想，憶得前日那上司／持及汪政在潮陽，掃平土匪會主張。現今看來任已滿，不若調他入城廂／來署海陽個事機。況且賊欲打城池，此人經過大賊寇，諸凡必定會主施／打算已定在心中，落了吊單召伊人，命人帶到潮陽去，吳府現值在許間／仰他命一小官僚，與那汪政來對調，令他即來交印綬。交代明白隔一朝／前來接篆到潮城，不可遲緩誤事情。又再寫篇文書私，命差悄悄帶起行／差人

領命帶文書，誰知盜賊滿路衢，紛紛不能向前進，在路阻隔一月餘／文書方才到省城，欲去總督討救兵，制台接文細觀閱，看罷拍案大驚營／潮州土匪聚成窠，姓吳忠恕爲賊頭，想欲發兵去救扶，路途不通枉徒勞／現值廣東附近鄉，東西南北做戰場，好好良民變成賊，搶劫擄掠作尋常／甚至欲來打省城，雖然欲來發軍兵，路上賊匪如蜂擁，紛紛截住不能行／俟得軍兵到潮州，事到如今不自由，且保廣東平定後，正來起兵去報仇／亦是天地所生然，七十二縣皆變遷。紛紛盜賊皆四起，黎民百姓帶牽連／原是國朝氣運衰，妖孽怨鬼滿天飛，處處氤氳一齊起，屢遭兵燹城傾頹／惠潮嘉道討救兵，豈知救兵難登程，到此自己保自己，不能顧到潮州城／潮城只望省救軍，豈知一旬過一旬，並無救兵個訊息，到底亦都難處分／無奈雇勇來守城，調築柵門起練兵，拆去城外個行舖，預備共賊見輸贏／富人行口盡題錢，鄉紳行宏來主施，邱步瓊老做過縣，南門內林兵馬司／人人到此顧身家，各自住集來打評，城破一概着清楚，妻兒父母難逃生／有錢不出亦是愚，倘到城池一疏虞，男女亦難保性命，人財兩字一概無／召了七隅四關廂，十一地保來告量，各處守下個門戶，爾亦從實訴言章／各隅地保個地方，家家戶戶去守門，必知的家富共有，同頭至尾說知全／的家有錢的家無，那家田舖有若多，一齊就在估家伙，估到一些不能逃／有錢之人好身家，暗自就地細打評，強徒如今將臨境，城破不知死共生／人死萬事皆完終，直到泉下手空空，不如協力助軍費，保了皇城來建功／一來保公二保私，同心不敢吝錢財，只求大家着協力，保得城池免禍災／城池人口若干安，建桕清醮答上蒼，那時滿門心歡喜，不怕家內囊底空／爾亦出錢我出錢，同心協力保城池，連時勇壯僱多多，預共忠恕見高低／自此七隅四關廂，盡皆排列刀斧鎗，分派武弁去管帶，夜日公局相告量／鳳塘勇壯守西門，西湖山頂是姓孫，桃山隊在南門外，較場頭人身姓黃／春城樓內一隊兵，頭人乃是孫英爺，統帶五百揭陽壯，能征慣戰極有名／四方烏色日月旗，拒鎮春城個門閭，城內八色甚繁冗，無限不識共不知／到此用人個時光，亦無計較甚等人，一齊俱來食壯俸，共守城池相保全／爛崽小人提刀鎗，每日一領有口糧，鼠賊狗偸出去做，身上亦有重皮張／歡歡喜喜有十成，千感萬謝忠恕兄，招呼我等有事做，手執傢伙來守城／每日領有百余錢，亦有衣服亦免饑。按下城中個言語，再將忠恕唱人知／自從

海陽回潮城，以爲得計個事情。再者地下眾腳爪，四鄉六里去揚聲／各鄉勒錢不敢拖，只有求少不敢無。有人入會爲頭領，才免攄勒十分多／龍湖爲要保全官，無奈入會共伊知，亦着出銀助軍費，爲因被逼無奈何／內洋橫攏上有錢，忠恕頭先指着伊，鄉中站姓算是許，各姓聽伊號令旗／有錢推尊爵肅爺，嘲房嘲腳富有名，有事着問伊主意，開口人人着相聽／忠恕命人去題錢，爵肅爺亦有張遞，懇助銀子三千兩，來人回復肯相依／先過一半在前程，半收未起且候停，等破潮州之城後，一齊方才來繳清／忠恕見他來懇求，持及難勒個緣由，料他將來終難免，亦就暫且來半收／不知橫攏二路途，看看其中是何如，潮州若是會打破，方肯來贈伊軍需／個心八成欲拊官，無奈面和心不和，料他難以成大事，便叫數姓來行厷／我今許他之條規，君子不受眼前虧，一邊會眾題銀兩，東西南北椿風圍／誰人俱欲保身家，任伊主裁不敢評，出得浮者就便出，有個減哩有個加／古道眾志能成城，灰工不出一月程，週圍俱已椿堅固，數日餘丈已作成／置了大炮有數枚，各各堵緊在外皮，鉛只火藥備便便，家家處處煮施粥／各姓派人去巡查，東西南北來扣更，有公事者有錢領，無公事者自作耕／內洋一帶數百鄉，就是橫攏有主張，亦不扶官不投降，自己人食自己糧／且按這段個事情，再將忠恕唱人聽，自從殺敗海陽後，四鄉六里俱着驚／各各派人有隨伊，各姓約定一色旗，陣上方才可識認，同姓一見有親誼／忠恕就欲打潮城，軍師阻住未可行，先奪富饒個地界，住集加些黎民兵／勒索加些軍糧錢，那時方可打城池。忠恕聞說言有理，就問軍師來主施／頭先欲打何地方，望爾共吾說知全。亮師聞問回言答，內洋一派之鄉村／欲算庵埠上有錢，庵埠一得有主施，陳楊二姓皆古富，欲勒誰人敢不依／若是不聽敤言因，許一去到就踏沉，有錢誰人俱畏事，必定贈敤之白金／陳楊王林一相聽，下邊還有月浦余，漁洲陳蔡共吳李，南面不遠蓬州城／鷗汀背鄉不相離，東畔官袋共洋邊，浮攏落去浮攏尾，沙尾東墩近海邊／一鄉勒過又一鄉，勒到許一有錢糧，那時兵精共糧足，貧道自然有主張／錢糧一道亦免憂，就可起兵打潮州，軍中無糧難主事。忠恕一聽只緣由／舞掌大笑喜盈餘，不錯果然是軍師，咀將起來言有理。依了所議之言詞／先奪庵埠做本錢，然後正來打城池，是時相議已妥當，且按這段個話機／再唱官塘陳十爺，自從贈銀忠恕兄，意望伊人成大事，起平方可進前程／不時

命人探事機，聞他澄海敗返圍，許一聽着兀一肚，後聞官兵去剿伊／龍湖大戰有一場，官軍被困難回鄉，講和得銀放官返，那時無限喜非常／忽然又得書一封，看到內中個根原，叫吾帶兵去扶助，共破潮州個城垣／看將起來事不難，不若共伊來相幫，就招前後鄉里子，蘇寨古堤城甲洪／漳頭堯里共鴨洋，前去放帖將伊招，寨內內坑共沙尾，一齊共有數十鄉／眾鄉看到這世風，一派俱是浹濃濃，且來買平保無事，不得不已暫聽從／十爺再招鐵鋪陳，數十余鄉萬外人，一齊不肯收伊帖，自己派人保鄉邦／石圯頭鄉來全包，山后庵尾共花樓，李園大巷與坎下，舖頭埔尾市籃頭／八角樓鄉共犁幫，洪厝鋪內戴楊曾，招施陸子桂林寨，數十餘鄉俱姓陳／雖有雜姓個庶籬，一齊俱聽伊令旗，同心協力保鄉里，不入官賊二路移／且按這段個事情，再唱官塘陳十爺，擇了一個上吉日，一齊拜會來起兵／十爺兄弟一聞知，大驚失色魂飛西，四兄名叫四太子，直到十爺書齋來／伊個堂兄武宣爺，平生正直無偏邪，聞知這段個緣故，同四太子伊親兄／四兄見面先罵伊，阿十爾這畜生兒，當今皇帝不如爾，三妻四妾隨身邊／珍饈百味任爾吞，夜日所食老塗煙，萬事都是使枝嘴，雖無大富是富豚／公祖共爾發便家，神仙不過是障生，還未知足想拜會，無事專去領個枷／潮陽陳鄭二賊頭，是個野仔非富豪，掠人錢銀不打緊，害到滿鄉錢交流／忠恕是個爛崽兒，勒索各鄉個銀錢，螢火之光照不遠，威風不過這一時／爾亦學伊按障生，無端想衰來破家，連吾阿兄被爾累，鄉里着被官剿平／聽吾勸解禮該當，縱反不能到官塘，凡事不可茹亂做，為人着知生死門／武宣爺亦笑嚀嚀，吾來亦無別事情，欲來勸爾這椿事，爾兄之話盡頭龍／愚兄亦免再多言，聽爾胞兄回心中。十爺半句亦不應，做伊食煙耳假聾／想想便問二兄台，當今世俗恁頗知，天下反了七八省，官府無個敢進前／天年如今已變翻，國朝大半已敗傾，所以四處烽煙起，明是亦欲換新王／勸恁安心免驚營，待吾反浮到京城，登了大寶做皇帝，封恁二位做王兄／四爺聽了心火起，叱罵爾是墳頭堆。畜生有甚大本領，不知死活土蠻牛／十爺向來還相邀，今有狗黨共狐群，還怕是乜親兄弟，許一開口就亂噴／阿四爾免氣昂昂，雙刀一拍高聲言，吾今實話共恁呾，勸爾勿來猴猴嗆／吾不念着是至親，一刀兩斷來離藤，爾不存我是兄弟，吾夭識爾是乜人／若不念着是革胞，將刀來砍爾個頭，試看我刀利不利，七頭八彩來猴糟／四爺

一聽魂就飛，啐目宣爺一同回，畜生今日有會黨，爾吾暫且讓伊橫／祖公亦是袂顯靈，正生阿十來叛清。爾想做何易反起，官法如爐古來情／亦是氣運皆欲衰，家神總着遭伊飛，將來許一會敗戰，着乞官府起地皮／前日不知只事情，待到今日症已成，到此亦是難醫改，欲扳伊回亦不能／罷罷爾吾回書齋，難與逆賊來相爭，亦是祖公無積德，正來生此小畜生／說罷各自返回程，但是個心還驚營，不知將來如何樣，且按這段個事情／十爺見他返回奔，做伊陜陜在食煙，頭食一頭嗷嗷叫，如今還有乜相遵／吾今拜旗起義師，欲將清朝官僚除，欲謀大事奪天下，諸事就欲律例書／欲奪江山來立身，王法無親古人陳，着來先行君臣禮，後來正序兄弟親／將令一下如倒山，犯吾令着歸黃泉，爾來想做小兒戲，膽敢前來將我攔／試看軍令是如今，爾袂再來呾囉唆，如敢再犯吾將令，就掠爾來先開刀／王令不嚴誰肯遵，不遵能管百萬軍，萬人之上叱得起，正可爲王報乾坤／說罷舞掌笑嘮唏，不想白日來升天，亦是命裏所生就，神明托夢對吾持／教我叛反上京都，自有南面可稱孤，縱無一統之下下，亦有割地來封侯／說罷笑到目倉倉，且按這般個事機。再唱那位李氏女，就是阿十草頭妻／指日獨坐在深閨，聞得丈夫做妄爲，豎旗拜會欲叛反，惹到個事大過雷／四伯去勸伊不聽，忤逆執意切欲行，謀反大逆事非小，將來一定犯罪名／吾本是他結髮妻，難免帶累食罪戾，愈想愈竟事不好，快快着來勸解伊／說罷命一小婢兒，去叫老爺歸返圓，梅香領命去相請，十爺入房來問妻／賢妻命婢叫我來，爲着甚事快說知。李氏一聞夫君問，只得笑笑訴從前／四伯勸爾勿拜旗，謀反不是好事機，古道無父兄爲長，着聽伊勸理當宜／十爺聞說笑呵呵，賢妻之言真正愚，欲奪天下是大事，豈容伊來說囉唆／吾乃堂堂大丈夫，自作自爲免人扶，況有神仙托我夢，聲聲皇帝將我呼／自己之夢還未真，洗面照見一條龍，頭上又戴沖天帽，我做皇帝爾正宮／李氏一聞只話機，個嘴一啐曉上天，我個阿奶做穩穩，皇后一事不敢癡／不聞昔年池阿言，隻鳥在伊面前中，呾話叫伊做皇帝，騙到伊人喜心鬆／就將江魚捻丟頭，放落水面敵上流，鐵耙落水浮水面，言老那時喜滔滔／自恃叛反會得浮，真命天子百靈扶，欲得天下在旦刻，歡到大叫共小呼／原是人口欲遭殃，家欲傾來降不祥，反了被官剿除滅，財破身亡誰可憐／若爾聽妾心勿癡，各人散黨勿拜旗，逍遙快樂享富貴，留錢留銀乞仔兒／十爺

一聞只話鬥，當時氣到面方方，當在椅中恬恬坐，亦不說短共說長／李氏又再呾君聽，爾執一意切欲行，吾今兑爾無了局，不如早死免臭名／不死着乞人阿屍，笑吾不賢之女兒，丈夫爲惡不相勸，拿到公堂收悔遲／十爺本是惡心胸，亦無顧着夫妻情，不合伊聽就大怒，叱罵潑賤氣騰騰／罵罷浮了一脚支，踏對脇下命歸天，跋落脚直共手直，梅香摸着無氣絲／便共老爺呾知端，阿奶鼻空都無風，遍身冷冷敢是死，十爺聞說心喜歡／不賢之婦討做年，早死我早出頭天，無點目汁呵呵笑。李氏親生一女兒／厷來哭母淚哀哀，十爺高聲大叱來，爾這賤婢若敢哭，掠爾來去深塗坮／伊女嬌娘聞罵言，知父是個十惡人，不敢垂淚高聲哭，暗自痛母在心中／十爺叫人買棺柴，亦無張穿好裙衫，就叫大工找落梆，收了去葬后山脚／亦無去報伊外家，無做功德無做齋，又無燒衣共還庫，好似死狗落深坑／許氏還是伊偏房，一見李氏喪陰間，無人相爭來食醋，歡歡喜喜奉承翁／阿姒無福來先亡，妾身來享福錄全，許夜我曾得一夢，夢穿蟒袍戴鳳冠／正知骨頭有重輕，重個時會成人，輕個不能來享福，八字生就兑在身／十爺聞說笑答言，爾吾夢來俱相同，吾做皇帝爾皇后，那時一齊歸陰間／許氏聞說悶如糟，罵君爾勿好彩頭，呾乜歸陰個言語，夭未坐位穿黃袍／待得江山那一時，文武朝賀在丹墀，享盡無邊之洪福，管轄天下眾民黎／十爺聽了喜揚揚，不錯妻爾真賢良，吾做皇帝坐金殿，爾爲正宮在昭陽／聽罷無限喜非常，果然好做皇娘娘，夫今呾錯妻來改，轉凶化吉無禍殃／夫妻在塊四笑言談，那個次妾名芝蘭，痛着大娘不明死，怨罵老爺惡心田／大娘是爾個草頭，勸解之話句句賢，古道賢婦能助婿，義夫知妻話好包／去邪歸正萬事消，潑婦會共翁妖嬈，愚夫不聽賢妻勸，只從惡婦來行僥／做出無父共無君，爲人在世得思忖。夫婦兄弟共父母，一無五倫就不遵，處世許一無箴規，無禮亂道事亂爲，殺身之舉暫尋犯，不久性命就着歸／吾今看爾惡心情，忤逆不肯遵爾兄，阿娘好言不入耳，被爾踏死歸陰行／失了五倫共三綱，枉爾在世來爲人，天地豈會無報應，爾欲反成亦是難／欲做皇帝是癡哥，頭殼着先去掟刀，將來兑伊亦袂好，不如先尋喪南柯／日後亦是反不成，乞人掠去上公庭，受恥受辱未打緊，着受萬刀碎割刑／死後還乞人罵名，今來先死更好聽，乞人阿囉賢慧婦，知夫不義從偏邪／剿家滅族之所爲，難道作惡天不追，諫夫不從來捨命，去到陰府免受虧／

附録Ⅱ　潮州歌冊『呉忠恕全歌』8 巻

立志已定無改移，食在世上亦無奇，寧可受死勿受辱，方免臭名被人持／妾芝蘭，張氏女，冤慘難堪；吾生身，之父母，屢代貧寒／父無能，母無作，難度三餐；將妾身，來賣在，十爺家中／有數年，見妾貌，大略端莊；故將奴，收爲妾，排行三房／幸豐衣，共足食，萬事免耽；從伊人，已數載，未產女男／還自思，將來日，所靠何人；每晨昏，心愁里，難對人言／到如今，夫不義，叛反拗蠻；想將來，罪難免，禍及鄉邦／取殺身，之禍患，定及妻房／得誅夷，於九族，逃脫定難／妾故將，心腹事，禱告上蒼；望天神，來鑑察，細聽吾言／願避邪，來歸正，尋喪陰間；到如今，恩情斷，各分西東／欲相逢，除非着，鬼門關傍；禱祝完，抽身起，兩淚汪汪／祝罷起來無所依，想到在許當初時，亦勿兌着貧父母，何用致來爲婢兒／亦勿兌着父母無，亦免爲婢受奔波，賣在此處來爲妾，免受饑寒事務多／意望夫唱共婦隨，誰知官人心太虧，士農工商不想做，滅門之禍偏欲爲／躂死草頭滅五倫，無情無義的夫君，將來兌伊亦無益，不如趕早喪孤魂／天之覆我大功勞，地之載吾恩義高，父之生吾無可報，母之養吾無尾梢／十月懷胎在母身，受盡千萬之艱辛，意望養子報功德，誰知今日來離藤／三年乳哺隨母邊，養育之恩大如天，父生母養功難量，一旦無辜拆分離／言罷之時將半夜，解條絲帶縛在楹。閻王注定三更死，定不留人到四更／事到如今不自由，一縊三魂登仙游，三寸氣在千般用，一旦無常萬事休／芝蘭身死在閨房，直到次早天勝朗，不見伊人到堂上，一眾侍婢入房中／許時看着人驚疑，慌忙報與眾人知。人人聽着俱可惜，無故自盡命歸天／後報十爺得知因，那時聞知自來臨，看了叱罵野賤婢，與那李氏一樣心／頓足指罵賤質根，不從夫主枉爲人，今日爾死死得好，不然亦難客爾身／叫人買棺收丟伊，亦無張殮好裙衣。然后擇個好日子，請人拜會來開旗／東西南北人紛紛，俱來拜會過紅門，住集許多英雄士，一來一往如蜂蝗／十爺真是好威儀，一班壯士隨身邊，滿堂鋪氈共結彩，面前插枝帥字旗／威風凛凛實風光，頭人整束列團團，好似朝房眾文武，大厝又如小金鑾／人物來往鬧淒淒，車馬不接共不離，內畔排列刀鎗斧，外面插是五色旗／出入三枚大銃脚，前呼後擁跟隨他，金瓜鉞斧頭前擺，銅鑼十三了十三／男婦老幼議論伊，阿十白日就升天，自己來稱做皇帝，威風凛凛坐丹墀／會今拜成有主張，就叫兄弟去各鄉，去無入會個鄉里，奪了錢銀

做軍糧／滿鄉被奪哭啼啼，俱罵阿十不看天，只個短命半路債，將來
得乞人分屍／身居巨富又大鄉，一生享福不非常，無端會賊來搶却，
爾這雷扣共火燒／隆都有個許阿梅，食飽無事來想衰，看見阿十吳忠
恕，搶却小鄉做拗蠻／目無朝廷亂所為，四鄉六里勒會規，官府不敢
將伊辦，任伊擄掠展雄威／雖然未曾奪江山，好似七省巡按官，到處
無人敢攔阻，何等富貴共榮華／小小一個六品捐，連時威名四海揚，
東西南北人降伏，一心遠欲奪帝疆／如今清朝已衰疲，烽煙四起打城
池，念吾身居樟樹下，嘲房嘲脚頗有錢／叔孫人物有幾千，一向都是
在人前，人人推尊吾頭老。況這前溪共後溪／結拜兄弟有一班，俱是
聽吾號令言，附近鄉村盡從約，欲與大事亦不難／好來拜會共豎旗，
拜了就可亂主施，扶助十爺吳忠恕，一齊好去打城池／打算已定在心
情，召齊拜盟眾弟兄，那夜堂上開華筵，一齊次序入席行／開懷暢飲
大酪酊，兄說兄精弟說能，席上俱是英雄話，一眾大鬧在廳庭／飲到
三更才散場，明日阿梅有主張，一連寫了數百貼，命人去放鄰近鄉／
有個往西有往東，分頭而去上路中，欲知誰依共誰拒，第五本中細詳
言／

巻　5

梗　概

〇隆都の阿梅は，東西南北の各郷に入会を呼びかける。各郷は，水害
に見舞われ，貧民は，餓えに苦しんでいた。貧民たちは，呼びかけに応
じて集団で阿梅の処にやってきた。阿梅は，吉日を選んで蜂起を約束す
る。〇吉日になると，陳十に倣って紅門をくぐる儀式を行い，旗を挙げ
る。そのあと富戸から銭を徴収し，河を遮断し，渡船を奪った。獲得
した銭銀は，計りしれない。四郷の埠頭は，驚いて渡船を出さず，水路
は，通じなくなり，物価は，高騰した。四方は，すべて盗賊ばかりで，
人々は，一歩も外に出られず，至るところ，男女の恨み声が響きわたっ
た。〇呉忠恕は，数万人の配下を集め，まず蓬州城を占領しに行く。至
るところ，干戈を動かし，城内の人は，勝ち目がないとみて，歯向かわ
ない。汎営の官長の曾氏は，百姓が投降したと聞いて官服を脱いで百姓

に身をやつし，黙って蓬州城を脱出する。三府の官員は，これを聴いて，庵埠も賊の占領を免れないとみて，姓名を隠して逃走した。賊は，人心の不安を見て，急いで文武の衙門に行き，官員を誅殺しようとしたが，内部は空で，役人の姿は，ない。忠恕は，榜を出して百姓を安心させ，「敵は官員で，民衆を騒がすつもりはない」と布告する。人々は，安心し，漁州月浦の佘氏は入会して民兵を贈り，陳楊二姓も降伏した。ただ新渓と下路の二郷は，人が多いのを恃んで降伏せず，抗戦の構えを見せる。○忠恕は，更に進軍を企図し，庵埠の留守役を募る。すると厚力なる人物が自ら志願してきたので，彼に1千の兵を与えて守備を命ずる。忠恕は，進んで葫蘆市と荘隴荘を攻める。忠恕の大軍を見た郷紳は，抵抗せずに忠恕を出迎える。忠恕は，彼らに挨拶して，三府の衙門に宿泊する。各処から寄付が集まり，兵士の手当てに充てる。忠恕は，寄付者を名簿に載せ，天下を取ったときに返すと約束する。富戸からの寄付が10万元も集まった。○渓頭の陳阿元は，「陳姓は，数千人の大人口を抱えるので，人は出すが，寄付はしない」と言った。これを聴いた楊姓は，呉忠恕に不公平と訴えた。忠恕は，陳阿元を呼び出して聞くと，人は出すが，一文たりとも寄付はしないと言い張る。忠恕は，怒って殺そうとしたが，ここで殺しては，声望が傷つくと思って，しばらく放任の方針をとった。ところが，数万の寄付をしている楊姓は，収まらず，双方が争って収拾がつかなくなった。結局，調停者が中に入り，陳姓の分，数万元を寄付することで話をつけた。しかし，新渓と下路の陳姓は，入会もせず，寄付もしなかった。忠恕は，怒りを懐きながら，報復の時期を待つことにした。○忠恕は，石古の林秀才を選んで三府の代役とした。また，鴎汀の人に大姓との連絡役を命じた。しかし鴎汀一郷は，寄付を拒否し，忠恕に抵抗する。忠恕は，怒り心頭に発し，すぐに鴎汀を攻めようとしたが，ここは人材が豊富で人口も多く，攻略は，難しいと判断し，東西南北の河を封鎖して兵糧攻めにした。○鴎汀は，団練によって忠恕を防ぐ。柵門を作り，周囲に溝を掘り，四方に矢来を立てる。しかし，崎山は，貧しい郷村で内洋に塩を売りに入るために，忠恕に降り入会して難を免れようとした。忠恕は金を受け取って喜び，兄弟に崎山を犯さないように命じた。○下路の陳添王は，豪傑で金もあり勢力もあり，手下も多かった。呉忠恕の反乱は，成功しないと見て，こ

れに味方すれば，あとで官から一族誅滅の目に遭うと考え，忠恕と一戦
を交える決意を固める。一族の子弟を集めて意見を聴いたところ，みな
添王の判断に従う，と答えた。同郷の水吼橋の王姓にこっそり連絡し
て，一致して忠恕と戦うように話を持ち掛けた。王氏は，やむなく応諾
した。○陳添王は，自ら指揮をとり，子弟たちに命じて水吼橋を切断
し，村を高い障壁で囲ませた。東西南北に分けて柵門を固める。大江に
臨む北側を除き，東西南には堀を掘らせ，竹の垣根を張り巡らし，街路
と柵門を固め，大砲一門を配備した。渓埞には一隻の船も浮かばせず，
鉄壁の守りを固めた。○庵埠にいた呉忠恕は，麾下に雲霞の如き多数の
兵馬を擁したが，添王の布陣を見て策に窮し，すぐに攻めようとはしな
かった。○この一帯の同族村は，互いに通婚関係にあった。下路陳氏に
親戚を持つ村も多かった。忠恕軍の略奪を畏れる庵埠付近の郷民の多く
が下路の親戚を頼って，ここへ避難してきたため，下路の人口は急に膨
れ上がった。千人程度の場所に万の数の人が住めるはずはない。忠恕
は，力づくで攻めなくても，包囲すれば，食が尽きて落ちると読んだ。
○忠恕は，下路を破らなければ，潮州を攻めることはできない，と考
え，亮師に相談し，下路に対して3日後を期して戦いを挑むという布告
を送る。添王は，挑戦を受けて勇み立ち，内部を固める。火薬と弾丸を
配布し，三更には，人馬に食を給し，それから囲壁の防備に就かせる。
添王自ら四方を巡察する。○忠恕は，辰の時刻までに各隊の人馬の食を
給し，火薬と弾丸を配分して，下路の陳姓を攻める。下路は，渓坪に近
く囲壁をめぐらして銅城のようだった。堀に沿ってめぐらした竹の囲い
は，三層の構造で，通れるのは一本道だけだった。外は万里河が横たわ
り，河の外はさらに落ち込んで危険な地形になり，竹のすれる音，馬の
いななきが，鐘のように響いた。たとえ無数の人馬が攻めて来ても囲壁
に近寄ることは不可能だった。囲みの中には大砲が数門，据えられ，発
射の準備が整っていた。○忠恕の一隊は，大馬隴に入ったが，なおまだ
大江に隔てられていた。一隊は烏面宮に行き，横渡を過ぎて，大洋腹に
至るや，銅鑼，戦鼓が一斉に鳴り響く。一隊が太和埔に到来するころに
は，人馬は黒い塊のように密集し，天も暗く道も見えないほどだった。
鬨の声は響き渡り，銃声は，爆竹がはじけるよう。内外の死傷数知れ
ず，涙無くしては見るに忍びず。辰の刻から，灯がともるまで戦いが続

いたが，忠恕はここで兵を引き，各隊は，順次に帰途に就く。紛々として楊氏宗祠に到着して，戦いを振り返る。周囲の囲壁は，堅固で，高い障壁の外の堀は深い。外で戦うほかはなく，東西南北足がかりはなく，翼があっても飛び越え難い。〇亮師は聴いて深いため息，「善戦すれども，勝を得ず。思うに敵は，併せても千人余りにすぎず，父老が雇った郷勇も多くはない。ただ，郷土を守るために必死で戦い，外へは出てこない。戦いに優れたものは，数百名に過ぎない。ここは，戦わずに包囲して外へ出る道を封鎖する方がよい。兵糧が絶えれば人心は動揺し，男女の命も極まろう。この他に手段はない」。忠恕は，これを聴いて，納得し，各隊の頭目に命じ，周囲の寺廟に兵を宿泊させ，1隊には船を降りて地を守らせ，1隊には船の帆を捨てさせ，動かなくさせる。〇下路では，この封鎖に対して陳添王は，驚かず，部下を督励して，大砲を打たせ，鬨の声を挙げさせる。しかし，内部の男女は，封鎖に苦しむ。富裕戸は，前途に不安を懐き，貧者は，耐えられなくなる。食糧がなくなる上に外へ出て金を稼いでくることもできない。このままではみんな飢え死にする。添王の強硬な抵抗策を間違いだったと罵る者も現れる。添王は，郷民の窮状をみて，富裕戸に強制して米を出させ，貧民に米を配り，1日に100銭を給して，一時の急場をしのぐ。〇忠恕の封鎖が十数日続き，市内には食物が次第に減り，金があっても食糧を買えなくなる。男女は，逃げることもできず。死守するだけ。進退の策に窮したまま，数十日も飢餓に堪え，投降を考えるが，添王は，許さない。一日，一日，耐えるだけ。〇烏面宮を守る忠恕軍の1隊は，大半が王姓だった。一方，下路の水吼橋を守る王姓は，守り切れないと見て，今まで陳姓に追随してきた方針が動揺する。烏面宮の王姓は，対岸の水吼橋の王姓に，手紙を結んだ箭をこっそり射込む。夜回りが拾ってすぐに王姓の郷紳へ届ける，手紙には「宗親を救いたい。郷里が攻略されれば，王姓だけが逃げることはできず，みな禍を免れない。柵門を開くから逃げてこい」と書いてある。水吼橋の王姓の郷紳は，これを聴いて喜び，ひそかに子弟に対し「明日の晩，三更にこっそり渓莞門を開け，皆，門から逃げよ」と命じる。すぐに水練の達人の水夜叉というあだ名の男に手紙を持たせて泳いで対岸の烏面宮の王姓に届けさせる。王姓は，喜んですぐに忠恕に伝える。〇忠恕，亮師は，喜び，歴戦の兵数百名を集め，三

更を待って，王姓を装い，橋脚で対面する。水吼橋邊の王姓がまず門闓
を開くと，賊軍は紛々として進入する。陳姓は，まだこれを知らず，添
王は，糧食の配分に没頭していて，急に鬨の声を聞いても，賊軍の侵入
を信じなかった。家が燃え上がるのを見て初めて王姓が敵に通じたこと
を知り，怒り心頭に発した。人々は逃げようとしたが逃げ道がなかっ
た。死戦する外はなく，皆前進して奮戦した。○忠恕は，相手の死戦の
鋭鋒を避けるため，逃げ道を開けさせた。黄蜂のように密集した陳姓の
男女は，賊軍の兵馬がすでに郷里に入り，勝ち目がないのを見て，自分
の家族を案じ，戦意を喪失した。○渓畔馬隴の陳姓は，下路の陳姓と親
派ではなく，かつて械闘で10数名の戦死者を出し仇敵だったが，同姓
の苦難を見て，惻隠の心をおこし，成人たると未成年たるとを問わず，
岸につないであった船を出して助けあげた。○賊は，物を奪うのに夢中
で，人を追いかける者はなく，一郷里の男女は，蜂蝗のように群れを成
して逃げ，馬隴陳氏の大祠堂に宿った。親戚のある者は，親戚を探し，
親戚のないものは，みじめだった。馬隴の許姓は，富裕戸だった。白米
や清羹を煮て皆にふるまった。みな戦いに疲れ，しばらく安息を求め
た。下路の男女は，許氏の恩に感謝しない者はいなかった。○夜が明け
ると，四郷六里の状況がわかった。親戚のあるなしに関わらず，みな添
王を非難した。郷里が一旦破られるや，庵埠四郷の近隣に，古い親戚が
いなければ新しい親戚を探し，新しい親戚がいなけば，古い親戚を求め
た。一刻もたたぬうちに男女老幼は，みな生まれたばかりの子のように
布で体を覆っただけ，慌てふためき喪家の犬のようだった。○一方，賊
は，意気揚々，郷内を1軒ずつ回ると，うず高く積まれた品物は，み
な銭銀か高級衣裳，荷物にまとめて担ぎ去る。道中，衣服散乱し，足の
踏み場もない有様。庵埠一帯数百の郷村は，皆賊の略奪を畏れ，金銀財
宝，みな親戚に預け置く。○忠恕麾下の百万の兵は，昨日までの貧乏人
だったのに，今日は，略奪でたちまち富裕戸になった。各人勝手に持ち
去って忠恕に差し出す者はない。忠恕も特に気に留めず，部下に命じ
て下路を焼け野原にする。一刻もたたぬうちに火は，あかあかと天を焦
がす。王氏の一隅は，焼かず，焼いたのは，陳姓の家のみ。辰の刻から
申の刻まで，10時間，家屋は，すべて塵となる。この光景に涙流さぬ
人はなし。○忠恕は，下路を破ってから，名声大いにふるい，四郷六里

は，みな降伏した。賊の勢い，日ごとに増し，各処の豪傑広く集まる。忠恕は，みな受け入れて頭目に任じ，各処に糧銭を略奪に行かせる。○忠恕は，下路を破ってから数日とどまり，令を発して彩塘に帰る。隊列を整え，銅鑼戦鼓を雷鳴の如く響かせて凱旋する。男女は，争って見に行くが，とても皇帝の柄には見えない。容貌は，生来，烏のような顔つき，あごの下には斑な鬚と乱れた髯，顔面は，突っ張り，眼は，くぼむ。南面して孤を称する顔に非ず。みな，忠恕に嫌悪を懐く。○人馬は，轟々烈々，五色の旗をなびかせ，地を搏つ虎は，うなり声，鎗刀と剣戟の利器は，日を照らして水晶のごとし。あわただしく彩塘に到着すると，それぞれ分かれて各姓の祠堂，四処の宮廟，庵院に宿る。群がり集まり蜂蝗のよう。さて次は，いかに，第6本にて説かん。

補　説

　忠恕軍の略奪を描く。占拠した地区では，個々の兵が居民の財物を奪い，上納はせずに自分のものにする。盗賊の集団といってよい。忠恕もこれを放任している。占領した郷村は，焼き尽くして焼け野原にする。これでは義軍とは言えない。忠恕も風采に劣り，とても皇帝の器でないと言っている。百姓の尊敬を得られておらず，蜂起が失敗することを暗示している。またここでは，同族社会の同族間の利害打算が描かれる。自分一族だけの利害しか眼中になく，郷里を守る意識に欠ける。稀に郷里の為に勇戦する陳添王のような有能な英雄豪傑が出ても，孤立して志が伝わらない。同族がそれぞれ異なった色の旗を立てて戦列を構成し，各姓の長老が意思決定する。その状況が描写されている。

原文（巻5）

　再唱阿梅命眾人，前去放帖各鄉邦，東西南北個鄉里，一鄉一鄉去通傳／去到前郊共後郊，前溪後溪橋子頭，宅頭吳邦共隴尾，潭尾後埔上下歐／隆都管落個鄉村，內中千戶共萬門。不過幾鄉大略咀，余者難以咀到全／數年一方大遭殃，良田崩堤化成洋，農夫不能好作食，古道一農敗百商／千家戶來萬家門，一無作食慘難當，況且隆都許一派，共有一百餘鄉村／就如饑荒淚淋淋，一日捱過一日深。又道富貴多淫欲，貧窮一定起盜心／各鄉蹺仔成大班，聞知這段個話言，四鄉

六里盡歡喜，紛紛來到伊鄉中／阿梅一見大家來，開鈔請人鬧猜猜，遂開通書擇吉日，後共眾人相約知／待到那個上吉期，過了紅門來開旗，亦學阿十個行事，各鄉前去攄勒錢／終日搶劫動干戈，甚至攄掠共截河，各埠渡船多被搶，劫去錢銀無數多／四處埠頭一着驚，渡船一概不敢行。如今有人無事做，處處男女哀怨聲／四海水路一不通，外來之物價就豐，街市有錢買無物，驚到一間俱憶憶／烽煙四起人難當，荼毒埠市共鄉村，東西南北盡盜賊，三步不能踏出門／會今拜來有三班，一筆難題兩頭言。回文再唱吳忠恕，轄下住集數萬人／頭先去鎮蓬洲城，到處全免動刀兵。城內之人不敢逆，自料共伊戰無贏／汛營官長是姓曾，聞知百姓已投降，連時埋名共滅姓，裝扮來做平常人／默默偷出蓬洲城，三府許一聞知情，自料庵埠禍難免，亦着逃走隱姓名／賊人所城心頭青，連時走去文武衙，欲掠官身來誅殺，前後就去細詳查／搜着衙內一旦空，走到存無半個人。忠恕出榜安百姓，叫人不用心驚惶／實欲共官交戰征，不擾黎民受苦刑，替天行道除奸佞，到處地方欲太平／人人聞呾安心情，那時漁洲月浦佘，看着忠恕勢頭好，亦來入會贈民兵／庵埠市內聞知情，面面相覷站在訝，陳楊二姓俱降服，雜姓紛紛大着驚／不敢抗拒亦投降，惟有新溪下路陳，二鄉自恃人物多，紳衿按束交己人／幾多蹺仔去降伊，族內富人私出錢，僱了人馬守鄉里，人人亦就喜心機／忠恕鎮守在所城，過了數日無事情。庵埠免打已降服，意欲拔寨來起行／眼視左右問一言，誰敢鎮守此城中。言夭未畢個時際，早已閃出有一人／向前就來叫大哥，小弟願守此城隅。忠恕只道何人等，原來厚力笑呵呵／爾既敢來鎮此城，我今賜爾一千兵，管轄黎民着嚴謹，有事按律治罪名／厚力領了軍令旗，鎮守所城管民黎，忠恕交待明白後，遂即拔寨出城池／來到庵埠個地方，葫蘆市共莊隴莊，一見忠恕大兵到，盡來圍看如蜂蝗／那時各姓個鄉紳，俱擺香案接伊身。忠恕一見就落轎，各各回禮笑言陳／何勞列位大駕臨，實是不過我的心，全仗大家之洪福，除暴安良承皇欽／說罷拱手作別行，來宿三府個衙庭，三府關部之人等，一齊逃走上潮城／忠恕請了眾鄉紳，入門安慰笑言陳，煩勞列位之車駕，各處題銀作水薪／銀兩加減載簿中，候得天下之時間，論銀輕重封官職，決不僥負恁眾人／大家領了大哥言，去題各姓個富人，處處繳送不敢逆，收十余萬返回還／來見忠恕訴緣由，各各落簿一半收，忠恕

聞呾心歡喜，吩咐交庫去收留／溪頭阿元佔宗親，叫了叔孫免題銀，
想赧陳姓人不少，何怕忠恕一個人／況我管下數千人，會內大半赧姓
陳，料伊不敢看輕赧，大家就聽阿元言／陳姓富人不出錢，楊姓許一
聞知機，一齊來見吳忠恕，大哥爾真有私偏／阿元彈佔伊宗親，叱令
陳姓免題銀。念阮陳姓人非少，如此掠阮情太輕／陳姓若是免題錢，
吾亦免題半毫釐。忠恕一聞只言語，連時拍案氣沖天／阿元若有此形
藏，誓必殺伊喪陰間。令人召了阿元到，忠恕便問伊一言／爾叫陳姓
免題錢，吾問爾身是做年？爾當從實對吾呾。阿元聞問從實持／大哥
爾心真是愚，我的陳姓人物多，出人就免出銀兩，吾去題錢人人拖／
什姓出銀無出人，出銀出人一般同。若欲較真見到實，又恐人心不肯
降／忠恕一聽只話門，當時氣到面方方，自吾起義到今日，全無一人
敢抵擋／便欲殺伊喪陰行，無奈暫且忍心情，只恐迫面難下手，緩緩
設計在後程／暗自打算在心機，不殺阿元事多的，眾人許一不降伏，
安能前去打城池／一腹怒氣在心中，專對一眾高聲言，陳姓免用出銀
兩，只有出人來相幫／爾吾大家兄弟班，公事亦可公論言。吾本向來
無私曲，不知爾等乜心田／別姓不敢呾囉唆，伊說伊個人物多，諒吾
楊姓亦不少，欲無平平一概無／阮來題銀數萬員，伊來免出一文錢，
若是依他之所說，大哥心內就有偏／欲打潮城且未行，陳楊先來見輸
贏。伊來句來伊句去，嚷到人物成大坪／陳楊人物亂紛紛，盡在擦手
共摸拳，當時二班行歸隊，俱是預備拼尋吞／頭人看了心驚忙，一去
就着茹蒼蒼，一齊向前來解勸，大家俱是為家邦／爾等免用多言章。
候待大哥去主張，公事公理無輕重，出糧平平得出糧／豈可伊有伊來
無，欲題平着差不多，大家現欲舉大事，平平不可呾囉唆／從今兄弟
着和和，然後方可奪江山，爾我會內欲舉事，第一自己着相安／陳楊
二姓個後生，從無加減有些些，富有平平亦富有，各各都欲保身家／
亦着欲人共欲錢，將來若欲打城池，滿盤皆仗恁二姓，預欲協力同心
機／大事若是舉得成，富貴同分享太平。我身倘能登九五，開國元勳
是恁身／人多欲算恁陳楊，有事着與恁告量，從今以後相和好，公事
公論來主張／呾得阿元無話言，不敢再來佔親人，陳姓題銀有數萬，
惟有新溪下路陳／亦不入會不題錢，忠恕怒恨在心機，欲打新溪共下
路，舉事未在只一時／釜中游鱗籠底雞，由吾欲緩共欲先，藏在肚內
不呾出，但是現今個眼前／得出告示乞人知，諸事緩緩來安排，欲選

一人做三府，就擇石古林秀才／下尾沈鄉俺妖兒，來做關部個師爺，又令一人鷗汀背，呾乞通鄉大姓聽／第一袁辛紀林盧，曾張寮下歐李辜，浮隴東墩共鱟塢，崎山沙尾汕頭埠／鷗汀一鄉不肯依，就罵忠恕畜生兒，阮欲扶官不降賊，欲錢着來見高低／錢來贈官心亦甘，不成僱賊做拗蠻，飼虎不成去飼狗，爾回去共忠恕言／來人見話不相投，無奈只得返回頭，將情告知吳忠恕，忠恕聞呾氣滔滔／本欲連時打鷗汀，念他一帶許條龍，會広人物亦不少，想欲打破恐不能／且未興伊動干戈，截斷東西南北河。困伊無路可出入，看他將來是如何／困到許一無路行，那時無食自着驚，那怕爾來不降服，難道鷗汀如皇城／按下忠恕自語言，再唱鷗汀一眾人，行広會齊拒忠恕，即起團練保鄉邦／四處路頭做柵門，預備會來打鄉村。週圍開溝掘地穴，東西南北插竹酸／惟有崎山貧窮鄉，欲去賣鹽入內洋，題銀去入忠恕會，正可逃避這禍殃／忠恕受他之白金，那時無限喜歡心，傳令吩咐眾兄弟，崎山一鄉勿相尋／五虎將一聞此言，崎山已入報會中，放伊內洋去買賣。且按這段個形藏／再唱下路陳添王，從來英雄膽量寬，錢銀又有身勢足，身邊蹺子列團團／俱是好漢共英雄，個個膽量大無窮，終日無事去賭博，有事當頭去打凶／添王住集族內人，當時便共大家言，忠恕欲報去入會，欲勒錢銀去相幫／我料忠恕這強徒，縱反亦是反不浮，將來若是一衰敗，定着乞官掠去誅／吾欲與伊見輸贏，未知爾等乜心情，叔孫一齊來開口，全仗爾身主意行／添王聞說喜衝衝，叔孫既願來相從，吾當赤人來拒戰，何怕刀山共劍峰／請了同鄉水吼橋，一邊靜靜來告量，吾欲赤人拒忠恕，未卜恁有乜主張／若肯一齊全心機，保守柵門來拒伊。王姓一聞只言語，無奈亦着來允依／自思人少難主張，只恐被伊打破鄉。添王聞他心驚恐，拍案大呸說言章／爾等不用驚心胸，拒戰一事吾挑承。王氏一聞只言語，只得滿口來依情／添王獨自來指揮，督令叔孫作塗圍，水吼橋樑來頓斷，塗圍椿到半天高／那夜遂時就入人，分定南北與西東，各各守住柵門內，北畔一派俱大江／東南西畔來挖溝，釘了竹籬來扶包，街路柵門楮緊緊，一枚大炮來當頭／修到堅固有十分，溪垹並無半隻船。庵埠市內吳忠恕，轄下人馬如行雲／紛紛一班過一班，來助忠恕伊一人，亮師各各分隊伍，各尋地方去安藏／然後點人發口糧，登記的姓共的鄉，人馬匆匆如蜂擁，忠恕看了喜非常／反賊雖是無搶人，男女各自心膽寒，有物

藏都無處去，訪聞添王下路陳／赤了人馬來守鄉，欲與賊匪見輸強。忠恕看着無打算，不敢與伊動刀鎗／庵埠一派之鄉鄰，必有往來個婚姻，因親帶親共朋友，亦有新親共老親／縱有物件共衣箱，盡搬去搭下路鄉，家家疊到楮着唇，亦有少年個姿娘／一齊共去搭姻親，只知下路可藏身，不想千外人鄉里，安能住得數萬人／忠恕人馬如黃蜂，那怕爾個下路陳，縱然打爾鄉不破，困久亦着心膽寒／按下庵埠兩壁廂，搬物去搭下路鄉。再唱忠恕在隴下，聞得這段個言章／下路那個陳添王，自恃鄉大免驚惶。欲與吾軍來拒敵，當時大怒氣萬端／就問軍師㠪主張，我欲去打下路鄉。亮師聞問回言答，我聞外頭個言章／庵埠一帶之鄉鄰，搬物去搭下路親，不接不離十余日，下路不過千餘人／難道敢拒吾大軍？明日前去下戰文，約三日後來大戰，看他如何來主分／忠恕聞咀笑言持，軍師咀得有禮宜，下路若是打不破，安敢前去打城池／忠恕聽了阿亮師，前去下路下戰書，令人將箭射入去，約定大戰個言詞／下路添王一聽知，拍手叫聲來來來，明日與爾決一戰，一旁內面來安排／承夜鉛藥來先分，三更造飯鬧紛紛，食飽各厷塗圍去，添王親自四邊巡／忠恕直到辰時間，各隊人馬盡飽湌，一齊就來分鉛藥，然後去打下路陳／下路鄉里近溪坪，塗圍椿到如銅城，溝港竹籬圍三層，惟存一路可通行／外面一條萬里河，河外又再落地簽，竹枯馬枯如鐘箸，任爾人馬無數多／不能迫近伊牆邊。圍內大銃有數枝，預備伊來就開去，鄉中人物鬧淒淒／且按下路個話言，再唱忠恕一眾人，是時來到大馬隴，看着還夭隔條江／一隊去到烏面宮，過了橫渡不遲停，大隊來到大洋腹，馬鑼戰鼓一齊鳴／一隊來到太和埔，人馬住到嚴嚴烏，大炮小炮一齊響，遍天烏暗不見塗／人聲許一大嚎遊，銃聲就如爆竹毬，內外傷死不計數，令人一見目汁流／自從辰時大戰征，一連戰到人上燈。忠恕鳴鑼收欽返，各隊依次正回程／紛紛來到楊唇祠，持及交戰個言詞，週圍塗牆甚堅固，高牆之外深溝渠／惟有迫戰在外皮，圍籬小溪當頭橫，東西南北俱空白，任爾插翅亦難飛／亮師一聞這來情，當時拍案歎氣聲，公等如此之所說，善戰不能取勝贏／吾看下路這王陳，共總不過千外人，司父任赤亦不多，惟有誓死守鄉邦／不敢出鄉見輸贏。會執事者敷百兵，不若將他來圍困，困到許一無路行／糧草一斷人心虛，男女性命就着除，餘者亦免別主意，就是這段個言詞／忠恕聽到有禮宜，全仗軍師來主施。直到

次日天光早，連時傳下軍令旗／吩咐各隊個頭人，有人去宿宮廟庵，有人落船去把守，有人田洋拋布帆／東西南北去團圍，夜日把守不可歸。一眾頭人領將令，回營傳人說是非／眾人各各領命言，去鎮南北共西東，將個下路團圍住，圍到全無洩漏空／亦不前去迫伊鄉，週圍排列刀斧鎗，截斷伊人個去路，欲絕鄉內個口糧／再唱下路陳添王，一向英雄膽量寬，任爾創營來圍困，伊人亦不來驚惶／惟有派人守塗圍，自己各處來指揮，督令族人開大炮，人聲吼喊如同雷／內面不過千餘人，鎮守塗圍在兩傍，夜日巡查不敢懈，一鄉男女心膽寒／東西南北被困倉，富老尚且會驚疑，貧者難以來忍耐，不能外頭去趁錢／一齊俱是哀怨聲，盡罵添王錯主行，拒賊前來害鄉里，害到一鄉慘十成／貧窮男女哭哀哀，哭到添王一聞知，想着亦都相憐憫，當時就叫叔孫來／眾人聞叫到伊家，持及無處可營生，無討無趁無糧米，活活餓死歸陰坑／添王看到這形藏，亦有惻隱之心中，吾身今日來拒賊，到底亦是為鄉邦／爾等若肯同心機，保扶鄉邦共妻兒，不能外頭去討趁，每日來領一百錢／大家一聞這話言，不敢開口呾西東，各各前去守寨柵，從今有米可度湌／爾想下路雖大鄉，內中堆有甚米糧，添王勒索大富戶，擔穀出來做口餐／庵埠富人多多，欲算大富還夭無，鄉中米穀一食了，安能向前動干戈／忠恕調軍四處攻，圍到水洩俱不通，內外不能來相應，鄉內萬人俱愞愞／一連圍困十餘天，市中食物漸少稀，將欲有錢買無食，是時男女人驚疑／想欲逃走難出頭，想欲死守慘滔滔，思量進退無計策，袂得柴開鋸交流／光陰迅速猛如弦，不覺又過數十天，內面糧米將欲盡，貧窮之人皆受饑／人人有心欲投降，怎奈添王不聽言，一日捱過又一日，忽然又過數十間／一隊把在烏面宮，內中一半是姓王。看到這段個情景，下路欲守勢不能／東西南北鬧轟轟，困到水洩不能通，若欲誓守着餓死，雖與陳姓來相從／事到如今着主張。先起手者算為強，不如去通叔孫內，叫伊一旁去告量／問伊做年主意言，料他死守亦是難，現今糧米不能入，餓久亦着喪陰間／又念王姓水吼橋，自己保守自己鄉，就在北畔個溪坎，俋得去通伊言章／來學國太討救兵，箭尾縛書射出城，報與楊波得知道，楊波許一聞知情／起了大兵來改圍，除卻李良一命歸。我來學了古人事，亦是這等之所為／打算以定免停思，靜靜寫了一封書，待到是夜三更後，來到行腳個街衢／看到四片俱無人，將箭射入王姓中，乞一

巡更就看見，慌忙持了來收藏／連時持去見鄉紳，暗靜共伊說言陳。
不知其中爲何故，拆開一看便知因／成人看到這形藏，想欲拒守亦是
難，現在內中無糧米，一鄉男女淚難乾／來看其中做年持，拆開一看
便知機。就將書信來細看，一行一行來看伊／其書曰：

爲宗親，鄉被困，急在燃眉；聞古今，患難時，相救當該／下路鄉，
雖死守，難免禍災；到今朝，團圍住，不能往來／無米糧，無討趁，
實主裁；見宗親，受災難，悉望心情／爲叔孫，之窮困，實是難捱；
故修書，來通約，趕早安排／勿到時，鄉一破，不能走私；依我心，
之愚見，暗來通知／開柵門，放人入，保無禍胎；若不悟，誓死守，
難免斬剖／

王姓一聞此言因，那時無限喜歡心，密叫叔孫來吩咐，待到明晚三更
深／悄悄來開溪垊門，放那眾人入門奔，大家歡喜皆從約，連時回了
一書文／鄉中有一捕魚蝦，工名叫做水夜叉，一世討掠爲生業，炎水
算伊上名家／一炎落水講點鐘，水底摸物十分精，任爾溪港深似海，
許一落水便知情／水上望棚看分明，王姓守在烏面宮，認定旗號去回
信，約定明晚十點鐘／有報叔孫從北畔，頭先就那柴橋前，那人如教
帶書信，油紙包衣背在肩／悄悄來到後溪垊，炎落水底無人知，一氣
就到西畔岸，穿了褲子共水衣／並無一人會知端，來烏面宮細通傳。
王姓一聞只消息，那時無限喜心歡／就去通知忠恕兄，忠恕亮師喜十
情。默默挑選能征戰，共總湊成數百名／待到是晚鼓三更，假做親丁
去巡查，行到橋腳相對面，暗暗傳了一流星／向畔暗號就先浮，障畔
接句話相符，數人先去下落水，餘都且在溪垊踞／行到水吼個橋邊，
王厝已先開門閭，賊人紛紛就進入，陳姓還未知事機／自恃王姓楮北
畔，況且又在隔重溪，所以免用向驚恐，忽聞吼喊聲嚎嘶／添王還在
議口糧，勿聞賊馬已入鄉，那時還夭未相信，又見厝屋已被燒／正知
王氏通強徒，當時氣到心火浮。人人俱是拼逃走，怎奈四片無路途／
儘是塗圍共深溝，事急不能來出頭，惟有拼命來死戰，各自向前挺英
豪／嘗聞古來個話言，死戰一人當百人，賊人見伊願捨命，人人暫且
退一旁／況且那個忠恕兄，預先亦有吩咐聲，迫虎傷人從古語，着放
一門乞伊行／如無一路放伊逃，誓死拼命動干戈，二刀相鬥平平缺，
對了兩家一概無／賢者避勢古人言，俱是逃避在一旁，讓伊眾人去逃
走，陳氏男女如黃蜂／只見賊馬已入鄉，總欲爭戰亦無強，人人俱欲

顧玆子，那有閒心上戰場／溪畔那個馬隴陳，不是親派交巳人，天下一姓無二姓，看着亦都慘難堪／前爲兩處個狗沙，致一冤家大如山，相刣傷死十餘命，至今還是行未和／如今看到這時間，俱有惻隱之心田，不論成人共蹺子，盡來撐船救伊人／爾想馬隴個宮前，船隻無行盡倚畔，不出一個時辰久，誰人俱欲來爭先／一連數十餘隻船，撐過向畔亂紛紛，不論男婦共老幼，一齊拼命儩逃奔／相離不過一小溪，只用數篙過西畔，賊徒誰人拼搶物，並無一人追向前／一鄉男女如蜂蝗，暫且去宿大祠堂，有親戚者覓親戚，無親戚者慘十全／馬隴許是富戶家，煮了白飯共清齏，來乞眾人且糊口，大家征戰有一夜／到此肚困目亦疲，食了暫且去安棲。下路一鄉之男女，無不感戴伊恩誼／待到天光個時間，四鄉六里知形藏。有瓜葛與無瓜葛，人人無不可傷言／皆罵添王無主張，爾想欲拒着有糧，內中無糧不耐困，正會致到來破鄉／爾想庵埠四鄉鄰，雖無新親有老親，縱無新老個親眷，亦有因親相牽親／不出一個時辰間，男婦老幼走空空，人人就如出世子，惟有重布遮身中／有外家者歸外家，無者尋親去過夜，忙忙好似喪家犬，匆匆猶如脫網蝦／且按下路人遭殃，再唱賊人喜揚揚，鄉內挨家共門戶，物件堆到楮着樑／俱是錢銀好裙衫，一擔一擔哩哩擔，滿路摻碎之衣服，丟到塞手共踏脚／庵埠一帶之地方，共總數百餘鄉村，俱怕賊徒去搶奪，聽知添王有耽當／敢拒忠恕百萬兵，來去搭伊免用驚，若有錢銀共好物，一齊搬去寄親情／下路雖是稱富豪，縱富亦無富向全，哪有金銀共財寶，家家堆到楮着樓／亦是庵埠之富鄉，金銀生成欲出箱，唐庫錢銀化蝴蝶，李密勢衰飛走糧／萬事都是天生然，百物時到着化還，良田千年五百主，半世安閒半世仙／忠恕轄下數萬軍，俱來爭搶鬧紛紛，有個昨日是蹺子，今早忽然做富豚／各人搶了各人行，並無一文繳大兄。忠恕亦無去計較，下路一破喜十情／命了一眾之後生，燒了牌頭來放平。物件搶空就起火，好似天上降火星／不出一個時辰間，一鄉火光沖天紅。王氏一畔無放火，燒者皆是下路陳／自從辰時燒到申，一派華屋化爲塵，令人一見此光景，無不贈伊兩淚漣／忠恕自破下路陳，聲名大振驚殺人，四鄉六里盡降伏，俱來贈銀共贈人／賊勢一日一日高，廣集各處大英豪。忠恕一齊皆收納，分派地方去爲頭／各處前去奪糧錢，從無敢逆一概依，惟有一旁求門路，向前懇少有絲絲／勒索錢銀無數多，人馬食糧如流河，庫房發銀

似填海，錢糧雖多亦會無／庵埠一帶個鄉村，俱已降服入紅門，如今算是兄共弟，保平一派個地方／忠恕打破下路陳，然後住了數日間，傳令且回彩塘市，將令一下如山崩／放炮三聲就起程，馬鑼戰鼓如雷鳴。男女爭先來觀看，見他不是皇帝形／相貌生來烏又粗，頦下班鬢茹亂鬍。地閣又翅目又凹，不是南面好稱孤／按下眾人在嫌伊，但見人馬鬧淒淒，俱將五色鮮豔綢，來做大小之旗旗／搏地虎在禹禹聲，全付執事在前程，儘是鎗刀共劍戟，利器照日如水晶／上虎彪壽合和同，下虎公侯伯子男，人馬紛紛如蜂擁，好似曹操下江南／匆匆直來到彩塘，分派各去宿祠堂。四處宮廟共庵院，歇到塞塞如蜂蝗／來來往往鬧淒淒，紛紛俱是五色旗。欲知將來如何說，第六本中細詳持／

巻　6

梗　概

○蒽隍の陳姓に陳天合，陳文斯という人物がいた。自ら紅布会を組織して紅門に参加し，陳十を扶けようとして官塘に到着した。陳天合は，自ら資金を出して糧草の費用とした。数日を出ずして万余人を集め，陳十に伝令を送って，まず，東畔，東津，意渓を鎮圧し，潮州城に逼るように促した。自らは南畔から城門に逼った。江東都は，大郷里で独樹の黄姓，上下の荘姓を引き入れ，人馬を忠恕の麾下に属させた。自らは，白布会と称し，やすやすと潮州城を奪取しようと謀った。○十爺は，これを知ると，自ら金を出して兄弟に食を給し，都に上って南面して皇帝になり，兄弟を公侯爵に封じ，腕のある者には長の地位を与えると約束した。皆，納得して従い，各々軍令旗を受け取り，人馬紛々として出陣した，時に6月15日だった。真っすぐ涸渓に到達，官軍を清の児〔子分〕とか咸豊の賊とか呼んで罵った。この時，鳳凰台に集まっていた勇壮は，沙墩に出て賊と戦おうとした。しかし，深い谷の水に隔てられ罵るだけだった。そこで大砲数門を渓中に引き出して，数日，打ったが，一人も傷つけられなかった。大砲は威力があると聞いていたが嘘だと分かった。○もし賊が城に攻めてきたら，大砲を一発一発広場に打ち込め。人が死んで家は平らになるだろう。もともと，大砲は威嚇の

ために空に向かって打つもので，逃げる必要はない。皆笑いながら傍観する。○6月の初旬，南門に歓嘴の一将軍が着任した。篷棚を作って中に大砲を設置し，わずか十数斤の火薬を与えて大砲を打たせたが，弾丸は，敵に届かず途中で落ちてしまった。みんなこれを見て大笑いした。将軍は，「火薬が足りない，三四倍の火薬を詰めて打つようにすれば賊に損害を与えることができる」と指示した。火薬を詰めて点火すると，霹靂のような大音響が響いた。かの缺嘴の将軍は，大砲の逆爆発で粉々に吹き飛んだ。その場で死傷した人は十数人，7人がそのまま爆死した。1発の弾丸が死体を粉砕し，肉が障壁一面に張り付いた。1人は，火薬の為に身体ごと中空に飛ばされ，杉の枝に落ちて猿のように突き抜かれた。この時，篷棚の前後は，死人がうず高く積みあがり，血は，淋漓として流れた。1弾は真君宮の前に落ち，1弾は南堤の上に落ち，木莉の枝に挟まった。しばらくして落ちたが，誰も傷つかなかった。これは真君の加護のおかげである。○蔥隍の陳姓では，陳天合が人馬を率いて雲歩市にやってきた。先鋒は，上埔に至り，兵は黒々と密集し，旗幟は，渓坎に立てられ，対岸の江東都まで続いた。しかし，1日たっても食糧が配給されず，大哥は，金がなくその場の言い訳をするだけだった。部下は，騒ぎ立て，食がなくてはなにもできぬと言い，郷里に帰ろうとする。みな口をそろえて不満を言い，怒りが収まらず，先を争って，紛々として故郷へ逃げ帰った。雲歩と上埔は，驚き，略奪の巻き添えを畏れたが，一部の略奪があっただけで，大部分はおとなしく帰った。紅布会は，これで解散した。天合は，人々が離散したのを見て，すぐに逃げてしまった。文斯は，考えた。「郷村では裕福に暮らし，外へも出ずに安穏に過ごしてきたのに，一時の迷いでつまらぬ策を思いつき，今やどこへ逃げてよいかわからない」。やむなく夜陰にまぎれて下巷の陳姓に身を寄せ，同宗の親戚を探して身を隠した。○蔥隍に徳正爺なる人物がいた。正直無私の人で，文斯と天合の2人が拝会したと聞いて驚き，捕らえて官に突き出そうとしたが，一味が大勢いて手が出せず，やむなく手を束ねていたが，反逆が失敗した今，2人を捕らえて官に送ろうとした。しかし，どこへ逃げたかわからず，四方を探したが，誰も知らない。腹心に命じて捜索に務める。○文斯は，金が一文もなくなり，瓦に文字を書き，それを大巷の一人の少年に托して妻に届けさせ

ようとした。少年に「銀数百個を持って家に帰りたいが，我が家は，大園にある。誰かに聞けばすぐわかる」と言った。ところが，少年は，あちこち歩いて，間違ってこれを徳正爺に渡してしまった。2家は同じ大園内にあったためである。文斯の命運もここに尽きた。徳正爺は，文斯が下巷の陳姓のところにいることを知り，腹心数名を大巷に派遣し，食糧を届けに来たと称して文斯の在処を尋ねた。〇食糧を届けに来たと聞いた下巷の陳は，文斯に言っても驚かないだろうと思い，「文斯に会いたいなら，ついてきなさい」と言い，倉庫にやってきて下から階上に向かって，大声で「そなたの一族の子弟が糧食を持ってきてくれたぞ」と叫んだ。文斯が喜んで，階上から降りてくると，みんなが取り囲み，捕まえて有無を言わせず縛り上げた。下巷は，小さな村で大村の陳に誰も文句は言えなかった。徳正は，自ら後ろについて連行し，すぐに郷里の門を出て，葱隍郷に戻ってきた。徳正は，言う，「若いくせに大胆な奴だ。皇帝の位を奪おうとするなんて。大きな禍を引き起こす。謀叛大逆は，只ではすまぬ。九族は，みな誅殺される。子孫に罪あれば，罪は家長に及ぶ。身体はバラバラに砕かれる」と。文斯は，返す言葉もなく，ただ両眼の涙乾かず，文斯の父母は，已になく，兄弟もなくただ1人，妻には子はいなかった。妻は，夫の捕縛を聴き，色を失い驚愕する。死は免れぬと思うにつけ，両眼の涙とどまらず。書斎に会いに行こうとして思うよう，私はまだ年若い身，元は貴人の家の育ち，3歩も外には出なかったが，今や，夫君が罪を犯して死の運命，恥ずかしがってはおれぬ。会って生死の別れに臨むほかなし。言い終わって2人の婢女を呼び，支えられて書斎に向かう。一歩一歩涙の歩み，金蓮三寸歩進み難し。書斎に入って夫君を見れば，石柱に縛られたみじめな姿。妻を見るなり驚きの顔，両眼忽ち泪溢れる。妻は進み出て夫に抱き着き，恥ずかしさも厭わず，頭や額を押し付けて君の名を呼び，今日で一命は，終わりかと嘆く。文斯は，この時，魂魄失い，妻の呼び声にも答えられず，ただ心乱れて目をみはるばかり。夫妻の情にも思い至らず。哀れや，妻は夫の胸にすがり，別れがたきこのひと時。〇徳正これを見て怒り狂い，胸を叩き机をたたいて大声を出す。急いで子孫の子弟を呼び集めて言う。「今日，この畜生を捕らえたのは，祖先，神々のおかげ，こっそりこいつを処分する。しからずんば，九族夷滅。こやつ一人の命を奪え

ば，汝も我も全家安泰。こいつを除かなくては，一族一家破滅して，郷里も官に掃蕩され，一木一草，何も残らぬ」。蔥隍，大園，および烏門は，いずれも大族で，富は，充分ゆえ，皆我が身が大事。これを聴いて蜂蝗のように集まる。若造の文斯を縛り上げて道に転がし，妻の訴えも耳貸さず。他人の容喙の余地もない。まっすぐ埠頭まで担いでゆき，渓中に放り投げる。一刻もたたぬうち，魂魄ともにあの世ゆき，屍骸は見えつ隠れつ水について流れ行き，霊魂は，天界に上る。三寸の気を揮えるも，一旦無常，万事休す。哀れ，残れる一人娘は，みめよく婿と鴛鴦夫婦。文斯は，もとより富豪の身，衣食足りて福に恵まれたのに，わけもなく禍を引き起こし，身から出た錆。誰を怨む道理もない。徳正，心に思うよう，「郷里を守るため，親族血縁なるをも顧みず，男1人の跡継ぎなるをも顧みず，水に投げ込み命を奪った。犯人1人消え去れば，郷里に禍の種もなく，今後の心配もしなくて済む。事の是非は，天の裁量に委ねるだけ」。○忠恕は，さきに彩塘に帰り，官の密偵2人を捕らえた。2人を殺して旗を祭り，五虎の兄弟に命令し，6月25日を期して兵を起こす。官塘の陳十と合流し，協議して軍を整え，潮州を攻める計画を立てた。東隴と樟林の富戸に軍資金を出すよう要求したところ，各姓の父老と郷紳は，これを拒否し，武装して忠恕と戦うことを決める。前渓の程洋岡，南洋の大郷村，東藍，横隴，官兜，南界の源心，後溝，斗門，山邊東，籃尾などの郷村もこれに同調した。その他の小村は，人が少なく，やむなく献金の要求に屈した。ただ渡頭と冠隴は，貧しくて献金ができず，鄭家の部爺が金を出して壮丁を募って武装した。各村は，囲壁や柵を作り，日夜巡察して賊の襲来に備えた。○6月24日，忠恕は，会党に訓示し，「軍中は，親族を重んぜず，王法を施行する。陳楊の村を攻める時には，渓頭の陳阿元を誅せよ」と号令した。○掲陽の黄秀才なる人物が陳阿元を殺すと忠恕に申し出てきた。忠恕は，策を秘匿して阿元に悟られないように命じた。また叔父の老鼠太に銀3千両を出すように命じた。叔父は，やむなく献金に応じた。剣戟厳然と林立する中，忠恕は，身に黄龍の袍を纏い，頭に簪纓を戴いて登場。妻の鄭氏は，龍袍羅裙を纏い仙女が下界に降ったかのような威厳を示した。○忠恕は，天に祈って言う，「今日，清朝は，滅亡に瀕している。金で官位を売り読書もしていない人物を役人にしている。彼ら

は，元手を投じて官を買った以上，利息を取らねば，とばかり，専ら金稼ぎに腐心する。良民は，彼らの下で寝食ともに休まらぬ。吾れ，民の辛苦を哀れみ，謀叛を起こして民を救う。天もし我を容れんか，謀叛は成功し，至るところ，城を得て太平を築かん。秋毫も犯すなく民の命を惜しむ。一心にただ朝廷を奪わんと欲するのみ」。礼が終わってみな席について飲食となる。飲むこと三巡のころ，渓頭の陳阿元に黄秀才が近づく。阿元は，警戒心もない。卓を降りて煙草を吸いに行こうとした時，秀才は，刀を手に襲い掛かる。阿元は，驚き逃げ出して門を出ようとしたが，胸を刺されて一声叫んだだけで絶命した。これを見た渓頭の陳姓数百人は一斉に身構える。忠恕は，進み出て制止して言う。「これは，みんなには関係ない。私が命令して殺させたのだ。王法は，親族を超える例示にすぎぬ」。みなこれを聴いて手出しができない。忠恕は，続けて言う。「明日潮州城を攻める。従うか否かは各自に任せる。従う者には毎日 200 文を給する。全員協力し私利を計ってはならない。我が令旗の指揮に従え」。○翌日の夜明け，忠恕は，親衛の 400 人を率いる。皆きらびやかな服装，鎗刀剣戟が日光に映じる。48 本の彩旗を立て，轟轟烈烈として黄蜂のよう，数万の軍が路を埋めて進み，官塘の郷里に入る。忠恕は，中に入って陳十爺に会見にゆく。陳十は慌てて出迎え，挨拶の礼を交わす。忠恕軍は，ここで野営する。○陳十は，忠恕軍の勢いを見て，自ら郷里を回って献金を募る。拒否は，許さず，減額も許さず，厳しく取り立てた。郷内の人々は，陳十を恨んだが，集まった金は，数千両。忠恕は受け取って大喜び，陳十に感謝する。○潮陽にいた呉府は，忠恕が澄海県を攻めて敗北して逃走した後，海陽知県が賊の根拠地，彩塘の掃討に行って龍湖で包囲され，賊に銀 3 千を支払って潮州に逃げ帰ったと聞き，賊は，きっとまた潮州を攻めに来ると読み，自ら千騎の精兵を選び，潮州を救援に行かせた。自らも潮陽を離れ汕頭を経て澄海に入った。しかし，潮州までの道は，忠恕軍に占拠されて，潮州に入ることは不可能と知り，澄海に留まって郷紳と協議し，別に兵勇 1 千を募って，賊に備える。官塘の陳十が紅門に参加し隆都の阿梅も拝会するなど，盗賊が紛々と蜂起していることを聞き，緊張を増す。○忠恕は，十爺と共に出発し，十爺は，先に仙田に入り，一隊の兵を分けて涸渓を抑える。忠恕の大軍は，南畔に行き，先鋒は，雲歩に到達。人馬

が街にあふれる。五虎将の一人，林阿蒋は，雲歩の陳家を占拠する。この時，各郷は，入会しないでいることが困難だった。入会すれば献金を強いられた。少年は，みな紅門に入り，良民は，みな賊に変じた。みな狂気のように潮州城攻略を目指し，潮州の三街六巷，開元前の富豪や潮州庫の略奪を夢見る。○東津の劉宝秀は，陳十の賊兵が涸渓と仙田を占領したと聞き，澄海県の公局に行き，官に頼んで兵勇を募り郷里を守ろうとした。戦場になれば，深い水に囲まれて城から離れた郷里は，禍を免れないと思ったからである。公局の官員は，秀才に大砲一門を与え，秀才は，これを船に載せて帰った。しかし，東津の同族の子弟は，多く紅門会に加入しており，紅門の仲間を郷内に引き入れたため，東津は，たちまち賊の手に落ちてしまった。○6月29日，陳十の一隊は，賊兵を連れて社光洋に到り，敏速に橋頭郷に入り，湘子橋を遮断した。周囲は尽く賊兵で埋まった。しかし，湘子橋で旗を振っても船は来なかった。船が無ければ，潮州は攻められない。○海陽の汪太爺は，かつて潮陽城で賊を防いだことがあり，豪胆で何事にも驚かなかった。それに身辺には千余名の精兵を擁し，いずれも歴戦の勇卒だった，先鋒は，卓興爺で，用兵に長じ，麾下の300の兵は，皆，精鋭，湘子橋の下に陣取ると，賊兵は旗色を見て一斉に退散して山に上った。○会党は，せっかく郷に入ったのにむざむざ引き上げる癖があった。橋頭で対峙している賊が，もし大砲を打ってきたら，城内は禍を免れなかったであろう。橋頭で双方が戦っても，正午になると，賊は引き上げる。集中を欠く戦術だった。この晩，東津の賊が十爺の人馬を呼び入れた。賊は，各姓の祠堂に宿泊した。大人たちは防ぎようがなく，敵に内通した一族の子弟を心中で罵った。○海陽の汪老爺は，各処に囲壁を作るように督励し，勇壮を分散配置して守らせた。数百人の親衛隊を選び，自ら水辺の天后宮に陣取り，渡船を調達して往来の道を確保した。湯坑から数百人が救援に来たが，中途で賊に襲われて分散し，百余名だけが門に入った。皆年若い精兵で，鼎舗の柵門を守る。この隊の人馬は，みな老練で恐れずに前進し，東津一帯を確保した。賊は，数は多かったが，前進できなかった。○翌日，夜が明けると，東津郷内の賊軍は，橋頭を攻撃しようとした。本地の子弟の賊徒が賊を案内して引き入れた。子弟は，門路を熟知していて小巷門から侵入した。勇壮もこれを防げず，一刻の間に賊

が紛々として蜂蝗のように侵入し，舗屋に火を放ち，一帯は，焼野原となった。○官兵は，奮戦し，許関爺の池で白兵戦となった。官軍賊軍ともに死傷者が出た。渓垞も戦場となった。一人の阿為という名の女形の役者が芝居を棄てて僕人となり，双刀を背負って武威を発揮した。命を惜しまず前進したが，賊の銃弾に当たって動けなくなる。助けに行く者がなく，あたら美少年も最後を遂げた。橋頭，舗尾ともに焼かれ，賊がいつ敗れるかは見通せない。後は第7本に譲る。

補　説

　ここは，忠恕軍の勢力が最高潮に達した段階を描写する。隆都の阿梅の双刀会，蒽隍の陳天合，陳文斯の紅布会などが忠恕に呼応して蜂起し，忠恕は，数万の兵を率いて官塘の陳十と合流し，潮州城を東南から攻める。澄海県南部の庵埠を占拠し，附近の下路，東津などを攻略する。周辺各郷のうち，人口の多い郷里は，武装して抵抗するが，人口の少ない郷里は，みな降伏し，軍資金を徴収される。忠恕は，尊大にも皇帝風の衣冠を身に着け，妻の鄭氏にも皇后風の扮装をさせる。麾下の賊兵は，物を奪って自分のものにし，自分が富裕になることだけを目指し，実態は，単なる強盗集団であった。攻略した郷村には放火して焼け野原にするなど，義軍の名に値しない。このため，大郷里では，激しい抵抗に会うが，賊に封鎖されて食料が尽きるなどの苦境に立つと，守備の側に同族間の足並みの乱れが起こり，内通者が出て，陥落する例があり（下路），また同族の長老や郷紳が抵抗の態勢を敷いても子弟が紅門に入会して，内外から呼応して陥落する例もあった（東津）。同族内では，一族から謀叛人を出すと九族夷滅となることを畏れ，長老が謀叛の子弟を密かに処分することもあった（蒽隍の陳姓）。全体として，郷村の動向は，同族の利害によって決定されることを細部にわたって描写している。

原文（巻6）

　再唱忠恕回彩塘，人馬紛紛如蜂蝗，吩咐各隊個人馬，各去安宿大祠堂／各姓去覓各色旗，正見識認無差遅，従今未有公事理，且在彩塘來依棲／忠恕之事且未言，回文再唱蒽隍陳，有個斯文陳天合，亦自

招集各鄉邦／邦紅布會入紅門，欲扶十爺到官塘。不出數日人如蟻，
威風凛凛有十全／是時天合陳文斯，自己願來出本資，來乞兄弟做糧
草，分派各處去安居／不出數夜人如蜂，紛紛來到蕙隍陳，來入伊個
紅布會，住集亦有萬餘人／飛信去乞陳十爺，約伊刻日重刀兵，先鎮
東畔許一派，東津意溪迫近城／吾從南畔個地方，創營前去楮城門。
江東都之大鄉里，算獨樹黃上下莊／先自調人去紮營，人馬皆屬忠恕
兄，伊個乃是白布會，平平欲奪潮州城／十爺許一得知因，自己出了
囊中金，來乞兄弟做飯食，吩咐大家着全心／將來能得到京都，不次
賜爵共封侯，有本領者稱為長，那時南面可稱孤／大家俱是允納依，
各各領了軍令旗，是時六月一十五，人馬紛紛便起離／一直就來到涸
溪，大罵清九聲嚎嘶，句句只叫咸豐賊，大幅紅旗插塔前／當時那個
鳳凰台，住集勇壯一聞知，連時起隊出沙壩，預欲共賊來相刣／無奈
還兲隔重溪，惟有相罵聲嚎嘶。欲傷哩傷袂得着，伊在向畔伊障畔／
就儡大炮有數枝，撐在溪中來霧伊。可憐大大個銃藥，一連霧打有數
天／並無傷損有一人，一鄉老少俱平安。昔呾大銃向利害，如今方知
事虛言／聞得昔日劉進忠，數十萬兵拼衝鋒。城內開一下大銃，一連
數百命歸終／一路鮮血如湧泉，流到鰲父鰲母山，東西南北近城厝，
一聞此言心不安／倘若賊上來打城，大銃一打一大坪，人死厝宅做平
地，那時豈不慘十情／今日看見方知機，原來大銃去打天，若見大銃
免逃避，人人爭看笑嗤嗤／直到六月之初旬，南門缺嘴一將軍，令人
移上城牆頂，欲打涸溪賊遭瘟／輋到南門城角頭，相近那個八角樓，
搭個篷棚在城頂，便落火藥有一包／一粒雙只十外斤，炮手看來甚殷
勤，照到直直就開去，眾人看了笑欣欣／見粒雙只殼鳥鳥，行無向遠
墜落塗，人人看了皆大笑，賊打不着打草埔／內中一人說知因，這是
火藥落太輕，依理落加三四倍，鉛只正能傷賊人／明是不曉假老成，
未識經練就知情，大人就命伊去理，那人聞說喜心胸／亦就挺身來向
前，高聲在叫聲嚎嘶，火藥鉛只持乞我，眾人聞說備齊齊／老輩呾伊
不肯聽，火藥落加三四成，鉛藥落后來點火，忽聞霹靂響一聲／那枝
缺嘴個將軍，被藥激到碎分分，當場傷死人十外，七人當陣見閻君／
一個彈到碎分屍，皮肉噴到滿牆籬，一個卻被火藥力，滾到一身上半
天／墜落插在杉一枝，好似皮猴剌肨离。那時篷棚之前後，死人成堵
務淋漓／一片飛在許半天，墜在真君宮前池，一塊飛在南堤頂，墜落

插在木莉枝／待到反後隔幾春，承夜墜落無傷痕，原是神明暗抹撮，正袂傷損着人群／且按城內個言言，回文再唱蔥凰陳，天合文斯帶人馬，來到雲步個市中／頭隊已來到上埔，人物紛紛嚴嚴鳥，旗幟插在溪坎下，連接向畔江東都／隔了一日無口糧，軍中無糧無樣張，俱來雲步中軍帳，說欲發關個言章／大哥無錢說延餘，嚷到一間蒼蒼茹，無食個事做得得，眾人俱是這言詞／屎肚願來做寨牆，致到來領無口糧，無糧各人歸回返，欲餓來去交已鄉／眾人開口一叱齊，人人俱是欲爭先，紛紛一齊走回返，一路之中聲嚓嘶／雲步上埔大驚疑，只恐帶累有罪戾，闖伊哨尾掠來送，餘者被走歸返圓／紅布會班已散完，天合逃走去過番。文斯一身軟汁汁，見人一散大驚惶／享福食祿在鄉村，三步不識踏出門，一時想着無計策，不知逃走去何方／承夜走來下巷陳，去覓同宗伊親人，藏在樓頂店緊緊，並無一人知形藏／蔥凰那個德正爺，平生正直無偏邪，一聞文斯共天合，二人拜會心大驚／意欲掠伊來送官，見他人物如堆山，想欲起手恐遭累，當時氣到無奈何／今日聞伊反不成，那時無限喜心胸，欲將二人來捆送，不知逃走何方行／命人四處去訪尋，並無一人會知因，又再叫幾個心腹，前去緝拿着用心／亦是文斯欲死期，自思身中無文錢，就命大巷一小子，將塊瓦片寫妻知／欲持銀子數百個，抱了至切返回來，阮厝就在大園內，一去借問事便知／誰知小子狂狂捉，錯交交在德正爺，二家俱在大園內，正會錯交個事情／亦是文斯命皆終，正來叫着一小童，不曉神共不曉鬼，許一入鄉心憶憶／德正許一聞此言，知文斯在大巷陳，那時無限心歡喜，叫了幾個心腹人／一直來到大巷鄉，口稱欲來助口糧，借問文斯在那里，早有一人呾言章／既是欲來助糧錢，縱共伊呾免驚疑，爾等欲覓文斯舍，恁可隨吾全起離／一直來到塗庫樓，下面就在叫聲高，叔孫欲來助糧草，文斯聞呾喜滔滔／當時就來落樓梯。眾人向前將伊圍，將伊掠了就捆綁，亦無問是共問非／大巷小小之鄉村，並無人敢說短長，德正親自押在後，連時出了鄉里門／一直來到蔥凰鄉，德正共伊說言章，看爾年紀雖然小，膽量包天不非常／就敢叛反奪帝基，惹到個禍大如天。謀反大逆事非小，照律九族着誅夷／爾是吾內姪孫，吾是爾父之同群，家奴有罪及家長，累吾着去碎屍分／罵得文斯無話言，惟有兩眼淚難乾，事到如今哭無益，一命難免喪陰間／文斯父母喪陰間，又無兄弟單一人，惟有一個嬌妻子，身邊

未嘗產兒男／伊妻一聞夫被擒，當時失色大驚心，自料一死終難免，兩眼不住珠淚淋／想欲書齋去見伊，又念一身還少年，吾本金枝共玉葉，三步不識出門闈／今日為著親夫君，身犯天條命難存，不免羞頭共辱面，前去生死一別分／說罷喚二小婢兒，一齊扶插在兩邊，一行一跋珠淚滴，金蓮三寸步難移／侍婢扶她到書廳，一見郎君慘十成，被人捆在石柱下，形容失色大着驚／看了兩眼珠淚流，向前抱住不怕羞，撞頭撞額將君叫，豈料今日一命休／文斯直到此時間，三魂七魄昇天堂，任憑妻子去叫喚，全無半句應聲言／惟有迷亂眼睜睜，亦無來顧夫妻情。可憐一個嬌妻子，頭哭一頭搂伊胸／正在難離共難分，德正看了怒奔奔，搥胸拍案如獅吼，連時叫厷眾叔孫／今日擒此畜生兒，皆仗祖公眾神祈，暗中推抹除此子，不然九族着誅夷／乞伊一人喪殘生，爾吾可來保身家，不除人亡家着破，鄉里亦着官剿平／蔥隍大園共烏門，身居大族富十全。誰人豈不顧身命，許一開聲如蜂蝗／向前將那小文斯，捆脚捆手在路衢，不由妻子來分訴，亦無他人呾延餘／一直扛來到碼頭，向那溪中只一拋，不出一個時辰久，三魂七魄歸陰曹／屍骸隱隱隨水流，一點靈神登仙遊，三寸氣在千般用，一旦無常萬事休／可憐文斯一舍娘，容貌生來如筆描，郎才女貌年相倣，正是一對好鴛鴦／文斯身居富豪兒，豐衣足食過日時，逍遙快樂享厚福，無端得來惹禍機／自取其禍來殺身，今日嘆惜怨誰人，古道犯法身無主，罪孽深重難相親／德正為欲保鄉邦，不顧族內至親堂，難捨單丁共單子，沉落溪水喪陰間／犯罪一人喪身骸，可保一鄉無禍災，從今以後免驚恐，任憑天公去主裁／蔥隍事情且未言，再唱忠恕個形藏，前日回返彩塘市，掠着圖差有二人／忠恕一見喜心機，將他刏了來祭旗，吩咐五虎眾兄弟，日擇六月廿五天／拜了預備欲起兵，去會官塘陳十爺，一齊聚住相知議，然後調軍打潮城／命人東隴共樟林，各家富戶題白金，來助軍需保無事，各姓耆老共鄉紳／一聞忠恕欲勒錢，一齊大怒氣沖天，相議題錢赤人馬，一旁扶官來拒伊／去通前溪程洋岡，與那南洋大鄉村，一齊從約來拒賊。路頭開溝做柵門／東藍橫隴共官兜，南界湖心共後溝，斗門山邊東藍尾，一併會厷拒賊巢／餘者小鄉人物稀，無奈題銀屈從伊，惟有渡頭共冠隴，不能題伊半文錢／鄭家部爺有擔承，揀選數百雄壯丁，每日食糧錢一百，守住各處個門庭／又再公赤一千人，前來保守在鄉邦，賊若不來還則可，如來

與伊大交攀／安排停當免驚營，夜日巡查各門庭，塗圍寨柵甚堅固，且按這段個事情／再唱忠恕在彩塘，夜夜有人過紅門，紛紛都是來入會，住到人馬如蜂蝗／時值六月廿四天，會黨人馬鬧淒淒，溪頭阿元夭未到，忠恕暗共大家持／爾我拜會障多鄉，欲學漢朝劉關張，同心協力打天下，有事兄弟着告量／凡事爾我相喚呼，不可執性來相拘，不聞古人做年咀，遵爲天子叛匹夫／吾若行令着相遵，方才正可轄三軍，阿元敢逆吾將令，私下庇蔭伊叔孫／致到陳楊欲相剖，此事嚷到人人知，軍令若是無人伏，大事安能舉得來／不聞古來做年陳，軍中王法無相親，若欲從寬不計較，大事安能舉得成／眾人聽了叱言持，阿元敢逆軍令旗，候待拜旗那日子，將他斬首示人知／軍令若是不嚴行，萬軍之中誰肯聽，令旗無人肯降伏，天下豈能打得成／行軍律例亦有言，違令斬首不容寬，任爾父子至親眷，犯命禮當着斬亡／待他明日來拜旗，殺伊來做祭禮儀。忠恕聞說心歡喜，誰敢行刑對吾持／揭陽有一黃秀才，向前來告大哥知，小將願來領將令，明日來將阿元剖／忠恕聞說喜心情，大家密密勿揚聲，恐伊覺知不敢到，那時謀事而不成／眾人相議明白明，忠恕預備欲拜旗，叫伊叔父老鼠太，欲伊出銀三千員／銀若不出厝着封，犯吾軍令不容寬，我若庇蔭親叔父，豈可另來怨阿元／鼠太聞說心耽憂，事到如今不自由，梗伊無贏銀着出，前世共伊結冤仇／必是耙丟伊花金，正致今來相尋，忠恕爾着乞人斬，那時老漢正開心／次日忠恕一眾人，預備拜旗鬧蒼蒼，劍戟森嚴皆羅列，二個圖差捆兩邊／忠恕打扮甚端莊，頭載簪纓面貢紅，身穿一領黃龍袍，粉底烏靴頭四方／伊妻鄭氏莊嬌嬌，龍袍羅裙露小蹺，三寸弓鞋繡花鳥，儼若仙女下碧霄／大家兄弟笑呵呵，有個執鎗有執刀，一齊侍立在左右，請出大嫂共大哥／夫妻雙雙來拜旗，禱告天地眾神祈，忠恕若是反得起，除奸挫佞安民黎／嘗聞古人個事情，國家之敗由官邪，今日清朝將欲敗，屢出捐班個老爹／一竅不通無讀書，做官就着出本資，出本就着起利息，許一愛錢心就茹／良民一遇矇矓官，除到寢食俱不安。吾身憐憫民辛苦，反來救民脫苦磨／天若容吾反得成，到處得城就太平。秋毫無犯惜民命，一心只欲奪朝廷／拜了八拜後起離，二子亦來行禮儀，後眾兄弟依次拜，兩傍鼓樂鬧喧天／禮畢之後日對中，桌席紛紛擺兩旁，各各坐落來暢飲，上面四桌眾頭人／飲至三巡個時光，右畔溪頭陳阿元，秀才欲去將伊刺，阿元

並無來持防／方才飲加有數巡，落床欲去食片煙，秀才持刀搶広去，阿元一見驚無魂／正欲逃走出門閭，被伊一刺對肝离，跋落地下叱一叫，三寸氣斷歸陰司／溪頭來有數百人，一齊就欲拼交攀，忠恕上前來叱住，此事與恁無相干／是吾發令將伊剖，王法無親恁豈知。眾人一聞只言語，無敢動手站在呆／忠恕又說大家聽，明日吾欲打潮城，願仝往者則仝往，不願任恁主意行／若肯隨吾仝起離，每日來領百二錢，仝心協力勿私曲，不可違吾軍令旗／大家俱遵大哥言，一宵晚景無話言。直到次日天光早，挑選親丁四百人／儘是豔服共鮮衣，一派俱是綾羅絲，鎗刀劍戟映日影，四十八枝黃色旗／轟轟烈烈如黃蜂，又如曹操下江東，人喊馬嘶如雷震，令人一見心膽寒／烏合之眾數萬兵，旌旗簇簇在路行，來到官塘個鄉里，入內去見陳十爺／十爺一見忠恕來，慌忙迎接出門前，二人一齊相攜手，禮畢坐落在兩畔／左右捧茶敬伊人，忠恕拱手喜心鬆，各各飲了香茗罷，共敘寒溫個話言／十爺開口笑言持，久慕大哥爾威儀，今日車駕到敝舍，恕吾失接罪如天／忠恕應說豈敢當，老爺威名聞四方，愚弟多蒙爾厚愛，專來請教貴府門／十爺應說豈敢言，爾我平是兄弟班，今日同欲舉大事，大家個心着相同／忠恕親丁四百人，俱是跟隨伊身旁，餘者大隊之人馬，一齊紮營在洋東／十爺吩咐殺豬羊，二百擔米擔出鄉，交乞各隊個頭目，待伊自己去主張／官塘許起正經人，惟有敢怒不敢言，袂得阿十快快死，不死來在害鄉邦／按下成人暗罵伊，再唱十爺曉禮儀，開了一桌滿酒席，兩相拱手入席移／東一位安忠恕兄，十爺陪伴在一傍，一邊軍師和尚亮，一齊飲至酒數行／忠恕連時離椅中，附耳便共十爺言，愚弟欲打潮州府，敢煩老爺來相幫／吾本先自欲起兵，糧草未足未敢行，今已題銀數十萬，又奪庵埠篷洲城／專來共爾相議言，爾吾同心奪義安，潮州若是奪上手，然後正來打廣東／十爺叫聲吳大哥，爾今糧足兵又多，愚當助爾一帆力，願爾早早得山河／今日大軍到此間，得題吾鄉個富人，諒他欲拖拖不得。忠恕聽了喜心鬆／十爺親自去題錢，不管五服共私誼，欲爾若多就若多，不准懇減半毫釐／鄉中人人都怕他，大營拋在鄉里脚，不聽伊勒就欲搶，出口都是苦巴巴／題數千銀各收清，交乞忠恕查點明，收了連時交入庫，感謝十爺個人情／且按官塘個事情，來將吳府唱人聽，接澄海縣文書到，提及忠恕去打城／城打不破逃走離，後聞海陽去剿伊，被伊困在龍湖市，共伊

直銀三千員／正放海陽回潮城。此事想着費心情，強盜如此之猖獗，本府乜許來施行／潮陽縣內尚未平，本府若是返回程，反賊必去打潮府，心腹之憂不非輕／須着去救潮州城。親挑一千驍騎兵，命一守備來帶領，分糧之後即起程／密密悄悄避賊鄉，指日起身離潮陽，直由汕頭過澄海，先入澄海個城廂／滿城鄉紳叩求聲，懇伊來復澄海城，吳府又聞探馬報，上郡一帶之路程／俱入會黨保鄉邦，一概俱是忠恕人，紛紛一色無間插，想欲上郡事是難／吳府一聞只話機，那時亦都無計施，不若且在這澄海，看看到底是做年／從今與了眾鄉紳，相議退賊個言因，另再僱加一千勇，城內富戶去題銀／聞得海陽之官塘，阿十拜會過紅門，隆都阿梅亦拜會，盜賊紛紛如蜂蝗／澄海縣與吳太爺，當時一聞只事情，黎民百姓遭兵難，烽煙四起擾皇城／澄海之事尚未言，再唱忠恕一個人，與了十爺同起馬，十爺先去入仙田／分一枝兵鎮涵溪，忠恕大軍往南畔，先鋒已來到雲步，人馬填塞滿衢街／五虎將內第一名，姓林阿蔣帶枝兵，鎮在雲步陳厝內，威風凛凛得人驚／鄉鄉看到此時間，不入伊會亦是難，入伊會內題軍費，才保無事得平安／自此一帶個地方，少年俱去入紅門，好好良民變做賊，交頭接耳呾短長／人人俱是癡心情，只望打破潮州城，內中錢銀無數多，開元前黃富有名／思量誰人欲爭先，先入得着東門街，次名分着潮州庫，第三分着開元前／三街六巷個富豪，入去亦着分到全，亞來亞去無結宿，到底還得來拈鬮／鬮今拈好未破城，且按這段個事情。再唱東津財寶秀，聞得阿十之賊兵／先鎮涵溪共仙田，不日一定到此間，我着先到那公局，與眾紳衿斟酌言／懇官赤勇來守鄉，方才正免做戰場。吾族離城隔重水，到底難免有禍殃／打算以定在心中，落了小舟就揚帆，渡過上水之門外，打頂小轎入門傍／來到公局見縉紳，提及盜賊個言因，昨日已到涵溪市，與吾敝鄉相近鄰／料他必來鎮吾鄉，欲與伊戰恐無強，叩求大家之鼎力，代與府道來告量／着有勇壯鎮向畔，強徒方才不敢來，若無兵勇去扶守，敝族難免有禍災／東津亦是創賊營，即刻必定來打城，相離不過隔條水，兩家難免動刀兵／那時局老一眾人，一聞秀才之話言，一半爲公半爲己，呾將起來禮亦通／萬一東津不可傾，東津一破近城垣，必着一場大征戰，又恐潮城難保全／着共府道來告量，抹勇去守東津鄉，只恐伊鄉入賊匪，那時亦都難主張／先抹大炮有一枝，交劉秀才帶返圓，然後待我求府道，看他

主意是做年／那時請爾來告量，秀才聞說喜非常，領了那枝大銅炮，落船儎回東津鄉／秀才並無別心藏，實是欲來保鄉邦，如今世界紛茹亂，安能捶得爛崑班／爾哩一心欲扶官，欲求勇壯來阻攔，誰知一眾之蹺子，紛紛盡將成人瞞／悄悄皆走到官塘，前去拜會入紅門，紅門一過皆兄弟，暗約早起共夜昏／引會來入東津鄉，勒索鄉中個錢糧。勒有一傍好分拆，來來往往事如常／成人那得會知機，敗國亡家畜生兒，不怕人亡共家破，亦是前生註定期／且按東津個話言，再唱十爺一眾人，直到六月二十九，引了強盜有一班／紛紛過了社光洋，匆匆來入橋頭鄉，山頂人物如蜂擁，此時已斷湘子橋／橋頭男女俱店広，無敢向前去阻攔，周圍四處盡盜賊，紛紛人物如堆山／那隊紅旗拼爭先，匆匆到寧波寺前，有個來到湘子廟，手搖大旗聲嚎嘶／怎奈羌擦無梭船，有船一定打城門，彼時東門城樓頂，眾人一見驚無魂／惟有海陽汪太爺，向嘗拒賊潮陽城，經過大陣個賊匪，膽量甚大不驚營／再者身邊千餘軍，俱是超倫共逸群，頭人能征共慣戰，各各隨伊來落船／一派皆是大紅旗，畫雙如意乞人知，潮陽掃平眾賊匪，威風凜凜人驚疑／頭隊便是卓興爺，此人善能用軍兵，轄下三百雄兵馬，個個俱是膽量加／頭先撐広羌擦脚，拍起羌擦叱喇喇。賊匪一見伊旗色，一齊退走上山巴／萬事都是天生成，亦是眾神之顯靈，會黨已經入鄉里，就肯白白返回程／感謝神佛感謝天，橋頭若討不返圓，乞伊許一開大炮，城內難免有禍機／橋頭生成免散鄉，亦是神天暗主張，二刀相鬥一刀缺，橋頭亦着做戰場／賊匪山頂在搖旗，兩相拒戰有一時，看看日頭已當午，強盜收斂歸返圓／此時大營在深田，是晚東津有數人，去引十爺個人馬，來入東津個鄉中／一鄉人馬如蜂蝗，宿在各姓個祠堂，成人欲阻阻不得，俱是驚到面青黃／暗罵這班畜生兒，不顧父母共妻兒，甘心願去做強盜，將來九族得誅夷／且按成人暗罵言，再唱賊匪入鄉中，分了一隊先鋒將，去鎮堤頭柵門傍／汪老爺自逐賊歸，督辦各處做塗圍，分派勇壯去把守，挑選數百人親隨／皆是慣戰共能征，去鎮下畔天后宮，然後梭船遂牽好，來做往來個路程／湯坑來有數百人，當時來到半路中，卻被賊匪靖分散，存百餘人入門傍／皆是少年精壯軍，去守鼎鋪個柵門。此隊人馬皆老練，任爾強人亂紛紛／全不驚怕敢進前，把住東津許一畔，賊匪雖然人馬多，不能向前來爭先／且按橋頭個話言，再唱次早天勝朗，東津鄉內眾賊匪，起隊

欲打橋頭中／那班本地個賊徒，來共賊人引路途。本地之人路門熟，
正知的處可奪呼／匆匆直入小巷門，勇壯不能來抵擋，不出一個時辰
久，紛紛盜賊如蜂蝗／見有舖屋起火燒，兩畔數十餘人傷，可憐一派
之舖屋，燒爲平地做戰場／再唱官兵鬧淒淒，混戰在許關爺池，官軍
賊兵有傷損，大戰一場在溪垞／有一戲旦名阿爲，演戲無做做長隨，
一對雙刀背上臂，妝到武武展雄威／打脚繳穿薄底鞋，好似擁頂做打
雞，雙刀拍到噯噯叫，不識生死拼向前／凶凶追到燕子山，並無他人
隨身攔，人人看看皆大笑，恁看這個臭阿官／單身欲去將賊刣，只恐
有去無回來。眾人正在言未了，只見爲旦在山前／銃打着脚不走離，
揞人快去相救伊，爾想相離按向遠，誰人敢去到伊邊／忽然大隊已敗
歸，山脚放丟個阿爲，賊匪向前取首級，又再將他心肝開／斬脚斬手
來分屍，可憐一個美少年，死在沙場分碎割，令人一見實慘淒／伯公
凹上的官軍，擒了一賊來碎分，取了首級斬手脚，一齊提了返回奔／
人人看了說言持，一死一償無差遲，都是忠恕這賊害，有日勢衰着凌
遲／橋頭舖尾已被燒，從今以後做戰場，欲知盜賊何日破，第七本中
訴言章／

巻　7

梗　概

○橋頭の一郷は，四面みな戰場となったが，勇壯がよく守った。彼ら
の奮戰がなければ，略奪の禍に遭ったであろう。○忠恕は，潮州城を攻
めようとして，南畔に道を取ったが，雲歩の下は一面の水で，堤防から
行かなければならなかった。阿蒋は，この日，伝令を受けて，兄弟に連
絡し，東畔の紅布会と約束して，一斉に潮州城を攻めた。四郷六里は，
皆，連絡を取り合い，辰の刻には，各処の人馬は，みな出発した。かく
して強盗は，紛々として，蜂蝗のように群れを成して攻めかかった。○
南畔は，南堤から，東畔は，水頭から渓を渡って進む。東津からは，舖
尾に逼り，意渓の人馬は，上畔から，紛々として潮城を包囲した。東西
南北すべて賊兵で満ち溢れた。城内城外の百姓たちで，恐れないものは
なかった。城内の文武官は，不安に駆られたが，幸い兵勇が死を賭して

奮戦した。辰の刻から昼までかかっても勝敗は決しなかった。賊は，ここで空腹のため，一時，兵を引いて帰った。水頭で背水の陣を敷いていた官兵は，この機をとらえて前進する。堤防の大軍は，すでに兵を引いたが，まだ沙壩では戦いが続き，勝敗は，決まらなかった。南門守備の大軍は，敵が引いたのを見て，一斉に沙壩まで追撃した。賊軍は，驚き，東畔に逃げ帰った。しかし，鯉魚臍まで来ると深い水になっていて船がなければ渡れない。官兵に追われて渓に沿って逃げたが，大半は水に溺れて死んだ。東畔では数千の兵が渡水したが，引き返す時に点検すると，戦死か溺死か不明ながら数百名が欠けていた。〇今日，賊は，敗退して逃げ返った。2日の後，南畔の賊軍が，進撃してきた。賊軍の孫彭龍は，田垵を抑え，池湖一帯の郷を管轄していた。部下に食を給し，古板頭郷と蔡隴から一斉に南廂に突撃した。同じく賊軍の李如珠は，楓渓を占め，人馬は，街にあふれた。石路西塘，舖尾では，人家に宿泊した。黄学勝は，北廂に拠った。黄は，下橋の出身，上五虎の大将で，戦いの度に出陣する。栄老は，上兜の林姓の出身，富豪で知られるが，身に先鋒の印を掛け，3千の雄兵を従える。許洋，陂岡を鎮守し，四面の郷村を管理する。煙墩を山頂に設け，1丈を超える大紅旗をかざした。出陣の日が来れば，山上に烽火を上げ，一斉に出撃する。凱旋の時は，紅旗を巻いて帰る。皆，紅旗が上がるのを見て，兵を止める。葫蘆山頂の尖峰に白旗を立て互いに連絡しあう。西畔の賊が出動するとき，白旗を巻いて交戦に備える。〇潮城では，東西南北に旗が上がるのを見て，賊の襲来を知る。すぐに弾丸と火薬を配り，門の守りを固める。賊は，城を攻めようとして厳しく包囲する。西畔の賊は，新郷仔に逼り，陳橋，新埔に兵を駐屯させた。北廂の先鋒は，鳳山に至り，蓮墩の中軍には大営を置く。城内の糧草を遮断し，日夜，四方を固めて出入を防ぐ。〇蘇阿昫は，城外の裾野を守る。塩柴炭米を城に運ぶ人がいて，山内の道を担いでゆき，互花園の上埔子に行くと，城内の蘇姓の兵がこれを迎えて城内に入れる。その通行を妨げず，従来から夜間に出入させて，これによって勇壮は，飢えを免れていた。蘇姓には少なからぬ者が入会していた。彼らは攻めて来て城兵と戦うが，戦う気はなく，銃は空に向けて発砲し，互いに戦う時は，子供の戦争ごっこと同じで戦争の真似をしているだけ。いたずらに弾薬を浪費していた。鳳塘の阿偉は，1隊の

兵を率いて城外の練兵場を守っていたが，麾下の1隊は，入会していて，屢々，忠恕軍と通じ，往来していた。夜になると外の賊軍がこっそり糧米，および各種の食物を城内に運び入れる。毎晩，和尚墳で交接していた。○水頭の牛中の人，蔡阿和は，妻を失い，婢女〔蘇姓〕を後妻にした。この女は，年は40を過ぎていたが，子は，いなかった。忠恕が城を囲んでから，城内の米価が上昇していると聞き，同郷の阿姑の女〔陳姓〕を招いて，一緒に米を担いで行き，渓坪を経由して米を官軍に売った。勇壮が米を買うついでに彼女の素性を聴くと，水頭から来たという。水頭の賊の内偵と疑われ，捕まって殺されそうになる。斬刑の寸前，南門の親戚が人に言う，この女は，米を官軍に売りに来ただけなのに，殺してしまえば，あと米を買う道が途絶えて，誰も米を売りに来る者はいなくなる。刑の執行に当たった総爺は，これを聴いて，2人が米を持っているかどうか調べさせたところ10数筒の米を持っていることがわかった。総爺は，笑って釈放し，明日も持ってこいという。2人は，米の代金をもらって帰って行った。今後は，安心して米の商売ができると思い，芝居を献じて神に感謝した。その後，東津が破れるまで，城内の米価は，平常を保った。○忠恕，陳十の賊兵は，連日城を攻めたが，囲壁は，堅固で，城内に討ち入ることはできなかった。城内の官兵は，防戦に務め，賊が迫ってきても，囲壁の中から銃を乱発し，盗賊側の死傷者は，無数に上った。東西南北すべて戦場となり，七隅四関廂は，包囲されたが，城内には攻め込めなかった。四方の道を封鎖して糧草の搬入を阻止したものの，夜間になると，蘇陳の2人の女が塩柴米炭を運び入れた。包囲して久しく，賊は，城が困窮していると思ったが，あにはかんや，城の西北は，山が高く，広大な地域には郷村がなかったため，軍営を設けて路門を封鎖することはできず，ここから糧米を運び入れることができて，城内は，飢餓を免れていた。○忠恕は，数百の郷村を結集し，人馬は，紛々として戦場に到来したが，同時に四方に軍費を調達に行くことはできなかった。毎日，千両の金が兵糧に消えた。深浦山に糧食の蓄えがあったが，食べつくし，各郷から集めた銭銀も尽きた。さきに潮州を攻めた時は，一挙に占領できると思っていたが，意外にも城を打ち破れない。まして麾下に数万の兵を擁して，糧食は，蚕が葉を食べるように食べつくされ，数十万の銀は，使いつくされ

て空になり，その上，四方に出て集めることもできない。進退は，ここに窮まった。○官塘に人を派遣し，陳十に助けを求めたが，これを聴いた十爺にも，対策は，なかった。思うに拝会の後，自分は，数十万の家産を支出した。潮州を攻略してから富裕戸に償わせるつもりだったが，あにはからん，これは，誤算だった。銭糧は，尽きても，城は，破れない。族内の子弟から集めようとしても，誰も応じまい。「謀叛が成功しなければ，殃を招く」と言った李氏の言を思い出す。あれこれ考えても，対策は，ない。自分だけでなく九族は，誅滅される。あの世に行っても浮かばれない。大禍が迫る中，食物も喉を通らなくなり，涙を流すばかり。鬱病が昂じて床に臥し，立ち上がれなくなる。先がないことを悟り，病のため帰郷したい，と忠恕に請う。○忠恕は，陳十に会いに来て，やせ衰えた姿に驚き，この衰えは，何故かと問う。陳十は「栄枯盛衰人の常」と答え，籠に乗って帰る。故郷では陳十が帰ってきたと聞いてまた献金を強要されると恐れたが，病気と知って驚く。許氏は，出迎えて，委細を尋ねるが，「人生無常」と答えるだけ。○郷里の斉天大聖が阿受という12歳の少年に憑依し，十爺の家の門楼に跳びあがり，大声で叫ぶ。「陳十よ，わしの言うことを聴けば生かしてやるが，聴かなければ，殺されるぞ」。人々は驚いて，供物をささげて跪く。大聖は，許氏に十爺を呼んでくるように言いつける。陳十は，元来，神仏を信じない。それでも母に言われて大聖の前に出る。大聖が言う。「汝，朝廷を奪うなどと大それたことを考えるな。清朝の命運は，まだ百年残っている。考えを改めて官側に付き忠恕を掃蕩すれば，命を助けてやる。もし従わなければ，すぐに地獄へ落とすぞ」。陳十は，これを聴いて激怒し，大声で怒鳴った。「阿受の畜生め。大聖など畏るるに足らず，わしを叱責するなど無礼千万，汝は，偽神か邪神に違いない」と言って，自ら阿受を捕まえようとする。阿受は，軽々と陳十を叩くと，陳十は，躓いて倒れた。立ち上がったが，顔色は，生気を失い土色のようだった。周囲に一言，「この畜生を縛り上げて江に投げ込め」。母の言うことも聞かず，人の忠告も聞かず，阿受を江に投げ込むと息巻いた。阿受の父母は，心中，祈った。「斉天大聖よ，汝は，我が子に憑依し，今や陳十にひどい目に遭って，九分通り死んでしまうだろう，汝，霊験を顕して助けよ」。郷人は，大勢で阿受を担ぎ，水の深い埠頭で，彼を水に放り込

み沈めてしまった。しかし，郷人が家に帰りつかないうちに，猴爺は，神通力を発揮して阿受を救い上げ，十爺の家に跳び入らせ，神龕に鎮座させた。帰ってきた人が陳十に報告すると，十爺は，呵々大笑し，「畜生め，死んだか。兇悪な鬼などわしは恐れないのだ」と豪語した。みんなも同調して笑った。しかし，笑い声が終わらぬうちに，阿受が神龕から跳び下り，陳十を叱りつけて言った，「お前は，おれを水に沈めて殺そうとしたな。もうすぐお前は，死ぬぞ」。陳十が見ると，阿受は厳然として斉天大聖の姿で，身体には一滴の水もついていなかった。陳十の一家は，一斉に跪き，あらゆる供物を供えて祈った。「我が家の平安を保っていただければ，芝居を献上します」と。十爺はこの時，恐懼して祈った。「私は，心が朦朧として無礼を働きました。どうかお許しください。もし我が病が軽くすみ，一家安泰の暁には，千金万両を出してお礼を致します」。大聖は，口を開き，「汝，後悔してももう遅い，哀願しても病は治らぬ」。言い終わると出て行き，眼もくれなかった。○陳十は，驚いて汗びっしょり。その後，病は，ますます深くなり，全身の肉が裂け，皮膚が破れた。食事をとれず，夜も眠れなくなった。名医を呼び，神に祈ったが，服薬も効なく，神も霊験は，顕さなかった。天は，許さず，後人の見せしめとしたのである。死に臨んで陳十は，許氏を呼んで言った。「我，悪行が身に及んで死んでゆく，死んでも恨みはない，もし忠恕の謀叛が成功しなければ，遺骸は切り刻まれるだろう。お前も巻き添えを食って死を免れまい。これも天命。逃れがたい」。言い終わると，息を引き取った。○母は，十爺の死を聴いて悲しんだが，兄弟はみな罵って，「畜生め，死んでよかった」と言い，善後処置をしようとしなかった。ただ１人，文生員の阿六だけが処理に当たった。棺を買って遺骸を収め，禍の種が拡散して兄弟が巻き添えにならぬように，と考え，兄弟たちに言った。「私は，弟の阿十に代わって謀叛を成功させたい。弟は，天下を奪おうとして，命を落とした。私は，弟の仇を打ちたい。これから拝会して官を除く」。皆，彼に従い，阿六の拝会を扶けた。しかし，世間の人は，みな彼を罵った。「阿十は，天道に背いて不義の雄帥を起こし，世間を騒がせた。それなのにまた彼の真似をするようでは，やがて官に除かれよう」。○阿六は，自ら金を出して紅門の徒を集め，挙兵した。どうなるか，詳しくは，第8本に述べる。

補　説

　ここは，忠恕軍の潮州城包囲攻撃を語る。防禦が固く，包囲して兵糧を断つ作戦に出るが，城門を守る蘇姓には，賊側についている子弟がいて，双方が戦いの真似をするだけであり，加えて賊側の蘇姓の子弟が糧食を城内の蘇姓の兵に供給する始末で，兵糧封鎖の効果は上がらない。城の北側は，曠野で包囲側が完全には封鎖できず，ここからも食糧が城内に入ってくる，結局，包囲が続いても城内は，耐え続ける。逆に包囲側は，人数が多いだけに兵馬に給する兵糧が急激に減り，激戦の最中では，兵糧補給のために郷村に献金を集めに行くこともできない。こうして，日が経つにつれて，賊軍の方が補給に窮し始める。危機に瀕した忠恕は，官塘の陳十に支援を求めるが，陳十は蜂起軍に提供した莫大な資金を潮州城内の富裕戸から償わせようと目論んでいたのに，城が落ちないため回収できないことに悩み，鬱病になって死ぬ。賊軍の優勢は，ここで止まり，後は，破滅に向かう。この巻は，この転換の内実を描く。忠恕は，同族の連合軍を組織しているだけで，同族に帰属している郷民個人を把握していなかった。このため軍令は貫徹せず，包囲戦で軍資金を消耗して敗退したことになる。なお，ここでは，12歳の少年（童乩）に斉天大聖（孫悟空）が憑依して陳十を叱責する話が出てくる。先の第3巻でも澄海県の城隍神，玄天上帝が童乩に憑依して，賊の襲来の日を予言し，また陰兵を派遣して城を守る話が出てくる。歌冊を聴く民衆がこの種の宗教意識を懐いていたことを反映している。現在でも汕尾の海陸豊人は，斉天大聖の童乩への憑依を演じている。

原文（巻7）

　再唱橋頭許一郷，四面三面做戰場，好得勇壯堵得緊，不然亦得遭禍殃／忠恕欲打潮州城，路由南畔一路程，雲步下面俱是水，得從堤頂方可行／阿蔣那日傳令旗，書通一眾兄弟知，約了東畔紅布會，一齊就來打城池／四鄉六里一通同，直到那個辰時間，各處人馬盡起隊，強盜紛紛如黃蜂／南畔皆由南畔堤，東畔水頭渡過溪，東津迫來到舖尾，意溪人馬在上畔／紛紛俱來圍潮城，東西南北俱賊兵，城內城外眾百姓，看了無不心驚營／城頂一眾文武官，自料城池不能安，好得守城眾兵勇，冒死爭戰高喧嘩／自從辰刻來圍城，戰到中午無輸贏，

人人到此肚亦困，暫暫收斂返回程／欲收亦無來斷齊，有個後哩有個
先，水頭背水來爲陣，只知協力來進前／不知南堤大隊軍，已經收欽
返回奔，還在沙壩拼征戰，戰到咬緊不能分／南門守城個大兵，一見
大隊返回城，一齊皆趕落沙壩，賊軍看着心大驚／正在逃回過東畔，
奈鯉魚臍隔重溪，船子欲儦儦不及，却被官兵趕進前／一齊從溪拼走
逃，大半在水喪南柯，無落水者被傷死，但見屍首無數多／東畔渡過
數千兵，回返查點便知情，不知殺死共激死，一齊失去數百名／人人
無不叫可憐，舉頭擊目俱慘傷，正是天年來行劫，黎民百姓受災殃／
今日賊敗歸圓，不覺過了有二天，南畔賊軍又大進，姓孫彭龍鎮田
竻／管帶池湖一派鄉，散給眾人之口糧，古板頭鄉共蔡隴，一齊創去
堵南廂／姓李如珠鎮楓溪，人馬填塞滿衢街，石路西塘共舖尾，有個
宿在人家前／姓黃學勝鎮北廂，此人出身是下橋，係上五虎之大將，
行兵征戰每上場／榮老出身上兜林，家資巨富人知因，身掛頭隊先鋒
印，三千雄兵不離衿／鎮守在許洋陂岡，總管四面各鄉村，設一煙墩
在山頂，一面紅旗丈餘長／一到日時欲打城，山上起煙人知情，東西
南北見煙起，一齊紛紛起隊行／若欲收欽歸返圓，就撈紅旗乞人知，
大家一見紅旗起，一起鳴鑼罷兵機／葫蘆山頂上尖峰，插一白旗暗相
通，西畔賊徒一起隊，撈了白旗預交鋒／東西南北見撈旗，便知賊來
打城池，連時起隊分鉛藥，各守本界個門閭／賊徒一心欲打城，團團
圍住皆紮營，西畔迫近新鄉仔，陳橋新埔俱屯兵／北廂先鋒到鳳山，
蓮墩中軍大營盤，截斷城內個糧草，夜日把守四邊攔／姓蘇阿呴守城
腳，乃是楓洋三房三，鄉中算伊第一嘲，無人敢捷任伊擔／鹽柴炭米
來入城，挑由山內一路程，行互花園上埔子，城內蘇姓之軍兵／前去
交接入城池，無敢向前攔阻伊，一向皆從夜出入，壯勇方免來受饑／
一來爲已二爲公，三來道路可相通。蘇姓入會人不少，乃至臨陣來交
鋒／各姓各認各姓旗，鳥銃開去打上天，陣上相刣如戲耍，費了鉛藥
共糧錢／鳳塘阿偉帶枝兵，鎮守較場個塗城，旗內一隊來入會，屢屢
通信來往行／承夜外面個賊軍，靜靜來將糧米運，至於各色個食物，
每夜交接和尚墳／城外升米三十錢，番葛蒜芋甚便宜，被賊阻隔難進
入，害到城內受寒饑／八十外錢米一筒，家內亦有五六人，食到鹹空
共折盡，萬物就着費到空／水頭牛中蔡阿和，前妻不幸歸黃泉，致一
女婢來繼續，家道貧窮受苦広／忠恕謀反甲寅年，此婦歲有四十邊，

自買入門十餘載，並無產得男女兒／和兄平生做牛中，積惡貫盈命未終，皇天別來無報應，報伊一世囊橐空／有趁不過日時，無趁就着受寒饑，受盡貧窮之勞苦，舉家老少受慘淒／時值反亂滿路途，無耕無作田荒蕪，蔗寮無起田無佈，還有誰人去買牛／無人買賣無趁錢，終日受寒共受饑，欲做盜賊恐人拿，惟有苦捱過日時／聞得忠恕來困城，城內米價十分加，去招鄉里阿姑子，同帶些米由溪坪／一心欲來糶官軍，一筒趁錢數十文，爲着貧窮不怕死，一直來到頭柵門／勇壯欲共伊交關，開口借問伊根原，問爾的處都不呾，呾伊水頭來往還／不想水頭鎮賊徒，相接一派之路途，皆是忠恕個人馬，問他言語着相符／那時方肯放伊行，勇壯聽了大着驚，此婦出在賊鄉里，心是欲來探事情／爾身既從水頭來，賊中萬事爾盡知，明明是欲來控事，叱令將伊掠來刣／眾人圍广將伊擒，告與頭人得知因，提及入城來探事，必定殺他命歸陰／捆乞總爺伊標硃，標了押出去斬誅，可憐二個貧窮婦，今日被殺慘無辜／和嫂南門有至親，有人向前懇言陳，伊人原是來糶米，今日若是斬伊身／絕了糶米之路程，無人帶米來入城，軍中無糧一定亂，況且周圍盡賊兵／聞知城內一無糧，困久亦都無樣張。總爺一聽只言語，便問勇壯個言章／當場擒拿此二人，豈有糧米在身中。勇壯應說米個有，一人帶有十外筒／總爺聞呾笑嘮咳，既然有米將伊開，有來買賣恁正好，吩咐明日再帶來／二人一聽只言因，三魂七魄正歸身，收了米錢歸回返，請棚大戲去謝神／從今已後心涼涼，久久前來做米商，一連趁到東津破，米價方才正平常／忠恕阿十的賊兵，日日起隊來打城，怎奈周圍甚堅固，不能拼入城邊行／城內官兵來防虜，賊匪迫城動干戈，塗圍內面銃亂發，強盜傷死無數多／東西南北做戰場，圍住七隅四關廂，任爾迫攻攻不入，到底亦都無樣張／惟有閙住四路程，截斷糧草無入城，幸有蘇陳這二婦，鹽柴米炭夜夜行／賊兵紮營團團圍，料心困久城着危，豈知西北許一派，俱是山嶺如天高／地方寬闊無鄉村，不能創營把路門，糧米正能從此入，城內正免來饑荒／亦是天地眾神明，暗中庇佑保安寧，城內若是無糧草，欲守一日事不能／再唱城內眾官軍，夜日派人四邊巡，強盜雖然來迫近，不能打入到城門／忠恕會了數百鄉，人馬紛紛到戰場，四處不敢去剿搶，日費千金個口糧／縱有一個深浦山，如蠶食久亦會灰，各鄉錢銀勒會盡，想着亦都望心肝／前日來打潮州城，只道一舉事可成，

誰知任打不能人，況且轄下數萬兵／如蠶食葉一般同，數十萬銀已費空，四處欲勒勒不出，如今進退事兩難／令人去到官塘鄉，叫伊前來幫助糧。十爺一聞只消息，那時亦都無主張／自己數十萬家財，拜會之後一概開，意望打破潮州府，劫了富戶來抵還／誰知不合吾心情，錢糧費盡難破城，欲去叔孫另題派，人人必必不肯聽／憶着李氏之話賢，謀事不成反招殃，左想右想無計策，如今不能來主張／

謀反大逆若不成，不但自己喪幽冥，依律着來夷九族，死落泉下目不暝／如今大禍將臨頭，珍饈百味難下喉，煩多食少久必死，想着暗自目汁流／欝成一病袂起床，自知性命無久長，去請忠恕來斟酌，說欲養病回鄉村／忠恕來見陳十爺，形容瘦損心大驚，為何如此之枯陋，就對老爺問一聲／英雄惟有公與愚，餘者同志一概無，望爾保重千金體，有日成功奪山河／十爺笑笑應一言，非是愚弟志不昂，古道人無千日好，名花豈有百日紅／在營征戰事多般，難以保得身調和，故請大哥來暫別，回家另去請醫官／若能養得病輕雙，自當到營來相幫，奪此潮城不過手，誓不在世來為人／忠恕聞說笑嘻嘻，老爺既是欲返圓，軍中之事免憂慮，愚弟自當來主施／願爾早早得平安，前來與吾參詳言，十爺起身別忠恕，乘了小轎回家中／藤牌鳥銃成千支，隨在轎後押返圓。回到鄉中人看見，阿十前去打城池／潮州未破就返來，其實致命無人知，誤是又欲來勒索，誰人無不心驚駭／只遭可惜人不遵，許一無錢覓叔孫，看爾只等個模樣，夭未展有乜乾坤／那時轎到門脚來，扶了出轎人正知，原來致病歸回返，男女老幼叫堪該／阿十會死太正有天，一鄉大小恨罵伊，許氏聞知忙迎接，問君身上是做年／十爺強志共妻言，瘡癬之疾無相干，人生豈有千日好，奇花亦無百日紅／許氏聞說就安心，遂即插君上床眠，陳十惡跡已做盡，天亦不容伊一身／鄉中大聖就降乩，乩童打個小孩兒，名叫阿受十二歲，當時一跳在半天／雙手抓面然然猴，跳到十爺個門樓，高聲大叫陳阿十，出來聽吾訴從頭／我是大聖到只來，有事欲共爾呾知，若肯聽我還有救，不聽死了被人剖／嚇到阿十一家人，一齊大驚出門中，跪跪求求稱大聖，保我一家得平安。

全豬全羊全雞鵝，斗米做個大壽桃，酬謝老爺爾恩德，知我一家是如何／猴爺就呾許氏知，快叫阿十弟子來，我有要話共伊呾，若不聽我是禍胎／許氏聞說心大驚，忙來床前呾君聽，報鄉大聖降乩到，知報

家中有事情／叫君快快去見伊，不聽伊說禍到邊。十爺聽了心不信，
搖手叫妻勿驚疑／吾都平生不信神，他是假降個言因。許氏叫君勿亂
咀，伊打阿受做同身／十二歲子小孩兒，做會假降個事機，看着儼然
是猴樣，一跳就在許半天／爲人須當着敬神，說伊有話共爾陳，快快
落床去求拜，求伊保佑君病輕／十爺還是不肯聽，伊母平生信老爺，
亦到房中來叫子，阿十吾仔心勿坪／大聖爺公降乩來，得去求拜禮當
該。十爺雖惡心還孝，聽伊庶母共親嬡／就落眠床剋苦行，出門來見
大聖爺，跪落叩頭問一句，有何指教弟子聽／大聖就對弟子言，爾勿
妄想奪朝綱，何必傷害人性命，拜會致到茄蒼蒼／天曹責罰罪非輕，
定無寬容爾一身。清朝江山未該滅，當今天子福祿深／天下坐多百餘
年，傳子傳孫傳祖支。今年乃是甲寅歲，生成過劫對爾提／爾若改變
回心中，從今不可再害人，扶官剿滅吳忠恕，老爺保爾身平安／若是
不信我話機，命在旦刻無改移，死落豐都個地獄，閻王殿前受凌遲／
十爺聞說氣昂昂，高聲大叱如雷陳，阿受畜生真可惡，敢來假降說荒
唐／爾亦真是大聖爺，着來扶我打潮城，我是真命天助我，說乜害人
個事情／叱令將伊大凌遲，大聖那里會驚疑，叱聲阿十敢無禮，料爾
死就在此時／伊母謝氏咀子聽，奴爾着聽大聖爺，做敢大膽言沖撞。
十爺應母有一聲／不是假降便邪神，正神伊着遵我身，母爾不用心驚
恐，恕子不孝罪重重／自己來將阿受擒，阿受氣到目熊熊，當時輕輕
只一撥，阿十跌落拋沙攤／面如土色拍起來，一言吩咐左右知，速速
將只畜生捆，欲爾性命死眼前／大家就聽阿十言，圍広來捆伊一人，
十爺又再高聲叱，捆了扛去沉落江／從此亦不聽母親，不聽人勸無容
情，定將阿受去沉死，不管真神共假神／親自督令扛起行，阿受父母
暗切聲，暗罵阿十半路債。又再說話大聖爺／爾打我子來降乩，如今
被伊扛起離，此去十有九分死，爾着顯靈去救伊／禱祝明白哭哀哀，
憐我飼到障大個，無端今日犯太歲，致到被沉喪身骸／按下伊母哭啼
啼，再唱眾人扛起離，一路人看如蜂擁，當時扛來到溪垱／覓個碼頭
水深深，將他拋落水中沉，看者料他必着死，正知有神共無神／沉伊
之人還未回，猴爺法大真笑科，先將阿受救回返，來在十爺家內飛／
坐在伊個老神龕，沉伊之人回家中，情由就對十爺說，阿受沉死在長
江／十爺聞說笑呵呵，畜生如今性命無，兌里惡鬼我不怕，爾敢來此
說囉唆／爾今死去到陰司，另再去做假降乩，去做暗頭個大聖，說了

無限喜心機／阿十許班強盜人，爾亦一言我一言，阿受畜生敢假降，只遭去沉死正堪／無想老爺向顯靈，人人無不喜心胸，一齊撫掌呵呵笑，正笑未畢個時辰／阿受在龕跳下來，叱罵阿十狗奴才，爾想欲將我沉死，約爾死就在眼前／阿十一見阿受身，嚴然一位大聖神，身中并無一點水，明明老爺真顯靈／十爺家內一眾人，當時一見只開藏，明知老爺顯神聖，一齊跪落禱祝言／就下全豬共全羊，上大雙金數萬張，雞鵝鳥鴨魚蝦蟹，甜碗齋碗共酒漿／若保我家得平安，做棚大戲謝上蒼，阿十此時心驚恐，亦在高聲禱祝言／叩求大聖老爺公，救我弟子心朦朧，早時無禮得罪爾，萬望慈心來開宏／若是保我病會輕，一家安樂無事因，千金萬兩我願出，買到加加來謝神／聲聲受罪個話言，望爾指示在此間，弟子句句遵從爾，說罷將頭磕地中／大聖開口就應伊，爾今收悔又太遲，任爾哀求無醫改，亙門直出不睬伊／十爺一見魂飛昇，舉頭三尺有神明，看到這段個情景，明明是神之顯靈／說到驚到汗淋淋，從今個病愈竟深，遍身肉裂共皮破，一日袂食夜袂／眠

作惡之人天來追，害人着遭涸干雷，今日方知想收悔，兩眼不住珠淚漼／各請名醫求神明，服藥無効神無靈，蒼天不許輕易死，留伊來將后人儆／爲人不可亂亡爲，阿十做惡天來追，今日受此惡病苦，不怨自已欲怨誰／無端造反犯天條，不念皇天眼昭昭，看到官塘陳阿十，儆戒後人罪孽條／十爺料着喪身骸，叫妻広邊細說知，人之將死言亦善，鳥之將亡鳴亦哀／我今一言對爾陳，我惡貫盈來及身，如今縱死亦無憾，忠恕若是反不成／我縱死後着過刀，爾被我累命着無，神機不可分明說，天數已定命難逃／言罷氣斷歸陰間，魂去豐都受艱難，許氏叫君一袂應，放聲大哭淚汪汪／撞頭撞額哭啼啼，做爾自去目會會，不念高堂有老母，亦不思念放妻妻／伊母聽着亦哭哀，伊個兄弟一聞知，盡罵畜生死得好，不肯行広來主裁／惟有阿六文生員，方才行広代周全，買個棺木來收貯，又恐會散有禍端／累我兄弟罪名，咀乞一眾兄弟聽，我今來代我十弟，在只着來反到成／我弟爲欲奪江山，致到一命歸黃泉，我來代弟報仇隙，再來拜會去除官／大家亦就聽從伊，扶助阿六來拜旗，好人無不將伊罵，阿十伊來不看天／起了不義之雄師，正致一間着蒼茄，還來學伊如此舉，不久亦着被官除／阿六願出自已錢，招入紅門再開旗，欲知將來如何說，第八本中細詳

持／

巻　8

梗　概

　○忠恕は，陳十の死で片腕を失ったような打撃を受けた。どうしたらよいか，迷いながら，とにかく潮州城を落とせば，何となると考えた。この時，田東に陳瑤検なる人物がいて，忠恕に策を献じた。潮州城の守りは，堅いが，北門に入る道がある。東津郷を奪ってから意渓を得れば，帰湖，石坑で献金を得やすい。柵を設けて留隍の柴炭を抑えれば，城は，破れる。忠恕は，聞いて妙計と思い，陳瑤検を軍師として東津の奪取を狙う。瑤検は，言う。「東津には劉学秀という知り合いがいる。文学の位にあり，族内でも強房に属する。手紙を書いて入会を勧めれば，断らないはず，兵を東津に出すのに劉学秀が降ってくれれば安心だ。劉姓が降れば，他姓はみな降り，東津が手に入る。意渓も拒否しきれないであろう」。忠恕はこれを聴いて喜ぶ。瑤検は，すぐに劉学秀に手紙を書き，こっそり手渡す。劉は考える。潮州は，いずれ陥落する。入会した方が禍を免れる。こっそり返事を伝える。忠恕は伝え聞いて，入会を歓迎する，と答える。1万の軍を選び，橋頭ではなく磨石に向かって進む。途中，洗馬橋を攻め，真っ直ぐに東津郷に到達する。東津の人は，驚き恐れた。ここで劉秀才が進み出て言う。「降伏した方がよい，逆らえば殺される。入会すれば禍を免れる」。これを聴いて人々は，みな入会した。文学の廖秀才は潮州城内に逃げようとしたが道がなく，やむなく入会した。帰湖，石坑は，祝儀を収め，献金を登録して無事だった。ただ城内は，これによって困難に直面した。米粟が入ってこなくなり，米価が50銭まで上がり，柴炭は，さらに3倍まで値上がりした。西門の七聖宮では，忠恕の知らない間にこっそり城内に米を運んで売った。賊に気づかれ，2名がつかまり，その場で殺された。これを見た西門の人は，米を城内に運ばなくなった。花園，風山など，幾つかの郷村も入会し，東西南北みな投降した。○呉府（均）は，潮陽に居て賊郷1県を平定し，兵を率いて澄海県知県を救いに行く。賊は満ちて

いたが，呉府が来たと聞くと，恐れおののいた。忠恕が潮州城を囲んで
3か月になる。献金は，使い尽くし，さらに献金を要求して，四方に献
金を強制し，小郷は，無残な状況に陥った。○城内の倉米は，売れつき
そうになり，府県の役人は，心配し，百姓には売らず，勇壮の食がなけ
れば，禍の種。百姓の人が米を買えず，10人中8人が黄色い顔をして
おり，餓死するくらいなら賊に降った方がましと考える。いろいろな意
見が飛び交う。○伝令が知県にこの様を報告すると，汪爺は心配して下
塘に命じ，米を城内に送り込ませる。銀3千両を持たせ，下塘に送らせ
る。下塘の郷紳は，これを聞き，運送に協力する。米3台を城に入れる
のに2千の牌銃で守ってゆく。この日のうちに米を城内に入れた。城
内の人は，喜んだ。賊兵は，これを阻めず，大哥に知らせた。忠恕は，
怒り，下塘を裏切りと罵り，後日の対処を誓った。○会党に加入してい
た阿六は，忠恕の謀叛は成功しないとみて，故郷の官塘が賊に加担した
罪で掃討されるのを避けようと，考えをめぐらした。特に辣腕の呉均が
厳しい処置に出ることを恐れた。この頃，饒平県知県の王爺が屡々銀を
潮州に運び入れていた。阿六は彼を捕らえて家に連れて来て歓待し，官
塘郷の謀叛の罪の軽減を仲介してくれるように頼む奇策を思いついた。
すぐに人を出して饒平県の動向を探らせたところ，王爺が潮州に銀を運
ぶため，勇壮2千名を率いて浮山に来ることを探知した。阿六は，1千
の人馬を選び，先回りしてその途中に伏兵を置き，王爺を捕らえるよう
手配した。銀を入れた櫃は，中の銀に手を付けずにそのまま運んでくる
ように指示した。みな，六秀の言に従い，一斉に牌銃を持って郷を出発
し，白石嶺に至り，四路に分かれて待機した。王爺は，白石嶺にさしか
かると，賊の襲来の危険を感じ，銀櫃の一つを開けて，兵に80両ずつ
持たせ，あとの2万両は，櫃に入れたまま，進ませた。嶺の道を半分進
んだ時，銃声を合図に賊が襲ってきた。勇壮は，賊の多さに恐れをなし
て戦わずに四散した。ましてみな銀を持っていたので，そのまま家に持
ち逃げしてしまった。王爺は，護衛を失い，死を覚悟したが，賊は，轎
と銀櫃を担いで帰還し，そのまま六秀才に渡した。○阿六は，轎の前に
進み出て王爺を出迎え，子弟の無礼を謝した。書斎に迎え入れて，手ず
から茶を献上して言った。「兄の陳十が謀叛を犯し，一家は，罪を負っ
た。自分は，忠恕を討って罪を償うので，一家誅滅の罰を軽減してほし

い」。王爺は，阿六の懇願を受け入れ，罪を軽くするように道台にとり
なすことを約した。阿六は，さらに王爺が兵に配って失われた銀2万
両も郷里で負担すると申し出る。王爺は，喜んで請け負う。これを聞い
た郷紳たちは，争って王爺に謝礼の金を贈る。王爺は，4万両の銀を潮
州に運んで行った。〇一方，潮州には，王爺が途中で賊に襲われ，捕え
られて負傷し，銀もすべて奪われたという知らせが入った。府道は，こ
れを聞いて心配したが，手の打ちようがなかった。その後，探知した結
果，官塘の郷勇が潮州に入り，銀2万両が無事という情報が入った。府
道は，これを聞いて喜んだ。そこへ王爺が役所に到着し，府道二大人に
拝謁した。道台の曹氏は王爺の無事を喜び，帰ってきた経緯を尋ねる。
王爺は答えて言う。「官塘の阿六は，弟の阿十の重罪を知り，忠恕を殺
して罪を償うことを願い，自分を潮州へ送り返してくれた，官塘には富
戸が多く，やむなく賊に従ったが，これは阿十に引きずり込まれたも
の，阿十が死んで，すべての禍が消えた。運搬の途中で失った銀両も阿
六が弁償してくれた。彼の罪を赦し，官塘郷の掃討を猶予してほしい」。
府道は，これを聞いて答えた，「それにしても謀叛の罪は重い。呉府が
帰ってきてから処置するが，忠恕の会党を殲滅してから，阿十の遺骸に
刑を加え，その後さらに議論する。貴官を送り返し，銀2万両を賠償
した以上，寛大な扱いをするのは当然のことだ」。王爺はこれを聞いて，
阿六の恩義に報いることができると思って，安心した。

　〇忠恕は，このときこれを探知して激怒した。官塘は，官を捕まえた
のに殺さず，却って潮州に送り返した。思うに阿六が自分を裏切って官
側に付いたのは本心であろう。今後，官塘に行くのは危険だ。きっと計
をめぐらして自分を捕らえるだろう。いずれ，潮州を攻略したら，官塘
一郷を一木一草も残らぬように掃討してやる。〇意渓の人々の動きを見
る。蔡家囲郷に鍾秀才なる人物がいて，意渓の陳許二姓に言った。「忠
恕は，無能な人物，そのうちきっと官に殺されるだろう。官塘の大郷に
賢人がいて，饒平知県に従って米を城中に運び入れる途中，官塘の賊が
襲って知県を捕らえたが，殺さずに潮州に送り返した。郷里として官に
背かないことがわかる。これでは，官塘に頼っていた忠恕に勝ち目は
ない。まして忠恕は，糧食が尽きて，人から金をとることに腐心してい
る。将来，賊が散じたあと，賊に協力した郷里は，官に掃蕩される。こ

の意渓も掃蕩を免れないだろう。官についた方がよい。密かに兵を率いて賊の根拠地を破ろう。親衛の賊は，長い間，武器を取ったことがない。官を防ぐにも弾薬も持っていない。彼らの牌銃をこっそり盗んでおけば，官兵が殺到すれば逃げ道はない。郷里は官とは戦わない。一戦に勝利すれば，功は我らに帰する。皆の意見は，如何に」。人々，鍾秀才に同意した。陳許二姓は，皆，鍾秀才に従い，密かに呉忠恕を欺く。○鍾秀才は，船に乗り潮州城に近づく。老将が査問すると，秀才は，知県に話があると答える。老将は鍾を城中に入れる。鍾は，海陽知県に会い賊を破る策を上申する。海陽知県は，答える。「汝の郷里が賊に降ったのはやむを得ない。本官は，了解している。今，賊を平定すれば，汝の功績となる」。知県は，府道に上申し，更に鎮台に会って会党攻撃を批准する。鍾秀才は，夜，3千の兵を選び，四更の頃に出発し，船に乗って東津に向かう。賊は，気が付かない。○意渓の陳許二姓の人は，夜陰に紛れて賊の居館に至り，牌銃を盗んで集める。明け方になって官兵が賊の居館に殺到する。賊は，不意を打たれて狼狽する。牌銃を探して交戦しようとするが，見つからず慌てふためいて東西に逃げ散った。官兵は，賊の拠点を攻め，忠恕の子の阿暁と軍師の一人陳瑶検を捕らえる。忠恕は，これを聞いて逃げ出す。身辺に従う者は，100名ほど。如珠，阿眉，亮師など，みな逃げて禍を避ける。官兵は，勢いに乗じて東津郷を破る。人を見れば殺し，家を見れば焼く。男婦老幼を問わず，殺し尽くす。若い女は殺すに忍びず，連れ去って奴婢にする。数千余人は，みな散り尽くす。劉秀才は，捉えられ，廖秀才も逃げられずに捕えられる。潮州一帯は平定された。これは鍾秀才の功績である。○一方，乱が収まったあと，官は，陳十の墓を暴いて死骸に刑罰を加えようとして，墓を探した。しかし，陳十は，妾の許氏に指示して遺体を通常より深く埋め，その場所に墓碑を立てず，菜の花を植えさせて，埋葬場所がわからないようにさせた。ところが，許氏は，自分に罪が及ばないようにするため，官に協力し，墓の場所を教えてしまった。それに従って土を掘ったが1丈掘っても棺は出てこなかった。許氏は，さらに深く掘るよう指示すると，2丈も掘ったところでやっと棺が見つかった。すぐに首を切って籠に入れ，身体は，切り刻んで見せしめとした。父親の裂公の墓も暴かれた。○呉府の処分は，過酷を極め，陳十の妾の許氏，同

じく妾の素玉，阿六，および族内の子弟50名，悉く極刑とした。事実上，九族夷滅という結果になった。王爺のとりなしは，効果がなかった。○忠恕は捕まらなかったが，彩塘の家に残っていた妻，鄭氏，および娘は，先に捕まった息子の阿暁とともに極刑となる。忠恕の側近，亮師，李逢春，陳瑤検らも次々捕まり，処刑される。○1人逃げていた呉忠恕には，銀4千両の懸賞金がかかっていた。逃げ場を失った忠恕は，同年の親友，陳風の家に身を寄せる。陳風は，歓待すると見せて，懸賞金目当てに官に密告する。県の官兵が密告を受けて陳の家で忠恕を逮捕する。忠恕に対する刑罰は，陳十より重く，祖先の墓は5代に遡って暴かれ，遺骸に刑罰が加えられた。○こうして事件は，落着したが，四方は，なお平安を得られず，各地は，なお不穏の空気に包まれていた。忠恕の反乱の背景になっていたこの地の民衆の困窮が全く解決されなかったことを暗示している。

補　説

　ここでは，糧食の尽きた忠恕軍の苦戦，意渓の鍾英才の奇襲による忠恕軍の拠点（東津）の崩壊，忠恕とその側近たちの逃亡，官による主犯の逮捕，厳罰など，反乱の最終結末を述べる。忠恕の居館が簡単に壊滅したのは理解しがたい。400名の親衛隊は，どうしたのか。また，この段階でこれまで大活躍してきた亮師が沈黙し，代わって陳瑤検が軍師として登場する。指揮系統に分裂が生じていたことをうかがわせる。『海陽県志』では，鍾英才は，「礮（大砲）を開いて賊を擒う」とあるが，歌冊には，礮についての言及がない。この最後の組織的戦闘について，歌冊の描写は，簡略に過ぎて精彩を欠いている。親衛400名の兵は，武器を身に付けていなかったところを奇襲を受けて壊滅したと記す。この油断を許した呉忠恕は将器に欠けていたことになる。東津の郷民を老若男女の見境なく皆殺しにし，眼に入るすべての家を焼き払う官兵の暴虐ぶりは，盗賊側と変わらない。各自に託された公金の銀両を持ち逃げして勝手に戦列を離脱する郷勇たちも，私利に走る点では盗賊と同じである。3か月にわたる忠恕軍の潮州包囲（兵糧攻め）は，同族の内通による抜け穴が多く，これに堪えた官軍が，補給を専ら現地での略奪に頼った忠恕軍との長期戦に勝ったというのが結論である。双方とも同族

を基盤にした軍隊であり，同族の利害に左右された内通に作戦が齟齬をきたすことがしばしば起こった。同族社会の縮図が示されているともいえる。また，当時の天地会の蜂起の多くが「皇帝になりたい」という首謀者の政治的野心から起こったもので，貧民を救うという義軍としての要素は，きわめて希薄だったことも示されている。

原文（巻8）

淡淡青天不可欺，舉頭三尺有神祈，忠恕害人天不肯，後來吳府除死伊／再說忠恕人知因，如今十爺命歸陰，又如失我一畔手，無人幫助我一身／使我如今乜計施，若得城破免驚疑，田東有個陳瑤檢，來共大哥呾知機／雖然困緊潮州城，還有北門條路行，來奪東津個鄉里，後得意溪呾爾聽／若得意溪共東津，歸湖石坑好題銀，把柵留隍個柴炭，城就易破免掛心／忠恕聽着乜話機，果然妙計好到奇，乜人不知爾計好，早奪東津勿延遲／就稱瑤檢做先生，爾個計策真名家，如今行兵東津去，速速告量來打評／瑤檢就共大哥言，東津有個相好人，姓劉名叫才學秀，身居文學又強房／待我寫書去通伊，叫入䅟會定無辭，直直起兵東津去，劉秀降䅟安心機／何怕別姓伊勿降，東津一派盡䅟人，意溪拒䅟亦不過，自大䅟會保平安／忠恕歡喜呾言章，瑤檢寄信東津鄉，密密交與才學秀，劉秀開書看一場／忠恕欲來鎮東津，叫我入會聽伊身，我想潮州久必破，來入伊會無禍尋／暗靜回書通伊知，劉秀通知吳兄台。忠恕接着回書來，回書乃是劉秀才／拆開將情觀分明，彼時暗喜在心胸，與了軍師陳瑤檢，就來斟酌議軍情／劉秀回書我知機，願入䅟會無拖辭，約䅟起兵東津去，先生主意乜張遞／瑤檢就呾大哥聽，只事欲做勿揚聲，明日帶兵東津去。忠恕聽言喜心情／預備起兵歸東津，點選一萬賊兵丁，不敢行對橋頭去，繞弯磨石就起身／路途打對洗馬橋，直直來到東津鄉，東津人人盡驚恐，劉秀出頭說言章／就叫大家勿驚疑，䅟今不如來降伊，順伊者生逆者死，來入伊會無禍機／人人就聽劉秀才，盡入伊會免驚駭。忠恕得了東津里，有個文學廖秀才／想欲避禍走入城，難以逃走無路行，無奈着共賊拜會，意溪之人亦着驚／亦來入會保平安。歸湖石坑納花紅，題銀乞賊鄉無事，在只城內愈艱難／留隍柴炭到只來，被賊把緊難進前，柴炭不能入城去，城內之人盡驚駭／米粟不能入城池，筒米糴到五十

錢，柴炭貴加三倍價，下戶之家受餓饑／中等之家物費空，上等之家
亦艱難，租粟無收未打緊，題銀僱人守城中／西門一處七聖宮，瞞過
忠恕不知因，暗靜挑米入城糴，被賊覓知只事情／不日還欲挑入城，
被賊擒拿有二名，立即刣丟人看見，西門外人盡着驚／不敢擔米入城
中，花園鳳山幾鄉人，盡入忠恕伊會黨，東西南北盡投降／好得吳府
在潮陽，平安一縣個賊鄉，帶兵來救澄海某，雖然反賊飛洋洋／一聞
吳府怕三成，賊鄉各各盡着驚，忠恕來困潮州府，將近三月人知情／
題人銀兩盡使完，欲去再題畏禍端，四處勒索鄉里子，可憐小鄉慘又
煩／城內倉米糴欲完，府縣想着心驚煩，封倉不敢糴百姓，勇壯無食
是禍端／無食做年會相刣，留飼勇壯理當皆，百姓之人糴無米，人心
愛亂鬧猜猜／餓罪無人敢承當，十人八個面青黃，不如降賊免餓死，
個人一句話短長／差人回報縣太爺，汪爺聽報心着驚，想計買囑下塘
寨，僱伊將米押入城／命差帶有三千銀，送乞下塘個鄉村，下塘鄉紳
知此事，可來扶官將米扛／預米三儎入城來，二千牌銃押起行，許日
押米入城內，城內之人喜心情／賊兵不敢去阻伊，去報大哥得知機。
忠恕聽知心發怒，恨那下塘太相欺／日後打破只潮城，正來共爾見輸
贏，無銀再題伊鄉里，再將六秀唱人聽／無錢使用費心機，會黨欲共
伊領錢，日後免用勸鄉里，伊鄉富戶不聽伊／情願去會鐵舖山，來拒
阿六幫扶官。後來鄉邦免除滅，富人告量就行広／立即命人去南洋，
僱千牌銃來守鄉，欲拒阿六共忠恕，料伊都亦無樣張／官塘自己拼出
來，六秀着驚皺雙眉，本鄉拒我做年好，心腹之禍可驚駭／吳府利害
得人驚，今日來在澄海城，下塘押米入潮郡，我想忠恕反難成／將來
必定禍臨門，吳府定勸我官塘，二家性命保不得，早想妙計理皆當／
饒平知縣王太爺，時時解銀到潮城，待我命人去打探，探伊押銀路上
行／命人半路劫伊銀，可將縣官伊掔擒，掠到我家好款待，求伊相救
我一身／去共府道講人情，原送爛崽食罪名，將罪卸放我阿十，駁我
免死免用驚／立定主意在心中，當時叫個心腹人，前去暗訪饒平縣，
一日王爺在路中／解銀四方來潮城。又帶勇壯二千名，來到浮山個地
界，官塘有人來探聽／探知此事走返圓。回報阿六得知機，饒平解銀
欲上府，歇在浮山無差遲／明日定走往潮城，阿六聽呾喜心情，點有
一千個人馬，先去埋伏半路程／好將縣官掠返圓，銀櫃不可搶散伊，
我亦自然有主意，速速就去勿延遲／眾人聽從六秀言，一齊牌銃出鄉

中，當時去到白石嶺，分作四路去店藏／欲浮齊齊浮起來，斷約已定分東西，賊來伏路且未表。且將饒平唱人知／解銀來到黃山坑。王爺落轎心頭青，前面乃是白石嶺，一條路門亦無加／左右四面向山岩，只恐有賊兩邊藏，欲來搶劫賴銀櫃，須當防預理正通／可將銀櫃打開來，將銀打散禮正該，得來分乞眾勇壯，每人可帶八十個／差人從命聽太爺，吩咐勇壯眾人聽，太爺將銀欲打散，一人八十帶起行／勇壯齊聽太爺言，領銀八十帶身中，還存二萬無開櫃，方才去到半嶺間／會兵牌銃藏二邊，看着人多難劫伊，放伊過去有一半，響銃爲號人知機／一聽暗號浮起來，有個叱掠有叱剖，勇壯不知賊若多，四處儘是鬧猜猜／不敢共伊見高低，各自四散逃走離，況又人人帶銀在，乘勢回家走返圓／太爺大轎以到來，勇壯走到無半個，王爺轎底魂魄散，欲叱勇壯共賊剖／叫去無個在轎邊，想我性命着歸天，賊人就將王知縣，對伊頂轎扛返圓／又將銀櫃解回家，來交六秀說言章，今日掠來饒平縣，未知阿六乜主張／阿六聽說有安排，走到知縣個轎前，快快受罪作一揖，開聲叫句父師台／我的叔孫無禮儀，冒犯天威罪難辭，生員到只來請罪，父台大人勿驚疑／速可進入我書房。王爺一聞只話言，此時心中不勝喜，誤我性命歸陰間／豈知死中來復生。伴同六秀到書齋，六秀請伊坐上位，又再親手拜杯茶／來敬王爺伊一人。茶畢六秀說一言，阿十就是我小弟，不屬王化行不堪／罪該萬死不能辭，我先有言阻止伊，全然不聽我按束，使我無法可能治／幸得早死喪幽冥，我雖出頭來頂承，有意欲誅吳忠恕，又恐府道疑心胸／不肯相信我之言，幸得青天到此間，生員有言可告訴，萬望保我身平安／可見府道呾伊聽，情願扶官殺賊兵，設計擒拿吳忠恕，抵我一家之罪名／未知父台肯聽言，救我一家命平安。王爺聽說想一想，看來六秀是好人／明實阿十累害伊，我今親看正知機，伊今這般厚待我，想計救他理當宜／就叫六秀免驚駭，今日本縣到只來，亦已知爾個緣故，明實爾弟作不該／爾是好人我知因，本縣自然保爾身，見了府道對伊呾，來扶殺賊罪可輕／六秀聞說喜心情，設席奉獻王太爺，王爺今日受伊賄，自當保伊盡力行／官塘鄉紳一聞知，齊到六秀書齋來，好言哀求王知縣，欲盡力見道台／好求府道赦罪名，免用剿鄉無事情。王爺受了眾人禮，只是依承言相聽／十人九個下伊銀，王爺回答眾鄉紳，本縣決不貪財利，銀櫃被劫在路程／此銀欲到潮州城，失去多少不知

情，二萬打散交勇壯，二萬銀檻呾爾聽／六秀回答父師台，只事不用心驚駭，銀檻二萬袂打散，散銀失去二萬個／必被勇壯帶走離，待我生員題來添，湊銀四萬爾解去。王爺聞說喜沖天／銀亦有足解入城，本縣亦知爾人情，見了府道有言說，自然開赦爾罪名／六秀就去題富人，七人無拖心頭雙，題去贈賊就不願，題來贈官心亦甘／題有二萬交王爺，知縣接銀喜心情，官塘真正富鄉里，真正可笑陳十爺／身居大族富鄉紳，想欲會賊起禍因，雖然今日死得好，還有戮屍過刀刑／辭別阿六共眾人，就欲解銀到城中，官塘鄉紳雇勇壯，保押王爺伊一人／王爺欲到潮州城，且說饒平個官兵，出了官塘路上走，各自走散在路程／人人身中八十銀，有人帶走回家中，有個走到潮州府，去報府道得知因／報說太爺在路中，山邊埋伏賊一班，對那太爺擒拏去，銀兩已被劫空空／太爺掠往官塘鄉，縱然不死亦受傷。府道聽報心驚恐，亦都無計可主張／有人官塘探事機，如若賊匪亦欲錢。將銀贖伊歸回返，差人欲去打探伊／再唱饒平王太爺，官塘鄉勇押入城，銀檻二萬袂打散，府道聞報喜心情／王爺亦以到衙中，拜見府道二大人，曹道蔣府問貴縣，可喜爾身得平安／

如何一旦得返圓，豈會劫被賊凌遲。王爺回言答府道，引禍得福免驚疑／官塘秀才阿十兄，知弟不法有罪名，情願扶赧殺忠恕，倩人押我來進城／況又官塘富人多，從賊都是無奈何，是被阿十伊連累，阿十一死百禍無／路中失銀伊亦賠，湊到四萬我解回，只欲求赧赦伊罪，勿將伊鄉起地皮／府道一聞只話機，但是謀逆罪滔天，只事着候吳府返，問伊主意是再年／今且將伊罪放寬，待除忠恕會黨完，先將阿十戮屍首，後正再議這一樁／伊放貴縣爾回程，又再賠有二萬銀，自然將伊從寬辦，王爺聽說安心情／日後官塘亦免剿，知我本縣個功勞，本縣念伊不殺我，誠心敬我只一遭／我亦念着伊人情，有怨報怨恩報恩，有恩不報非君子，忘恩負義是小人／忠恕當時就探知，官塘掠官不敢刣，倒押饒平王知縣，將伊送到潮州來／看來六秀無我心，反去扶官情是真，從今官塘不好去，恐伊設計將我擒／日後打破潮城中，將爾一鄉剿空空。忠恕發怒且勿唱，再唱意溪眾成人／蔡家圍鄉鍾秀才，呾乞陳許二姓知，我看忠恕無能賊，不日定着被官刣／下塘大鄉有賢人，近日押米入城中，官塘掠着饒平縣，送伊回城人知端／不敢拒官可知因，忠恕那里反得成，況又忠恕糧草盡，勒索人銀盡費

心／將來賊散鄉得剿，賴只意溪亦難留，不如來去通官府，密帶枝兵
破賊巢／障久不識動干戈，賊無防官珠藥無，將伊牌銃偷收起，官兵
殺到爭相逃／鄉里不共官兵剖，一鼓成事功報個，大家如何來主意，
人人呵囉鍾秀才／主意得着無差遲，陳許二姓盡聽伊，密密瞞過吳忠
恕。鍾秀落船到城邊／守城老將就盤查，鍾秀回言說平生，欲見太爺
有話呾，告量好將賊勦平／老將一聞伊話言，歡喜放伊入城中。鍾秀
去見海陽縣，把將破賊的形藏／一一稟明父師台，又說才寶武秀才，
通賊入鄉事無假，身居學內不堪該／海陽聞說喜滿胸，爾真不負朝廷
恩，爾鄉降賊不得已，本縣豈會不知情／賊亦除平功爾個，就去呾乞
府道知，參詳起兵打會黨，議定又再見鎮台／乘夜點有三千兵，四更
時候就起行，下船挺過東津去，賊舘無預不知情／意溪陳許二姓人，
乘夜去到賊舘中，將伊牌銃偷收起，官兵到處天勝朗／一直殺到會舘
邊，賊人無預魂飛天，欲覓牌銃來交戰，覓無牌銃心驚疑／各各走散
奔東西，官兵對賊哩哩剖，掠着阿曉忠恕子，又掠軍師賊一個／忠恕
聞知逃走離，百外余人隨身邊。如珠阿眉和尚亮，各齊逃走避禍機／
乘勢打破東津鄉，見人就剖厝就燒，不論男婦共老幼，剖到盡盡做一
場／後生姿娘不甘剖，掠去做奻免錢財，數千餘人散盡盡，有人掠着
劉秀才／

廖秀袂走被人擒，潮州一旦就太平。方知謀反是天意，出在鍾秀個功
恩／要犯無剖帶入城，交乞府道縣太爺。此時各官大歡喜，宰殺牛羊
賞軍兵／又問要犯劉秀才，身居武生不堪皆，忘負朝廷個恩澤，問了
發令碎刈剖／又問忠恕個子兒，將伊問梳掠碎屍，將賊軍師陳瑤檢，
問了碎刈人知機／又再審問廖秀才，身居文學罪萬千，太平使了朝廷
勢，着念君恩禮當該／敢去通賊來打城，皆當何罪呾來聽。廖秀聽問
流目汁，告稟府尊大老爺／生員讀書曉聖賢，豈敢通賊心不良。通賊
乃是才寶秀，是他自己暗主張／彼時賊來鎮東津，生員欲走難脫身，
府尊大人爾明鏡，望其我罪就赦輕／蔣府一言就罵伊，雖無通賊之事
機，七篇文章爾通曉，腹內全無一計施／讀了聖賢詩共書，皆當想計
將賊除。鍾秀先亦屈降賊，用了妙計定三思／今將賊黨全誅剖，這場
功勞是伊個。本欲將爾來碎刈，今日賜爾全屍骸／念爾無共賊通同，
議罪絞死乞人觀。當堂重賞那鍾秀，紅緞半甲營回還／營到意溪鄉里
來，人人呵囉鍾秀才，只遭無伊想巧計，亦難將只反賊剖／看來有天

真有天，做賊害人無久時，忠恕會賊廿外萬，幾多風憲人知機／困得潮城慘無門，食到米蓋官封倉，困加數日城就破。鍾秀真賢會想長／暗靜通官成夜來，打早入鄉賊不知，看來做賊愈畏死，全然不敢共官剖／走到盡盡無半人，東津扶賊鄉剿空，算來扶官還有底，鄉里平安名亦香／下塘前後來扶官，各姓鄉紳齊行廣，來見府道海陽縣，明日相扶剿鳳山／各官俱以喜心胸，呵囉各姓個鄉紳，留在城內賞桌席，欲剿鳳山無容情／官塘聞知此事情，命人去見王太爺，拍伊講情見府道，求伊免用落官兵／阿十一家男女兒，掠去還官重凌遲，願送起事個爛崽，交乞府縣議罪屍／就承各埠渡船行，如有失落免用驚。官塘鄉里賠到到，只欲保鄉無事情／府道暫且准依言，候問吳府乜心中。緊緊欲掠吳忠恕，賞格欲掠十七人／頭名就是忠恕身，二名如珠人知因，有人掠着吳忠恕，重賞白金四千銀／若亦不能掠伊人，取伊首級到城中，認着無差真忠恕，亦賞白金一千元／且說蔣府共道台，咀乞王爺貴縣知，官只案委爾辦，着將阿十戮屍骸／着議五代過刀剖，着送爛崽一百個，六秀本身罪難免，亦着重辦理當皆／王爺聽從上司言，就帶勇壯五百人，一直就到官塘去。官塘鄉里聞知端／知是饒平王太爺，彼時就免走官兵，鄉紳耆老擺香案，出鄉待接心袂驚／王爺來到官塘鄉，見人迎接喜非常，快快下轎進鄉里，先賞勇壯全豬羊／復再設席請太爺，王爺咀眾鄉紳聽，只遭府道十分氣，定欲剿鄉無人情／不是小可的事機，謀反大逆罪滔天。本縣盡力相爲恁，勸得府道言准依／況又爾族多好人，不過阿十行不堪，掠伊一家來交我，先送吳府審問言／後正解到潮州城，交乞蔣府共曹爺，任伊議罪去發落，本當五代治罪名／六秀亦着受罪刑，本縣念爾一點情，爾當出銀來贖罪，好助軍需贈朝廷／出做一萬個花邊，就可抵爾之罪屍。阿十議罪做三代，自己本身先戮屍／伊父墳山扦起來，着開棺木過刀剖。及伊妻兒誅三代，又欲爛崽三百個／此是本縣講人情，問爾肯聽不肯聽。六秀聽言不敢逆，出銀一萬贖罪名／不敢主意扦父棺，自己兄弟就行廣，若欲不扦做不得，連累一鄉罪如山／亦着依從王太爺。六秀來咀許氏聽，爾夫棺木在那里，獻棺斬首治罪名／欲爾一家到公庭，不是阿伯害爾身，是爾丈夫連害爾，到只罪定逃不能／許氏聞咀魂飛西，跪求六伯求命來。六秀一言叫弟婦，求我救命真癡呆／非伯將爾治罪名，官府無情咀爾聽，待我教爾口供好，卸丟爾罪免用驚／許氏聽說

喜心機，阿伯有何妙計施，六秀就來教弟婦，可去答官公堂邊／叫弟
婦，聽我說，爾到公庭：見府尊，吳大人，問爾口供／言直說，爾丈
夫，不仁不義：說爾身，自過門，無合婚姻／到夫門，一餘載，是做
妾身：屢勸夫，行正道，勿生禍根／但丈夫，不聽勸，夫婦不親；後
謀反，做大逆，苦勸切情／十惡夫，絕五倫，勸不回心；不遵兄，自
作虐，拜會青龍／大劫年，君子少，小人中興；兄不能，按束弟，耆
老鄉紳／亦難阻，爾丈夫，致使禍重；爾障生，答吳府，伊人刑寬／
定開敕，爾之罪，定免受刑；亦能保，一鄉里，罪歸爾夫眾人輕／我
再一句對爾言，呾爾丈夫歸陰間，那因不聽爾勸解，被爾買藥毒伊身
／如此回答府太爺，不但開敕爾罪名，還有重重將爾賞，聽我出身免
用驚／許氏聽說心喜癡，想伯口供好到奇，駁我免死未可料，不聽欲
走難飛天／當時就共六伯言，我願見官公堂中，欲問爾弟個棺木，葬
在後園無包藏／伊人臨死有叮嚀，叫我將伊葬深深，勿做墳眉頂種
菜，三更時候葬伊身／只事並無別人知，今欲將棺扞起來，伯爾叫人
後園去，待我指點行頭前／六秀聽着弟婦言，就去叫有十外人，許氏
共伊後園去，指點埋葬在此間／大工掘有成丈深，覓無棺材實費心，
許氏督工叫再掘，埋在此處無虛情／大工聽伊有安排，又再掘加一丈
來，如今二丈親像井，露出棺材有一個／眾人看着笑呵呵，爾罪生成
着過刀，葬到障深是枉費，罪惡貫盈死難逃／縛索將棺吊起來，去交
王爺開棺剖。伊父裂爺都死久，葬在某山通鄉知／眾人欲保鄉平安，
齊到裂爺個山中。對伊棺材就扞起，來交王爺伊一人／又掠許氏交王
爺，男女二人全罪名，還有一妾名素玉，四人一同上官廳／王爺交帶
十爺妻，四人鎖押明日時，裂爺十爺棺木在，吩咐開棺來戮屍／大工
在邊聽條陳，頭先挽起棺材釘，後正打開棺材蓋，註定過刀是生成／
裂爺死有十外年，今日開棺來戮屍，正知朝廷法律重，屍骸不爛真正
奇／殺手將刀刮伊身，頸中還有條血根。十爺死有二餘月，頭如在生
個面形／全袂朽爛肉鮮鮮，殺手一刀就刮伊，獻伊首級王爺看，王爺
看了笑嘻嘻／爾做暴惡共強凶，十惡做盡天不容，爾頭着乞人號令，
天理無差誅惡凶／欲討爛崇帶上城，眾人求做五十名，王爺受過官塘
惠，見人切求依准聽／暗靜叮嚀眾鄉紳，只恐吳府無容情，欲不剿鄉
做不得，謀反大逆罪非輕／討恁有物知搬空，試看吳府做年言，日後
無事物搬返，本縣實說無包藏／眾人叩謝王太爺，感爾指教阮當聽。

全仗太爺爾一力，去共吳府講人情／王爺句句都依情，交帶燗崽欲回
程，又將阿十個首級，貯在柴籠人知因／頭先解乞吳府觀，又寫文書
有一封，改輕官塘一縣罪，又將阿十個妻房／命差解往澄海城，差人
領命解起行。阿十首級在轎後，解見吳府大老爺／王爺回返潮城中，
帶有燗崽五十人，回交府道去發落，問了發令剃空空／再說解犯澄海
來，一路人看鬧猜猜，個是十爺個妻子，轎後並有頭一個／人人看了
盡呾奇，十爺個頭做障鮮，伊人死有二餘月，生成號令人知機／細看
十爺個妻房，果然生有八城人，兒夫死了肉未冷，身穿柳綠共花紅／
是個花柳之女兒。來到澄海個城邊，進城投文見吳府，吳府拆開細觀
伊／看了搖頭說不該，饒平縣令心貪財，官塘做好障輕辦，皆當重辦
六秀才／謀反可許賊串同，都着一般剿除空。但是今日四處反。一網
全誅亦是難／平定之日再了來，本府自然有安排。吩咐升堂來審問，
就召許氏到案前／身邊一男一女兒，素玉便是妾名字。一見府尊齊跪
下，吳府舉目觀看伊／阿十乃是十惡人，正孽這等個妻房，夫死顏容
無愁色，無情之婦十惡翁／就對許氏問一聲，爾夫陳十妄法行，身居
州同家巨富，今為賊首攻潮城／爾為內助不勸伊，真正不賢之女兒。
如今天理昭彰到，萬刀碎刈罪難辭／許氏聽問淚千聲，告訴府尊大老
爺，小婦乃是伊偏室，好言相勸伊不聽／自我小婦過伊門，至今正到
一年長，勸伊不從不相合，開口罵妾罪難當／李氏是伊草頭人，因伊
拜會切勸言，不合伊聽惹伊氣，未有共伊結全房／小婦看着心正驚，
知伊執意勸不聽。暗思一計毒死伊，一腳躂死歸陰行／吳府呵囉好口
供，再對許氏來問明，爾伯阿六是秀士，不勸爾夫真不仁／
爾夫死後代開旗，枉伊勤讀聖賢詩，罪比爾夫加一等，饒平縣令輕赦
伊／必有受情實可知。爾可從實招上來。許氏又再言告訴，不敢瞞騙
實口供／只事枉屈王太爺，並無受情之所行，他是從公開我伯，大人
容我說一聲／我伯身居文秀才，朝廷律法豈不知，自從我夫欲拜會，
我伯眾人一齊來／又有堂伯武宣爺，眾人勸到喉無聲，惹得罪夫心開
怒，提刀嚇伯騙伊驚／故此無人敢勸伊。及後罪夫歸陰司，六伯伊人
代開旗，非欲扶賊奪城池／明實會來幫扶官，假共忠恕伊相和，騙伊
到鄉來入局，就欲擒伊不相瞞／掠伊送來交大人，將功抵罪鄉平安。
那日錯拿王縣主，到我官塘鄉里中／我鄉人人都着驚，各各受罪求王
爺，又賠銀櫃銀二萬，僱人押入潮州城／我鄉人人守法規，惟有罪夫

自妄爲，今日開棺到袂錯，罪惡貫盈天着追／吳爺聽伊個口供，訴來
幾分言是真，就叫一聲陳許氏，爾乃聰惠一婦人／無奈爾夫罪戴天，
當皆及累爾妻兒，罪議三代算輕辦，難以開赦爾罪屍／一言吩咐差人
聽，將伊解往潮州城，文書批罪議碎剮，儆戒惡人正知驚／又將阿十
頭驗觀，開解潮州無放寬。一日解到潮州府，曹道蔣府聞知端／吳府
文書交分伊，曹道看了便知機。阿十之妻陳許氏，與夫全罪議碎屍／
其妾素玉罪皆剮，又有男女二子孩，亦議斬罪無寬赦。文是吳府親批
來／發令碎剮陳十妻，許氏押到較場邊，剝丟身中個衣服。一身光滑
如琉璃／三十六刀命正亡，二仔一齊剮人觀，又將阿十個首級，吊放
橋頭人知端／鄉有會賊一齊驚，刘柴共畏落官兵，眾人就掠逢春老，
將伊捆送潮州城／達樹捆送黃寶豐，忠恕一人走無蹤，海陽欲剿彩塘
市，眾官會議袂朦朧／鄉鄉會賊難盡剿，彩塘忠恕是會頭，當着重辦
難寬赦，忠恕一家不可留／眾官相議定主張，海陽帶兵去剿鄉，單單
欲剿彩塘市，人人驚慌往內洋／且說鄭氏忠恕妻，當時聞知此事機，
長子被官掠碎剮，丈夫克欲逃走離／海陽帶兵到只來，妾亦被拿受剮
剮，受死還再着受辱，自怨丈夫真不該／早日我勸伊不聽，今日一家
食罪名，短命阿亮害人慘，不如早死愈更營／立即吊頸歸陰間，彩塘
一鄉盡剿空，海陽帶兵都以到，先拿忠恕個妻房／看伊自盡合歸陰，
屍骸橫倒在埃塵。將伊一男共一女，掠着立即碎剮身／橫隴三姓萬餘
人，早納忠恕個花紅，人人不願恨忠恕，今日官兵到此間／比齊扶官
來剿伊，人物到伊鄉里邊。伊鄉男婦走了了，女人走到脫腳纏／男人
不走畏人剮，小子頭走頭哭哀，人人都是罵忠恕，狗咬害人慘去坮／
勇壯進入伊鄉中，看見鄉里無半人，前後鄉里人盡到，各各搶物無放
雙／

橫隴一鄉懷恨伊，頭先搶伊個家私，後拆門窗共戶扇，搶到盡盡無分
厘／吳姓厝室盡燒完，再燒祠堂乞人觀，祖公家神燒盡盡，再起地皮
無放寬／汪爺又呾差人知，將伊祖公扦出來，欲加忠恕五代罪，葬在
何處扦來剮／差人一齊回太爺，小的那里得知情，着問鄰右個鄉里，
知互之人但報聽／汪爺聽着有禮議，諒恁亦都不知機，就召鄰近人來
問，就有一人知因依／橫隴姓許名濕埃，來稟太爺我就知，指點忠恕
個祖穴，某山某山是伊個／欲扦幾代呾我聽，待我小人引路行。汪爺
說欲扦五代，爾亦既然盡知情／命爾引路速起離，回來本縣賞爾錢。

濕埃聽說心歡喜，立即孥人無延遲／就到忠恕祖山來，濕埃指點分人知，一穴扦去又一穴，扦丟一代過刀刣／有個死去百外年，還有血痕真正奇，忠恕謀反誅五代，自祖積惡大如天／正來生着只子孫，反逆扦起五代墳。在只忠恕掠未着，掠着碎屍命難存／早日沈厝咱姒兄，會賊管部個阿爺，鄉里將伊自捆送，又掠爛崽數十名／儘是實名不好人，將伊送到彩塘中，交乞汪爺海陽縣，求免剿丟保平安／汪爺到只且容寬，欲剿賊鄉剿難完，鄉鄉都有亦難辦，盡法無民人驚慌／既將爛崽送出來，將伊一鄉罪赦開。下橋掠着和尚亮，古樓送捆林秀才／庵埠做過三府官，今日頭殼來鼻沙。送乞縣官去發落，知縣此時心喜歡／吩咐欲回潮州城，就將要犯帶回程，一直回到府城內，見過蔣府曹道爺／剿鄉之事一一言，掠伊要犯有二人，爛崽亦有人百外，忠恕一家全誅空／扦丟五代祖墳來，亦已開棺過刀刣。府道聞說心歡喜，頭先審問林秀才／身居文學讀書人，與賊拜會情不堪，尚且安法做三府，該當何罪爾可言／林秀無言可答聲，只求全屍輕罪名。府道嘗伊知心想，傳令吩咐手下聽／將伊掠去碎刈屍。再問亮師明白時，出家之人爾守法，叫人將火燒死伊／差人押伊到甲場，紙燈染油寬寬燒，人人來看和尚亮，燒到一身肉鎓鎓／潮城日日有刣人，爛崽無存刣空空，鳳山鄉里亦剿丟，自此府道吩咐言／小鄉勿剿罪赦無，眾賊都是無奈何，何必再來加伊罪，十惡之人着過刀／厚力鎮在蓬州城，知賊敗走欲走行，被人拿解澄海去，送交吳府大老爺／吳府將伊重凌遲，千下藤條肉都迷，又再將伊掠來釘，偖前號令人知機／死了亦無棺收埋，扛在溪坮散屍骸，首惡之人逃不得，一個除了又一個／如珠走在旗頭鄉，被人掠伊到海陽，交乞汪爺海陽縣，立即審問伊言章／問那是真賞伊銀，升堂就來問口供。如珠跪在公案下，汪爺一言問伊身／如珠豈是爾一人，爾當實說勿包藏。如珠自知亞不得，小人正是對爾言／汪爺聽言無虛情，一言再問如珠身，爾鄉幾人去入會，爾可一一說分明／如珠自想在心中，欲死來死我一人，何必將我叔孫累，主意以定稟一言／入會惟我交已身，我鄉人人都正經。我招人人都不肯，小人不敢呾虛情／汪爺嘗伊是虛言，爾鄉既是正經人，單爾一身去入會，該當阻爾禮正通／如珠又再稟太爺，人人阻我我不聽，鄉里是我第一嘲，阻我不得任我行／汪爺聽着有理儀，又再一言盤問伊，既然人阻爾不得，豈有父母共妻兒／若有就得阻爾身，放爾來做這事情，

剿家滅族之罪過，敢不阻爾罪重重／如珠再訴大人知，小人無父又無
媛，妻兒乃是我管下，阻亦不得任我來／太爺免再問是非，是我自作
共自爲，任在太爺加我罪，死亦情願怨是誰／汪爺問了記口供，畜生
敢做敢就承，雖然做賊仗義漢，自己認罪不用供／解見府道再問伊，
口供相全無差遲，發令將伊去碎刈，庫中取出一千銀／賞乞旗頭掠伊
人，官出賞格無反言。如珠二名以擒獲，掠緊忠恕無放雙／再唱忠恕
逃走離，自伊起義豎白旗，害人亦都不計算，豈不怨鬼兒緊邊／心欲
走遠無路行，又聞後邊叱掠聲，心寒膽冷不敢走，想欲走去歇親情／
又恐親情心戰競，恐畏累及伊一身，不如來去漳砂隴，歇在同年就穩
心／共伊結交做同年，來來往往仝心機，趁夜來去伊家歇，伊定耽承
免驚疑／立定主意在心情，日間店山夜來行，乘夜來到漳砂隴，到處
就叫全年名／陳風就是伊同年，聽人叫聲出門閭，看着夭是全年到，
心內半喜半驚疑／驚者驚畏畏伊人，喜者喜銀到家中。明知官府出賞
格，掠伊獻乞得花紅／就接全年到內頭，叫伊不可大聲喉，爾我全年
是至愛，出破恐畏官來抄／忠恕不敢說高聲，低聲呾乞全年聽，我今
還了心不死，再欲起義奪潮城／奪得清朝個江山，爾我全年全榮華。
我正到來覓兄爾，欲走別處心不安／恐畏別人貪錢銀，掠獻官府賣我
身，我的性命就難保，來爾家中我安心／陳風口是心想非，叫聲同年
勿走開，爾來我家實穩當，出破生成天欲追／叫妻煮卵來抑驚，忠恕
在只安心情，誤定全年無出破，店緊不敢出門行／錢銀一道動人心，
人人見銀目就金，四處賞格掠忠恕，亦都出有四千銀／陳風假好敬全
年，暗靜外頭探事機，探聽官府個賞格，出有四千個花邊／一場富貴
在只來，回家呾乞妻子知，快快雞掠來殺，隻雞隻鵝做一剖／剖了
奉獻我全年，食飽掠伊來賣錢。周氏聽了笑一句，君爾袂是小孩兒／
欲將年叔賣乜人，值人欲買伊一身，小兒賣乞人做子，女人重賣重嫁
翁／大豬好賣分人剖，人討年叔做乜個？陳風詈妻無中用，富貴到手
爾不知／做豬賣得若多錢，聽我說明爾知機。官府四處出賞格，頭名
就是我全年／將伊獻出銀四千，豈不富貴天送來。周氏聽說心大喜，
夫爾不呾我不知／快快持出大方刀，剖雞剖鴨共剖鵝，一桌備辦十二
菜，海參鮑魚共燕窩／豬肝熬肉鳥耳鰻，木耳拏來炒豬肝，豬腸豬肚
雞鵝鴨，湊來對對十二盤／擺做一桌貢貢香，一瓶美酒狀元紅，就請
全年來對飲，一桌單欲伊二人／忠恕坐席明白知，全年一定是貪財，

將我獻官無差錯，地獄無門自進來／今欲逃走難脫身，豈料全年不認真，畫虎畫皮難畫骨，知人知面難知心／強志來飲無推辭，飲到半席叫全年，今爾這般厚敬我，無可報答爾恩儀／情願乞爾掠獻官，問爾喜歡不喜歡。陳風聽了呵呵笑，叫聲同年不相瞞／非我同年不良心，官出賞格四千銀，前後鄉紳俱知道，留爾居住有禍根／日後那里無人知，定乞別人掠出來，我無得銀未打緊，向且累我罪萬千／夜日想破我心腸，想來並無別生門，無奈將爾來出首，望勿見怪不耽當／牽成全年做富人。忠恕冷聲應說言，全年爾是長壽寺，肥水袂過別人田／若不爾刣不過心，到底是我命生成，我今共爾說明白，我命如今活不能／世人返死無相干，乞我威風數月間，前呼後擁八抬轎，死得清揚強別人／三頓欲食爾勿拖，燒雞燒鴨燒蛤婆，好物食得亦享福，後生頭殻來掠刀／陳風連忙應全年，任爾欲食我無辭，只是恐爾食不落，見欲之物捧到邊／就將忠恕禁在房，三湌珍味敬伊人。陳風自己上城去，直到海陽衙門中／手駕賞格近衙前，門上呾乞差人知，我欲出首吳忠恕，快稟太爺乜安排／門上衙役聞知機，就叫陳風待一時，爾已見知吳忠恕，欲來出首功如天／言罷進衙稟大爺，外有一人到只行，伊人兜住吳忠恕，欲來出首太爺聽／知縣聞說喜萬千，即召陳風進堂來。陳風進堂跪下去，一言告稟太爺知／小人名風姓是陳，隴上是我敝鄉邦。我鄉從善無會賊，忠恕走在我家中／早日共我做全年，那因會散逃走離，明知太爺出賞格，就做有翅難飛天／乘夜走到我家中，求我家內伊安藏，小入雖是愚民輩，朝廷法律頗知端／不敢居容伊一人，恐畏與伊罪相全，故此到只來出首，望爺發落吩咐言／汪爺聽呾無虛情，就共陳風呾知因，待我本縣回府道，然後正來發兵丁／去解忠恕到只來，認定無差銀交還，四千個銀不負爾。言罷就去見道台／府道一齊盡知機，立即發兵無延遲，五百勇壯去押解，做個柴籠好禁伊／陳風引路就起行，一路人物盡風聲，是欲去掠吳忠恕，個是真言個事情／前日風聲是虛言，有人呾在彩塘中，有人呾伊在新寨，南湖吳姓加富人／欲來扶伊再開旗，無影無蹤個事機。今在隴上真無假，是去歇伊好全年／人說全年好相交，相好正好賣伊頭。有人說呾不好遇，底人見銀涎不流／四千個銀八十封，食得世人袂食完。全年相好銀不趁，別人掠伊命亦亡／何不牽成伊同年，一句一人議論伊。勿唱路中人談論，已到隴上鄉里邊／鄉里之人全不知，忽然做有官兵來，

男婦老幼欲逃走，陳風凶凶拼頭前／就叫叔孫恁勿驚，俺鄉平安無事
情，做有官兵來剿根，是欲來掠忠恕兄／伊人共我做仝年，叔孫恁豈
不知機，今日走在我店內，我去報官來掠伊／一來免累根鄉邦，二來
牽成我一人，四千個銀分我趁，今共叔孫恁實言／眾人聽着只話機，
正不着驚免走離，盡咀阿風有財氣，亦是好得個同年／乞伊趁有四千
銀，忠恕來在伊家庭，全然無人得知道，成伊趁銀是生成／陳風來到
伊家中，請出同年伊一人，忠恕出來呵呵笑，人人呵囉志氣昂／如此
可爲大丈夫，敢做敢當不受輸，啼哭不是真君子，命中該死反不浮／
差人掠伊落柴籠，亦無躊躇一時間，將伊起解押上府，一員武官督伊
人／陳風隨後兌領銀，忠恕起解在路程，來到半路浮洋市，有人不識
伊一身／相爭來看忠恕哥，不知容貌生如何，有人看了發一笑，雙眉
彎彎如刀刀／個額鵠鵠不成骸，無貌自然無人材，做敢想欲做皇帝，
命仔短短解去剖／有人又再說平生，伊雖無貌天有星，做個會頭非小
可，雖反不浮算名家／正能會到障多鄉，害到潮州飛飛洋，可惜不是
皇帝命，正反不浮無樣張／人人咀東又咀西，忽然解到潮州來，通城
之人相爭看，忠恕就是只一個／是乜人樣敢想癡，敢來圍困阮城池，
爾亦害人害得好，今日爾就知價錢，癡想一刀將爾剖，寬寬來刈爾就
知，貓籠乞爾坐好好，欲好豬籃找爾來／忠恕不聽耳假聾，任人咀西
共咀東，押見府道海陽縣，眾官全問伊一人／就罵忠恕罪非輕，爾乃
一個小愚民，爾敢大膽想謀逆，害盡萬萬個生靈／今被拿獲到只來，
有何言辭咀來知，忠恕就應免多話，欲殺便殺剖便剖／敢反敢當不乞
刀，反不過手我命無，反得過手剖盡爾，好怯二路死不拖／眾官聽說
免問伊，是真忠恕免用疑，就賞陳風來出首，發出四千個花邊／交乞
陳風伊一身。陳風收起喜滿心，一場富貴回家去，乞人罵僥名不清／
府道知縣有安排，詳文澄海吳府知，報說掠着吳忠恕，問伊如何主意
來／差人遞文澄海城，投上吳公大老爺，吳府拆開文書看，掠着忠恕
喜心情／即批文書乞道台，欽犯本該解省剖，但省中還茹亂，將伊
問梳碎屍骸／差人帶文到潮城，眾官者將吳府聽，此時召出吳忠恕，
解出甲場就起程／利利鐵釘縛做梳，梳到肉碎命正休。今日除丟吳忠
恕，可無後禍心免憂／看爾賊今掠來剖，惡人自此知驚駭，天年過劫
雖注定，人着從善正無災／所死儘是十惡人，可見報應無漏針。隆都
阿梅會自散，掠伊未着不該已／忠恕來死袂臭初，可笑阿十真正愚，

無端覓事做會首，死了戮屍掠過刀／鄉里未定未平安，全在王爺一個人。四處未平難究辦，未知尾來乜形藏／歌文乃是勸世情，事是天理中中真，遲報速報終有報，天地庇佑良善人／

参考文献目録

―――――――

I 日本語論著

尾上兼英「東南アジア華人社会における伝統芸能」(1)，(2)，(3)，『中国小説史研究』汲古書院，2020 年 1 月

神田由築『近世の芸能興行と地域社会』東京大学出版会，1999 年 6 月

酒井忠夫『中国幇会史の研究』青幇篇，国書刊行会，1987 年

―――――『中国幇会史の研究』紅幇篇，国書刊行会，1988 年 2 月

中里見敬・松浦恒雄編『濱文庫戯単目録――中国芝居番付コレクション』花書院，2021 年

田仲一成『中国祭祀演劇研究』東京大学出版会，1981 年 3 月

―――――『中国演劇史論』知泉書館，2021 年 1 月

―――――『香港粤劇研究』汲古書院，2024 年 6 月

―――――「粤東天地會の組織と演劇」，『東京大学東洋文化研究所紀要』第 111 冊，1988 年 2 月

―――――「シンガポール潮僑の組織と演劇」，『創大アジア研究』No.12，1991 年 3 月

藤野真子『上海の京劇――メディアと改革』中国文庫，2015 年 3 月

星斌夫『明清時代交通史の研究』山川出版社，1971 年 3 月

増谷達之輔『上海劇壇と幇との関係』興亜院華中連絡部，調査報告シアリーズ第 37 輯，1940 年 7 月

II 中文論著

陳非儂「粤劇六十年・粤劇的例戯」，『大成』第 77 期，香港大成出版社，1980 年 4 月

陳国屏『清門考源』初版，出版社不明，1932 年

―――――『(重訂加註) 清門考源』再版，上海中和社，1939 年 10 月

―――――『(重訂加註) 清門考源』3 版，聯宜出版社，1946 年

陳育崧「新加坡開埠元勲曹亜珠攷」，『南洋商報』1970 年 1 月 1 日

―――――「厦門小刀会与五虎祠」，『星洲日報月刊』第 4 期，1938 年

李馨『柔仏潮僑概況』(潘醒農編著『馬来亜潮僑通鑑』シンガポール，南島出版社，1950 年)

参考文献目録　　　　　407

梁沛錦『粤劇劇目通検』香港三聯書店，1985 年 2 月

林淳鈞・陳歴明『潮劇劇目匯考』広東人民出版社，1999 年 9 月

羅爾綱「一部新発見的天地会文件鈔本」，『国立北平図書館館刊』第 8 巻第 4 号，
　　1934 年 8 月

秦宝琦『清前期天地会研究』中国人民大学出版社，1988 年 7 月

譚正壁・譚尋編『弾詞叙録』上海古籍出版社，1981 年

田仲一成『清代地方劇資料集』東京大学東洋文化研究所東洋学文献センター，1968
　　年

――――，譚恵芳訳「十九世紀末期与二十世紀新加坡潮人組織与演劇活動」，『亜洲
　　文化』第 16 期，十周年紀念特輯：東南亜華人与中国文化専号，新加坡亜洲研究
　　会，1992 年 6 月

――――「新加坡『五虎祠』義士考――潮州天地会会党与新加坡義興公司的関係」，
　　『慶祝饒宗頤教授七十五歳論文集』香港中華書局，1993 年 9 月

呉華『新加坡華族会館志』新加坡南洋学会，1975 年，第 1 冊「義安公司」，第 2 冊
　　「曹家館」

呉奎信「潮州歌冊《呉忠恕》的人民性与歴史意義」，『潮学研究』6，1997 年

香港三棟屋博物館展観目録『粤劇服飾』（1989 年）

香港赤柱街坊会『春節聯歓暨天后宝誕特刊』彩佳紅劇団戯単『九環刀濺情仇血』
　　1979 年農暦 3 月 23 日

蕭少宋「中山大学 " 風俗物品陳列室 " 旧蔵湖州歌冊的現状与価値」，『文化遺産』2009
　　年第 4 期

――――『湖汕本土題材湖州歌冊整理与研究』深圳報業集団出版社，2017 年

薛汕（湖州語言注釈）『湖州歌冊選冊』下巻，1992 年

鄭文輝『新加坡的私会党』シンガポール新文化機構出版，1981 年 9 月

中国人民大学清史研究所編『天地会』（1）－（8），中国人民大学出版社，1981-88 年

荘吉発『清代天地会源流考』国立故宮博物院，1988 年

荘欽永「社公廟神主牌研究」，『星洲日報』1985 年 7 月 13 日，20 日，8 月 10 日，17
　　日

――――「社公廟神主牌研究」，『新加坡華人史論叢』新加坡南洋学会，1986 年

――――『噴叻峨嘈五虎祠義士新義』南洋学会，1996 年

III　中文文学作品

闕名撰：潮州歌冊『呉忠恕全歌』8 巻，湖州瑞文堂刊本

闕名撰：弾詞『安邦志』20 巻，『定国志』20 巻

闕名撰：潮州劇『趙少卿』シンガポール，唱片カセット

王彩民・江皓民拠弾詞整理改編（章回小説）『安邦志』黒龍江人民出版社，1988 年 5
　　月

Ⅳ 英文著作

Barbara E. Ward: The Red Boat of the Canton Delta: A Historical Chapter in the Sociology of the Chinese Regional Drama,1980, Gustave Schlegel: *Tian Ti Hwui,The Huang League. or Heaven-Earth League. A Secret Society with the Chinese in China and India*, Batavia: Lange, 1866

あ　と　が　き

　稿を終えるにあたり，本書が依拠した主要な資料について，その背景
を記しておく。

　まず，上篇「青幇と演劇」において主要な依拠資料として利用した増
谷達之輔氏の『上海劇壇と幇との関係』（『興亜院華中連絡部調査報告シ
リーズ第 37 輯』，昭和 15 ［1940］年 7 月）は，時日を忘却するほどの昔，
おそらく 1970 年代前半に，斯波義信教授から恵贈を受けたものである。
この資料がなければ，本書は成立しなかったであろう。貴重資料をお送
りいただいた斯波先生に感謝申し上げる。

　この調査報告の著者，増谷達之輔氏は，鳥取県出身，旧制第四高等学
校を経て，東京帝国大学文学部社会学科を卒業。興亜院華中連絡部調査
班に入り，上海で青幇の研究をし，1940 年にこの報告書を公刊した[1]。

　　1）　増谷氏の経歴の詳細は不明。おおむね，次の通りである。
1903 年，鳥取県に生まれる
1923 年，第四高等学校（文科乙類）卒業
1926 年，東京帝国大学文学部社会学科卒業，帝大セツルメントに参加
1939 年，興亜院華中連絡部に入り，上海で調査研究
『日本都市社会学会年報』16・1998 (29) 特集論文：中筋直哉「磯村都市社会学の揺籃─東
京帝大セツルメントと戸田社会学─」に次のように記す。
　　磯村の卒業論文は，セツラー仲間の青木亭，増谷達之輔との共同研究の成果である。た
　だし，その対象は【セツルメント】の近隣ではなく四谷区であり，調査法も交番に備え
　付けられた「戸口査察簿」の収集・集計であり，共同執筆でもない。服部（之聡明）た
　ちのそれとは趣を異にするものである。しかし，とにかく 3 人の論文題名を並べてみよ
　う。増谷達之輔「社会学の対像としての社会事実」。青木亭「四谷区における貧富別出産
　率の社会学的研究」。磯村英一「貧富別出産率と社会的威圧」。3 本とも今読むことは困
　難であるが，おそらく戸田（貞三）の論文「家族結合と社会的威圧」（1925 年刊，『家族
　の研究』に所収）に基づく一方で，増谷の題に明らかなように E. デュルケームの社会学
　方法論を採用したものでもあった。磯村自身の回顧では，それは彼のアイデアであった
　という。この時代に，出生率の低下で問題になっていたのがフランスの社会，特に都市
　は「人口の墓場」という諺さえあった。そこで理論的追求の原点として，フランスの社
　会学者デュルケームが浮かんでくる。戸田（貞三）先生は，デュルケームなら，田辺寿
　利という男が勉強しているから，これから指導を受けよということではじめて出合いと

あとがき

なお，酒井忠夫『中国の幇会史の研究』青幇篇（国書刊行会，1997 年 1月）第 7 章【附】に「上海劇壇と幇との関係」と題して，増谷報告を紹介している。しかし，増谷氏が依拠した陳国屏『清門考源』再版本を参照することなく，増谷氏が見るはずもない 1946 年第 3 版によって，増谷報告を批評している。したがって，その批評には，意味のない議論が少なくない[2]。本書としては，偏見を含む酒井氏のこの批評を考察の外に置き，増谷報告と『清門考源』再版本に全面的に依拠し，民国時期における上海青幇と演劇人との関係を検討した次第である。

次に，増谷報告の基礎となった『清門考源』再版本は，前言でも記したように，中国人民大学文学院教授，呉真博士から恵贈を受けたものである。この書の初版本（1936 年）と，第 3 版本は，日本の公共機関に蔵せられているが，再版本は，国立情報研究所の検索情報にも所蔵機関が見えない。おそらく国内の公共機関には，所蔵されていないのではないか，と思われる。呉真博士も，中国の公共機関の蔵書ではなく，これを

───

なる。しかし，率直にいって，それでは田辺先生から直接デュルケームの理論をきいたかというと，ほとんどない（磯村，1982b, p.5）。

なお，増谷氏は，1945 年，上海から帰国後に東京で，青少年問題などの社会調査に取り組んだあと，郷里，鳥取に帰り，鳥取短期大学の創立にも参加している。旧制四高同期の興地實英氏（旧制浦和高校ドイツ語教授）のご息女，中村摩利子氏に依頼して，増谷氏の戦後の消息を打診していただいたが，十分な情報は得られなかった。

2）酒井論文は，次のような問題点を含んでいる。

○酒井氏は『清門考源』再版本を見ずに第 3 本によって増谷報告を批評している。酒井論文には，青幇の領袖，張嘯林について記した箇所に，再版本を見たかのような記述があるが，論文全体を通観すると，再版本を見ていないことは明らかである。

○酒井論文は，増谷報告に黄金栄の名がないのを疑問とするが，それは『清門考源』再版本に黄金栄の名がないためである。増谷氏の遺漏ではない。

○酒井論文は，増谷氏の姓名を記さず，「興亜院の出先官吏」とのみ記す。増谷氏を研究者とは認めておらず，報告の内容に対する敬意を欠いている。

○酒井論文は，増谷報告所載の青幇人物は，すべて『清門考源』に見出されると述べているが，本文で詳述したように，両者には，かなり出入がある。前者にあって，後者にないもの，逆に後者にあって前者にないものなど。

○酒井論文は，増谷報告における青幇人物の職業記述が『清門考源』（3 版）より詳しい点を評価するが，増谷氏は『清門考源』再版の記事をそのまま転記しただけで，独自の調査をしたわけではない。的外れの批評というべきである。

○増谷報告には，『清門考源』3 版の人物欄に注記されている仁社，恒社，栄社などの所属記載がない。酒井氏は，これを現代政治に対する増谷氏の無関心の結果とするが，増谷氏が依拠した再版本には，この種の社についての記載はない。増谷氏がこれを記載しないのは当然であり，増谷氏を政治的無関心とする批評は，全くの的外れである。

あとがき　　411

所持する個人研究者を捜し出し，その蔵書を借り出して，コピー（電子データ）を送ってこられたのである。再版本を見なくては，増谷報告の苦心と真価は，論証しようがなかった。呉真博士の恵贈の恩恵は，計り知れないものがある。

　下篇では，その主要史料とした社公廟の神位人物について，神位を開くことを許可していただいた廟祝の黄鴻泰氏に感謝したい。元来，位牌は，これを奉祀する遺族から見れば，神聖にして犯すべからざるものである。2枚の板を張り合わせ，釘で止めてあるが，その釘を外して中身の記載を見ることは，遺族でなければ許されないことである。この神位群の最初の研究者である。陳育崧氏も，「曹亜志」の神主，一つだけを開いただけで，他の神位は，開いていない。神位を故人の分身として尊重している中国人としては，当然のことである。私自身も位牌を開くことには，躊躇する気持ちが強かったが，開かなければ，人物の生存時期や本籍もわからないことから，黄氏に学術調査の為である旨を告げて，開くことを許可していただくようにお願いしてみた。黄氏は，この廟は，早晩，解体され，位牌もどうなるかわからないので，特別に許可するという判断を示された。望外の幸運というほかはない。私は，深い感謝の念をもって，黄氏の立会いの下で，上段の古い位牌から順次に下におろし，釘を外して，位牌を2つの板に分解し，裏面に細字で朱書してある文字をノートに写していった。この作業には，3時間を要した。中には，何も書かれていない位牌もあったが，30基ほどの位牌には文字が書かれており，重要な資料を獲得することができた。その成果は，本文に示したとおりである。私は，1978年以来，香港で祭祀演劇の現地調査をしてきたが，この時ほど，興奮したことはない。陳育崧氏以来，長い間，謎に包まれてきた社公廟の人物像が一挙に明らかになったことは，私の研究人生の中でのクライマックスということができる。黄氏にはいくら感謝しても感謝しきれない。

　次に感謝したいのは，粤劇俳優の戯船，いわゆる紅船についての調査記録を恵与されたBarbara Ward教授である。教授は，長い香港での調査歴で培った人脈を生かし，往年の紅船子弟の古老を訪ね，紅船の復元図を作成された。この方法は，現地調査に豊富な経験を積まれたBarbara Ward教授でなければ，思いつかなかったであろう。当時，私は

あとがき

しばしば，教授のお供をして，新界の離島で行われる天后や洪聖王の誕辰祭祀を見学していた。ほとんど毎日，教授と会って話をしていた。そのためか，教授は完成したばかりの紅船復元図を私に恵与されたのである。古老の何友彬氏からの聞き書きに拠ったこの復元図を，私は，自著の『中国祭祀演劇研究』に Barbara Ward 教授作図として掲載した。拙著に載せたこの図は，その後しばしば，後続研究に転載されている。本書における，戯船に関する論述は，この図を基本に考えたものであり，Barbara Ward 先生の学恩に拠っている。

なお，巻末【附録】Ⅱに提示した潮州歌冊『呉忠恕全歌』8 巻は，1990 年代初期に上田望氏（当時，東京大学大学院生，現在，金沢大学文学部教授）から贈られたものである。潮州語で書かれていて，長い間，利用できずに死蔵してきたが，この度，中国人民大学文学院教授呉真博士（潮州籍）の協力を得て，比較的詳細な各巻梗概を原文と共に提示した。併せて，2000 年代に入って潮州歌冊の研究に着手された中山大学の蕭少宋博士（現在，華南師範大学講師）の『呉忠恕全歌』に関する研究成果（テキスト筆録）を参照することができた。上田博士，呉真博士，蕭少宋博士のご好意に対し，衷心より感謝申し上げる。

以上，本書の執筆に関して，直接間接にお世話になった方々に対する謝辞を記した。改めてこれらの方々から承けた学恩に感謝申し上げる。

　2024 年 5 月 31 日

田　仲　一　成

索　引

あ　行

阿為〔俳優〕　368
悪虎村（劇名）　122
阿姑女〔陳姓〕　378
阿受〔童乩〕　379
亜媽（三合会）　232
阿六〔陳十兄〕　380, 388
――〔極刑〕　391
安国夫人（小説）　249
安清道友会　5
庵埠郷（海陽県）　167
――〔地名〕　339
安邦志（章回小説）　248
安邦志小説（故事）　248
安邦定国誌（弾詞）　240
意渓〔上畔〕　376
隠語（三合会）　232
陰兵〔上帝〕　317
烏面宮　351
烏門（大族）　365
烏龍院（劇名）　115, 122
運官　18
雲歩〔忠恕軍〕　367
永安公司　97
栄華亭（合影写真）　38
栄金大戯院　73
永豊大　180
英連邦最高法院　97
栄老〔先鋒〕　377
――〔許洋〕　377
――〔陂岡〕　377
易品山（粤劇正旦）　230
粤海清廟　176
――（全景写真）　177

――（屋根装飾写真）　177
――（宗祠式門檻写真）　177
――（天后神像写真）　178
――（玄帝神像写真）　178
延安劇場　118
演戯（孫文）　234
演戯三本（鉄尺会）　234
袁克定（袁克文伝）　128
袁克文（合影写真）　39
――（興武六・大）　126
――（小伝）　126
――（小生、丑角）　128
袁世凱（張仁奎伝）　77
――（袁克文伝）　127
煙墩〔語中恕軍〕　377
押運　12
押運通判　18
王玉芳（京劇俳優）　118
王近仁（澄海県武官）　167
王恵籤（饒平県知県）　169
汪桂芬（京劇俳優）　117
王彦章撐渡（劇名・李文茂）　216
王鴻寿（興武六・大）　121
――（京劇紅生）　121
王興順（外沙郷富戸）　166
――〔外沙〕　314, 316
王鴻福（天蟾舞台）　115
王虎辰（劇作家）　117
王三槐（民族英雄）　23
王三酒（鉄尺会）　233
王順福（京劇旦角）　119
王少楼（共舞台）　119
汪政（潮陽知県）　167
王姓〔外沙〕　317
――〔水吼橋〕　351
――〔烏面宮〕　351

―〔水吼橋〕　352
王正紀　6
―（民族英雄）　22
欧西戦争　187
翁祖　5
汪太爺〔海陽〕　367
汪知県〔海陽〕　317
王椿柏（共舞台）　117
―（小伝）　116
鷗汀〔地名〕　350
鷗汀寨（澄海県）　167
横渡〔地名〕　351
王富英（河北→上海）　112
―（青幇）　112
―（天蟾舞台）　116
―（幇派不明・無）　131
―（小伝）　131
―（常玉清門生）　131
―（天蟾舞台）　131
王明華（梅蘭芳夫人）　119
汪爺〔潮州知府〕　388
王爺〔饒平知県〕　388
王毓楼（京劇武生）　119
王蘭英（劇中人物）　115
横隴〔抵抗忠想〕　365
応和会館　180
翁（日本）　267
和尚亮〔夢兆〕　302
尾上兼英　158
恩勲義士　150
温後幇　26

か　行

海晏　180
海運　8, 28
悔過書（黄金栄伝）　72
回空限単　17
開元前〔潮州〕　367
海唇福徳古廟（大伯公）　180
会党（清稗類鈔）　28
海碧霞（刀馬花旦）　117

回鸞　183
花園〔入会〕　387
嘉応州客家　180
嘉海衛（浙江省）　10
―（清末人物表）　34
―（清末期概要）　30
―（民国期人物表）　58
―（民国期概要）　61
郭佳（巡按）（劇中人物）　251
郭長腿（鉄尺会）　234
郭廷集（海陽県紳士）　170
楽明義士　142
学爺〔龍湖郷紳〕　326
駕桂齢（通判）　167
夏月潤（王鴻寿門生）　125
嘉興衛（民国期人物表）　58
―（民国期概要）　61
嘉興街　183
―（怒吻基至皇家山脚）　185
華光大帝（紅船）　224
過五関（劇名）　121
火焼紅蓮寺（劇名）　118
火焼第一楼（劇名）　125
河清　180
下陳郷〔地名〕　315
割髪代首（劇名）　124
嘉白（清末人物表）　35
―（清末期概要）　31
―（民国期人物表）　60
―（民国期概要）　61
賀抜金（詞中人物）　241
何標（粤劇接戯員）　228
家廟　8
画舫　222
何豊林　88
河北梆子劇院　120
華洋義販会　99
華容道（劇名）　121
哥老会（清稗類鈔）　28
　　　　　8
観画跑城　122
韓虎　76

漢皋宦海（劇名）　123
漢津口（劇名）　121
韓素秋（天蟾舞台）　116
──（小伝）　116
関帝信仰（鉄尺会）　234
官兜〔抵抗忠恕〕　365
鶴塘郷（海陽県）　169
観音老母（戦艇）　227
咸豊賊〔罵言〕　362
旱碼頭　28
──時代　8
鶴隴（十排）　168
冠隴〔武装・鄭都爺〕　365
官話（粤班）　229
義安郡　182
──（義安公司）　184
義安公司　155
──総経理　179
季雲卿（張嘯林伝）　80
揮監三拉（劇名）　122
帰湖〔献金〕　387
戯行　220
義興公司　139, 157
──（粤幇）　181
崎山〔地名〕　350
戯祖師（王鴻寿）　123
吉慶公所（粤班）　229
旗丁　14, 15
客社　183
──（応和会館，茶陽会館）　184
九環刀濺情仇血（故事）　261
九更天（劇名）　122
救済東北難民游芸会　82
牛門〔抵抗忠恕〕　365
許亜梅〔叛徒頭目〕　341
──〔叛徒頭目〕　349
姜維新　101
侠客（日本）　267
龔梓安（青幇）　42
──（大字派）　43
郷紳　306
──〔龍湖〕　327

──〔下塘〕　388
共進会　39
行政院参議（杜月笙伝）　88
教鐸義士　142, 150
橋辺飲水（天地会文献）　235
──（故事）　239
郷勇　168
──〔潮城南門桃山〕　338
許厳　174
許関爺　368
玉皇登殿〔登殿〕（演出）　245
許氏〔陳十妾〕　340
──〔陳十臨終〕　380
──〔極刑〕　390
許氏宗祠五房祠　326
許姓〔龍湖〕　326
──〔馬隴〕　353
許大弟〔龍湖〕　329
麒麟童〔周信芳〕（卡爾登）　114
義和団　76
金国梁（澄海県都司）　165
金祖　8
近代家裏知聞録　44
金廷蓀（劇場経営）　106
金碧艶（興武六・通）　128
──（袁克文門生）　128
──（京劇旦角）　128
空船　12
虞洽卿　97
群英会（劇名）　131
軍界宿星（張仁奎）　77
瓊花会館　215
瓊花宮　220
京劇（改名粤劇）　228
渓竎　368
景元福（徽班名優）　122
京腔（粤班）　228
恵州海陸豊　180
瓊州社　182
──（瓊州会館）　184
瓊州幇　180
恵肇系　180

京班（改名粤班）　228
慶和堂（花旦）　232
月弓池（海陽西路）　169
歃嘴将軍　363
源心〔抵抗忠恕〕　365
玄天上帝〔澄海〕　315
阮慕白（合影写真）　39
呉阿欺〔呉忠恕長子〕　302
呉阿暁〔呉忠恕長子〕　302
──〔捕縛〕　390
──〔極刑〕　391
呉阿受（叛徒）　168
洪（三合会）　233
黄阿隆　162
黄炎培（杜月笙伝）　92
黄学勝（呉忠恕部将）　170
──（潮劇）　174
──〔北廂〕　377
港記公司（杜月笙伝）　90
公共租界巡捕　94
黄錦（青幇）　42
──（大字派）　43
黄金大戯院　73
黄金栄（小伝）　69
──（張嘯林伝）　80
──（杜月笙伝）　87
──（顧竹軒伝）　96
黄金栄掃大街　74
洪錦棠　139
高慶奎（興武四・通）　121
──（小伝）　121
──（王鴻寿門生）　123
広恵肇　183
──（広府系, 海唇福徳祠）　185
後溝〔抵抗忠恕〕　365
皇后衣冠〔鄭月英〕　368
公興倶楽部　87
黄鴻泰（社公廟廟祝）　157
黄悟空　160, 162
──〔叛徒〕　305
──蜂起関係地図　161
紅棍（三合会）　232

皇仔（三合会）　233
洪二和尚（三点会）　240
高士奎（合影写真）　38
杭四（民国期人物表）　60
──（民国期概要）　61
恒社　89
杭州右衛　14
黄州衛　14
広州血（劇名）　125
黄秀才〔掲陽〕　365
杭州前衛　15
洪秀全　219
杭州幇　12
──船　11
侯少坡（共舞台）　109
──（青幇）　109
──（河北→上海）　111
──（江淮泗・無）　120
──（小伝）　120
黄少白（青幇）　42
黄振億　87
更新舞台（張嘯林伝）　83
黄姓〔潮城教場頭目〕　339
──〔独樹〕　362
江西幇　13
──（蘆柴奪取）　28
高雪樵（天蟾舞台）　116
紅船　222
紅船子弟　221
紅船図（何彬友）　223
──（劉国興）　223
──（顧鴻見）　223
紅船地艇図（三棟屋博物館）　226
──頭船〔天艇〕図（三棟屋博物館）
　225
黄楚九（張嘯林伝）　80
江蘇省糧米幇　10
江蘇幇（蘆柴奪取）　28
洪泰鈞（民族英雄）　22
皇帝衣冠〔呉忠恕〕　368
鄺殿卿（粤劇武生）　230
紅頭賊（李文茂）　217

索　引　417

狡兎三窟　103
高二（鉄尺会）　234
高撥子　124
香妃（劇名）　115
高百歳（卡爾登）　109, 114
──（青靴）　109, 111
──（河北→上海）　131
──（幇派不明・無）　131
──（小伝）　131
──（京劇老生）　131
紅船子弟　218
紅布〔忠恕軍〕　315
紅布会　362
──〔解散〕　363
工部局　97
興武四（松江府）　11
──（清末人物表）　33
──（清末期概要）　30
──（民国期人物表）　49
──（民国期概要）　46
興武六（松江府）　11
──（清末人物表）　33
──（清末期概要）　30
──（民国期人物表）　51
──（民国期概要）　46
黄宝曹〔頭目〕　313
江北皇帝　94
──大亨　94
皇明義士　142, 150
候明義士　147
鴻門宴（劇名）　118
洪門大会（天地会文献）　235
──（六国封相）　235
──拝会（孫文）　234
厚力〔庵埠留守〕　350
洪令小旗　163
江淮泗（江蘇省）　10
──（清末人物表）　32
──（清末期概要）　30
──（民国期人物表）　47
──（民国期概要）　46
合和堂（小道具）　231

胡雲彪（詞中人物）　242
呉華　138, 141
呉漢（劇中人物）　115
呉漢母（劇中人物）　115
呉均　160, 174
──（潮州知府）　165
──〔潮陽〕　387
告御状（劇名）　122
涸渓〔陳十軍〕　366
胡啓安　98
呉奎信論文　171
古巷（十排）　168
湖広漕船　11
五虎祠　138
──義士生卒年表　152
──義士籍貫表　154
──神位群写真（遠景・近景）　145
──神位写真（表＆内部）　146
五虎大将〔忠恕軍〕　328
呉作舟（楓渓郷廩生）　167
顧四（顧竹軒）　94
──爹爹　100
古秋田（粤劇武生）　230
顧祝同　94
顧叔平　102
古城会（劇名）　118, 121
呉省三（合影写真）　38
顧松茂　95
蜈蚣嶺（劇名）　120
五祖　137
顧竹軒（小伝）　94
──（劇場経営）　107
呉忠恕（彩塘博徒）　165
──（捕縛）　171
──（潮劇）　173
──〔出身〕　302
──〔容貌〕　354
──〔逃亡〕　391
──〔極刑〕　391
──軍（歌冊）　171
──軍〔盗賊行為〕　354
──女〔極刑〕　391

──女玉芸　174
呉忠恕妻月英（潮劇）　173
呉忠恕蜂起関係地図　166
胡蝶杯（劇名）　120
呉潮文（三点会）　240
虎頭湾　26
顧乃錦　103
湖南幇（蘆柴奪取）　28
胡文耀（民族英雄）　22
湖北巡撫　13
湖北幇　12
呉鷹揚（粤劇小武）　219
虎牢関（劇名）　121
葫蘆市〔地名〕　350
棍徒　9

さ　行

蔡阿〔西門〕　315
蔡阿旺〔忠恕使者〕　315
蔡阿金〔頭目〕　313
蔡阿和妻〔蘇姓〕　378
蔡家囲　168
蔡家口　12
祭五祖（天地会）　231
蔡姓〔西門〕　317
彩塘郷（海陽県）　165
彩塘市掃蕩〔劉知県〕　318
歳晩酬神　184
作足爺〔横隴〕　304
沙瀧〔南門〕　377
三街六巷〔潮州〕　367
三角符（三合会）　233
斬華雄（劇名）　121
斬顔良（劇名）　121
三鑫公司（張嘯林）　81
──（杜月笙）　87
斬経堂（劇名）　115, 121
三結義（劇名）　121
三合会　171, 232
三合水（三合会）　239
三国演義　125

斬車冑（劇名）　121
三十六呪（三合会）　233
三娘〔春娥〕（劇中人物）　237
三色大亨　81
山神〔地〕　314
三星舞台　96
三祖時代　7
三点会　240
山東巡撫　26
三八二十一（三合会）　233, 240
──（橋頭飲水）　239
散発蜂起時代　7
三部爺　316
山辺東〔抵抗忠恕〕　365
三北輪船公司」　97
三門街（劇名）　123, 129
斬熊虎（劇名）　121
仔（三合会）　233
慈雲太子出世（劇名）　118
慈禧太后　76
紫娟（劇中人物）　251
時事新戯　125
七侠五義（劇名）　114
七聖宮〔西門〕　387
志明義士　142
謝栄輝〔新会文秀才〕　328
謝王隊三姓〔外沙〕　314
社公廟　138
──外観写真　144
──地址図　138
──内部写真　144
──平面図　143
沙千里（杜月笙伝）　92
謝北（粤劇接戯員）　228
上海各界抗敵後援会（杜月笙伝）　89
上海京劇団　118
上海劇壇　44
上海市地方協会（杜月笙伝）　89
上海青幇（人物記載比較表）　63
──（水運時代の残影）　64
──（人物原籍分布表）　65
──（警察権力）　66

索　引　　419

──（商工業）　67
上海党政統一委員会（杜月笙伝）　90
上海小刀会　151
周永泉（京劇俳優）　118
周恩来（黄金栄伝）　73
──（顧竹軒伝）　101
周蓋臣（合影写真）　39
周少麟（海派京劇）　118
十三姓　179
周信芳（卡爾登）　114
──（小伝）　114
──（王鴻寿門生）　123
重船　19
十排郷勇　170
十排公所（海陽城内）　168
十八羅漢（戦艇）　227
舅父（三合会）　232
周仏海　84
周瑜帰天（劇名）　117
周翼華（劇場経営）　107
宿再興（民族英雄）　22
祝寿銭（三合会）　233
祝同花園　98
朱光鼎（楓渓郷貢生）　167
寿山（鎮台・潮州）　169
寿氏（総鎮）　329
出世（三合会）　232
朱毛俚（民族英雄）　22, 23
朱揚声　86
春娥〔三娘〕（劇中人物）　237
順興街　183
──（十三行）　185
順豊街　183
──（十八渓乾）　184
招安　267
鍾英才（龍渓郷紳士）　169
蒋益澧（按察使）　218
蒋介石（張仁奎）　77
蕭何月下追韓信（劇名）　115, 117
常玉清（幇派不明・通）　131
──（京劇俳優）　131
──（小伝）　131

湘軍　219
蒋経国　91
蕭元才（青幇）　42
──（大字派）　43
鍾鴻達（英才弟）　169
松江府糧米幇　11
淞滬戦争　100
鍾才（劇中人物）　174
湘子橋〔地名〕　367
鍾継（民族英雄）　22
鍾秀才〔蔡家囲〕　389
──〔東津攻撃〕　389
常州府糧米幇　10
常春恒（俳優）　97
升上（三合会）　232
少将参議（張嘯林伝）　81
──（杜月笙伝）　88
小説（東京夢華録）　266
章太炎（杜月笙伝）　88
章士釗（杜月笙伝）　92
蒋知府〔潮州〕　317
小八股党　87
饒平県　166
小放牛（劇名）　119
小孟七（王鴻寿門生）　125
襄陽衛　14
少林寺和尚　221
少林拳術　221
樟林〔抵抗忠恕〕　365
浄老〔外沙〕　316
徐策跑城（劇名）　115, 121
徐汝江（粤劇接戯員）　228
徐新六（杜月笙伝）　88
徐天徳（民族英雄）　23
徐宝山　76
芝蘭〔陳十次妻〕　340
史良（杜月笙伝）　92
清〔氵＋主＋月〕　155
洰〔氵＋月〕＝清〔欠主〕　156
新亜和平促進会　81
新安　6
新安派　9, 22

親衛（忠恕軍）　366

新艶秋（張嘯林伝）　83

辛亥革命　8

新加坡華族会館志　138

新郷仔〔西畔〕　377

新渓・下路〔地名〕　350

新好彩班（天地会文献）　235

清児〔罵言〕　362

清代天地会源流考　162

人牌（三合会）　233

清稗類鈔　28

冉文元（民族英雄）　22

深浦山〔拝会〕　302

人民行動委員会（杜月笙伝）　90

人民性（呉忠恕）　171

真命天子　313

神霊降臨（封相）　244

慎和堂（粤班）　229

──（事務）　231

新和堂（端役）　232

人和牌（三合会）　233

水運時代　9

水運復興時代　8

水淹七軍（劇名）　118, 121

酔軒撈月（劇名）　121

吹腔　124

水公（戦艇）　227

水滸伝　267

炊事（紅船）　224

水手　8

──（紅船）　224

──（衣物奪取）　27

──（火器）　24

──（火礟）　25

──（強盗殺人）　25

──（妻子）　19

──（私塩）　24

──（私貨）　26

──（樹木伐採）　26

──（鳥銃）　25

──（略奪）　25

──（蘆草奪取）　27

水手械闘　11

水賊　9

水頭〔東畔〕　376

翠屏山（劇名）　122

水母（戦艇）　227

水夜叉（歌冊）　352

正印花旦（封相）　244

──（封相）写真　247

聖王〔武按聖王・許遠〕　317

性空（民族英雄）　22

西湖山（海陽県）　169

青山亭　139

請神　182

清水会　5

青天〔天〕　313

斉天大聖〔官塘〕　379

西塘渡（海陽西路）　169

西南十排　168

盛丕華（杜月笙伝）　92

清門　9

清門教　5

青龍位（紅船）　224

西麗橋　20

石坑〔献金〕　387

石達開（翼王）　218

施公正（粤劇接戯員）　228

薛強（劇中人物）　237

節義廉明（劇名）　124

薛義郎（劇中人物）　236

浙江巡撫　13

浙江省糧米帮　10

浙江武備学堂　79

薛子羅（劇中人物）　236

薛保（劇中人物）　237

雪擁藍関（劇名）　122

千益会（粤劇同善堂）　230

銭新之（杜月笙伝）　92

先生（三合会）　232

銭祖　5

千総　17

──〔海陽〕　317

戦長沙（劇名）　121

索　　引　　　　　421

戦艇五艙（五祖）　227
──三艙（軍器）　227
──四艙（華光）　227
──七艙（廿一人）　227
──図（天地会）　228
──頭艙（紅米）　227
──二艙（紅柴）　227
──八艙（百八人）　227
──六艙（関帝）　227
仙田〔陳十軍〕　366
潜伏時代（青幇）　7
蘇阿偉〔風塘〕　377
蘇阿響〔潮城外〕　377
曹亜珠　139
曹亜志　139
荘阿清〔叛徒〕　305
漕運総督　18
漕〔押〕船通判　18
曹家館　138
荘吉発　162
荘欽永　159
創建功勲　142
蔥隍（大族）　365
荘参府〔海陽〕　317
曹氏〔道台〕　329
曹氏総墳　139
曾氏〔蓬州汛営〕　349
双珠球（劇名）　122
掃松下書（劇名）　121
荘姓〔上下〕　362
掃青松（劇名）　122
総漕　13
宋大漢（鉄尺会）　234
草台戯　96
双忠廟〔張巡・許遠〕　317
双刀会　160
──（荘吉発書）　162
双刀架起　163
曹符義　138
曹符成　140
曹府大公司　139
双鳳（清末期概要）　31

──（清末人物表）　36
──（民国期人物表）　60
──（民国期概要）　61
曹幼珊（合影写真）　38
草鞋（三合会）　232
曹履泰（巡道）　169
荘隴庄〔地名〕　350
素玉〔極刑〕　391
鍘美案（劇名）　118
蘇虎（詞中人物）　242
蘇秦（封相）写真　247
蘇姓〔潮城内〕　377
蘇陳二女〔水頭〕　378
蘇羅（天地会文献）　235
──（故事）　241
蘇蘭奇（民族英雄）　22, 24
孫永祥（青幇）　42
──（理字派）　43
孫慧本　6
孫慶芬（幇派不明・無）　131
──（京劇俳優）　131
孫姓〔潮城西湖山〕　338
孫文　234
孫鵬志（海派京劇）　119
孫彭龍〔田乾〕　377

た　　行

戴維祺（海陽紳士）　168
大園（大族）　365
大哥　314
大江南飯店　96
泰山亭　155
太子位（紅船）　224
大銃〔砲〕　362
大娘（劇中人物）　236
泰祥南貨店　96
大新公司　83
大生輪船公司　96
大世界　73
戴仙　162
泰知府　315

大八股党　　87
太平清醮　　184
太平天国時代　　7
太平天国（劇名）　　118
──（三合会）　　232
大劈棺（劇名）　　130
太保阿四　　71
大埔客家　　180
大馬籠〔地名〕　　351
待明義士　　142
大洋腹〔地名〕　　351
戴笠　　82
打漁殺家（劇名）　　114
卓興爺〔先鋒〕　　367
卓立義士　　147
打厳嵩（劇名）　　119, 131
打斎飯（劇名）　　125
舵手　　19
──（紅船）　　224
探陰山（劇名）　　118
童乱陳氏　　315
灘黄小戯　　125
弾詞叙録　　240
攤手五（張五）　　221
譚正璧　　240
単刀会（劇名）　　121
旦馬（封相）　　244
──（封相）写真　　246
団勇　　168
団練（海陽登栄郡）　　168
──（亀湖各郷）　　168
智取威虎山（劇名）　　114
地艇　　222
地牌（三合会）　　233
茶陽会館　　180
中央賑済委員会（杜月笙伝）　　90
中華共進會　　69, 81
中華実業信託公司（杜月笙伝）　　90
忠義　　267
誅寇義士　　147
誅寇車騎先鋒　　147
中国紅十字会（杜月笙伝）　　89

中国新社会事業建設協会（杜月笙伝）
　　91
中国通商銀行（杜月笙伝）　　89
中堂教子（天地会文献）　　235
──（春娥，老官）　　235
──（故事）　　236
忠烈義士　　147
中淮銀行（杜月笙伝）　　89
張蔚斎（合影写真）　　38
澄海城　　165
趙匡胤　　266
張錦湖〔張仁奎〕　　75
──（杜月笙伝）　　88
張勲　　76
張啓（粤劇小武）　　230
張桂軒（王鴻寿門生）　　123
肇慶府　　180
潮劇『呉忠恕』　　173
張五（北京名伶）　　221
長興街　　183
──（新百利口至陳聖王祠）　　185
趙洪宏（詞中人物）　　241
──洪英（詞中人物）　　241
──洪章（詞中人物）　　241
──洪人（詞中人物）　　241
──洪声（詞中人物）　　241
──洪文（詞中人物）　　241
──洪明（詞中人物）　　241
張国斌（河北→上海）　　112
──（青幇）　　112
──（幇派不明・無）　　131
──（常玉清門生）　　131
──（共舞台）　　131
──（小伝）　　131
趙賽英（劇中人物）　　251
──陪伴紫娟（写真）　　255
──暴露俊強情事（写真）　　255
──叱責俊強（写真）　　256
──紫娟出游花園（写真）　　256
──救出広才（写真）　　256
──陳広才状元合格（写真）　　257
張之江（小伝）　　78

索　　引　　　　423

張質彬（河北→上海）　　113
──（青幇）　　113
──（天蟾舞台）　　116
──（幇派不明・無）　　131
──（小伝）　　131
──（常玉清門生）　　131
趙芷明（劇中人物）　　262
鳥銃　　13
潮州歌冊『呉忠恕全歌』　　172
張淑嫻（大舞台）　　114
潮州人墓碑　　156
潮州八邑会館　　180
張嘯林（小伝）　　78
──（漢奸）　　84
張樹声（合影写真）　　38
──（小伝）　　40
趙俊強（劇中人物）　　250
──相誘柳含嬌（写真）　　255
趙少卿（詞中人物）　　240
──（小説）　　249
──（潮劇故事）　　250
──潮劇（演出）　　253
──馮仙珠登場（写真）　　257
──推挙新状元二人（写真）　　259
──激励新状元二人（写真）　　259
──毆打俊強（写真）　　260
趙如泉（共舞台）　　109
──（青幇）　　109
──（共舞台）　　116
──（小伝Ⅰ）　　116
──（王鴻寿門生）　　125
──（幇派不明・大）　　129
──（小伝Ⅱ）　　129
──（文武老生）　　129
──（連台本戯）　　129
張仁奎（小伝）　　75
張善琨（劇場経営）　　107
張善亭（袁克文伝）　　127
張宗禹（民族英雄）　　23
趙徳成（合影写真）　　38
──（小伝）　　42
張飛（蘆花蕩・李文茂）　　216

長美（十排）　　168
張銘声（河北→上海）　　112
──（麟派文武生）　　112
──（天蟾舞台）　　116
張瀾（杜月笙伝）　　92
兆和堂（文武生）　　231
猪玀阿美　　71
陳阿元〔頭目〕　　313
──〔渓頭〕　　350
陳阿四（陳阿十兄）　　169
──（捕縛）　　170
──〔陳十兄〕　　339
陳（阿）十（官塘富戸）　　166
──〔遺体〕　　390
──〔鬱病〕　　379
──（官塘郷富戸）　　167
──（急死）　　169
──（歌冊）　　171
──（潮劇）　　174
──（夢兆）　　304
陳阿亮〔頭目〕　　313
陳育崧　　137
陳開（靖南王）　　218
陳鶴峰（天蟾舞台）　　115
沈華軒（王鴻寿門生）　　123
陳毅　　103
陳許二姓〔意渓・扶官〕　　389
──〔意渓・盗銃〕　　389
陳広才（劇中人物）　　250
──脱出水辺（写真）　　257
──夢遇郭佳亡霊（写真）　　259
陳公博　　84
陳光甫（杜月笙伝）　　88
陳翱（帰仁郷郷紳）　　167
陳坤（澄海県武官）　　167
陳娘康（叛徒）　　165
陳振綱〔陳十族甥〕　　304
陳姓〔馬隴〕　　353
陳世昌　　86
鎮前（清末期概要）　　31
──（清末人物表）　　36
──（民国期人物表）　　59

——（民国期概要） 61
陳添王〔下路豪傑〕 350
陳天合〔葱隍〕 362
——〔逃亡〕 363
青幇（海州） 29
——（皖北） 29
——（徐州） 29
——（南貨） 28
——（北貨） 29
——（淮州） 29
——（清稗類鈔） 28
——（私塩） 29
——構成員（幇別人数表） 45
——三大亨 267
——人物職種別分類表 36
——大字派領袖（合影写真） 39
陳風〔密告〕 391
陳文斯〔葱隍〕 362
——〔潜伏〕 363
陳文斯妻 364
陳炳 174
陳明智〔下陳〕 315
陳瑶検〔軍師〕 387
——〔捕縛〕 390
——〔極刑〕 391
陳・楊二姓〔漁州〕 349
追韓信（劇名） 118
通婚関係 351
通済公司（杜月笙伝） 90
通州 12
通判 12
鄭梅花〔叛徒〕 305
丁届遠（鉄尺会） 234
鄭玉華（河北→上海） 112
——（青幇） 112
——（大舞台） 114
——（京劇老生） 131
——（小伝） 131
——（程永祥門生） 131
鄭月英〔呉忠恕妻〕 302
——〔忠恕妻〕 303
——〔極刑〕 391

程孝周（合影写真） 39
定国斬姦（天地会文献） 235
定国斬奸（故事） 240
丁松喬 83
鄭提台〔海陽〕 317
鄭福爺〔郷紳〕 315
鄭游春〔叛徒〕 170
程洋崗〔抵抗忠恕〕 365
鉄公鶏（劇名） 122
鉄尺会（天地会） 233
鉄龍陣（天地会文献） 235
——（故事） 241
天運（海南人葬儀・新加坡） 195
——（慶菴宮天后誕・台南） 193
——（蠔涌中元広勝祖壇・香港） 199
——（五鳳閣中元・新加坡） 190
——（柴湾全真派青松観・香港） 202
——（三山国王誕・香港） 200
——（慈佑宮天后誕・台北） 193
——（柔佛街中元德楽善堂・新加坡） 194
——（照応祠中元・新加坡） 194
——（城隍廟誕・台湾） 193
——（聖善壇大聖誕・新加坡） 192
——（聖宝壇大聖誕・新加坡） 192
——（土瓜湾中元德慈善閣・香港） 198
——（大埔頭全真派園玄学院・香港） 202
——（長洲太平清醮広德祖壇・香港） 199
——（摩士街中元・新加坡） 195
——（梁太爺廟中元・新加坡） 194
天王老子 40
天字輩（黄金栄伝） 75
点心銀（粤班） 229
天蟾玻璃廠 96
天蟾舞台 97
天蟾舞台事件 97
天地会 137, 232
天地会関帝座（碗窰村・香港） 204
天地会観音座（新塘温氏家祠・香港）

206
──（蓮澳李氏家祠・香港）　206
──（汀角兪氏家祠・香港）　206
──呪符（泉州匪徒）　196
──大哥　163
天地父母祠（竹園村・香港）　208
──位置図　209
──写真　210
──香炉写真　211
──祭祀場地図　213
──（柴湾・香港）香炉写真　211
天艇　222
天牌（三合会）　233
杜阿慶　86
杜維屏　91
唐韻笙（王鴻寿門生）　125
登記銀（粤班）　229
同慶舞台　96
湯坑〔地名〕　367
唐寿民（杜月笙伝）　89
董小宛（劇名）　115
東津郷（海陽県）　169
──〔忠恕占拠〕　367
同族　306
──〔利害打算〕　354
同族村　351
同族利害　368
盗賊船　9
頭舵　14
登台拝帥（劇名）　117
登壇演戯（三合会）　232
陶仲明　6
董兆武（劇場経営）　107
登殿銀（粤班）　229
東莞県志　232
東橋頭（澄海県）　167
東藍〔抵抗忠恕〕　365
東隴〔抵抗忠恕〕　365
独樹〔地名〕　328
徳勝茶楼　94, 96
徳正爺〔葱隍〕　364
杜月笙（張嘯林伝）　80

──（小伝）　85
──（靑派）　93
杜光洋〔地名〕　367
杜氏家祠奉主入祠典礼　89
杜氏家祠落成典礼　89
杜十娘（劇名）　119
都城紀勝　266
渡頭〔武装・鄭都爺〕　365
度白鑑（劇名）　122
屯土山（劇名）　121

な　行

永野修身　89
南京　313
南廂〔古坂頭〕　377
──〔蔡隴〕　377
南倉　14
南堤〔南畔〕　376
南畔〔忠恕軍〕　366
南洋〔抵抗忠恕〕　365
二十二炉香　95
二娘（劇中人物）　236

は　行

拝会演戯（鉄尺会）　233
拝会互答（天地会文献）　235
波雲壟〔拝会〕　302
灞橋挑袍（劇名）　118, 121
白虎位（紅船）　224
白紙扇（三合会）　232
白水灘（劇名）　122
白石嶺〔伏兵〕　388
白布会　362
博徒　306
博徒子弟　327
白馬坡（劇名）　125
把総〔海陽〕　317
八拝兄弟　231
八蜡廟（劇名）　122
八和粤劇共進会　231

426　　　　　　　　　　　　　索　　引

——職業工会　　231
八和会館　　230, 231
八和劇員総工会　　231
馬蹄湾　　12
馬東林（粤劇接戯員）　　228
馬風山　　76
巴路和（劇名）　　114
潘安教　　20
潘安派　　9, 21
范回春　　88
樊瑾成（合影写真）　　38
——（小伝）　　78
——（張嘯林伝）　　80
范恒徳（劇場経営）　　107
潘醒農論文　　185
潘祖　　5
盤問看戯（天地会文献）　　235
飛虎軍（李文茂）　　217
肥仔存（粤劇小武）　　219
飛星黄包車公司　　95
白蓮教　　20, 306
苗金覇（劇中人物）　　261
苗継業（劇中人物）　　261
彪寿（三合会）　　232
苗秀嫻（劇中人物）　　261
楓渓（海陽県）　　167
馮国璋　　77
風山〔入会〕　　387
馮仙珠（詞中人物）　　240
楓洋（十排）　　168
復明義士　　147
福和堂（丑脚）　　232
武清県　　14
孚中（十排）　　168
武当山（劇名）　　122
普侸堂（音楽）　　231
扶明義士　　150
扶明護衛将軍　　142
富裕戸　　306
無頼　　306
浮浪　　9
文華閣放火（小説）　　249

文秀士〔龍湖〕　　328
文武香球（劇名）　　122
文武生蘇秦（封相）　　244
碧山亭　　139
方栄升（民族英雄）　　22, 23
幫会元魁（張仁奎）　　77
幫花旦御傘（封相）写真　　246
幫花旦舞踏（封相）写真　　246
包公戯　　118
鳳山〔北廂〕　　377
蓬州城〔地名〕　　349
法巡捕房華探督察長　　71
法租界巡捕房巡捕　　69
法租界巡捕房包探　　87
法租界公董局華董（杜月笙伝）　　88
方地山（袁克文伝）　　128
鳳塘（十排）　　168
幫花旦（封相）　　244
北廂（海陽県）　　167
朴刀桿棒発跡変態之事　　266
舗尾〔東津〕　　376
歩奉五（合影写真）　　38
輔明義士　　149
香港八和会館　　231

　　　　　ま　　行

増谷達之輔　　44
増谷報告（上海居住者特定）　　62
——（過方）　　62
——（人物排列順序）　　63
——（記述内容）　　63
——（調査目的）　　63
松井石根　　82
万順街　　183
——（山仔頂）　　185
明恩義士　　142, 150
民軍起義得武昌（劇名）　　125
明勲義士　　148
明公　　156
明賜義士　　149
明贈義士　　149

民族英雄　22
明代衣冠（演戯）　268
明末遺恨（劇名）　114, 118
夢兆不吉（小説）　249
滅満復明　137
毛元奇（三点会）　240
毛剣秋（青衣，花旦）　117
猛虎軍（李文茂）　217
目蓮救母（劇名）　118

や　行

野仔（三合会）　233
野叟曝言　125
游龍戯鳳（劇名）　122
遊手閑民　306
勇壮〔潮城鳳塘〕　338
兪屏　102
兪葉封　83
楊阿光〔頭目〕　313
姚禹爺〔彩塘〕　316
楊雲南（呉忠恕部将）　170
祧基義士　140, 142
楊洪春（王鴻寿門生）　123
楊氏宗祠　352
楊寿長（京劇俳優）　118
妖書（三合会）　232
楊倫（粤劇小生）　230
余応正　179
余姓〔漁州月浦〕　350
余石城　179
余有進　179
余連城　179
──（義安公司総経理）　187
四・一二事変　69
四進士（劇名）　118

ら　行

雷経緯（劇中人物）　261
雷万嗔（劇中人物）　261
羅教　8, 20

羅祖　8
籃尾〔抵抗忠恕〕　365
巒興堂（武術）　231
李吉来（王鴻寿門生）　125
李休堂（張嘯林伝）　79
李馨『柔仏潮僑概況』　173
鯉魚臍〔地名〕　328
──〔溺死〕　377
李許陳三姓〔横隴〕　304
李琴堂（合影写真）　39
六国元帥（封相）　244
──（封相）写真　247
六国国王（封相）　244
六国封相（演出）　244
陸彩紅（劇中人物）　261
陸祖　8
李桂春　102
──（江淮泗・通）　119
──（小伝）　119
李洪春（王鴻寿門生）　123
──（興武六・通）　128
──（京劇紅生）　128
──（小伝）　128
李氏〔陳十妻〕　339
李志英〔趙賽英〕（劇中人物）　251
李自成（劇中人物）　261
李春利　41
──（合影写真）　38
──（黄金大戯院）　110
──（青靠）　110
──（河北→上海）　111
──（興武六・大）　126
──（小伝）　126
李勝奎（興武六・大）　128
──（京劇俳優）　128
李少春（京劇武生）　120
──（江淮泗・無）　120
李如珠（叛徒）　168
──（捕縛）　170
──〔頭目〕　313
──〔楓渓〕　377
──〔逃亡〕　390

索　引

李如春（共舞台）　117
李瑞亭（河北→上海）　111
奇双会（劇名）　122
李仲林（大舞台）　114
──（小伝）　114
李長勝（花臉）　117
李桐森（海派京劇）　118
狸猫換太子（劇名）　118
李楓　102
李雲〔文〕茂（平靖王）　218
李文茂（粤劇小武）　216, 219
李逢春〔刈柴富戸〕　303
──〔極刑〕　391
劉韻芳（卡爾登）　114
──（小伝）　114
劉学秀〔東津〕　387
柳含嬌（劇中人物）　250
隆眼城（饒平県）　166
劉玉泰（興武四・無）　121
──（小伝）　121
劉奎官（王鴻寿門生）　123
劉克斌（洪門）　42
龍湖市〔地名〕　326
龍湖鎮（海陽県）　165
──（歌冊）　171
劉五立（劇作家）　117
劉坤一　76
劉秀才〔逃亡〕　390
劉振廷（更新舞台）　110
──（青幇）　110
──（河北→上海）　111
劉知遠　266
劉知県〔海陽〕　328
劉鎮（澄海知県）　165
──（潮劇）　173
龍套（封相）　244
劉登階（合影写真）　38
──（小伝）　93
劉斌崑〔琨〕（河北→上海）　113
──（青幇）　113
──（幇派不明・大）　130
──（小伝）　130

──（丑角）　130
劉文奎（嘉白・通）　129
──（小伝）　129
劉宝秀〔東津〕　367
劉麗川　151
劉振廷（嘉海衛・通）　129
──（小伝）　129
──（楊馨一門生）　129
亮　174
──（游僧）　165
──（捕縛）　170
──〔逃亡〕　390
──〔極刑〕　391
梁一鳴（大舞台）　114
凌梓雲（劇中人物）　261
梁次珊（卡爾登）　115
廖秀才〔東津〕　387
──〔逃亡〕　390
李陽春（呉忠恕部将）　167
梁紹堂（合影写真）　38
糧船　9
糧船械闘　14
糧船公所（図）　105
──（演戯）　106
糧船幇時代　7
梁培友（平南王）　218
糧米船図　10
糧米幇　5
緑野亭　139
呂君樵（海派京劇）　119
李陵碑（劇名）　126
林阿蒋〔雲歩占拠〕　367
──〔忠恕軍部将〕　376
林阿眉〔逃亡〕　390
林懐部　83
林義順　180
林桂生（杜月笙伝）　87
臨江駅（劇名）　118
臨江会（劇名）　121
林功裕　215
林秀才〔石古〕　350
林樹森（大舞台）　109

索　引　　　429

——（青幇）　109
——（小伝）　113
——（大舞台）　113
——（王鴻寿門生）　123
輪船碼頭　87
林素月（劇中人物）　250
林大眉　162
林冲夜奔（劇名）　117
麒派演唱会　118
麒派芸術展覧　118
林立　102
伶界人士　41
冷天禄（民族英雄）　22, 23
歴史性（呉忠恕）　171
裂爺〔陳十父〕　304
連環套（劇名）　112
老安　6
老安教　20
老安派　9, 21
隴仔郷（海陽県）　167

老生演技（封相）写真　247
老生公孫衍（封相）　244
老鼠太〔献金〕　365
盧永祥（張嘯林伝）　80
鹿台恨（劇名）　119
六頭目　314
盧少嘉　88
李宣芳（海陽県武官）　169
路遥知馬力（劇名）　119
路凌雲（卡爾登）　114
——（興武六・通）　128
——（京劇武生，拳術）　128
——（尚雲祥門生）　128
——（小伝）　128

わ　行

淮劇芸人　96
和順街　183
——（老百利口）　185

Secret Societies and Their Influence

over Theatre in China

By
TANAKA Issei

CHISENSHOKAN, Tokyo
2024

CONTENTS

Preface   v

Part I The Secret Society Called Qingbang 青幇 (Blue Family) and Its Relationship to Theatre

Chapter One The History and Organization of the Blue Family   5

  Section.1 The Transport of Grain by Water in the Ming and Qing Periods   5

    I. History   5

    II. Crewmen   8

    III. Changes in the Transport System   9

  Sectipn. 2 The Behavior of Crewmen   11

    I. Armed Fights among Crewmen   11

    II. Links between Crewmen and the Luo Teaching（Luojiao 羅教）   20

    III. The Movement to Oppose the Qing and Restore the Ming: Ethnic Heroes   22

    IV. The Management of Transport Ships and Crewmen's Behavior   24

  Section 3 Transport Groups on Land and Crewmen   28

    I. Discontinuation of Transport by Water   28

    II.Vestiges of Shipping Groups: The So-called Dry Quays   29

    III. The Transmission of the Organization and Occupations of the Water-Transport Period   30

Chapter Two The Blue Family in Shanghai during the Republican Period   38

  Section 1 The Research Report by the Sociologist Masutani Tatsunosuke 増谷達之輔   38

    I. People of the Jiang Hui Si 江滙泗 Branch   46

    II. People of the Xing Wusi 興武四 Branch   46

    III. People of the Xing Wuliu 興武六 Branch   46

    IV. People of the Jiahai Wei 嘉海衛 Branch   61

    V. People of the Jiaxing Wei 嘉興衛 Branch   61

    VI. People of the Zhenqian 鎮前 Branch   61

    VII. People of the Shuangfeng 双鳳 Branch   61

    VIII. People of the Jiabai 嘉白 Branch   61

    IX. People of the Hangsi 杭四 Branch   61

  Section 2 The Relationship between Masutani's Report and the Qingmen

Kaoyuan 清門考源 62

  I. The Identification of Residents in Shanghai 62

  II. The Method of Arranging Names 63

  III. Contents 63

  IV. Aim of the Investigations 63

Section 3　Characteristics of the Blue Family in Shanghai as Seen in
Masutani's Report 64

  I. Traces of the Water-Transport Period 64

  II. Leanings towards Police Power 67

  III. The Interdependence of Men of Commerce and Industry 67

Chapter Three　Brief Biographies of Chief Members of the Blue Family in
Shanghai 69

Section 1　Xing Wuliu Branch 69

  I. Members of the Generation Indicated by the Character Da 大：Huang
Jinrong 黄金栄，Zhang Renkui 張仁奎，Zhang Zhijiang 張之江，
and Fan Qincheng 樊瑾成 69

  II. Members of the Generation Indicated by the Character Tong 通：
Zhang Xiulin 張嘯林 79

  III. Members of the Generation Indicated by the Character Wu 無：Du
Yuesheng 杜月笙 85

Section 2　Jiaxing Wei Branch 93

  I. Members of the Generation Indicated by the Character Da: Liu Dengjie
劉登階 93

  II. Members of the Generation Indicated by the Character Tong: Gu
Zhuxuan 顧竹軒 94

Chapter Four　The Blue Family and Its Relationship with the Theatrical
World in Shanghai 105

Section 1　Theatre Owners 106

  I. Jinda Theatre 金大戯院：Jin Tingsun 金廷蓀，Member of the Blue
Family Belonging to the Generation Indicated by the Character Tong

106

  II. Gengxin Stage 更新舞台：Dong Chaobin 董兆斌，Member of the
Blue Family Belonging to the Generation Indicated by the Character
Wu 107

  III. Rongji Gong Stage 栄記共舞台：Zhang Shankun 張善琨，Member
of the Blue Family Belonging to the Generation Indicated by the
Character Tong 107

  IV. Xinji Grand Stage 鑫記大舞台：Fan Hengde 范恒徳，Member of the

CONTENTS 435

Blue Family Belonging to the Generation Indicated by the Character
Wu 107

V. Tianchan Stage 天蟾舞台 : Gu Zhuxuan 顧竹軒，Member of the Blue
Family Belonging to the Generation Indicated by the Character Tong
107

VI. Gordon Stage 卡爾登劇院 : Zhou Yihua 周翼華，Not a Member of
the Blue Family 107

Section 2 Theatre Managers 108

I. Gong Stage 共舞台 109

II. Tianchan Stage 109

III. Gordon Stage 109

IV. Grand Stage 大舞台 109

V. Huangjin Grand Stage 黃金大戲院 110

VI. Gengxin Stage 110

VII. Da Shijie 大世界 110

VIII. Xin Shijie 新世界 110

IX. Yong'an 永安 110

X. Xinxin Leyuan 新々楽園 110

Section 3 Actors 111

I. Actors of Peking Opera Residing Temporarily in Shanghai 111

II. Actors Belonging to Theatres: Grand Stage, Gordon Stage, Tianchan
Stage, and Gong Stage 113

Section 4 Actors of Peking Opera in Shanghai, Listed by Branch and
Generation of the Blue Family 119

I. Jiang Hui Si Branch 119

II. Xing Wusi Branch 121

III. Xing Wuliu Branch 121

IV. Jiahai Wei Branch 129

V. Jiabai Branch 129

VI. Members of the Blue Family Whose Branches Are Unknown 129

Conclusion of Part I: The Social Background to Relations Formed
betweenTtheatrical Circles and the Blue Family in Shanghai 132

Part II The Secret Society Called Hongbang 紅幫 (Red Family) and Its Relationship to the Theatre

Chapter One Activities of the Heaven and Earth Society in the Southern Seas
137

Section 1 Traces of Members of the Red Family Who Took Refuge in

Singapore 137

I. Wuhu Shrine 五虎祠 and Chen Yusong's 陳育崧 Research 137

II. Mortuary Tablets in Wuhu Shrine and Their Contents 142

III. Legal Domiciles and Dates of People Recorded on Mortuary Tablets
in Wuhu Shrine 151

Section 2 Rebellions by Red Societies in Chaozhou 潮州 during the
Daoguang 道光 and Xianfeng 咸豐 Reigns and Their Relationship
to the Heaven and Earth Society in Singapore 160

I. The Rebellion by Huang Wukong 黃悟空 160

II.The Rebellion by Wu Zhongxu 吳忠恕 165

Section 3 Prosimetric narratives and Newly Composed Plays Based on
Wu Zhongyu's Rebellion 171

I. The Chaozhou Libretto Wu Zhongxu 171

II. The Chaozhou Play Wu Zhongyu 173

Chapter Two Traces of the Heaven and Earth Society in Singapore 176

Section 1 The Organization of People from Chaozhou in Singapore 176

I. Yue Hai Qing Temple 粵海清廟 176

II. Ritual Organization, Processions, and Plays at Yue Hai Qing Temple
182

Section 2 The Era Name Tianyun 天運，Used by the Heaven and Earth
Society, Surviving in Singapore 188

I. Northern Fujian People 189

II. Southern Fujian People 192

III. Chaoshan People 194

IV. Hainan（Qiongzhou 瓊州）People 194

Section 3 Symbolic Letters of the Heaven and Earth Society Surviving in
Singapore 196

I. Remnants of Symbolic Letters of the Heaven and Earth Society in
Singapore 196

II. Symbolic Letters of the Heaven and Earth Society in Taiwan and
Their Relationship to Those in Singapore 196

Chapter Three Traces of the Heaven and Earth Society in Hong Kong 198

Section 1 The Use of the Era Name Tianyun 198

I. Chaozhou People 198

II. Hailufeng People 199

III. Hoklo People 200

IV. Hakka and Cantonese People 200

Section 2 Traces of the Heaven and Earth Society and White Lotus Sect 202

I. Documents of the Heaven and Earth Society in Guangxi Province   202
II. A Couplet about Guandi Used by the Heaven and Earth Society and
   Surviving among Hakka in the New Territory   203
III. Couplets about Guanyin Used by the Heaven and Earth Society and
   Surviving among Hakka in the New Territory   204
Section 3 The Tradition of Worshipping at Heaven-Earth and Father-
   Mother Temples   208
I. The Heaven-Earth and Father-Mother Temple in Zhuyuan 竹園   208
II. The Heaven-Earth and Father-Mother Temple in Ziwan 柴湾   209
III. The Use of the Era Name Tianyun in Rites of the De Teaching
   （Dejiao 德教）   212

Chapter Four The Heaven and Earth Society and Theatre   215
Section 1 The Relationship between the Heaven and Earth Society and
   Actors of Cantonese Drama   215
I. Li Wenmao 李文茂（Li Yunmao 李雲茂）   216
II. Qionghua Huiguan 瓊花会館   219
III. Actors' Boats (Red Boats)   222
IV. Bahe Huiguan 八和会館   228
Section 2 Performance of Plays during the Admission Ceremony of the
   Heaven and Earth Society   232
I. Large Meetings of the Hong 洪 Family   235
II. A Mother-in-law Encourages a Son to Pass the Civil Service
   Examinations in Front of the Ancestral Tablets   236
III. Drinking Water Beside a Bridge and Swearing by God   239
IV. Zhao Shaoqing 趙少卿 Kills a Traitor   240
V. Overthrowing the Iron Dragon Battle Formation and Relieving the
   Prince of Suluo 蘇羅   241
Section 3 Plays Favoured by the Heaven and Earth Society   243
I. Liuguo Fengxiang 六国封相   243
II. Zhao Shaoqing 趙少卿   248
III. Jiuhuan Dao Jian Qing Chouxue 九環刀濺情仇血   261

Conclusion of Part II Chinese Secret Societies Rise Up Against Imperial
   Power   266

Appendix I Biographical Sources for Members of the Blue Family   271
Appendix II The Chaozhou Libretto Wu Zhongxu (8 Vols.): Summaries of
   Each Volume with the Text   301
Bibliography   406

CONTENTS

Postscript   409
Index   413
English Table of Contents   431

田仲　一成（たなか・いっせい）

1932 年東京に生まれる。1955 年東京大学法学部卒業，1962 年同大学院人文科学研究科博士課程（中国語・中国文学専門課程）単位取得退学。北海道大学助手を経て，1968-72 年熊本大学法文学部講師，助教授。1972-93 年東京大学東洋文化研究所助教授，教授。1993-98 年金沢大学文学部教授。1998-2000 年桜花学園大学人文学部教授。2001-19 年（公財）東洋文庫常務理事・図書部長・研究員。現在（公財）東洋文庫専任研究員。日本学士院会員，東京大学名誉教授，文学博士（東京大学）

〔著書〕『中国祭祀演劇研究』1981 年，『中国の宗族と演劇』1985 年，『中国郷村祭祀研究』1989 年，『中国巫系演劇研究』1993 年，『中国演劇史』1998 年，『中国鎮魂演劇研究』2016 年（以上，東京大学出版会），『明清の戯曲』2004 年（創文社），『中国地方戯曲研究』2006 年，『明代江南戯曲研究』2020 年（以上，汲古書院），『古典南戯研究（中文）』2012 年（北京，中国社会科学出版社），『中国演劇史論』2021 年，『東アジア祭祀芸能比較論』2023 年（以上，知泉書館）

〔中国の秘密結社と演劇〕　　　　　　　　　　ISBN978-4-86285-422-3

2024 年 11 月 5 日　第 1 刷印刷
2024 年 11 月 10 日　第 1 刷発行

著　者　田　仲　一　成
発行者　小　山　光　夫
印刷者　藤　原　愛　子

発行所　〒 113-0033 東京都文京区本郷 1-13-2
　　　　電話 03（3814）6161 振替 00120-6-117170
　　　　http://www.chisen.co.jp
　　　　　　　　　　　　　　　　　　株式会社　知泉書館

Printed in Japan　　　　　　　　　　　　印刷・製本／藤原印刷

東アジア祭祀芸能比較論
田仲一成 菊/512p/6000 円

中国演劇史論
田仲一成 菊/440p/5400 円

中国思想史
A.チャン／志野好伸・中島隆博・廣瀬玲子訳 菊/712p/7500 円

勢 効力の歴史 中国文化横断
F.ジュリアン／中島隆博訳 A5/348p/4600 円

六朝論語注釈史の研究
高橋 均 A5/646p/9000 円

唐宋音楽文化論 詩文が織り成す音の世界
中 純子 A5/368p/6000 円

詩人と音楽 記録された唐代の音
中 純子 A5/290p/5000 円

香りの詩学 三国西晋詩の芳香表現
狩野 雄 A5/498p/7500 円

唐代小説「板橋三娘子」考 西と東の変驢変馬譚のなかで
岡田充博 A5/700p/8200 円

債鬼転生 討債鬼故事に見る中国の親と子
福田素子 A5/368p/4500 円

欧陽脩 11 世紀のユマニスト 〔知泉学術叢書 17〕
劉子健／小林義廣訳 新書/376p/4500 円

方以智の物理探索 十七世紀中国の自然学とイエズス会の学術
齊藤正高 A5/332p/5000 円

渡来人陳元贇の思想と生涯 江戸期日本の老子研究
李 麗 A5/344p/6500 円

清末民初書画碑帖収蔵研究
下田章平 A5/口絵 1p＋584p/8000 円

伝統中国の歴史人類学 王権・民衆・心性
鄭振鐸／高木智見訳 四六/312p/2800 円

(すべて本体価格，税別)